中国人民解放军

高级将领回忆录丛书

粟裕回忆录

粟裕 著

人民出版社

1952 年任副总参谋长。

1955 年 9 月 27 日 14 时 30 分，周恩来总理把第一份大将军衔的命令状颁发给粟裕。因为元帅的授衔仪式是在同日 17 时举行，因此，粟裕是中国人民解放军实行军衔制第一个被授予军衔的人。

1954 年 9 月 20 日，粟裕（左二）参加第一届全国人大，投票通过中华人民共和国宪法。

1955 年 10 月，粟裕在全国射击
与体育大会上讲话。

1955 年 11 月，辽东半岛
抗登陆演习，叶剑英任总导
演，粟裕等 5 人任副总导演。

粟裕（右二）与刘亚楼（左三）等在莫斯科机场。

1958 年，粟裕（右一）随周恩来总理访问朝鲜。图为中朝代表团会谈。

1957 年，粟裕视察舟桥部队。

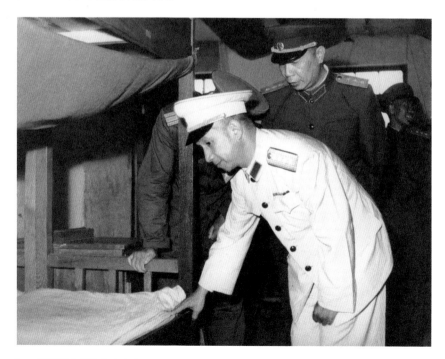

粟裕视察部队战士宿舍。

20 世纪 50 年代中期。

1959 年庐山会议期间，粟裕（中）与张鼎丞（左）、陈奇涵（右）。

1959 年，粟裕（右）与叶剑英（左）、赖祖烈（中）在庐山。

1963 年，萧劲光（左）与粟裕（右）在一起。

1961 年，粟裕（左）与钟期光（右）在杭州。

1959 年，粟裕在广东深圳勘察地形。

1961 年，粟裕在浙江定海登上舟山基地的舰艇。

1967 年 12 月，粟裕（右三）与聂荣臻（右四）在海军导弹试验基地。

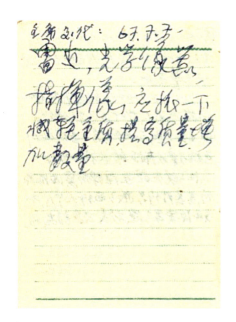

粟裕记录 1967 年 7 月 7 日毛泽东指示："雷达、光学仪器、指挥仪应抓一下。"

1969 年 9 月，粟裕给军科院党委领导的信，谈及对国防工业军管工作近况。

1970 年访问刚果，粟裕在刚果河上。

1972 年 9 月，粟裕（右一）在山西金沙滩古战场。

1972 年，中央军委任命粟裕为军事科学院第一政委。

1974 年 10 月，粟裕到广西桂林灵渠，观看湘江—漓江引水工程。

1977 年，粟裕（右）与萧华（左）在一起。

1979 年，粟裕访问朝鲜，参观板门店。

改革开放后，粟裕（左一）与叶剑英（右一）、杨尚昆（左二）、许世友（右二）。

改革开放后，粟裕（左）与萧劲光（中）、胡耀邦（右）。

1954 年，粟裕与家人在广州。

粟裕与楚青在北京。

1956 年，湖南韶山毛泽东同志故居前粟裕全家合影。

1973 年摄于北京家中。

粟裕、楚青摄于 1972 年。

1971 年 6 月长孙出生，取名粟志军。

1979 年 10 月，粟裕全家合影。

粟裕临帖练书法。

1983 年 8 月 10 日，粟裕最后一个生日，与孙儿乐享天伦。

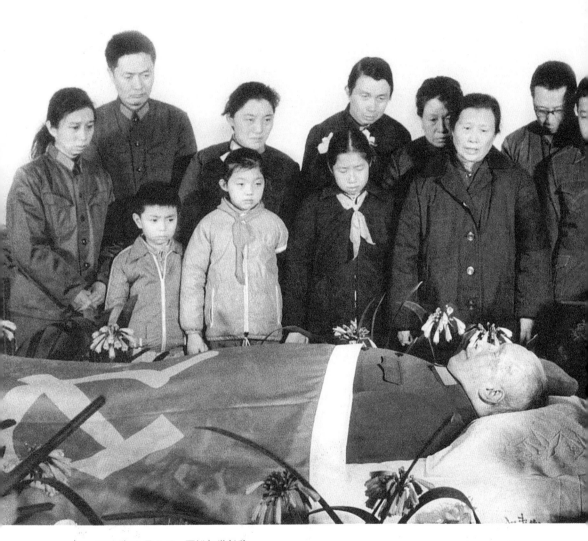

1984 年 2 月 5 日，粟裕与世长辞。

出 版 说 明

习近平总书记多次指出，要在全社会广泛开展党史、新中国史、改革开放史、社会主义发展史宣传教育，引导人们坚定道路自信、理论自信、制度自信、文化自信。他还特别强调，部队中的"红色资源很多，要发掘好、运用好"。"中国人民解放军高级将领回忆录丛书"就是一套从部队角度入手，集中回顾党史、军史与新中国史的图书。

上世纪九十年代到本世纪初，包括人民出版社、解放军出版社等出版单位曾陆续出版了多种由我军高级将领口述的相关回忆录。这些回忆录是党史、军史与新中国史中极其重要的组成部分，不仅是研究党史、军史与新中国史的第一手材料，也是激励读者特别是广大党员干部增强理想信念，滋补精神之钙的珍贵食粮与生动教材。但由于这些书出版时间相对较久、出版单位较分散等因素，读者较难了解全貌，许多书籍一书难求。为充分发挥好这些书籍的应有价值与功能，更好地挖掘与利用好军史红色资源，推动"四史"学习教育走向深入，为新时代读者提供系统便捷的阅读服务，人民出版社决定，以开国将帅及在革命战争中担任过相当职务的我军将领回忆录为范围，对他们的回忆录予以重新规划与编辑，并以"中国人民解放军高级将领回忆录丛书"之名集成出版。

本次集成出版对所收录的各回忆录原版本进行了重新考订、增补、勘误，新增加了大量珍贵历史照片与必要的附录，有的还制作成了视频书（通过植入二维码连接视频），使丛书的内容更为丰富与可读，更具吸引力。

"历史，往往在经过时间沉淀后可以看得更加清晰。"希望这套丛书为我们不忘初心、牢记使命，在传承红色基因、在迈向实现第二个百年奋斗目标的伟大征程上发挥更大的作用。

人民出版社

2022 年 6 月 30 日

目　录

第 一 章
从枫木树脚谈起

辛亥革命前夕，湖南省西部一带政治、经济、文化都比较落后。靠近贵州的会同县是个山区小县，比一般的内地县还要相差一大截。城北约十公里的伏龙乡（现在叫坪村乡），有一个叫枫木树脚的村子。1907年8月10日（清光绪三十三年七月初二），我就出生在这个村里。

在我童年的记忆里留下了这样清晰的印象：村里有一片枫树林，我家屋后就有二十多棵枫树，树干高大挺拔，枝叶郁郁苍苍，把屋顶都覆盖笼罩了。枫木树脚村很可能就是因此得名的。

枫木树脚村有五六十户人家，在当地算得上是个大村子了。我能记事的时候，家中有父亲、母亲、哥哥、嫂子、姐姐和两个妹妹，加上我总共八口。我家是地主，祖父时代有四百余担谷田，父亲他们三兄弟分家后，每家分得一百多担谷田（在我们那儿，习惯按收获量计算田数，一百多担谷田，约合二三十亩）。我家人口多，都不能劳动，常常入不敷出。后来举家迁进县城，因修建房屋，便欠下了债。

我的家乡是个少数民族聚居的地区，除了汉族，还有苗族、侗族、水族等。可能是因为这个缘故，1951年国庆观礼时候，在天安门城楼上，毛主席还问我："你是少数民族吧？是不是苗族？"

我们党的许多老一辈无产阶级革命家走上革命道路，都有各自不同的情况。有的是出身富裕家庭，在家乡接受了马克思主义真理，立志背叛本阶级，要做旧世界的掘墓人；有的是因为饱受"三座大山"压迫，被"逼上梁山"起来"造反"的；还有的是红军解放了家乡，投身革命的。我的家乡和家庭的种种具体情况，决定了我参加革命有着另外一种经历。

解放后，粟裕把分别 24 年的母亲梁满妹和大姐接到南京，1951 年与母亲等合影。

长工阿陀

我的童年早已随着时光流逝了，但它曾带给我欢乐，开启我的心灵，对我的成长和献身革命都是有关系的。

爱动爱淘气是我小时候的性格。我家住的两排房子之间有一条溪水，虽然只有二三米宽，但水是从后面大山里流出来的，长年不断。每到夏天，我几乎整天在溪流里游泳、玩耍，有时把竹席子漂在水面，人躺在竹席子上，半泡在水中，自得其乐，这条溪水简直成了我夏天的"天堂"。

我家院内有几棵梨树、栗子树和橙子树。所谓橙子，就是像沙田柚子一样的东西。橙子成熟的时候，我常常带着一根竹竿爬到树上，找根粗壮结实的树杈靠着身子，再用竹竿捅头顶上的橙子。橙子掉下来，随手接住，然后背靠树杈半躺着身体，悠闲自得地剥皮品尝。

我家雇有两个长工。也许是因为我爱动的缘故吧，小时候常同他们一起玩。长工们见我没有少爷架子，都愿意同我接近。其中有个叫阿陀的长工，年龄比我大十来岁，当时还是个青年，是我童年最要好的朋友。几十年来，阿陀的美好形象和名字一直印在我的脑海里，我深深地怀念他，因为他对我的影响很深，可以说是我童年的启蒙老师。

阿陀很会讲故事，常常给我讲剑侠杀富济贫、除恶行善一类故事。他讲起故事来那真是绘声绘色，娓娓动听。所谓剑侠，是劳动人民理想化了的英雄豪杰。在旧社会劳动人民深受反动统治阶级的压迫和剥削，一时又认识不到自己的力量，就幻想出剑侠这一类英雄来为他们扶危济困、申冤雪恨。

阿陀给我讲过"七剑十三侠"的故事、"草上飞"的故事。说那个剑侠"草上飞"，是一位"日行千里夜行八百"的飞毛腿，身轻如燕，能在草上飞奔。还有一个剑侠叫"一枝梅"，这位英雄好汉在除霸锄奸以后就在墙上画一朵梅花作为标记，然后远走高飞，继续"替天行道"去了。老百姓都叫他"一枝梅"。官府弄不清他的踪影，对他又气又恨又怕，可又毫无办法。

这些故事很能吸引儿童，唤起儿童对受苦百姓的同情和对剑侠的崇敬。那个时候我听阿陀讲故事，真可以说是身心全随故事里主人公的喜怒哀乐而喜怒哀乐，甚至比主人公的喜怒哀乐更喜怒哀乐。对故事里的受苦受难的人们同情极了，对故事里的坏人痛恨极了，对故事里"专管人间不平事"的剑侠崇拜极了。我虽然还是一个不谙世事的毛孩子，但确实萌生了一种遐想：长大以后要做个为民除害的剑侠。

当剑侠，当然要有真功夫。于是我非常认真地跟着阿陀练功习武。为了练"飞毛腿"，阿陀教我用布袋子装满沙子，捆在小腿上，每天不停地跑啊跳的，常常练得汗流浃背，还劲头十足。阿陀教我舞"狼牙棒"。我挑选了一根一丈左右长的竹竿，把一头的竹节留着，其余全部打通了，灌满沙子，再用木塞或布条将另一头塞紧。在阿陀指点下，我挥动沉甸甸的"狼牙棒"，上捅下压、左攻右挡地练了起来，常常练得筋骨酸痛也不肯停手。

阿陀特意给我制造了一把"枪"——他捡来一颗子弹壳，用钉子钻个洞，弹壳里装上黑色火药，再添加一些沙子，一点燃，沙子就喷射出去了，还有一定的威力哩。每当我用这把"枪"打中了我任意选择的假想的"恶霸"时，心中有一种说不出的痛快。

阿陀也不把封建的清规戒律放在眼里。我们那里不准吃狗肉，说是吃了狗肉，死后灵魂也进不了祖庙。但阿陀却带着我在野外偷偷地烧狗肉吃。

现在人们都重视学龄前教育和智力开发，为我学龄前开发智力的首推阿陀了；每个人都有童年的好朋友，我童年时的好朋友就是阿陀，我特别喜欢他。那时我家的规矩，客人来了除了上茶，还要端伴茶的食品。普通客人端的是切成小块的腌萝卜，尊贵客人端的是各种蜜饯，有冬瓜糖蜜

饯、梨子糖蜜饯、丝瓜糖蜜饯等，都是自己家里晒制的。我常常把家里晒
的蜜饯偷偷地拿出来给阿陀吃，还同阿陀一起分享板栗。那些板栗是妈妈
放在篮里挂在屋檐下让它风干的，我悄悄拿出来，把肉吃了，壳揉碎放回
篮里，妈妈还以为是老鼠偷吃的哩！

开 蒙

会同县当时教育事业很落后，孩子上学都很晚，有时十七八岁了还在
念高小。

1913 年我刚满六岁，也许是家里见我成天弄棍舞棒太野了，提前把
我送到私塾读书去了。我在私塾大约念了二三年，教私塾的先生是一位年
纪很大的堂伯伯。教学方式完全是口传口授，先生念一句，学生跟一句，
背熟为止。课文无非是《三字经》、《百家姓》一类带韵的启蒙读物，还念
过《中庸》，也背过《诗经》，至今我还可以背诵一点。

1918 年，家乡一带闹土匪，那是"经济土匪"，有天晚上，土匪到了
离我们村子三四里的地方，把我堂叔家只有几岁的儿子抢走了，后来带信
说要给多少钱才可以赎回，留孩子一条命。

这一下可把我们全家吓坏了。很快，全家从我出生的枫木树脚村搬到
了会同县城。我也因此离开私塾，先是进县里的"模范小学"，后来转入
"高等小学"（即现在的小学高年级）读书。小学的功课比私塾广得多，也
有趣得多，国文、算术、绘画、体操、唱歌、修身等课程，我都有兴趣，
唱歌、笛子、洞箫我都爱学，各门功课的成绩还过得去。可是，我在高小
二年级读了二三年，一次次留级，就是升不上去。这是为什么呢？

其实，原因是很简单的。父亲一心想把我培养成封建地主式的接班
人，见我念了几年私塾，又读了几年洋学堂，觉得我有出息有本事了，就
要我来管家、记账，认为不毕业也足以够用了，常常要我请假不到校，留

枫木树脚村粟裕故居。

在家里管这管那。不听课，不做作业，这怎么会不留级呢！

家庭账并不复杂，但很繁琐。每天，收入多少钱，支出多少钱，给我多少钱，买菜买油买肉用去多少钱，都必须分门别类一一记下来，详细入账，每个月都要把账目送给父亲检查。我父亲粟嘉会，是个落第秀才。他为人忠厚老实，一天到晚关在家里，有时写写字，有时作作诗，整年不出门。他检查账目很认真，可对市面的行情一点也不了解。所以，我偶尔也做假账骗他，很容易骗过去。例如，有的时候，债期到了，欠债的佃户无力还债，或无力如数还清。我很同情他们，就在账上做假，或只记不收，或多记少收，再用其他办法把账、款弄平衡了，佃户还债的困难便圆满解决了。

父亲要我管家记账，不让我读书，很使我心烦；父亲不让哥哥管家，嫂嫂大为不满，常常骂人，把无穷的埋怨都落到我头上来，也使我心烦。

另外还有件事情也使我心烦，就是家里做主，硬是给我订下了一门亲事，对方是一个富农的女儿，比我大二三岁，还是裹小脚的。我认为这是干涉我的自由，坚决不干。

封建的习俗，使正在成长的我，受到很大压抑。我深深感到，继续在这样一个家庭和环境里生活实在无法读好书，将来决不会有出息，于是就产生了离家到外面去念书的想法。

前面已经说过，还是住在乡下枫木树脚村的时候，我就非常羡慕故事里讲的剑侠云游四海为民除害的生活。后来家搬到了县城，我家新盖的房子后面有座城隍庙，每年过了正月十三，都要在那里唱戏，连续十几二十天，唱的都是汉剧，内容不少是英雄豪杰的故事。我坐在家里的楼上，就可以欣赏城隍庙戏台上的汉剧。这些汉剧加深了我童年时代就有的长大当剑侠的遐想。看看眼前的处境，我想着：在家里被关着，成天同豆腐账打交道，是什么事情也做不成的；将来要为老百姓做一点好事，为民除害，必须先跳出家庭的"笼子"，远走高飞。

我离家出走的想法越来越强烈了。

出　走

有两件事直接促成了我的出走。

那时会同县城里驻扎着北洋军阀的一个连，连长姓卢，平时神气十足，县太爷都得听他的话，成了会同县城的太上皇。卢连长手下有个班长，姓周，是个中士，大家都管他叫周中士。周中士在城里还有公馆，他和他那个老婆都成了城里了不起的大人物。

那时，乡下人到城里做生意，摊子就摆在路旁店铺门口，什么柴草啊，蔬菜啊，粮食、花生、香油、豆油的。卢连长那个部队出来，排成四路纵队，不顾街上人多路窄，总是旁若无人地横冲直撞，把做生意人的粮食挑子、蔬菜篮子、素油罐子随便踢翻，弄得粮食、蔬菜撒了满街，豆油、香油淌了一地。老百姓恨透了这个卢连长和这支横行霸道的队伍。我们学生看到当兵的这样欺侮百姓，都很生气。为了出这口气，我们放学和外出也照着样子排成几路纵队，手挽手地朝前走，有意识地去碰卢连长的那个四路纵队，去撞那些兵。久而久之，卢连长的兵就同学生结下了仇，而且越结越深。

有一次，城隍庙广场唱戏，这里看戏是没有座位的，大家都站在广场上。那天我们学生穿的都是蓝长袍子、青马褂子。卢连长的兵就站在我们前面。这已经使我们讨厌和窝火了，偏偏有个当兵的还大模大样地蹬上一张长凳，挡在大家前面。这样大家更气愤了。

"拉下来！拉下来！"学生们高声叫喊。

那个兵竟充耳不闻，还是站在凳上大模大样看他的戏。

学生们给惹怒了。那时我们一个个年少气盛，血气方刚，可真是有点天不怕地不怕的。几个学生冲上前去，一齐动手，把那个兵从长凳上拉了下来。那个兵当然不肯善罢甘休，举起长凳动手就打。双方在广场上交手打了起来。

广场顿时秩序大乱。不知谁叫了一声："土匪来了！"戴白边大檐帽的保安队慌慌张张朝天放了几枪。人们吓得四散乱跑。

赤手空拳的学生同士兵斗下去，显然是要吃亏的。于是，大家在混乱中乘机跑回学校，把校门紧紧关上。那个士兵所在的排觉得丢了面子，排长下令追赶我们，还要强行闯进学校抓人，姓卢的连长阻止住了。从此士兵和学生的仇恨结得更深了。那个排长扬言，以后见到我们学校的学生就要打，就要抓，就要杀！

有一天，在一条巷子里，我们学校的一个同学被士兵扣留了。

士兵审问："你是不是高等小学的学生？"

那个同学见势不妙，机灵地撒了个谎说："不是。"

士兵见他穿得破旧，不像个学生模样，把他放了。这个同学跑回学校一说，全校的走读生都紧张起来，不敢回家了。全体学生一致决定罢课抗议。学校有位姓杨的教算术的教员支持我们的行动，鼓励我们坚持斗争到底，煞一煞这些兵的威风，还说闹出祸来没有关系，他在省城有朋友，可以帮忙。这样一来，大家闹得更凶了，都用木枪、木棍装备起来，还进行操练。

学潮闹大了，县太爷不得不出面调停，两头说好话。卢连长的队伍作了保证：不打学生，不抓学生，不杀学生。一场不小的风波平息了。但是，谁知道这些当兵的心里是怎么想的呢？不能不有所防备啊！于是，这以后就有一些学生离开会同到外地去了。我觉得这是个离家到外边去求学的好机会。而且，经过这一场斗争，我产生了"自己搞队伍"的念头，想到外面去闯一闯，搞一支保护老百姓的好队伍，带回来狠狠地惩罚卢连长那支作威作福欺侮老百姓的坏队伍。

会同县每年都要招考几名学生，送到常德县湖南省立第二师范学校去参加正式考试。考上的就是二师的正式生，读书、吃饭都可以不花钱。正巧这年县里的考期到了，择优录取两名。我报考被录取了。我决心要成为第二师范的正式学生。

我的母亲是一位慈祥的女性，她很喜欢我，对我求学急切的心情还能够理解，但对我离家外出总是不放心，舍不得我走。

那天县里发榜了，我拿着录取通知书对妈妈说："我要到常德去念书！"

妈妈看了看通知书，沉思了一会儿，迟疑地说："现在外边不太平啊，等到外边太平了再出去念书也不晚呀！"

我觉得母亲这样回答，实际上是答应我出去念书的。我也没有再给父亲说，就在1924年1月8日离家上路了。到底是年轻没经验，没有把路费筹划好。我步行110里到了湘西水陆码头洪江，要在这里乘船去常德，才发现买船票的钱不够，只好给家里写信要路费。我在信上表示：如果家里不给我寄路费，我"讨米也要走！"

父亲、母亲见了信上"讨米也要走"一句话，都急了。父亲立即给我写信，答应给我筹集路费和学费，要我回家"从长计议"。

我接读父亲来信，感到言辞殷切，就离开洪江回去了。但我担心回家以后父亲会扣留我，所以在离家还有十来里的地方住了下来，再给家里寄去一封信，告诉我的地址，要求家里把学费和路费送来。

父亲接到这封信，便派哥哥赶来接我，并转达他的诺言：一定筹足路费、学费，让我离家求学。这样我才放心地回到会同，回到父母身边。

家里为我凑了一笔银洋，大概有几十块，作为我的路费和学费。父亲还郑重其事地请来了亲戚朋友、左邻右舍，特地给我送行。那一天，父亲很动感情，流下了眼泪，没想到我离家后，他不久便逝世了。

我又回到了洪江。因为沿途土匪多，洪江下水的船都是一帮一帮走的，要凑上近百条才一齐开船，船上还有军队保护。我在这里等了一个多月，才乘船沿沅江而下。沿途两岸悬崖峭壁尽是风景名胜，什么孔明放灯的地方啊，孔明放兵书的地方啊，我极目远望，尽情欣赏，觉得心旷神怡，有一种冲出樊笼的快意。大约是在3月，我终于到了常德，可是考期已过。怎么办呢？

进入省立第二师范

在常德，我找到了一位远亲的堂叔，他好像就是湖南省立第二师范的教员，堂婶在二师附属小学教书。靠着这个关系，我进了常德第二师范附小，插班在高小三年级读书。

这是一个完全陌生的新环境，对我来说可又是一个有着充分自由的新天地，我从此完全摆脱了家庭的束缚和种种烦恼，可以安安心心读书了。

当时，学校已经开学一个多月。想到离家求学的不容易，想到自己的抱负，我下定决心，一定要克服困难，发愤读书。

高小毕业了，但是我还进不了二师，因为二师下半年不招生。我考进了常德一个名叫平民中学的学校。平民中学校长是教会学校毕业生，特别重视英文教学，每周四十几堂课，英语课和用英语教的其他课程竟有31堂之多。我是一点英文也没有学过的，所以学起来非常吃力。

用"如饥似渴"、"如痴如呆"这八个字来形容我那时的学习劲头和情况，我看是很恰当的。学生上课的教室，就是课外的自习室，上课听讲的座位，就是课外自习的座位，我除了上饭堂吃饭、上厕所大小便外，几乎整天不离开座位。我几乎没有任何社交活动，只是同座位前后左右的四个同学打打招呼，把全部时间和精力都倾注在阅读、书写和做作业上。这样念了两个月，竟害了一场大病，咳嗽吐血，头发也掉了，大家都管我叫"癫痢头"——究竟得的是什么病？我也不知道。解放以后进城了，检查身体，医生说我肺上有钙化点。我想或许初到常德读书时得的那场重病就是肺结核吧。当时既没有打针吃药，更没有条件住医院，就是凭着年轻力壮，在床上躺躺，也就扛过来了。从此以后，我吸取教训，不敢死读书了，身体一恢复就注意锻炼，先是短距离跑，后又长距离跑，每天早晨风雨无阻，总要跑五千米左右，还经常打篮球、做体操，身体渐渐健康起来了。

我的性格也变了，逐渐变得沉静起来，爱思考问题。社会的现状，祖国的命运，人生的意义，青年的责任……我都在思索，只是找不到答案。有时我独自一人抱着一把月琴，拨弄着琴弦，陷入沉思，感到苦闷和彷徨。

1925年春天，我终于考上了湖南省立第二师范，成了二师的正式生。学校的班次是按入学先后排的，当时全校有好几百人，1925年招的学生全编在二十七班。

我在二师念书的时候，国民党已在广州成立国民政府，积极准备北伐了。

参加学潮

二师那时已经有了共产党、共青团组织，学生思想活跃，学校政治空气很浓，两个营垒的阵线也很鲜明。

二师的学生大体有两类，分属两个阵营。一是富家子弟，他们家里有的是钱，平时随便挥霍，大都参加"体育会"组织，是国家主义派控制的。一是不富裕家庭子女，他们求知欲旺盛，对社会现状不满，投考师范图的是学校供应伙食，上学期间吃饭不花钱。他们对富家子弟的所作所为很反感，参加的组织叫"学生会"，以后又成立了"救国义勇队"，都是共产党领导的。我当然参加后一派组织。

当时学校的党团组织都是秘密的，同学们不知道谁是共产党员，谁是共青团员。以"学生会"为一方，以"体育会"为另一方，两派斗争相当激烈，几乎是事事针锋相对，处处互不相让，但一般同学当时并不知道那些斗争都是党团组织领导进行的。学校进步组织活动的或起或落，两派斗争的或胜或负，除了同我们自己所采取的策略是否正确有密切关系外，更决定于当时国内时局的变化。在党团组织领导下，我们秘密传阅进步书籍和刊物；自己凑钱购买枪支弹药，准备迎接北伐军；特别是1926年春反对开除滕代远同学的斗争，影响比较大，后来被称为"二师事件"。

滕代远比我早入学，他在二十四班，1924年已在学校参加了共产主义青年团，1925年转为中国共产党党员。

事情是这样引起来的。湘西桃源的湖南省立第二女子师范学校，每年要从周围29个县里招收60名学生。按惯例，每县录取两名，共58名，余下的两个名额，留给29个县中最优秀的学生。也就是说，各县除了可以录取两名合格的学生进二女师学习外，还有机会把剩下的两个最优秀学生的名额拿到手。二女师的校长家乡观念很浓，1925年二女师招生的时候，他把这两个最优秀学生的录取名额都给了他家乡的县，选送的学生当然不可能是最优秀的。这样引起了学生的公愤，爆发了学潮。二女师全体同学为此而罢课了。

我们二师进步同学得到这个消息，派滕代远作为"学生会"代表，悄悄前往二女师表示支持。二女师校长是国家主义派，对滕代远的来到，表面上不动声色，暗中却马上给我们校长写了一封信。二师当时的校长也是国家主义派，同二女师校长一样狡猾。他对来信未置一词、未批一字，让校役贴在学校的"公布处"。信的大意说，贵校滕代远君，代表贵校"学生会"，于某月某日光临敝校，鼓动学潮……

国家主义派控制的"体育会"立即兴风作浪，又是召开所谓"全校学生大会"，又是"一致同意"作出"决定"，开除滕代远学籍，罪名是"藐视校规，败坏校誉"。校方马上认可。这时滕代远还没有回校。

"学生会"方面的同学坚决反对，宣布"体育会"召开的大会不能作为全校学生大会，"决定"当然也就无效。我们采取了三项措施：一是要滕代远赶快返校；二是请桃源第二女子师范派代表来我校声明，滕代远是以个人身份到二女师去看朋友的，根本不存在什么"代表常德二师去鼓动学潮"，完全是无中生有的捏造和诬陷；三是召开全校学生大会，让二女师代表参加，说明真相，并宣布以前的"决定"无效，恢复滕代远学籍。

我们按照已经公布的时间、地点召开全校学生大会。国家主义派的校长、教员一看形势不妙，都悄悄把办公室一锁，提前下班回家了。

全校学生大会会场设在理化教室。理化教室对面有一座二层楼房子，楼上是"学生会"办公室，楼下是"体育会"办公室。"学生会"、"体育会"都不过是对外活动用的名称而已，"学生会"办公室实际上是党团办公室，"体育会"办公室实际上是国家主义派办公室，大家都是心照不宣的。

这可是名副其实的全校学生大会，双方学生几乎都到会了，都做好了充分准备。这既是一次辩论大会，双方都力图充分掌握有关的事实根据、法律根据和学校现行规章制度的根据，准备在辩论中驳倒对方；又充满着全体会战的火药味，双方都暗中准备了木枪、木棒、红缨枪等体育器械，集中了石头、砖块作"弹药"，准备大干一场。会场气氛相当紧张。

1946 年，粟裕与校友滕代远在苏中战场重逢。

辩论一开始就非常激烈，唇枪舌剑，各不相让。"体育会"坚持要开除滕代远学籍，"学生会"坚持要恢复滕代远学籍。辩论很快升级，到了白热化程度，由动口发展到了动手，最后棍棒交加，石头对掷，双方从理化教室的会场打到了对面的二层楼房。

国家主义派一个姓郑的学生，在混乱中迅速从一楼跑到二楼，想冲到"学生会"办公室去。显然，他是有政治目的的。"学生会"一个叫陈德型的同学守在二楼楼梯口，他见那个姓郑的学生来势很猛，马上端起红缨枪拦阻，却一枪刺进了那个学生的胸膛，顿时鲜血流淌。国家主义派学生借机大喊大叫："学生会，杀人了！共产党杀人了！"

这场斗争，本来对我们是非常有利的，同情滕代远和反对开除滕代远学籍的，不仅是我们左派，还有大批中间派学生，人数上我们占了压倒性的优势。可是就因为动了武，尤其是我们又伤了"体育会"的人，再加上"体育会"抬出共产党来一吓唬，中间派都给吓跑了，我们很快由优势变为劣势。结果，我们党支部的组织委员被人家抓住了，还给搞去一份有41个党团员名单的登记簿。包括滕代远在内的这41名学生，很快全被学校当局开除了。我那时积极参加党团组织领导的活动，但还没有入团，名单上也就没有我的名字，幸而留下来了。滕代远离开二师以后，经常德党组织介绍，到长沙与中共湖南省委取得联系，先后在平江县和长沙近郊区任共产主义青年团团委书记和省农民运动特派员、农民协会委员长。

经过这次事件，我懂得了革命运动要取得一般群众的支持，否则自己会陷于孤立。在这次斗争中我的政治觉悟和斗争意志，有了进一步提高。

投 笔 从 戎

1926年夏季我从常德回到会同过暑假。家中又不许我再出去读书，把我禁闭了起来，一直到8月初我才第二次出逃，回到学校。

这年11月，经邱育之、肖钟岳两位同学介绍，我正式加入了中国共产主义青年团，庄严地举行了入团宣誓仪式，一个月后，我担任团小组长。

我是在入团以前，在废寝忘食地阅读革命书刊中，建立起共产主义信仰的。学校党组织以公开组织"读书会"为掩护，秘密传送革命书刊。我常从进步同学手中，借阅这些书刊。当时我们传阅的书刊有《共产主义ABC》，列宁曾评价这本书为"极有价值的书"。此书前言中说明是联共党校必读的教科书，凡是得到这本书的同志必须读完它，以确立关于共产主义的目标和任务的概念。我是十分认真地精读这本书的。此外，还读了其他共产主义理论书籍。传阅的期刊有《向导》、《中国青年》等杂志，大都是广州出版的。这些书刊，使我明白了共产主义一定会在全世界实现，这是人类历史发展的必然规律，不以任何人意志为转移的；懂得了当前革命任务是反对帝国主义和封建势力。当我一旦明白必须推翻旧世界和建立共产主义新世界的道理，就觉得少年时代的"路见不平，拔刀相助"的行侠思想是多么幼稚可笑，后来的彷徨、苦闷，思路又是多么狭窄。我决心将自己的一生献给壮丽的共产主义事业。当时，常德县农会、工会已经组织起来，农会已有近万会员，发展迅猛异常，显示了工农群众的力量，更加坚定了我的革命信念。

北伐军一到湖南，形势起了根本变化，国家主义派逃的逃，藏的藏，学校改组，赶走了那个国家主义派的校长，由入党才一个星期的胡佐武担任校长，学校又新换了许多进步教员，"学生会"重新由劣势转为优势。

这时，桃源二女师与常德省立第二师范合并，并且把常德省立第二中学并入，作为新二师的中学部，全校学生 1700 多人。学校党团组织也发展了，力量加强了，工作更活跃了，党组织公开挂出了牌子，叫"中国共产党湖南常德地区办事处"，办事处主任滕代胜，是滕代远的族兄。团组织负责人的真实姓名叫尹道涛，却起了个外国名字叫"细格斯"，平时他就用这个洋名字，我们也弄不清楚是什么意思。在滕代胜和细格斯的领导下，常德地区和常德二师的革命运动轰轰烈烈地向前发展。

常德原来的驻军是贵州袁祖铭的一个旅，老百姓叫他们"三枪将"，即：驳壳枪、红缨枪、鸦片枪。国民党不信任这支杂牌部队，派了一支中央军来缴他们的械，乒乒乓乓响了一天一夜枪，就轻而易举地解除了他们的武装。这支杂牌军还有许多武器便散失到了民间。湘人尚武。过去有句俗话，叫"无湘不成军"，许多人都知道。尤其是我们湘西人，似乎特别好斗。我当小学生的时候就喜欢扎绑腿，在绑腿上插把匕首，还敢同正规军队的士兵斗一斗。这时，为迎接北伐军，党团员们都趁机积极凑钱买枪，我和另外两个同学合着凑钱买了一支驳壳枪、200发子弹。

1927年4月12日，蒋介石在上海发动反革命政变，疯狂屠杀共产党。长沙的许克祥接着发动了"马日事变"，血腥镇压工农，革命出现了低潮。常德的形势突然紧张起来。

"马日事变"一发生，湖南省防军驻常德独立旅的旅长就派人来学校请胡校长去一趟。党组织和同志们都提醒校长局势紧张，此去凶多吉少，竭力劝阻他不要去，立即离开湖南。胡校长斗争性很强，但对时局认识不足，还认为自己是堂堂正正的省立师范校长，"夫子何惧之有！"结果，他被国民党中央军杀害了。消息传来，全校大为震惊，学生们愤怒极了，但一时又没有好的办法。

那时外面传说二师拥有七八百条枪。反动军警信以为真，就派了两个营的部队把学校团团围住。大概是怕七八百条枪吧，他们都不敢闯进校门。实际上这个数字是远远夸大了的，全校顶多有几十条枪，反动当局还下达了对学校共产党员和共青团员的通缉令。面对这种局面，硬拼显然是要吃大亏的，党组织立即通知和组织大家，迅速分批撤离学校。

我和一些同学是最后撤离的。因为常德在洞庭湖边，经常发洪水，所以城里的下水道特别粗大。我们便揭开校内下水道的铁盖子，猫着腰，踩着发臭的污水，悄悄从下水道里摸黑跑到常德城外，在洞庭湖畔跳上了一条小船。

小船行至长沙与岳阳之间，我们下了船，在黑夜里爬上往北去的火车，躲藏起来。火车在洞庭湖畔平原上奔驰，第二天清晨过了岳阳。一过岳阳进入湖北省界就没有事了，我们深深地舒了一口气。

我们的目的地是武昌，一到武昌就接上了组织关系。党已在叶挺领导的二十四师设立了一个教导大队，专门收容两湖进步学生和工农干部。叶挺的名字大家是熟悉的，而且对他很崇拜。他当时是国民革命军二十四师师长兼武汉卫戍司令。反动派发动的"四·一二"和"马日事变"的血腥屠杀，共产党员胡佐武校长的鲜血和"二师"被围，深刻地教育了我，使我意识到，不拿起枪杆子，打倒新老军阀就是一句空话。我毫不犹豫地在5月末赶到平阳门外招生处办好了入学手续，顺利地进入教导大队。从此，我坚定地走进了党领导的革命军队的行列，再也没有离开过片刻。

党对这个教导大队是非常重视的，对学员寄予很大希望。通过严格的军政训练，党要把我们这些青年培养成为基层军事干部，毕业后去基层掌握武装力量。1927年6月，我在教导大队由共青团员正式转为共产党员。

从进入教导大队那一天起，少年时期立下的铲除军阀的志向，变成现实的以革命武装反对反革命武装的行动了。那年，我二十岁。

第 二 章
南昌起义前后片断

常德湖南省立第二师范，在 1925 年以前就有了共产党和共产主义青年团的组织。蒋介石叛变革命后，我们的进步校长被诱捕杀害，局势一天天恶化，党组织采取紧急措施，布置党、团员疏散转移。在一个晚上，学校被突然开来的两营反动军队包围了，我与滕久忠同志一起乘隙逃出，经长沙跑到武昌。当时我们身无分文，又怕被发觉，只好挤在人群中混进火车车厢，藏在其他乘客的座椅之下。武汉政府在当时还算是革命的，没有公开反共。我们到达武昌后，较顺利地参加了国民革命军十一军二十四师的教导队。

教导队的生活

二十四师是我党控制的武装力量，叶挺同志是师长。当时各地的进步分子多遭通缉或追捕，为了收容两湖地区的被迫害的青年学生和工人，培养党的基层军事干部，在二十四师成立了教导队。不到半个月，就有了 1000 多名学员，几乎是清一色的党、团员。党组织十分重视这批新生力量，派了坚强的政治、军事干部来领导。记得当时大队长是孙树成，副大队长是申朝宗，中队长有李鸣珂同志等。我任班长。在教导队同学之中，有谭家述同志，此外还有洪超、吴高群、江振海同志，他们都一直坚持斗争，当过红军的师长或团长，在战斗中英勇牺牲了。滕久忠同志也光荣牺牲了。虽然教导队的学员都是党、团员，具有较高的革命热情，但因绝大多数出身于小资产阶级，又缺乏实际斗争的锻炼，所以，组织上对政治教育极为重视。除了上政治课以外，还经常请负责同志如周恩来、恽代英、叶挺等同志做报告。他们受到同学们的极大欢迎。恩来同志给我们作过两次报告，主要是讲形势和任务，他那爽朗明快的语言，鲜明的观点，透彻的分析，对革命前途充满信心的坚定态度，给大家留下了难以磨灭的印象。他的讲话，总是有的放矢、针对性很强的。他不止一次地亲切询问我们："你们都是些学生，怕不怕苦，现在这样严格的军事生活，吃得消吗？"他还语重心长地鼓励大家说："你们这支队伍，全都是党、团员，是建设红军的基础，一定要肩负起阶级的重托！将来你们要到部队中去，到士兵中去，掌握革命武装，学会打仗，用革命的军队去战胜反革命的军队，去夺取革命的胜利！"当时，我们大多数同志是直接受到过反革命武装叛变的迫害的，深知革命而无武装之苦，大家刚刚拿起了枪，心情是很振奋的，听了恩来同志的报告，更是受到很大鼓舞，同时也体会到我们党是在加强军队工作和武装斗争了。恽代英同志讲话十分幽默，富有鼓动力量。蒋介石叛变，一部分国民党人士实际亲蒋，表面上却标榜自己是中间派，孙科就是其中一个代表。恽代英同志就挖苦他说："人家说孙科是中间派，我看他是站在中间，向前一步走，向右看齐！"很生动形象地刻画出孙科之流的真实面目。恽代英同志鼓励我们要在战争中学会打仗。某部在参加讨伐夏斗寅叛军的战斗中曾一度失利，退了下来。当时有人说他们不会打仗。恽代英同志就说："我看不是这样，而是演习了一次退却。打仗总是要在战争中才能学会的。"叶挺同志讲话比较严肃，当时大家都传诵着他的战斗故事。当夏斗寅勾结蒋介石叛变，进攻武汉并已打到距武昌仅二十公里的纸坊时，我方因兵力悬殊，在敌人的猛烈炮火下退却了。当时叶挺同志的参谋长亲自督战，仍不能扭转不利形势。突然传来了消息："叶挺师长到了！"战士们立即停止退却，转向敌人冲锋，终于将敌人打退。有一个营长原来只受了一点轻伤，就哼着下火线，一听师长来到，立即跳下担架，冲上前去。由此可见，大家对叶挺同志是如何敬畏。

教导队的军事训练非常严格，至今还给我留下深刻的印象。每天不是一般军队的三操两讲，而是四操三讲，"四操"是：早晨一次跑步，上、下午各一次军事操练，黄昏一次军事体操。"三讲"是：上、下午各一次政治课或军事课，晚上一小时点名训话。每天起床号一响，立即跳下床铺，穿衣、漱洗、整理内务完毕，照例是十多公里的跑步，而且还得抢占一座百多公尺高的山头，先到者站排头，后到者站排尾，这也是一种表扬和批评的意思。列队完毕后只休息五分钟，立即跑回原地，不解散队伍就带进饭堂。吃罢早饭，就进行军事操练，要求十分严格。一个动作做得稍不合乎要求，就要重做十几次，直到完全合乎要求为止。有时一排人、一连人连续重复做一种动作，直到全排、全连完全整齐一致为止。为了培养我们不怕严寒，不畏酷热，以适应以后战争的环境，虽然在武汉的炎热夏天里，也从未间断过军事操练。除此以外，教导队对集体主义的教育和劳动观点的培养，也很重视。假日必须集体外出，两人以上在街上行走就要求齐步行进。换下来的衣服要集体洗晒。我们住在武昌宾阳门外一所原来的大学里，宿舍地板是油漆的，必须每天擦洗干净。

当时我们的枪支很陈旧，套筒枪为数最多，甚至还有九响毛瑟枪，寥寥无几的"汉阳七九"，算是最新式武器。但我们对所有武器都很喜爱，保护得很好，擦洗得没有一点污痕。

由于共产党的领导，开始在部队中废除体罚，实行官兵平等的新型革命制度。上级命令必须坚决服从，但在党的会议上，大家都是党、团员，不分上级下级，均可互相批评。最初，有人对如此严格的军事训练不习惯，党组织立即进行思想工作，说明中国革命的根本问题是武装问题，要有大批经过严格军事训练的干部，派到部队里去，才能掌握武装，并与士兵同甘共苦，成为士兵的表率。我还记得有这样一段对话：

教员："艰苦与死何者更难受？"

学员："死更难受。"

教员："不对，艰苦比死更难受。死只是一瞬间的事，而艰苦则是长期的、时刻都会遇到的。如果你们能战胜艰苦，那么还有什么不可战胜的呢？"

经过一两个月以后，我们开始习惯甚至喜爱起军队生活了。身体锻炼得异常结实，青铜般的面孔，鼓起肌肉的臂和腿，我们手执武器，再也看不出一两个月以前那种自由散漫的学生样子了。当然，这样严格的军事训练，确实使一部分意志不坚定的人动摇了，他们吃不了苦，偷偷地开了小差，成了革命队伍中可耻的逃兵。在当时坚持下来的同志，则绝大部分都成了坚强的革命战士。在伟大的革命熔炉中，钢和渣就这样分出来了。

参 加 起 义

武汉风声紧张了，当陈独秀执行右倾机会主义路线，收武汉工人纠察队的枪支自动交给唐生智总部时，使我们异常愤慨。由清一色的党、团员组成的教导队，更受到敌人的嫉恨，他们想缴我们的械。教导队奉命离开武昌，经大冶、黄石港向九江进发。为了在途中减少目标，将各个中队改名为手枪队、迫击炮连、监护连等等。我所在的一个中队，以后便成为南昌起义前敌委员会的警卫队。

在南昌江西大旅社担任警卫任务期间，我经常见到恩来同志出出进进。他对我们警卫队的同志非常亲切，每次走过哨位，总要和战士打招呼，这和当时有的领导人对下级军官和士兵动辄训斥形成了鲜明的对照。我们见到恩来同志总是不知疲倦地工作着，他那间办公室的灯光总是亮到深夜，甚至到天明。7月末的几天，担任警卫工作的我们看到负责同志们忙碌非凡，经常是夜已很深，还在开会，大家都预感到将会有什么严重的事件发生。果然7月31日下午，我们就接到"擦洗武器，补充弹药，整理行装，待命行动"的命令。天黑后，大家全副武装在宿营地待命，坐在背包上窃窃私语："要打仗了吧！跟谁打？是人家打我们，还是我们打人家？"正在这时，恩来同志从我们旁边走过，他停了下来，对我们说："同志们，要准备打仗了，怕不怕！"大家齐声回答："不怕！"恩来同志接着又说："好！这次打仗，我们是有完全胜利的把握的，你们准备接受光荣的任务吧！"时间已是半夜，但我们谁也不想入睡。突然集合的哨音响了，班、排长到中队长处受领任务，才知道我们是要去策应一个部队的起义。远处传来了稀疏的步枪声，接着机关枪、迫击炮也轰鸣了。我们向着三军军官教育团驻地跑步前进。到达目的地时，营内吹起欢迎号，军官教育团全部起义，领导起义的就是朱德同志。这是我第一次见到朱德同志，当时他蓄着长长的胡须，态度和蔼而慈祥，他立即被接到南昌起义革命委员

1940年，粟裕（前排右二）与参加南昌起义的战友合影。前排左起：周子昆、袁国平、叶挺、陈毅、粟裕；后排左三：李一氓。

会。8月1日上午，朱培德留在南昌的部队全部被缴械，南昌已为我党领导的军队占领。后来我们才知道：参加起义的除十一军二十四师和三军军官教育团外，还有四军二十五师和贺龙同志率领的二十军。

南下广东

南昌起义后，决定南下广东。8月6日，我们警卫队奉命随军南下，担任革命委员会和参谋团的警卫，并负责押运南昌缴获的大批武器弹药。每人除驳壳枪及子弹外，还背了两支步枪、200多发步枪子弹，加上背包、军毯、水壶、饭匣、洋镐、铁铲，共重30公斤左右。另外，每班还抬一个大帐篷，每人还要照管一个挑着枪支的民夫。8月的天空，连一片云彩也没有，每天三四十公里行程，真是又热又累，在第一天行军中，七十七团就中暑死了十几个同志。当时的民夫，不同于在以后的战争年代从根据地动员组织起来的民工，随时都有乘隙逃跑的可能，使我们在思想上十分紧张。警卫队中有一个年纪最小的战士，一不留神，民夫逃跑了，只好自己挑起枪支，但走不多远，就挑不动了，结果还是由指导员替他挑了。正因为这样，缴获的武器弹药在沿途丢了不少，这是非常可惜的。

这是一次长途行军，从南昌出发，经抚州、宜黄、广昌、石城、瑞金、会昌、长汀、上杭、大埔，直到9月23日、24日占领潮州、汕头，整整走了一个多月才停脚，而先头部队则已进入海陆丰地区。沿途在瑞金以北的壬田寨打了一次胜仗；在会昌又打了一次大胜仗，歼灭敌人一个多师。警卫队的战士们虽然万分疲劳，但精神振奋，始终保持着高涨的情绪，保卫着起义军领导机关——革命委员会的安全。占领潮州后，我们这个排奉命留在那里，担负后勤部门和物资仓库的警卫任务。

南国风光的潮州，许多东西都是从未见过的，引起了我们很大兴趣。当时我方后勤人员正在潮州忙于筹粮、筹款和收集军用物资，前方正向揭阳、汤坑（今丰顺）地区的敌军发起进攻。我们在炮声隆隆中期待着胜利，不料情势却突然逆转，我军进攻失利，伤亡很大，退了下来。9 月 30日早晨，炮声由远而近，到当天中午，潮州城郊响起激烈枪声。当时留守潮州的战斗部队数量很少，坚持到黄昏，被迫撤出潮州。我们也于仓促间奉命撤离。仓库中许多物资、饷银和武器弹药，无法携带，绝大部分抛弃了，真是令人心痛。撤出潮州后，我们东渡韩江，向饶平方向前进。到饶平时，朱德同志已率领十一军二十五师和九军教育团从三河坝撤到那里，我们同这支队伍会合了。接着就在朱德、陈毅同志领导下，开始向闽赣方向作战略转移。这又是一次长途行军，经饶平（今三饶）、平和、大埔、永定、武平、信丰到达南康、大庾（今大余）地区。由于连续行军作战，

1979 年 12 月，粟裕在广东潮州涵碧楼会见老赤卫队员。1927 年 9 月，南昌起义部队进军广东，周恩来、彭湃的指挥部设于此地。

部队减员很大，加上一些意志不坚定的战士和干部，对革命产生动摇，陆续离开了部队，到达信丰一带时只剩七八百人。因为部队成分不纯，加之基层党员太少，沿途军纪不好，于是将部队整编为一个团，朱德同志任团长，陈毅同志任团指导员。他们亲自整顿部队纪律，加强政治工作，坏分子被淘汰，留下来的同志更坚定了。形势变化得极快，将过旧历年的时候，我们进到湖南宜章，消灭了该县反动武装以后，即公开打土豪、分田地，建立苏维埃政权，正式打起了镰刀、斧头的红旗，举行了轰轰烈烈的湘南起义。

第 三 章

激流归大海

1978 年 5 月，我有机会重新登上井冈山，回到阔别五十年的革命圣地，一一重访了当年战斗过的旧址、遗迹。特别是在砻市（今宁冈）的会师桥头，在召开庆祝会师大会的建军广场，在毛泽东同志和朱德同志第一次见面的龙江书院，故地情景，勾起我对多少往事的回忆。毛泽东同志、朱德同志和陈毅同志，他们高大的革命形象，在我脑海里留下极其深刻的印象，使我永远不能忘怀。从潮汕失败到井冈山会师这段历程中，我是在朱德同志和陈毅同志领导的部队中工作。这两位令人崇敬的杰出的老一辈无产阶级革命家，在 1927 年蒋介石国民党叛变革命，南昌起义部队进军广东又遭失败之后，以非凡的英雄气概和革命胆略，冲破千难万险，为保留革命火种，继续高举南昌起义所开创的我党独立领导武装斗争的旗帜；为改造旧式军队和建设无产阶级的新军队；为实现从城市到农村、从正规战到游击战的战略转变；为率领我们登上井冈山与毛泽东同志领导的秋收起义部队胜利会师，作出了巨大的贡献。现在，时间过去了半个世纪，经过历史的检验，这两位杰出的无产阶级革命家所立下的不朽功绩，已经成为矗立在人们心目中的丰碑。

正确的决策

1927 年 8 月 1 日，在周恩来同志和朱德、贺龙、叶挺、刘伯承等同志领导下，胜利地举行了南昌起义。当时我在起义军领导机关——前敌委员会的警卫队当班长。8月3日起义军开始向广东进军。9月23日、24日占领潮州、汕头以后，我们这个排奉命留在潮州，担负后勤部门和物资仓库的警卫任务。

正当后勤人员在潮州城内忙于筹粮、筹款和收集军用物资的时候，大约是9月27日、28日，从前方传来了隆隆炮声，我们知道，这是起义军向揭阳、汤坑地区的敌人发起进攻了。当时广东境内的主要敌人是国民党第八路军。我们满怀信心地期待着：只要战斗进展顺利，把广东境内的反动部队打垮，就可以重整旗鼓，以广东为基地，组织第二次北伐了。

9月30日早晨，炮声突然由远而近，并且愈响愈烈，接着，我们的一些零散部队撤下来了。从他们的口中得知，我军进攻敌陈济棠师和薛岳师，起初节节胜利，后在汤坑附近受挫，伤亡很大，部队正在后撤。就在当天的上午，潮州城郊也响起了激烈的枪声，敌第八路军副总指挥黄绍竑亲率三个师，正沿韩江西岸向潮州扑来。我留守潮州的战斗部队，仅有第二十军第三师的第六团一部分和教导团一个总队，仓促应战，坚持到黄昏，不得不撤出潮州城。因为事先完全没有估计到要撤退，后勤部门已经筹集到的大批冬衣、物资和几十万元军饷，绝大部分都丢掉了。我们撤出潮州时，得知敌人在帝国主义军舰配合下，已经攻入汕头，到汕头去找革命委员会是不行了。于是我们在后勤部长带领下，找到了几只船，东渡韩江，向饶平前进，打算经饶平去三河坝，同第十一军二十五师和第九军教导团会合。从潮州到饶平多是山道，我们每人负重七八十斤，走得非常吃力。途中，又传来一个更加不利的消息：革命委员会撤出汕头西进至乌石一带，与从汤坑转移来的主力部队会合后，被敌人重兵围攻，遭到覆灭性的失败。这一连串不幸的消息，犹如晴天霹雳，使我们感到意外震惊。

当我们到达饶平时，二十五师和教导团已先撤到饶平。原来，他们在三河坝和敌人激战了三天三夜，在朱德同志的卓越指挥下，仗虽然打得十分艰苦，但打得非常出色，给进攻之敌钱大钧部两个多师以很大杀伤。他们得知汕头方面的消息不好，便主动转移到饶平。这时，师和团的建制还存在，约两千人。加上从潮汕撤下来的零散部队和人员，共有两千五六百人。

当时我们这支队伍的处境极端险恶。敌人的大军压境，麇集于潮汕和三河坝地区的国民党反动军队有五个多师，共约四万人左右，其势汹汹，企图完全消灭我军，扑灭革命火种。从内部来说，我们的部队刚从各方面会合起来，在突然遭到失败的打击之下，不论在组织上和思想上都相当混乱。这时与周恩来等同志领导的起义军总部已失去联系，留下来的最高领导人就是第九军副军长朱德同志。虽然下面的部队绝大部分都不是他的老部队，领导起来有困难，但在此一发千钧之际，他分析了当前的敌我情况，作出了正确的决策。

朱德同志认为，起义军主力虽然失败了，但"八一"起义这面旗帜绝对不能丢，武装斗争的道路一定要走下去。现在的情况是，反革命军阀部队已经云集在我们周围，随时都可能向我们扑来，我们必须尽快地离开这里，甩开敌人重兵，摆脱险恶的处境，否则我们将有全军覆灭的危险。在当时条件下，能脱离险境和保存力量就是胜利。于是，朱德同志率领我们在饶平略事整顿后，立刻出发，经平和、永定、象洞向西北转移。一路急行军，排除沿途反动地方武装的堵截，于 10 月 16 日到达闽赣交界的武平。

我们向西北转移的行动，很快被敌人发觉了。他们立即派钱大钧部的一个师，紧紧尾追，10 月 17 日追至武平城，逼着我们不得不在这里打了一个退却战。朱德同志指挥部队打退了敌人两个团的进攻，随后命令我们这个排占领武平城西门外的山坡，掩护大队转移。敌人进入武平城后，追出西门，遭到我们的阻击，又退回城里去了。我们排在完成掩护任务后，立即紧跟大队行进。由武平城向西北走十多华里，进到石径岭附近，这里都是悬崖峭壁，地形十分险要，只有一个隘口可以通过，却被反动民团占据了。这时，朱德同志突然出现在队前，他一面镇定地指挥部队疏散隐蔽，一面亲自带领几个警卫人员，从长满灌木的悬崖陡壁攀登而上，出其不意地在敌人侧后发起进攻，敌人惊恐万状，纷纷逃跑，给我们让开了一条前进的道路。当大家怀着胜利的喜悦，通过由朱德同志亲自杀开的这条血路时，只见他威武地站在一块断壁上，手里掂着驳壳枪，正指挥后续部队通过隘口。

这次战斗，我亲眼看到朱德同志攀陡壁、登悬崖的英姿，内心里油然产生了对他无限钦佩和信赖之情。记得我第一次见到朱德同志，是在南昌起义开始发动的时候。8月1日晨2时前后，我所在的警卫队，奉总指挥部的命令，去策应朱德同志领导的军官教育团起义。我们跑步进入阵地后，按照上级部署向营地上空打了一排枪，短时间的沉寂后，很快听到教育团营地吹起了欢迎号声，接着，看到一队武装士兵，护送着一位身材魁伟、仪表威武、蓄着胡须、年约四十岁左右的军官走了出来，人们说，这就是军官教育团团长兼南昌市公安局长朱德同志。他态度和蔼，满面笑容，频频向我们招着手快步走过来，给我留下了深刻的印象。经过这次石径岭隘口的战斗，我才发觉，朱德同志不仅是一位宽宏大度、慈祥和蔼的长者，而且是一位英勇善战、身先士卒的勇将。

就在掩护大队撤出武平战斗时，我第一次负了伤。一颗子弹从我右耳上侧头部颞骨穿了过去，当时我只觉得受到猛烈的一击，就倒了下来，动弹不得，但心里却还明白。依稀听得排长说了一句："粟裕呀，我不能管你啦。"他卸下我的驳壳枪，丢下我走了（这个排长后来自行离队了）。当我稍稍能动弹时，身边已空无一人。只觉得浑身无力，爬不起来。我抱着无论如何要赶上队伍的信念，奋力站了起来，可是身子一晃，又跌倒了。只好顺着山坡滚下去，艰难地爬行到路上，却又滑到了路边的水田里。这时，有几个同志沿着山边走过来，帮助我爬出水田，替我包扎好伤口，又搀着我走了一段路，终于赶上了部队，当看到朱德同志在石径岭战斗中的英雄形象时，受到很大鼓舞，增强了战胜伤痛的力量。

在朱德同志的指挥下，经过武平和石径岭战斗，我们疾速进入赣南山区，摆脱了国民党反动派的追兵。

真正的英雄

自从蒋介石、汪精卫相继叛变革命以后，乌云笼罩着天空，全国一片白色恐怖，反革命势力无比猖獗。在这黑暗重重、前途茫茫的严峻时刻，我们这支南昌起义保存下来的部队，在江西境内，赣南山区，边打边走。我们从武平经筠门岭、寻乌、安远、三南（定南、龙南、全南）等县境，向信丰以西的大庾岭山区挺进。部队在孤立无援和长途跋涉中，困难愈来愈多，情况也愈来愈严重。我们虽然摆脱了国民党反动派的重兵追击，但一路上经常遇到地主武装、反动民团及土匪的袭击和骚扰，特别是三南地区地主土围子和炮楼很多，不断给我们造成威胁和损耗。为了防备地主民团的袭击和追踪，我们有意避开大道和城镇，专在山谷小道上穿行，在山林中宿营。此时已是十月天气，山区的气温低，寒冷、饥饿纠缠着我们，痢疾、疟疾一类流行病折磨着我们。更重要的是，大革命失败之后，全国革命处于低潮，南昌起义军主力又在潮汕遭到失败。在这种情况下，革命的前程究竟如何？武装斗争的道路是否还能坚持？我们这支孤立无援的部队，究竟走向何处？这些问题，急切地摆在每个起义战士面前。

严酷的斗争现实，无情地考验着每一个人。那些经不起这种考验的人，有的不辞而别了，有的甚至叛变了。不仅有开小差的，还有开大差的，有人带一个班、一个排，甚至带一个连公开离队，自寻出路去了。其中也有一些人后来又重返革命部队，继续为革命工作。我们这支队伍，人是愈走愈少了，到信丰一带时只剩下七八百人。不少人对革命悲观动摇，离队逃跑，特别是那些原来有实权的带兵的中高级军官差不多相继自行离去，给部队造成了极大的困难，使部队面临着瓦解的危险。

在这难以想象的时刻，我们的朱德同志和陈毅同志，真是像青松那样挺拔，像高山那样耸立，他们坚决率领这支革命队伍，坚持走武装斗争的道路，成为整个部队的中流砥柱。可以毫不夸张地说，那时如果不是朱德同志的领导和陈毅同志的协助，这支部队肯定是要垮掉的。当然，有些同志也可能走上井冈山，但作为一支部队是不可能保存下来的。

我们的朱德军长，在向西转移的过程中，总是满怀信心地走在队伍的前面。虽然大敌当前，处境险恶，他却神态镇静，无所畏惧，始终以无产阶级革命家的胆略和气魄，尽力教育部队和掌握部队。他经常在基层军官和士兵中，一路行军，一路给大家讲革命道理，指出革命的光明前程，提高大家的革命觉悟和坚定大家的革命意志。在旧军队里，官兵上下之间等级森严，生活待遇悬殊。但我们看到身为军长的朱德同志，却过着和士兵一样的简朴生活，和士兵一样吃大锅饭，一样穿灰色粗布军装。行军时，他有马不骑，和士兵一样肩上扛着步枪，背着背包，有时还搀扶着伤员、病号。他的一言一行，深深地感动着大家，对稳定军心起了极大作用。大家不仅把他看作是这支部队的最高领导，而且简直看成是我们这个革命集体的好"当家"。

这时候，在师、团级政工干部中，只剩下七十三团指导员陈毅同志了。他挺身而出，积极协助朱德同志带领部队。陈毅同志是在十分困难的条件下开始和坚持工作的。那时候他来到部队不久，上下关系都很陌生，职务也不很高，再加上他是搞政治工作的，当时政治工作人员是不被人们所看重的。尤其是潮汕失败之后，部队面临着极端严重的处境。在这一系列的不利情况下，陈毅同志完全以他坚强的革命精神和实际行动，逐渐在部队中建立起威信。后来我们知道，南昌起义时陈毅同志正在武汉，是武汉军政分校党的负责人。8月2日他奉中共中央军委命令，从武昌乘船沿江东下，急赴南昌。但当他克服沿途阻挠到达南昌时，起义军已于前一天全部撤走了。陈毅同志又不顾一切艰险，日夜兼程向南追赶，闯过了沿途军阀部队、地方民团的盘查和搜捕，终于在临川、宜黄地区赶上了正在进军中的起义部队。前委书记周恩来同志亲自分配他到号称"铁团"的主力部队七十三团去当指导员，并笑着对他说："派你干的工作太小了，你不要嫌小。"陈毅同志爽朗地回答说："什么小不小哩！你叫我当连指导员我也干，只要拿武器我就干。"后来陈毅同志回忆这段历史曾说："我那时在部队里是没有什么地位的。我来部队也不久，八月半赶上起义部队，十月初就垮台了。大家喊我是卖狗皮膏药的。过去在汉口的时候，说政治工作人员是五皮主义：皮靴、皮带、皮鞭、皮包、皮手套。当兵的对我们这些政治工作人员就这么说：'在汉口、南昌是五皮主义，现在他来又吹狗皮膏药，不听他的。'失败后，到了大庾，那些有实权的带兵干部，要走的都走了。大家看到我还没有走，觉得我这个人还不错，所以我才开始有发言权了，讲话也有人听了。"回想起来，我认识和钦佩陈毅同志，也正是从信丰、大庾开始的。

　　陈毅同志首先对那些悲观动摇、企图逃跑的人进行了不调和的斗争。当时黄埔军官学校出身的一些军官，其中包括七十三团的七连连长林彪，来找陈毅同志，表示要离开队伍，另寻出路。而且还"劝"陈毅同志也和他们一起离队。他们说："你是个知识分子，你没有打过仗，没有搞过队伍，我们是搞过队伍的，现在队伍不行了，碰不得，一碰就垮了。与其当俘虏，不如穿便衣走。"陈毅同志坚定地回答说："我不走，现在我拿着枪，我可以杀土豪劣绅，我一离开队伍，土豪劣绅就要杀我。"陈毅同志更严肃地告诫他们："你们要走你们走，把枪留下，我们继续干革命。队伍存在，我们也能存在，要有革命的气概，在困难中顶得住。个人牺牲了，中国革命是有希望的。拖枪逃跑最可耻！"陈毅同志的这一席话，不仅痛斥了动摇逃跑分子的可耻行为，而且充分表达了他在险恶的环境里坚持革命到底的顽强决心。

1927年10月下旬，在信丰城西约二十多里的一个山坳中，朱德同志亲自主持召开了一次具有重要意义的全体军人大会。在这次大会上，朱德同志首先宣布，今后这支队伍就由他和陈毅同志来领导。他大义凛然地说："愿意继续革命的跟我走，不愿革命的可以回家，不勉强。"并恳切地动员大家："无论如何不要走，我是不走的。"接着，朱德同志以他的远见卓识，发表了非常深刻的讲话，鲜明地回答了当时大家心坎里郁结着的问题。

朱德同志拿俄国革命胜利所走的曲折道路作比喻："一九〇五年的俄国革命失败了，留下来的'渣渣'就是十月革命的骨干。我们这一次就等于俄国的一九〇五年，我们只要留得一点人，在将来的革命中间就要起很大的作用。过去那个搞法不行，我们现在'伸伸展展'来搞一下。"

他还卓有预见地指出："蒋桂战争一定要爆发的，蒋冯战争也是一定要爆发的。军阀不争地盘是不可能的，要争地盘就要打仗，现在新军阀也不可能不打。他们一打，那个时候我们就可以发展了。"

朱德同志这些铿锵有力、掷地有声的话语，精辟地剖析了当时的政治形势，展示了革命必然要继续向前发展的光明前景，令人信服，感人至深。陈毅同志对之作了极高的评价。他曾经说，朱德同志的这次讲话，是讲了两条政治纲领，我们对部队进行宣传教育，就是依据这个纲领做些发挥工作。

陈毅同志也恳挚地开导大家说："南昌起义是失败了，南昌起义的失败不等于中国革命的失败。中国革命还是要成功的。我们大家要经得起失败局面的考验，在胜利发展的情况下，做英雄是容易的，在失败退却的局面下，做英雄就困难得多了。只有经过失败考验的英雄，才是真正的英雄。我们要做失败时的英雄。"

从这次全体军人大会以后，朱德同志和陈毅同志才真正成了我们这支部队的领袖，我们这支部队也度过了最艰难的阶段，走上了新的发展的道路。但是，就在大多数同志对革命的信心加强起来的时候，动摇已久的林彪还是开了小差。当部队离开大庾县城的那天，他伙同几个动摇分子脱离部队，向梅关方向跑去。只是因为地主挨户团在关口上把守得紧，碰到形迹可疑的人，轻则搜去财物痛打一顿，重则抓起来杀头。林彪感到走投无路，才又被迫于当夜返回部队。44 年后的九·一三事件，林彪在叛逃中自我爆炸。陈毅同志回顾过去历史时指出："南昌暴动，上井冈山，林彪起过什么作用？他根本是个逃跑分子。"可是林彪死党及"四人帮"为了篡党夺权的需要，竟然百般美化林彪，大搞伪造党史和军史的阴谋活动，说什么南昌起义失败后，是林彪把保存下来的部队带上井冈山，和毛泽东同志会师的。这简直是对历史的无耻歪曲和篡改。

铁的事实告诉我们：真正的革命英雄，不是别人，乃是百折不挠、大义凛然的朱德同志和陈毅同志，乃是那些对革命坚定不移、为革命英勇献身的战士。

大 庾 整 编

1927 年 10 月底，我们的队伍从信丰来到了赣粤边境的大庾地区。正如朱德同志所预料，国民党新军阀各派之间矛盾重重，这时候，继宁汉战争之后，又爆发了粤系、桂系、湘系军阀的混战。他们忙于互相争夺，不得不暂时放松了对起义军的追击。朱德、陈毅同志便利用这个间隙，领导部队进行了一次整顿和整编。

总的来说，我们这支队伍在党的领导下，经过北伐战争和南昌起义的锻炼，是一支革命的武装。但是，它的基础是旧军队，还保留着旧军队中固有的那些不良制度和不良作风。在政治上，党对军队的领导还是薄弱的。在组织上，部队的成分比较复杂，虽然大部分是贫苦农民出身，一部分是革命知识青年，但兵痞、流氓也占一定的数量，在未经改造之前，他们常常成为害群之马。在思想作风上，军阀主义习气像毒菌一样腐蚀着部队的肌体。从饶平到大庾约一个月的进军中，环境异常恶劣，上述这些不良因素给部队带来了更大的损害，如果不坚决加以改造和整顿，这支队伍不但不能继续执行革命任务，战胜凶恶的敌人，甚至部队本身能否存在下去也成了问题。

这次整顿和整编部队，实际上是从信丰整顿纪律开始的。本来，在向西转移的一路上，破坏群众纪律，甚至敲诈勒索、抢劫财物的事件就时有发生，大多数同志对此现象十分气愤和不满。但是由于原建制多已失去组织领导作用，有的军官甚至怕坏分子从背后打黑枪，便睁一只眼闭一只眼，不敢过问，以致这些违犯政策纪律的行为，未能及时制止和处理。当部队进入信丰城的时候，破坏纪律的行为就更严重地暴露出来了。这座县城里，有商店、酒楼、当铺和钱庄。部队刚一进城，少数坏家伙钻进酒楼饭馆里去大吃大喝，吃完把嘴一抹就走；有的还闯进当铺，把手榴弹往柜台上一放，故意把导火索掏出来："老板，称称有多重，当几个钱零花。"这些人的恶劣行径，简直和军阀队伍一样，影响极坏。

面对部队的这种严重情况，陈毅同志当机立断，要号兵吹紧急集合号，并叫传令兵传达发生敌情和转移出发的命令，带起队伍一口气跑出信丰县城约 10 多公里，走到一个山坳里的平地上才停止下来。就是在这里，举行了我前面所说的那一次具有重要意义的信丰全体军人大会。在大会上，陈毅同志宣布了革命纪律，斥责了破坏团结、煽动逃跑、抢劫勒索、严重损害军誉的三个最坏的家伙，当场宣布执行严肃的革命纪律，大长了革命的正气，刹住了破坏纪律的歪风。这是陈毅同志第一次和全体同志见面，大家都被他这种果敢机智的领导所震动，为有这样的一位有才能、有魄力的同志来协助朱德同志领导部队，从内心里感到喜悦。

全体军人大会之后，为了进一步从政治上、思想上、组织上加强部队的建设，我们便到大庾地区驻下来，对部队继续进行比较全面的整顿和整编。

这一次整顿，重点是加强党对部队的领导。首先，由陈毅同志主持，整顿了党、团组织。南昌起义，虽然开始了我们党独立领导军队的新时期，然而，当时这支部队只是在上层领导机关和军官中有少数党员，在士兵中，除了像我所在的这个排，因为前身是二十四师的教导队，是由"马日事变"后从两湖逃出来的部分学生和工人干部组成的，全部是党、团员外，一般是没有党、团员的。因此党的工作不能深入到基层和士兵中去。经过这次整顿，重新登记了党、团员，调整了党、团组织，成立了党支部。记得当时部队还有共产党员五六十人，党员人数不到群众的十分之一。那时候我们还不懂得应当把支部建在连上，但是实行了把一部分党、团员分配到各个连队中去，从而加强了党在基层的工作，这是对于这支部队建设具有重大意义的一个措施。

与此同时，整个部队也进行了统一的整编，共组成七个步兵连。我被分配到五连任指导员，连长是耿凯同志（他是朱德同志领导的教育团的学生，后来牺牲了）。另外还有一个迫击炮连，一个重机关枪连，总共九个连，合组成一个团。这支队伍虽小，目标却是很大的。各地国民党反动势力，都知道我们是南昌起义剩下来的贺、叶部队，是共产党领导的一支革命武装。我们走到哪里，就有地主民团给国民党通风报信。为了缩小目标，便于隐蔽，我们便取用"国民革命军第五纵队"番号，司令是朱德同志，对外化名王楷（因朱德同志的号叫玉阶而化此名），指导员是陈毅同志，参谋长是王尔琢同志。

自饶平出发以来，朱德同志和陈毅同志一直很重视部队的政治思想工作，他们常常到基层军官和士兵中去耐心地进行说服教育。现在整顿了党的组织，重新整编了部队，他们就能够依靠和发挥组织的作用，更好地加强部队的政治思想工作。潮汕失败，我们算是打了大败仗，几乎全军覆没，一路来部队情绪低沉。经过这一段的工作，部队逐渐活跃起来，人们不再是愁眉苦脸了，议论声，谈笑声，常常在部队中回响，初步显示了政治工作的强大威力。同时，转战赣南山区时走散和离队的人员，因为到处遭到反革命势力的追捕，有些人又陆续返回部队，这一事实，也从反面教育了大家。从此，部队的组织状况和精神面貌都大为改观，团结成了一个比较巩固的战斗集体。这时全团虽然只有七八百人，比起饶平出发时只剩下了三分之一，但是就整体来说，这支队伍经过严峻的锻炼和考验，质量更高了，是大浪淘沙保留下来的精华，已成为不灭的革命火种。这次大庾整编，是我们这支部队改造的重要开端。我军的完全改造，是上井冈山以后在毛泽东同志领导下实现的。

这时候还处于建军初期，我们党还缺乏建设一支无产阶级领导的、全心全意为人民服务的、新型的革命军队的经验。而建设这种军队的一整套方针路线，是上井冈山后，在毛泽东同志的领导下，从实践上和理论上全面、系统、正确解决的。朱德同志和陈毅同志，在领导起义部队西进的战斗历程中，为我军的建设贡献了宝贵的经验，他们都不愧为我军杰出的创始者之一。

上山打游击

在朱德同志和陈毅同志的领导下，我们这支部队随即开始了对新的革命道路的探索。11月上旬，我们离开大庾县境，来到了湘、粤、赣三省交界处崇义县以西的上堡、文英、古亭地区。这里在大革命时期，农民运动高涨，革命影响较深，群众基础较好，又是一片连绵不断的山区，便于部队隐蔽活动。这时军阀混战方酣，湘、粤、赣的大小军阀都卷入到这场战争里去了。朱德同志和陈毅同志抓住这一有利时机，决定部队进入山区，发动群众，开展游击战争。我们首先打走了占山为王、杀人放火、作

1978 年 5 月，粟裕在江西宁冈砻市红四军建军广场。

恶多端的土匪何其朗部，收缴了地主的武装，控制了这个山区。同时整顿了原来的关卡，收了点税，解决部队的给养。部队除了出操上课进行政治和军事训练外，以连、排为单位分散活动，帮助农民生产劳动；向群众宣讲共产党是为穷人谋利益的，我们是为穷人打天下的，穷人多，革命一定胜利等革命道理。在此以前，我们这支部队只知道打仗，现在也搞群众工作了，这是一个很大的前进。在崇义地区活动时间不长，二十天左右，但意义是重大的。我们第一次把武装斗争同农民运动结合起来，虽然这还是初步的尝试。

　　12 月上旬，我们转移到仁化，和中共广东北江特委取得了联系。在这里，得知了我党要举行广州起义的消息，同时接到党中央来信，指示朱德同志和陈毅同志率部队于 12 月 15 日赶到广州，参加广州起义。于是，我们兼程南下，但刚赶到韶关城郊，就得知广州起义已经失败了。

　　这时韶关市内的气氛十分紧张，店铺、银行、钱庄纷纷关门。韶关商团有七八百条枪，如临大敌，阻止我们进城。我们就开到韶关城外西南郊的西河坝，打算住在一个天主教堂里。可是天主教堂的法国神甫也不让我们住，"哇哩哇啦"对着我们吵。我们不懂外国话，无法和这个神甫说道理。正在争执不下时，陈毅同志走过来，亲自和神甫谈了一阵，这个神甫才算老实了。这时我们才知道陈毅同志是留法勤工俭学的学生，说得一口流利的法语，算得是个大知识分子了。然而，他却能够与我们一起同生死共患难，大家就更加信服和敬佩陈毅同志了。

广州起义的失败，进一步激发了我们对蒋介石国民党的无比仇恨。我们在西河坝时，每天队伍集合都要高唱国际歌和呼喊打倒国民党的口号。广州起义的失败，也更加促进了我们到农村中去开展革命斗争。在西河坝驻得不久，朱德同志和陈毅同志就率领我们转移到韶关西北60里左右的犁铺头。这是一个农村集镇，来到这一带，就更便于开展工作了。我们白天休养生息，保存力量，训练部队；晚上仍以连、排为单位，分散到农村中去，宣传群众，发动群众，并且开始了打土豪。这时，部队还收容了一些在广州起义失败后跑到这一带来的同志。我们的队伍开始有些扩大，思想情绪和阶级觉悟也不断提高。

对于这一段斗争实践，朱德同志十分重视。他曾经追忆说："干革命，过去只知道在城市里搞起义，这时候才知道还可以上山打游击。"他又说："那时候党中央的政策不想打游击，而是想搞城市起义。""我们原来也不知道上山，开始上山搞了个把月，觉得上山有出路。"南昌起义，开辟了我党独立领导革命战争的新纪元，但是当时还缺乏实践经验，还没有认识到必须把武装斗争同农民运动结合起来。朱德、陈毅同志正是在起义失败之后西进的斗争实践中，不断探索新的革命道路，从而领导我们开始实现从城市到农村、从正规战到游击战的重大战略转变。

这一时期，我们所以能够在长途转战之后，取得暂时比较稳定的环境，休整部队和开展农村群众工作，这是和朱德、陈毅同志根据当时实际情况，利用敌人阵营内部矛盾，正确地运用革命策略分不开的。当时驻在我们部队附近的，是滇军范石生的十六军。范石生同朱德同志在云南讲武堂是同班同学，他与蒋系、桂系军阀都有矛盾，尤其是受到蒋系军阀的排挤。朱德、陈毅同志分析了这种形势，认为尽管在全国范围国共合作已经破裂，但在当时的具体情况下，仍有可能同范石生实行短暂的"合作"。于是，由朱德同志利用老关系，在范石生接受了我们提出的"部队编制、组织不动，要走随时就走"等原则条件下，同他达成了协议。我们改番号为十六军四十七师一四〇团，朱德同志（仍化名王楷）任四十七师副师长兼一四〇团团长。我们从范石生那里取得了一批现洋和军用物资，补充了部队，解决了当时弹药、冬衣、被服等供给的困难。

1928年1月初，蒋介石发觉我们这支起义部队隐蔽在范石生部，指令方鼎英率部从湖南来粤北，拟以四个团驻韶关，另以四个团留驻犁铺头以北之乐昌，对我形成南北夹击之势。并要范石生解除我们的武装，逮捕朱德同志。范石生立即秘密地通知了朱德同志。对于出现这种形势，我们本来是有所准备的。在朱德、陈毅同志的率领下，部队立即连夜出发，从乐昌以南十几里的一个地方西渡武水，向湖南开进，去创造农村革命的更大局面。

湘南起义

自从潮汕失败以后，朱德同志和陈毅同志率领起义军经过近4个月艰苦卓绝的斗争，一方面充分认识到国民党已经无可救药地成为帝国主义、封建势力的忠实工具，完全转化为民主革命的凶恶敌人，从而不能不放弃同国民党合作的一切希望；另一方面已经开始探索上山打游击，开展农村革命的新的革命途径。通过正反两个方面的经验，终于决心丢掉国民革命的旗子，继毛主席之后打出工农革命的红旗，向国民党进行武装夺取政权的斗争。1928年1月20日左右，朱德、陈毅同志率领我们向湘南宜章县境开进，随即在那里正式打出了红旗，举行了轰轰烈烈的湘南起义。

湘南是第一次国内革命战争时期农民运动蓬勃发展的地区，蒋介石"四·一二"叛变革命之后，白色恐怖笼罩着湘南。但是，湘南的党和人民顽强机智地坚持了秘密斗争。当1927年冬爆发军阀混战时，他们趁机恢复了各地党和革命群众组织，建立了赤卫队。南昌起义、秋收起义、广州起义，特别是毛泽东同志率领秋收起义部队上井冈山的消息传来，给湘南的党和人民以极大的鼓舞，革命积极性更加高涨。

在犁铺头时，朱德同志和陈毅同志即已着手选择政治、地形、群众条件比较好的地区以发动和推进农村革命。在部队进入宜章县境，与湘南特委、宜章县委取得联系后，他们对湘南的形势做了全面分析，决定在湘南举行暴动，并在湘南特委的协助下，拟定了首先巧取宜章县城的行动计划。

1928年1月22日中午，正是农历年关的前一天，我们这支部队打着国民党军队的旗号，利用胡少海的名义，在敌人毫无戒备的情况下，顺利地开进了宜章县城，并立即控制了全城。

原来胡少海同志出身于宜章城里一个有权势的大地主家庭，本人是个知识分子，对现状不满，背叛了地主家庭，参加了革命，但未暴露身份。我军一进城，人们便纷纷议论说，这支部队是本城大豪绅的儿子胡少海率领的，胡少海在国民党第十六军里当上团长了。我们进驻县城的当晚，国民党宜章县政府的官员和地主豪绅大摆筵席，欢迎我军军官。筵席开始不久，我出席宴会的同志，按照预定计划，迅速将敌县府官员、豪绅等抓了起来，并宣布：我们是中国共产党领导的军队，宜章解放了。与此同时，县衙门内外的反动团队，也被我军解除了武装。接着，我们又砸开了监狱，释放了被捕的共产党员和革命群众；打开了地主豪绅的粮仓和库房，向城市贫民和贫苦农民分发粮食、财物。在全城军民一片欢腾声中，伪县政府门前的国民党青天白日旗被扯下来了，标志着工农革命的红旗高高升起。我们部队也正式打出了"工农革命军第一师"的红色军旗，全体指战员纷纷撕掉了军帽上的国民党帽徽，每个人的脖子上系上了红带子。工农革命军第一师师长是朱德同志，党代表是陈毅同志，参谋长是王尔琢同志。同时参加起义的一部分农民组建了宜章农军。

宜章年关暴动的胜利，震撼了湘南和粤北的反动统治。蒋介石慌了手脚，急忙派许克祥带五个团的人马，由广东韶关直奔宜章而来，妄图扑灭宜章暴动刚刚燃起的革命烈火。

提起许克祥这个在"马日事变"中双手沾满湖南人民鲜血的刽子手，广大军民无不切齿痛恨，义愤填膺。现在他又来了，真是仇人相见，分外眼红。面临着优势的敌军，用什么样的战法来打它呢？朱德、陈毅同志根据南昌起义以来作战的经验教训，认为不能摆开阵势打硬仗，要打游击战、运动战。于是，朱德、陈毅同志指挥工农革命军第一师和宜章农军，决然撤出宜章县城，隐蔽集结在宜章城西南的黄沙堡、笆篱堡、圣公坛一带山里。许克祥部随即占领宜章并追出城来，妄图消灭我们。隔了一天，我军在转移途中，于岩泉、栗源一带与许克祥的先头部队遭遇。我们在农军的配合下，迅速抢占有利地形，对运动中之敌发起猛烈攻击。当时我们部队虽仍不足千人，却是南昌起义保留下来的精华，战斗力是很强的。一个冲锋，就把敌人打乱了，歼灭其一部，余敌狼狈逃窜，我军乘胜追击，一直追到许克祥的司令部所在地砰石镇。这时敌已成惊弓之鸟，争相逃命，我军很快便将敌的五个团全部打垮。许克祥连摆在桌子上的饭菜都未来得及吃，就扔掉轿子，丢掉皮大衣，带少数马弁逃脱了狗命。砰石镇到处是敌军丢弃的武器弹药和军需品。这次战斗，我们缴到了一门山炮，许多迫击炮，大批的步枪、机关枪，200多担子弹。打垮许克祥之后，我们又重新占领了宜章县城。这是潮汕失败之后我军改变作战方法，首次获得重大成功，并创造了以少胜多的优秀战例。

宜章起义取得胜利之后，建立了工农革命政权。这是我们这支起义部队转入农村斗争的又一个具有重大意义的发展。1月底，宜章县召开了隆重的工农兵代表会议，正式成立县工农兵政府。各区、乡的工农兵政权也相继成立，这时宜章农军已经正式改编为工农革命军第三师，由胡少海同志（后来在闽西牺牲）任师长。工会、农会、妇女会、学生会、儿童团等群众组织也已先后成立。初期的红色政权已经有了一定的规模。同时，"打土豪、分田地"的口号也在这里提出来了。虽然由于时间所限，还没有来得及制订和公布土地法，正式开展土地革命，但在党和各级工农兵政府的领导下，开始了打土豪的斗争，群众起来烧毁田契，有的地方自发地分了土地。广大群众踊跃参军，我们一个班出去，就带回一长列新战士。宜章县的革命进入了高潮。

宜章起义的胜利，揭开了湘南起义的序幕。砰石战斗的胜利，轰动了整个湖南。在农历年关以后，湘南其他各县的工农群众，在党的领导下纷纷揭竿而起，武装起义的烽火越烧越旺。为了支援各地的起义，朱德、陈毅同志率领工农革命军第一师北上，先向郴州前进。在黄泥坳地方与敌何键的嫡系周南（师长）的两个营遭遇，我们把它打垮了，占领了郴州城。军事上的胜利，进一步推动了夺取政权的斗争，这时我们只要派出一个排的兵力，在地方党和农民武装的支援配合下，就可以解放一个县城。不到半个月，先后解放了永兴、耒阳、资兴等县城，建立了工农兵政府，成立了赤卫队、自卫军和革命群众组织，并在此基础上，又组建了工农革命军第七师、第四师和几个独立团。在上述五县斗争胜利的影响下，起义的烈火，义迅速在桂阳、安仁、常宁、桂东、汝城、衡阳等县的大部地区，以及茶陵、攸县、酃县、临武、嘉禾等县的部分地区燃烧起来。

朱德、陈毅同志发动和领导的湘南起义，是我们党所领导的农民武装起义的光辉典范之一。它在当时历史条件下，正确地引导湘南广大农民群众走上了武装夺取政权的道路，开辟了大好的革命新局面。

井冈山会师

　　就在朱德同志和陈毅同志率领南昌起义保留下来的部队艰苦转战的同时，毛泽东同志亲自领导湘赣边界秋收起义的部队举行了向井冈山的伟大进军，经过著名的文家市会合、三湾改编和古城会议，于 1927 年 10 月

1978 年 5 月，粟裕在毛泽东与朱德会师的井冈山龙江书院。

27 日到达茨坪，把革命红旗插上了井冈山，创立了第一支工农红军和第一个农村革命根据地。

1927 年 10 月底，当我们到达信丰时，地方党组织赣南特委派人来接头，就第一次说到毛委员率领秋收起义部队开始上井冈山的消息。朱德、陈毅同志听到这个消息，非常高兴。陈毅同志曾读过毛泽东同志的《湖南农民运动考察报告》，知道他是著名的共产党员和农民运动领袖，久已景仰。这时我们正处于孤军转战、极端艰难的境遇，毛泽东同志上井冈山的消息，给了我们以极大的鼓舞和力量。

11 月间，我们在崇义、上犹地区时，为了向毛泽东同志报告南昌起义部队的经过情形，朱德、陈毅同志便派毛泽覃同志到井冈山去进行联系。不久从毛泽东同志那里来了一个营，由张子清、伍中豪同志率领，是上井冈山途中在大汾遭敌袭击而转移到这里的。起初据地方党组织报告，上犹县的鹅形地区有一支革命武装在那里活动，陈毅同志立即换便衣亲自前去和他们取得了联系。通过他们，知道了一些毛泽东同志率领部队登上井冈山之前的具体情况。那时候，兄弟部队之间很讲阶级友爱，我们从范石生那里搞到的一批弹药和军用物资，不仅补充了张子清、伍中豪同志带领的这个营，还有一部分由这个营携带返回井冈山。1928 年 2 月初，我们打郴州时，毛泽东同志又派一个特务连到郴州与我们取得了联系。

1928 年 2 月间，朱德同志和陈毅同志领导湘南起义创造的一片大好形势，遭到"左"倾盲动主义的严重损害。当时，"左"倾盲动主义统治下的党中央和湖南省委提出了一个极其荒谬的主张，即为了不让军阀队伍沿湘粤大道停下脚来占领湘南，要求把湘粤大道两侧各十里内的村庄房屋全部烧掉。湖南省委专门派人到部队来传达这个错误主张，并要求坚决执行。"左"倾错误的烧杀政策，虽然受到一定的抵制而没有能够完全得到贯彻，但已经严重地挫伤了群众的革命积极性，引起群众的不满，甚至激起人民的反抗，使我们的斗争受到很大挫折。同时，由于湘粤大道是南北交通的重要孔道，我们占据湘南，控制这条大道，对各派军阀威胁很大。3月间，粤、桂、湘军阀混战刚刚结束，他们之间取得了暂时的妥协，便立刻勾结起来，以七个师的兵力，分南、北、西三路，对我们进行"协剿"。朱德、陈毅同志为了保存军力，避免在不利的条件下同敌人决战，果断地决定起义军撤出湘南，向井冈山地区转移。

4月上旬，朱德同志率领南昌起义部队改编的工农革命军第一师，由耒阳撤至安仁；陈毅同志率领湘南农军由郴州撤向资兴。敌人发现我军东移，立即派两个师向东追截。正在这时，毛泽东同志亲率井冈山工农革命军两个团分路赶来，迎接并掩护湘南部队转移，在汝城、鄼县城郊打击了追击之敌，掩护朱德、陈毅同志率领的湘南部队顺利地到达砻市。毛泽东同志率领的部队完成掩护任务后，也胜利地回到了砻市。

"千流归大海，奔腾涌巨澜"。朱德、陈毅同志率领南昌起义保存下来的部队，经过迂回曲折的道路，冲破无数艰难险阻，宛如一股汹涌澎湃的激流，穿过逶迤缭绕的深山峡谷，汇入奔腾咆哮的大海，终于在1928年4月下旬，与毛泽东同志领导的秋收起义部队，在中国革命的摇篮——井冈山胜利会师了。从此，我们这支队伍就在毛泽东同志的直接领导下，沿着正确的道路胜利前进。这条正确的道路，就是毛泽东同志亲手开辟的光芒万丈的井冈山道路，就是以武装斗争为主要形式，建立农村革命根据地，以农村包围城市，最后夺取全国政权的光辉道路。自从第一次大革命失败以后，许多优秀的共产党人都竭尽全力积极探索新的革命道路。毛泽东同志把马列主义普遍真理与中国革命具体实践相结合，站得更高，看得更远，亲自领导了秋收起义和井冈山斗争，同时总结了其他各地革命斗争的经验，创造性地开辟了这条中国革命唯一正确的道路。朱德同志和陈毅同志等老一辈无产阶级革命家在这一时期的革命实践，对于探索这条必由之路也作出了重大的贡献。

群山环抱的砻市，在初夏的阳光沐浴下，显得格外秀丽。清澈的龙江穿市而过，江畔屹立着一座古老而雄壮的建筑——龙江书院，毛泽东同志和朱德同志及陈毅同志在这里进行了历史性的会见。接着，两支部队合编为中国工农红军第四军，选出了四军军委，毛泽东同志任军委书记。5月初，又召开了庆祝两军会师大会，在会上正式宣布成立中国工农红军第四军，朱德同志任军长，毛泽东同志任军党代表，陈毅同志任军政治部主任，王尔琢同志任军参谋长。记得在如今称为建军广场的那个场地上举行的庆祝会师大会，真是盛况空前。人们用大量的禾桶排列成方形，上面铺起门板、木板，作为大会的讲坛和舞台，演出了许多在当时算是精彩的节目。部队和民众挤满广场，大家的革命情绪达到了一个高潮。

井冈山胜利会师和红四军的成立，是我军建军史上的光辉一页，它已成为中国革命和武装斗争的重大事件而载入史册。

井冈山会师，两支铁流汇合到了一起，在毛泽东、朱德同志领导下，从此形成红军主力，使我党领导的武装斗争的大旗举得更高更牢。

井冈山会师，具有伟大的历史意义，它不仅对当时坚持井冈山地区的斗争，而且对尔后建立和扩大农村革命根据地，坚决走农村包围城市的革命道路，推动全国革命事业的发展，产生了极其深远的影响。

时间过去了整整半个世纪，当年率领我们艰苦转战，立下丰功伟绩的朱德同志和陈毅同志，已经相继离开了我们；从潮汕失败以后跟随朱德、陈毅同志一路转战同上井冈山的许多老战友，也都先后牺牲和去世了。十多年来，林彪、"四人帮"出于篡党夺权的罪恶目的，曾经费尽心机对这段历史肆意歪曲、篡改和捏造，甚至对朱德、陈毅同志进行无耻的诬陷。这就使我在无比愤慨的同时，深深地感到，有责任力求按照历史的本来面貌，记述朱德、陈毅同志这一段历史功绩。陈毅同志生前说过："伪造历史就是犯罪。"只有按照历史本来面貌反映出来的英雄，才是真正的英雄。"青山遮不住，毕竟东流去。"妄图阻挡革命历史潮流的林彪、"四人帮"一小撮丑类，已被抛进了历史的垃圾堆；而一生为人民立下不朽功绩的朱德同志和陈毅同志，将永远与天地共存，与日月同辉。

第 四 章
在井冈山和中央根据地

我在井冈山和中央根据地时期，是我从一个基层干部成长起来，在战争中学习战争的路途上迈开重要一步的时期。这里，我主要谈谈自己在军事斗争中的亲身经历和体会。

学习毛泽东建军思想

我首先想谈的是建军问题。那时，人民军队新创建，成分复杂，战斗又频繁，建立一支什么样的人民军队，正是最迫切需要解决的一个重大课题。

我们党在大革命时期，就派出一些干部在国民革命军里开展工作。蒋介石、汪精卫先后叛变后，使我党更深刻地认识到枪杆子的重要性。南昌起义打响了武装反抗国民党反动派的第一枪，接着秋收起义、广州起义进入了创建红军的新时期。

南昌起义，打的还是国民革命军的旗号。毛泽东同志领导的秋收起义部队，正式打起了中国工农革命军第一军第一师的旗帜。1928年1月，朱德、陈毅同志率领南昌起义失败后的余部转战湘南举行起义，也正式打起了中国工农革命军第一师的旗帜。这两支革命军队的番号不约而同。

然而，打起工农革命军的旗帜，远不是建军问题的主要内容，更谈不到建军任务的完成。关于建设无产阶级领导的人民军队这一重大历史课题，是经过探索实践直到1929年12月古田会议，在毛泽东同志的领导下，才从理论和实践上得到正确的解决的。朱德、陈毅同志对人民军队的建设也作出了重大的不可磨灭的贡献。

当时我是一名基层干部，我只能把自己的一些感受讲出来。

我在《激流归大海》一文中，曾经写过朱德、陈毅同志领导我们转战粤闽湘赣途中对部队的几次整顿。那几次整顿，主要是加强党对部队的领导，加强基层工作，整顿纪律，整顿党、团组织，整编部队，是对我们那支部队进行改造的重要开端，但还不是全面的改造。我们上井冈山会师之后，全面建设和改造开始了，在我军中肃清旧军队习气的残余，与旧军队的旧制度、旧思想、旧作风、旧习惯彻底决裂，把贫苦农民、知识青年、旧军人改造成无产阶级的革命军人，按照无产阶级和人民利益的需要，建设一支中国共产党绝对领导的新型的人民军队。

会师后，毛泽东、朱德同志在砻市的龙江书院文星阁召开了连以上干部会议，4月末又召开了中国共产党红军第四军第一次代表大会。这两次会议我都参加了。毛泽东同志在会上就一些重要的建军原则作了阐述，还宣布了"三大纪律、六项注意"。不久又召开了一次连以上党代表会议，讨论建军问题，并请大家发表意见。我在武汉参加的我党领导的国民革命军二十四师教导队，上政治课讲马列主义的道理，但军事教育基本上用旧式军队的教育方式，讲的是下级对上级绝对服从。此时这种民主的做法，本身就体现着一种崭新的精神，给我上了建军教育的重要一课。

这时为加强党对军队的领导，毛泽东同志重申了"支部建在连上"这一项强有力的政治和组织措施。前面我曾提到，我党早就在国民党军队中开展工作，但那时党的工作主要在上层。朱德、陈毅同志领导的信丰、大庾整编，派党员担任连队的领导干部，以加强党对基层的领导，但支部还是建在团上。现在明确规定支部建在连上，这就使党的工作扎根到了基层。这一重大措施，经过长期革命战争的考验，证明具有无限的生命力，保证了我军在任何艰难困苦的情况下，连队都发挥着战斗堡垒的作用。

为了加强党的工作、政治工作，一些优秀的共产党员被调到连队担任政工干部。我在井冈山时，工作多次调整，时而任连党代表，时而任连长，都是为了加强政治工作的需要。比如连队里新战士和解放过来的战士多了，需要加强政治工作，就调我去任连党代表；某个连长军阀习气太重了，要调动他的工作，又让我去任连长。

我所在的第二十八团，在党的领导下屡建战功，但轻视政治工作的思想仍较普遍。尤其是一些行伍出身的军人，看不起政工干部，认为政工干部只是摆样子，卖嘴皮子的，卖狗皮膏药的。红军的政治工作制度建立起来以后，他们仍抱成见，称政工干部为"五皮主义"、"卖狗皮膏药的"。"五皮"（皮靴、皮带、皮鞭、皮包、皮手套）本是北伐军军官的新型象征，区别于北洋军阀的长统大袖，蹒跚裤脚的装束的，早在北伐时期"五皮"就成为行伍出身的同志戏谑政工干部的称谓。这时"五皮"装束在红军中已没有了，但他们仍然这样戏弄政工干部。我担任党代表后，有的行伍出身的军人见到我就说："来卖膏药了吗？多少钱一张？"我刚作政治工作，没有经验，只有在实践中慢慢地摸索。

那时部队打人风气比较严重，虽然已经有明令废止肉刑，但还未被一些人所接受。第二十八团有一个干部，因好打人而得名"铁匠"，意思是他打人像铁匠打铁一样狠。有个旧军官出身的人，打人成瘾，打得军需、上士、传令兵、伙夫差不多都跑光了。还有老兵打新兵的。事实上越是打人，纪律越涣散松垮。如果哪个单位战士逃跑多，几乎不用调查，就可以断言那个单位打人成风。

建立和开展政治工作的过程也是我的自我改造过程。我是反对打骂的，但也因受旧传统的影响，对于做坏事的人，还是觉得需用变相的体罚。我们连一个通讯员好赌博，屡教不改。一次他赌博被我抓到了，我很生气，就对他罚站，让他脚跟并拢，两腿半弯曲下蹲，双手举起，我们把这个称作"两腿半分弯"。身体再壮的人，这么站久了也受不了。这个通讯员虽然吃了苦头，恶习仍然不改。我觉得旧的管教办法实在不行。第二次抓到他赌博，我也不罚他了，耐心地同他谈话，启发他的觉悟，对他进行说服教育。我同他谈了一两个小时，他流泪了，被说服了，发誓以后不再赌博。后来，他果然改了，并且发现别人赌博还来告诉我，帮助做工作。我感慨地想，对自己的同志，舌头真是比拳头还灵啊！就这样，我自己的思想也得到改造。

说服教育胜过拳头，而官兵平等的实际行动又胜过万语千言。在人民军队里，扫除了几千年军队内部的统治与被统治的关系，建立起了新型的人与人的平等关系。

本来井冈山的经济基础就差，加上敌人的封锁，就更困难了，部队的生活是很艰苦的。布很难买到，军衣都是自己动手做。领到白布，用锅灰煮成灰颜色，裁好后自己一针一线地缝。我第一次做裤子时，不会裁，就把自己身上穿的一条裤子拆开来照样子裁，然后再缝起来，做一条裤子缝两次。穿着自己做的裤子格外高兴。衣服很少更新，全身破破烂烂的。到了冬天，棉衣很少，号召共产党员、共青团员不穿棉衣，让给伤病员穿。所有干部、战士都会打草鞋，用稻草打。吃得也很苦，每天的伙食除粮食外，油盐菜金五个铜板。基本上餐餐吃红米、南瓜。南瓜吃了涨肚子，不好受。战士们风趣地编了一首歌谣："红米饭，南瓜汤，秋茄子，味好香，餐餐吃得精打光。"由于敌人的封锁，最困难的是部队吃不到盐。不吃盐，行军、作战没得劲。后来自己熬硝盐吃。硝盐就是把房屋墙角下长的一种白毛刮下来，用水熬。那东西又苦又涩，但毕竟比没有盐好一些。后来，中央苏区建立起来了，条件好一些了。筹款筹得多，有时还可以发点零用钱，多时每人一次可发到四五元，大家可以剃头，买牙刷、买肥皂了。而且还找机会改善一下生活，在江南地区就买鸡子吃，到福建地区时还可以买到罐头吃。但更多的情况是连续几个月不发钱。生活虽然苦，但从朱军长、毛委员起，吃的、穿的、用的都一样，只有军医受优待，那时医生很少，给他们每月十元津贴。大家都知道，旧军队常常有闹饷的事，而我们的部队，因为官兵一个样，从来没有闹饷的，也不怨恨谁。部队中流传一副联语："红军中官兵夫薪饷穿吃一样，军阀里将校尉起居饮食不同"。

朱军长、毛委员和大家一起从山下往山上挑粮，有一次朱军长开会回来，正遇到挑粮的队伍，就下了马，把体弱同志的粮担放到马背上，自己又抢过一根扁担和大家一起挑上山。士兵们想方设法不让朱军长同大家一起受累，于是才出现了"朱德记"扁担的佳话。我就亲眼见过这根扁担。

也许现在的青年人不能体会到官兵平等、废止肉刑这些基本制度所产生的强大威力，因为他们是在人与人的平等关系中成长起来的。而当时，这些基本制度，唤醒了被压迫者长期被压抑着的人的尊严，激发着对未来美好的无限希望，成为大家为共产主义事业奋斗牺牲的强大力量。这些新型的制度，是进行政治工作的强大武器。那时对于红军最有力的宣传就是："红军官兵平等"，"红军不打士兵"。这简单的语言，对劳苦农民和广大士兵，具有无穷的吸引力，它是红军阶级本质的具体体现。

拒绝改造、对抗改造的事例也是有的，我们为此付出过血的代价。二十八团二营营长袁崇全的叛变就是一例。1928 年 8 月下旬，部队在湖南郴州战斗失利后，二十八团由桂东折回井冈山，让二营营长袁崇全带一个加强营（附属团部炮兵连）担任前卫。半路上他同副营长曹凤飞，还有一个党代表杜峰北叛变了，经井冈山南边崇义县思顺圩跑了。团长王尔琢同志带了一个连去追，半夜追上了并把该部包围起来了。因是半夜，天很黑，他就对着队伍喊话："我是团长，你们不要打枪，袁崇全叛变了，我是来接你们的。"部队听到他的声音才知道袁崇全叛变了。四连、六连、机关枪连都纷纷跑过来了。正当他集合队伍讲话时，叛徒袁崇全等五人，却躲在暗处，他们拿着五条驳壳枪，对着团长讲话的方向就打并乘乱逃跑了。王尔琢同志当场牺牲。王尔琢同志原任红四军参谋长，后兼任二十八团团长，很受大家的爱戴。他的牺牲是一个大的损失。这次事件说明对于旧军官的改造比对士兵的教育、改造要复杂、艰巨。

此后，一直到古田会议，才从理论与实践的结合上系统、正确地解决了人民军队的建设问题，我对毛泽东同志的建军思想的体会也日益加深。这一段建军思想发展过程，已为大家所熟知，我就从略了。

学习建设根据地

我确立根据地的思想是在参加创建井冈山根据地的斗争时期。南昌起义部队向广东进军，我们的动员口号是"打到广东去，组织第二次北伐"。当时是要把广东作为革命的落脚点和出发点。潮汕失败后，朱德、陈毅同志率余部艰苦转战，沿途一直在寻找革命立足点。1928 年 1 月湘南起义，一个多月内，夺取了宜章、郴县、资兴、永兴、耒阳等几个县的政权，成立了湘南苏维埃政府，并带动了周围十多个县的农民群众的革命斗争，引导湘南广大农民走上了武装夺取政权的道路。但是到了 3 月下旬，起义军遭到敌军七个师的进攻，由于敌人的强大，又由于受到"左"倾盲动主义的严重影响，脱离了群众，致使我们无法在那里立足，被迫放弃了湘南地区。潮汕和湘南的挫折，使南昌起义的部队来不及进一步探索关于建立革命根据地的理论与实践。

毛泽东同志比同时代其他领导同志站得更高，看得更远。在率领秋收起义部队转战上了井冈山后，建立了第一个农村革命根据地。

当我们上井冈山时，井冈山红色根据地的建设已初具规模。我们上了井冈山后的第一个感觉是有了"家"了。按陈毅同志的说法，不再像"釜底游魂"了。这是令人喜悦而又意义深远的变化。

在毛泽东、朱德同志的领导下，部队积极参加根据地建设。同湘南起义时相比，工作内容有了发展。湘南起义时，部队打下一个地方，夺取了政权，也参加做群众工作，但那时的工作重点是扩大红军，较多从军事上着眼。上井冈山后武装斗争同根据地建设结合得更紧密了。我记得所有的部队都要做社会调查。军部发给每个连队一张报表，叫做社会调查表。大体内容是：驻地的地主、富农、中农、贫农人数及其比例；各阶层占有土地数目及其比例；群众的斗争情况；当地工价、物价；地方农产品、土特产品；地形特点，河流宽窄、深浅和流速、流量；等等。连队要逐日将调查情况汇总上报。每打到一个新区，军队的党帮助建立地方党、建立政权，主力帮助建立地方武装，军队党员、干部还担负就地物色、考察、培养建党、建政的骨干。这些做法，不仅是直接地参加建设根据地，而且对提高部队阶级觉悟、政策观念，以及纠正单纯军事观点，也有重大的作用。

毛泽东同志很注意对部队进行建立根据地思想的教育。他常说，人不能老走着、老站着，也得有坐下来的时候，坐下来就靠屁股，根据地就是人的屁股。毛泽东同志深入浅出的比喻，很有说服力。

毛泽东同志运用"分兵以发动群众，集中以打击敌人"的领导方法，把武装斗争同根据地建设有机地结合起来，使部队参加根据地建设工作制度化了。我们在实践中觉悟到打仗是为了建设根据地；建设根据地又是为了打更大的胜仗创造条件。

部队中存在的流寇思想、乡土观念、无政府主义是树立根据地思想的严重障碍。有些人不愿意做艰苦细致的群众工作，有些人怀疑老在山沟子里哪能打出天下，还有些人觉得在一个地方住久了，土豪打完了，没有猪肉、鸡子那些好东西吃了，所以总想打到外面去，打到城镇中去。八月失败给我们的教训是多方面的，但部队里存在这些错误思想，是部队易于接受盲动主义的重要原因之一。当时我在二十八团任连长，我们二十八团和二十九团都被带到湘南去了。进入湘南，第一仗就是打郴县，仗打得还好，郴县打下来了。开始以为敌人是许克祥的部队，一打才知道是范石生的部队。潮汕失败后，范石生曾给朱德同志以帮助，现在打他的部队，这从政策上讲是不妥的。所以打下郴县朱德同志又高兴又不高兴。郴县打下来，派第三营担任第一线警戒，第二营为二梯队。黄昏时，敌人反攻了，攻得很凶，三营顶不住了，二营营长袁崇全却见死不救（前面已经提到，他随后叛变了）。三营给团部写报告请求增援，报告送到了团参谋长手里，他正忙着收集胜利品，把报告装进口袋也没有看。后来三营支持不住垮下来了。其他部队也都退出来了。当时部队不会夜战、巷战，在县城里东南西北也辨别不清。

在郴县缴获了两房子的枪支弹药，全部丢掉了。第二十九团乡土观念严重，战斗一失利，队伍就散掉了。只有第二十八团拉出来了，拉到了资兴，后又转到了桂东。这就是"八月失败"。

由于第二十八、第二十九团去了湘南，敌人趁机对井冈山进行第二次"会剿"。当时第三十一团分兵做群众工作去了。敌人来了四个团，占领了宁冈茅坪，并进攻黄洋界。我守山部队只有一个营，在五大哨口严阵以待，并于黄洋界哨口迎头痛击敌军。不久，敌军内讧，撤退了，我军取得了黄洋界保卫战的胜利。如果二十八团、二十九团不出去，不仅二十九团不会散掉，而且可以好好地打个大胜仗，把根据地扩大到吉安、安福、萍乡、平江、浏阳一带。

毛泽东同志对于这次失利是有预见的。他在七月四日起草的《中共湘赣边特委和红四军军委给湖南省委的报告》上，特别提到部队拉出去不利。指出"四军本身有许多过去习于流寇式的生活，不愿做艰苦的群众工作，充满冒险主义的遗毒"。当毛泽东同志得知我们在郴县作战失利转战到了桂东之后，就带了一个营来接我们。他很注意做第二十八团的工作，出发时交代了第三十一团，见面后不要讲第二十八团的缺点。第二十八团在受到挫折后，情绪低落，听到毛委员来接了，非常高兴。部队一见面，非常亲热，有的同志说，这是第二次会师。经过这一次的教育，多数同志对建设革命根据地的意义以及根据地同武装斗争的关系，认识深刻多了。

在战争中学习战争

我在少年时期，痛恨军阀残害老百姓，就想拿起枪杆子打倒军阀。1927 年"马日事变"，我被湖南反动当局通缉，跑到了武汉，参加了党领导的叶挺部国民革命军二十四师教导队。我欣喜自己扛起了枪，当了革命战士。教导队军事训练十分严格，但只能算是养成教育。在我以后的战斗生涯中，也没有机会进学校专门学习革命战争的理论，我的学习道路是从战争中学习战争。

我跟随毛泽东、朱德同志学习打仗所得到的最深刻的体会，是战争有它自己的规律，克敌制胜的办法必须依据敌我双方的实际情况和战争内在规律去寻找。我学到的这条道理，使我终身受益。

南昌起义后向广东进军，沿途同蒋介石的军队打的是正规战，两军对阵，正面交锋，把敌人打垮了，仗就打胜了。朱德、陈毅同志率领南昌起义余部转战粤、闽、湘、赣，部队只有几百人了，不能再按老办法打仗了。当我们到达湘粤赣三省交界处的崇义县西边的上堡、文英、古亭地区后，朱德、陈毅同志决定把部队带上山，开展游击战争。虽然在那一带只搞了个把月，但上上下下都觉得这样搞有出路。于是从打正规战转变为打游击战的思想，就这样在同敌人战斗的实践中产生出来了。湘南起义后，许克祥带五个团人马来进攻我们，朱德同志运用游击战与运动战相结合的战法，部队撤出宜章城，隐蔽集结于有利之地域，第二天同许克祥打了一个预期的遭遇战。此仗，我们运用新的战法，以一个团打败敌许克祥五个团，创造了以少胜多的范例。

南昌起义余部和秋收起义部队的胜利会师，继承了大革命时期军事斗争的成果，建成了党领导的最强大的一支工农红军，使党领导的武装斗争从一开始就有了有力的拳头。所以井冈山时期的战争形式，初期以游击战为主，也有运动战；后期则是游击战与运动战相结合。当然，那时的运动战还是初级的，或者说是游击性的运动战。

在井冈山时期，为适应红军战略战术的要求，部队的军事训练不同于国民革命军了。没有花架子，训练从实战需要出发。为了提高部队的机动能力，很重视爬山。我们在连队，每天起床后第一个课目就是爬山。不管山多高，一个跑步冲上山顶。休息几分钟又跑下山。然后才吃早饭。其次是重视夜战的训练。有的干部、战士，受封建思想的影响，夜晚怕鬼，经过讲科学知识，现场训练，逐渐地克服了。此外就是训练射击、刺杀和投手榴弹三大技术。这是同当时的武器装备情况相适应的。那时弹药很少，一支枪一般只有三发子弹，有五发子弹就算很多了，因此特别重视射击训练。每天要练单手无依托举枪射击瞄准。我一只手举起步枪，可以举一二十分钟。我的手劲在叶挺部二十四师教导队时已有锻炼，后来就更强健了。记得1950年，我在苏联养病，疗养院的一位按摩医生同我比握力，他见到我的握力和他差不多，使他大为吃惊。经过严格训练，我的枪打得比较准。打起仗来，三发子弹怎样使用呢？就是冲锋前打一二发子弹，都是打排枪，用作火力准备，接着就是冲锋。第三发子弹要留着打追击时用。

上井冈山不久，毛泽东、朱德同志就总结出了"敌进我退，敌驻我扰，敌疲我打，敌退我追"的游击战争的十六字诀。这十六字诀，把保存自己和消灭敌人的辩证关系贯穿于游击战争的作战原则之中。因为是从实际出发的，很容易为干部、战士所理解和接受。

由于红军是在敌人包围之中作战，武器装备一切取之于敌，因此歼灭战一直是我军作战的基本方针。战略战术的运用常以能否达到歼灭敌人为标准。当时，朱德同志带领我们打仗，为了达到歼灭敌人的目的，依据不同的敌人，采取不同的战法。对于一打就垮的部队，采取穷追；对于战斗力较强的部队，则运用迂回包围。在井冈山第二次反"进剿"时，我们打赣南刘士毅的部队，它是地方部队，战斗力不强。当时我们从黄坳出发，向遂川运动，刚一接触，敌人就逃跑了。这时朱德同志和我们在一起，他一面领着我们跑，一面不停地督促："快追！快追！"我们一口气追了35公里，俘虏了敌人营长以下官兵300人，缴枪250支。这种追击已不是一般意义上的追击，而是为了达到歼灭敌人的一种战术。

　　运用迂回包围而达到歼灭的战例，可举1928年6月粉碎国民党军对我井冈山根据地的"会剿"。敌抽调湘赣两省十个团的兵力，分两路向我进犯，以湘敌吴尚部五个团由茶陵向宁冈推进，以赣敌杨池生、杨如轩部五个团由吉安向永新推进。毛泽东、朱德同志决定采用避强打弱的方针，即对湘敌采取守势，集中兵力打赣敌。我主动撤出永新城，退到根据地的中心地区宁冈，集中主力，在地方赤卫队配合下，坚决控制敌进攻我必经之路新、老七溪岭，寻机歼敌。作战部署是以二十九团及三十一团之一个营担任正面阻击牵制，以二十八团及三十二团之一个营迂回到白口、龙源

| 粟裕率部攻占过的老七溪岭。

口，断敌后路，以求歼灭敌人。这次战役在朱德同志的亲自指挥下，取得了歼灭敌人一个团，击溃敌人两个团的重大胜利。

那时，我还在二十八团当连长。我们的第一个任务是控制老七溪岭。当我们迂回到达时，敌右路先头部队已先我们抢占了老七溪岭的制高点。我们发起多次攻击，都未能奏效。午后，我们乘敌疲惫松懈，隐蔽接敌，突然发起攻击，一下子突破了敌人的防御。七溪岭山峦重叠，地形险要，我跑步冲向制高点，回头一看，只跟我上来了九个人，连里其余的人还掉在后面，于是我留下六个人控制制高点，带领三个人越过山顶，猛追逃敌。一过山凹，发现有百把敌人猬集在一起。我们立即冲上去，大喊："枪放下，你们被俘虏了。"这时留在制高点的司号员也很机灵，虽见不到我们的动作，但他在山顶挥起了红旗，吹起了冲锋号。敌人不知我们底细，吓得乖乖地把枪放下了。我们只有三个人，没法拿百把条枪，于是命令俘虏把机柄卸下来。我们拿机柄，空枪让他们背。这是很惊险的，如果敌人对我们来个反扑，我们就要吃亏了。但敌人被我们的气势所吓倒，不敢进行反扑。这就是"两军相逢勇者胜"。

到了1930年夏，红军和苏区都有了较大的发展，我军事战略由游击战向运动战转变。依据形势的发展，适时地实施军事战略的转变，是战争指导艺术中的重大课题。当时我是基层干部，谈不上从理论上做深刻的认识，但感到这是顺理成章的事。这里面包含着实践出真知的道理哩！

在战略转移中

井冈山，地处湘赣边界，位于罗霄山脉中段，地势险要，易守难攻。离敌人控制的大城市和交通要道较远。大革命时期兴起过革命风暴，受过斗争的洗礼，有较好的群众基础。这里反动统治力量薄弱。驻军是云南杨池生、杨如轩的部队，这个部队远离家乡，对保守江西并不积极。战斗力弱，不少人抽鸦片，打起仗来，开始还可以，拖他一阵，鸦片烟瘾上来了，浑身无力，眼泪鼻涕往下流，简直就不像个人样子。

但是，井冈山经济基础薄弱，地区比较狭小，西边是湘江，最近距离 50 多公里，东边是赣江，最近距离也只有约 50 公里，两江水深，不能徒涉，限制着我军的行动。向北是九江、南昌、武汉、岳阳等大城市，不能求得发展。所以这个地区作为一个后方是可以的，从战略发展观点来看，作为大发展的基地不够理想。当时有三个发展方向可供选择，即广东、湖南和赣南闽西。广东、湖南两省敌人的军力太大，湖南更因党的盲动主义的错误，党内党外群众几乎丧尽。而赣南闽西紧相毗邻，可以在 30 多个县开展工农武装割据。从地理上讲，境内层峦迭嶂，山深林密，也有人口稠密、物产丰富的丘陵盆地。这个地区敌人力量比较薄弱；而在若干地方有我们党的组织和游击根据地。1927 年冬至 1928 年春，党领导当地农民举行过多次武装起义，保存下来的力量在积极开展游击战争，赣西南的东固地区，就有"东井冈"之称；闽西根据地是由秘密农会开展斗争、创造游击队搞起来的，军民血肉相连。所以这里有条件发展成大块根据地。

1928 年 12 月，彭德怀同志率领平江起义的红五军主力上井冈山。1929 年 1 月 4 日，面临着敌人将要对井冈山发动的三省"会剿"，毛泽东同志主持召开了红四军军委、红五军军委、湘赣边界特委及边界各界党组织负责人联席会议，作出了红四军向赣南出击，红五军留守井冈山的决定。

红四军于 1929 年 1 月 14 日出发，第一个目的地是大庾。我们避开正面的敌人，从敌人的翼侧向崇义县突破了封锁线，在该县的营前地区击溃了敌人的保安团，县城守敌不战而逃，我军迅速夺取了崇义县城。我军未作停留，急行军乘胜占领了大庾。我们原想制造错觉，出敌不意地转向闽西，但蒋介石觉察了我军的意图，急令赣军二十一旅李文彬部从遂川向大庾出击。这个旅战斗力强。1月20日，敌我接火，因离开根据地作战，没有群众报信，以致仓促应战。我们凭借着大庾城东北的高地与敌三个团激战，尔后主动迅速撤出战斗，以夜间急行军摆脱了敌人。

在这次突然应战中，我军失利，有些伤亡。第二十八团党代表何挺颖身负重伤后遇到敌人袭击，不幸牺牲。何挺颖同志是我军初创时期的优秀政工领导干部，原任三十一团党代表，在陈毅同志负责全军政治工作不再兼任二十八团党代表后调来二十八团。他工作扎实细致，联系群众，很受干部、战士的爱戴。他牺牲了，我们都很悲痛。

大庾之战后，我们的行动困难起来了。我们沿粤赣边界向东，转到了三南（全南、定南、龙南），敌人前堵后截，轮番穷追，紧紧咬住我们不放，我们连战失利。我们在敌占区行动，没有群众基础，耳目闭塞，只有从赣州和吉安跑出来的个别共产党员带路。沿途陈毅同志亲自负责同地下党员联系，取得他们的帮助。最惊险的一次是2月初向罗福嶂开进时，听说那里是个山区，地形很好，山上还有几户土豪可打。当时，敌人离我们十多公里，我们一个急行军，一天走了60公里，但敌人还是追上来了。凌晨，我们在项山受到刘士毅部的突然袭击。那次第二十八团担任后卫，林彪当时担任第二十八团团长，他拉起队伍就走，毛泽东同志、朱德同志和军直机关被抛在后面，只有一个后卫营掩护，情况十分紧急。毛泽东同志带着机关撤出来了，朱德同志却被打散了，身边仅有五名冲锋枪手跟随。敌人看到有拿冲锋枪的，认定有大官在里面，追得更凶，越追越近。朱德同志心生一计，几个人分作两路跑，自己带一个警卫员，终于摆脱险境。这时我们连到达了一个叫圣公堂的地方，听说军长失散了，我们万分着急，觉得像塌了天似的，情绪很低沉、恐慌。因为军长威信很高，训练、生活、打仗又总是和我们在一起，大家对他有很深的感情。下午4点朱军长回来了，此时部队一片欢腾，高兴得不得了，士气又高起来了。但不幸的是军长的爱人伍若兰同志却被敌人抓了去，惨遭杀害。我们看到朱军长把伍若兰同志为他做的一双鞋子一直带着，很受感动。

处在如此危险的环境，红四军前委曾一度准备分散活动，但是分散可能被敌人各个击破，因此放弃了这个计议。

时值隆冬，我们穿行在崇山峻岭之间。山上积着冰雪，穿的单衣已破破烂烂。就这样一支坚韧不拔的军队，使拥有两百万军队的蒋介石寝食不安。我们的两条腿不停地走，每天少则四五十公里，多则60多公里。夜晚，我们在夹被里装上禾草盖着睡觉；雨雪天，把夹被当作雨衣披在身上。因为一路急行军，炊事担子掉在后面，所以饭都是自己做。每人带一个搪瓷缸子，到宿营地，自己放一把米，放上水，烧起一堆火，一个班一堆，大家围着火睡，一觉醒来，饭也熟了，吃过饭，接着走。就这样，我们忍着疲劳、严寒和饥饿，保持着旺盛的战斗意志。

我们继续向东走，经过瑞金北部，向大柏地走，敌人紧紧在后面追。

江西瑞金大柏地战场今貌。

部队实在被敌人追恼火了，憋着一肚子气，正好朱德同志在我们旁边，战士们就故意发起牢骚来，大声地说："当军长，不打仗！怕死让我们来指挥好了！"此时情况正值有机可乘，军长大声地说："你们要打吗？要打就打！"说罢，把大衣一甩，带领部队一个反冲击，把尾追的敌人打垮了，还缴了七八十条枪。这对敌人是个突然袭击，因为他们没有想到我们会突然来个反冲击。

这时朱军长、毛委员已发现追击之敌刘士毅的第十五旅孤军突出的弱点，且大柏地地形有利，故决定再在大柏地有计划地打一仗。这天正是阴历年除夕（2月9日），我们闯到土豪家，把土豪准备的年夜饭吃个精光。吃饱喝足以后，我们离开大柏地，埋伏在石板道两旁山上的树林里。朱德同志安排一些人挑着担子停在道上，装作掉队人员，要他们见到敌人就向埋伏区里跑。等到下午，敌人没来。第二天大年初一，我们继续设伏待敌。那天，下起了毛毛雨，雨停后又起风，风停了又下雨，衣服湿了刮干，刮干又淋湿，时间显得漫长。下午3时，敌人大摇大摆地进了埋伏圈，我军立即开火，双方激战竟夜，歼灭了刘士毅部的两个团大部，俘敌团长以下800多人，取得了进军以来的第一个重大胜利。这年9月陈毅同志在给中央的报告中，称这次战斗为"红军成立以来最有荣誉之战争"。

大柏地之战后，我军乘胜进占宁都，筹了款，买了布，每人还发了五毛钱的零用钱。接着进至东固地区，与赣西南根据地的红军第二、第四团会师。这块根据地对于我们发展赣南、闽西起了很大作用。由于有了这块根据地军民的掩护，我们从从容容地休整了一个星期，恢复了体力。然后进至福建边境的石城，因发现有较强的敌人尾追，便又折回瑞金。1929年3月11日，我军进至闽西长汀四都镇。

自离开井冈山，出崇义、战大庚、折南雄、过三南、经瑞金、血战大柏地、占宁都……行程历时3个月。经过这一段战斗历程，我得到了新的体会。战略转移，就红军来说，既是退却，又是特殊形式的进攻，即从一个方向和区域向另一个更有利的方向和区域去求得发展。在长距离的转移过程中，离开了原来所依托的根据地，进入敌区行动，敌人前堵后追，企图围歼我们，我们能否走得脱，是个很现实的问题。我们自大庾之战后，一直比较被动，一度还很吃紧，直到大柏地打了一个胜仗才夺得了主动。这说明在转移过程中，要处理好打与走的关系。转移当然要走，但要走得好，既要尽量避免不利的和不必要的战斗，以保存力量；又要选择有利时机给敌人以打击，才能夺取主动。这个体会，后来我在北上抗日先遣队的途中得到进一步的深化。

我军进入闽西后，毛泽东、朱德同志立即领导我们打开局面，建立新的革命根据地。闽西的敌人比较薄弱，驻军是地方军阀暂编第二混成旅郭凤鸣部和暂编第一师张贞部，战斗力不强。当时蒋桂战争迫在眉睫，无力进攻我们。郭凤鸣态势孤立，而且长汀党组织要求我们歼灭郭旅，因此，我们先打郭凤鸣部。该旅驻在汀州，我们采用迂回包围的战法，从敌人背后打了进去。敌一触即垮，旅长郭凤鸣被击毙在距城 10 公里的长岭寨。我们乘胜打下了汀州，在红军指导下，建立了革命政权。汀州在我们眼中，算是个大城市，人行道有走廊，下雨不用打伞。在那里打了土豪，筹了款，每人还发了一块银洋的零用钱。那时，部队补充了棉衣，大家穿上了新衣服，又有了零用钱，生活一下子改善了，情绪十分高涨。红四军扩大到三千多人。在汀州约住了十来天，3 月下旬，蒋桂战争爆发，我们又回师江西，以打通闽西与赣南的联系。5 月中旬我军再度入闽，抵上杭、古田一带，策动农民暴动，打土豪分田地。5 月 23 日，我们进攻龙岩城。盘踞在这里的地方军阀第一混成旅陈国辉部，正随张贞部开赴广东未归，留守城防的余部和反动保安团闻风弃城而逃，我们进占了龙岩城。接着又打了永定。闽西原来就有邓子恢、张鼎丞同志在那里工作，有党的组织和群众工作的基础。武装斗争的胜利和根据地工作一结合，形势就大好了。从当时的力量看，漳州我们也可以打下来，但毛泽东同志和朱德同志认为应适可而止。因为漳州是福建地方军阀的后方基地，如果我们再打漳州，张贞势必向蒋介石求救，这样蒋介石的中央军就会乘机进入福建内地，这对我们反而不利。从这里可以看出毛泽东、朱德同志的深谋远虑。他们领导我们在闽西，抓紧时机开展群众工作，武装工农，扩大队伍，我们得到了较顺利的发展。

7月，蒋介石增调部队对闽西组织"围剿"。当时红四军有个在原地坚持还是跳出闽西根据地的问题。前委研究决定兵分两路：留一路在闽西地区就地坚持，发动群众，深入土地革命；朱德同志带另一路转到外线，出击闽中，以拱卫闽西革命根据地。闽中地主豪绅势力强，到处都是土围子，活动的条件远不如在闽西。朱德同志率领部队在闽中转战，以吸引敌人，然后又转向闽西。在转回闽西的途中，采取远距离奔袭，一举打下了上杭。这一仗完全出乎敌人的意料，我军俘敌卢新铭部千余人，取得了重大胜利，敌人对闽西的"围剿"也就被挫败了。9月上旬，两路部队又在上杭会师。红四军发展到七千多人。

这一段，我在一纵队任三连连长，我们连担任保卫毛泽东同志的任务。他住在永定附近天子嶂的一个半山坡上，我们就在住地附近活动，警卫——游击——警卫。当时敌陈唯元就在永定附近，在我们的监视下，未敢进山。毛泽东同志由于过度疲劳身体不好。他在这里养病、写东西，就地坚持斗争。我们常常看到他屋内的灯光经夜不灭。部队在上杭会合后，我被调到一纵队二支队任党代表。支队相当于团，但人数不多，实际上是个大营。

正当我们在闽西取得较顺利的发展时，1929年九十月间，中央决定红四军进入广东，开辟新的根据地。这又是一次对出击方向的选择了。这个决定，同毛泽东同志的战略思想并不一致。当时我们都知道毛泽东同志从敌我双方力量出发，对南方数省主张采取"攻赣、防湘、不惹粤"的战略方针，也就是说，对江西采取攻势，对湖南采取守势，对广东则尽可能争取中立。在井冈山时期，毛泽东同志反对把红四军拉到敌人力量比较强大的湖南去，这是我们大家都知道的。对于广东，当时也是采取尽量不去刺激它的方针。广东是赣江的上流，毛泽东同志带领我们活动时，尽量不到那个方向去；因为到了那里，就威胁广东的南雄、始兴等这些地方。但是中央的命令还是要执行的。二纵队首先进入广东。广东军阀的战斗力强，二纵队进攻峰市遇到挫折。纵队司令刘安恭牺牲了，部队有较大的伤亡。接着我纵也进入广东。我们一路打到东江，运用奇袭，打下了梅县，除了留少数部队驻守外，主力继续向海陆丰方向前进。敌人在我主力离开梅县后，一个反击，把梅县又夺回去了。于是，我们又奉命回师再攻梅县。守梅县的是广东军阀陈唯元部的教导团，这个部队训练严格，枪打得很准。攻城时我们支队以一截残缺短墙为依托，我交代战士们要注意隐蔽。支队部的一个小通讯员，机动灵活，又很调皮。他说，我就不相信他们的枪法打得那样准，说着，就把手伸出围墙，敌人一枪打过来，把他的手掌打了个洞，这才相信了。纵队部组织了几次出击，梅县仍然攻不下来，部队伤亡很大，只得撤了下来。

经过这次挫折，中央放弃了打到广东去，建立新的根据地的决定。1929 年 11 月红四军撤回赣南、闽西，继续发展。

红四军主力的战略转移，经过艰苦卓绝的斗争，取得了预期的成果。后来，建立了以赣南、闽西为中心的中央苏区，在中国出现了两个中央政权的对立。第二次国内革命战争进入到新的阶段。

我从南昌起义到进入赣南、闽西，已经历了三次大的战略转移。第一次是南昌起义后向广东进军，第二次是潮汕失败后转战粤闽湘赣上井冈山，第三次是向赣南、闽西的进军。每次行动都是同战略出击方向的选择相关联的，而几次试图在广东、湖南打开局面，都遭到挫折。我从这些曲折中体会到出击方向的选择是战略问题。要对敌我形势作正确的分析，要对具体地域的自然、地理、政治、经济、军事等诸种条件做综合分析，尤

其要注意选择敌人统治比较薄弱的环节和注意利用敌人的矛盾。同时出击时机的选择也十分重要。红四军主力从井冈山地区出发，正值蒋桂战争爆发前夕和湘粤赣三省敌军即将"会攻"井冈山。红四军主力避开敌人进攻，冒着危险直插赣南、闽西。1930 年 3 月下旬，蒋桂战争全面爆发，红四军在闽西得以初步站住脚。当时毛泽东、朱德同志不仅选择了蒋介石无法以更多兵力遏阻我实现战略转移意图的时机，而且科学地预见到战略转移后的军阀混战局面，预见到从此革命形势的发展。这是我跟随毛泽东同志、朱德同志学习选择战略发展方向的一个极其重要的收获。

在反"围剿"斗争中

1930 年上半年，中国革命形势获得了很大的发展。我们所在的赣南、闽西地区已建成为全国影响最大的苏区。全国其他地区的革命形势发展也很快。但与此同时，立三"左"倾错误已经在上海党中央领导机关取得了统治地位，影响波及到了红军的作战指导。在错综复杂的形势下我们开始着新的行动，经受着新的锻炼。

1930 年 8 月，主力红军奉中央之命攻取大城市。这时我已调到红十二军任支队长。红十二军是在 1930 年 4 月成立的。军长是罗炳辉同志。我们的部队奉命由赣南向湖南进军。在上海的党中央向我们提出的口号是："饮马长江，会师武汉"。对于广大指战员来说，这个口号是颇有吸引力的，谁不想早日夺取全国胜利嘛！我们深怀着革命的激情，开始新的行动。沿途打了一个较大的仗——攻取文家市。记得 8 月 19 日那天天气特别热，我们的部队黄昏时出发，急行军跑了 35 公里，从一条河的中段游了过去，20 日拂晓，一下子就冲到了敌人的阵地前面，其气势好比从天而降。敌人措手不及，打了不到一个小时，戴斗垣一个旅就被歼灭了。戴斗垣被打死了，俘虏敌 1000 多人。打下文家市的那天晚上，我发起高烧来了，但那时年轻力壮，不在乎，休息了一天，没有吃药，就好了。

8 月末，我们正式奉命第二次打长沙。第一次打长沙是 1930 年 7 月，彭德怀同志率领部队打进去的。那时湖南军阀正在南面混战，主力部队都到湘南去了，长沙守备薄弱，我军一个袭击，就攻下来了。这次情况同上次已截然不同，长沙守敌已达 31 个团，计 10 万人，并筑有坚固的防御工事和外壕、铁丝网、电网等好几层障碍物。我们支队的作战任务是从南面的大托铺向长沙市进攻。那时部队还不会搞近迫作业，连交通壕还不大会挖，更不会爆破，也没有炸药，挖工事的铁锹也不足。可以说，完全没有打敌人坚固设防城市的装备和技术。怎样打法呢？为了破坏敌人的工事，我们利用黑夜，挺进到敌人的铁丝网前，挖起前沿工事，天一亮在前沿顶不住，只好撤下来；第二天天黑再突到前面去继续挖，但头一天挖的工事已被敌人破坏了，只得重挖。就这样往返挖了好几天，仍然不能破坏敌人的重重防御工事。有的同志想起古代的火牛阵，在牛尾巴上绑上鞭炮，点响后，牛向前窜，部队跟着向前冲。结果敌人机枪一扫，没有被打倒的牛掉过头来，反而冲散了我们自己的部队。在围城期间，我军曾两次发动总攻，都失利了，部队伤亡很大。当时，我的心情既焦急又疑虑，我不禁想到以我军现有力量并不具备攻打大城市的条件，因此，对于"左"倾错误的口号产生了怀疑。9月12日，毛泽东同志和朱德同志命令撤长沙之围，这个决定很符合实际。

这次围攻长沙历时16天，昼夜作战，我差不多十来天没有睡觉。当部队撤出长沙转到醴陵时，我一口气睡了两天一夜才缓过劲来。部队撤出长沙后，转到了株洲、醴陵、萍乡、攸县一带。中共长江局派周以栗同志为代表，要一方面军回攻南昌，有的领导同志对打大城市很有兴趣，经毛泽东同志多方说服了周以栗同志，才决定改为攻取吉安。于是，我们从湖南向江西来了一个回马枪，10月4日打下了吉安。吉安是江西西部的中等城市，工商业发达。毛泽东、朱德同志很重视保护工商业，制定了保护工商业的政策，命令部队要严格执行。我们支队的政委因破坏工商业政策被撤了职，由宋任穷同志接任。

这时距敌开始第一次"围剿"已不到一个月的时间了。下一步究竟是继续执行中央的决定，打南昌、打九江等大城市，还是从实际情况出发，回到根据地积极进行反"围剿"的准备？我虽是支队干部，也听到说领导层的意见不一致。我记得部队在峡江转来转去，等待领导层开会决定行动。一天我们接到了 11 月 1 日由毛泽东同志以总前委书记和政治委员双重身份和朱德总司令署名的命令，命令部队东渡赣江，进入东固地区，这是一个关键性的决策，我们都很高兴。部队进到东固地区，立即投入了紧张的反"围剿"的准备。第一次反"围剿"开始时，我调任师长。

第一次反"围剿"是一次集中优势兵力各个歼灭敌人的范例。1930 年 12 月，蒋介石调集十万军队，对我中央苏区进行"围剿"。我军采取诱敌深入的方针，向根据地中部实施退却。敌人以平均日行 35 公里的速度，分多路向我进犯，每路又分成梯队。我军在多路敌人中选择了张辉瓒的第十八师和谭道源的第五十师。这两个师是此次"围剿"的主力军，是这次"围剿"总指挥鲁涤平的嫡系部队，消灭这两个师，敌人这次的"围剿"便可基本打破。这两个师各约一万四千人，我军集中四万人的绝对优势分别歼灭之。开始准备先打谭道源师，根据情况曾两度设伏于其预定推进路线上，因敌人未出动而忍耐撤回待机。随即得悉张辉瓒师已进抵龙岗，孤军深入，立足未稳，我军迅速定下决心，集中优势兵力，运用迂回包围战术，12 月 30 日，一举将该部全部彻底干净地歼灭了，一个也没有跑掉，活捉了张辉瓒。

接着打谭道源师，我师担任正面攻击。当敌人向我反击时，前面的部队被一股敌人冲开了缺口，一直冲到我们师部指挥阵地，接近到拼刺刀的程度。当时师部只有一个警卫排，还有司号员、通讯员等几个人，我们全力拼杀，突然从我的后面打来一枪，原来是一个坏家伙打的黑枪，没有打着我，却把我身边的通讯员打死了。当时情况非常紧急。幸好军部就在我们后面的山头，相隔不到二三百米，见到这边情况吃紧，立即派出一个连，从侧翼迂回到敌后，我们两边配合，把这股敌人消灭了。1931 年 1 月 3 日，歼灭谭道源部一个旅，俘敌三千余人，敌人第一次"围剿"就被粉碎了。两仗相比，打张辉瓒迂回得好，四方面重重叠叠，他跑不掉；

打谭道源则因没有迂回好，仅歼敌一半，未能达到全歼。这说明要打歼灭战，在兵力运用上，必须把包围、迂回结合起来，没有迂回打不好歼灭战。

　　敌第二次"围剿"的规模很大，总兵力约二十万人。对苏区实行严密封锁，并采取稳扎稳打、步步为营的作战方针。这时能否以根据地为依托，粉碎敌人的"围剿"成了尖锐的问题。当时，"左"倾错误的执行者不主张打，而主张把部队拉出江西，创建新的根据地，也有的同志主张打一两仗后再离开江西。毛泽东同志则主张坚决留在中央根据地打。为此，开了几次师以上干部列席参加的中央苏区中央局扩大会议，都定不下来。这时毛泽东同志已成竹在胸，他采取了这样的办法：开一次会定不下来，就把部队向东固方向推一步，再开一次会，又定不下来，就再把部队向东

中华苏维埃第一次代表大会礼堂。

固方向推一步，最后终于大家同意打了，部队也已经完成了战略展开。

第二次反"围剿"，是一次正确选择打击目标的典范。这次敌人采取的是一字长蛇阵，由西向东，从赣江边上的高兴圩、老营盘经富田到宜黄、广昌，一直摆到福建省的建宁，差不多将近五百多公里的战线。敌右翼靠赣江的是蒋（鼎文）蔡（廷锴）这两支部队，战斗力是强的；左翼是蒋介石的"四大金刚"陈（诚）罗（卓英）赵（观涛）卫（立煌），这四支部队战斗力也是很强的，但他们都不在前沿第一线，稍靠后一点。中间则是一些杂牌部队。在决定作战方案时，毛泽东同志很形象地说：现在敌人的阵势是只螃蟹，两边两只大钳子，中间一个软肚皮。究竟怎样打法？打软肚皮当然好打，但搞得不好，两只大钳子就夹过来了。经过多次分析研究，最后决定还是从软肚皮开刀。这软肚皮是上官云相、孔繁祥等北方部队，他们在南方不服水土，又不会爬山，而且蒋介石一贯玩弄借刀杀人扫除杂牌的伎俩，先打他们，蒋介石的嫡系部队不会积极来增援。果然，我们从富田、东固之间打起，横扫七百里，一直打到福建的建宁，蒋介石的"四大金刚"并未与我们交锋，蒋鼎文、蔡廷锴的部队也在原地观望。我们捅破了敌人的软肚皮，一直打到敌人的后面，他的一字长蛇阵就全线崩溃了。《毛主席诗词》中有"七百里驱十五日"的名句，就是讴歌这次作战的伟大胜利。

在这里我顺便说一下，过了八年，希特勒就采取了这个办法，从荷兰、比利时那个薄弱部位打了进去，突破了法国的马其诺防线。这就教育我们，线式防御，在现代战场上是没有用的。现在有的同志强调环形防御，那是战术性的。从战役上讲，现代战争没有多层次的纵深防御是不行的。

毛泽东、朱德同志指挥作战，常常是先打弱敌。打弱敌难在选择。判断敌军之强弱，需要对敌人的各种具体情况做全面、周密的调查研究。例如部队沿革、兵员籍贯、装备给养、内外关系、上下关系、军政素质、生活习惯、战术技术及其特点以及占据的地形、工事条件等等，这些仅是基本的情况。但一切的强和弱，都是相比较而存在的，不是一成不变的，例如强敌而未展开，虽强犹弱；弱敌作困兽之斗，虽弱亦强等等。所以，还需结合实际做具体的分析。毛泽东、朱德同志对这一原则的运用，可谓得心应手，我深受他们的教育。

毛泽东、朱德同志在第三次反"围剿"中，灵活用兵，出敌不意，创造战机、捕捉战机，使我十分钦佩。按照过去的规律，敌两次"围剿"之间有一个较长的间隙，在这段时间部队多半分散执行发动群众的任务。第二次反"围剿"胜利后，我军便分散在建宁、将乐、沙田一带做群众工作。但蒋介石在第二次"围剿"之后，未给我们休整的机会。他立即调整部署，以其嫡系"四大金刚"为主力军，亲任"围剿"总司令，以何应钦为前线总司令，变换了作战方针，实行长驱直入，妄图先击破红军主力，捣毁我苏区，再进行深入的"围剿"。其部署是以何应钦任左翼集团军总司令，担负从南城方向进攻，寻我主力决战；以陈铭枢任右翼集团军总司令，担负从吉安、永丰、乐安方向深入苏区进行"进剿"和"清剿"的任务。敌军乘我主力尚在分散做群众工作之机，急速推进到我苏区的中心地区，占领了东固、富田、东韶、黄陂等很多地方。敌军新的攻势来得如此之快，出乎我军意料。毛泽东、朱德同志决定将红军主力撤回苏区应战。那时还没有无线电联系，靠骑马送信，我军三万多部队，接到命令后，兼程往回赶。有天晚上，通过敌方两支部队中间的一个约七公里半的空隙，如果顺利通过了，就进入苏区了。为严守秘密，部队出发前把所有的火柴、电筒上的灯泡都"没收"了，真是"人含枚、马衔口"，连咳嗽声都没有。3万多人的大部队，一个晚上，神不知鬼不觉地转到了苏区。敌人竟然不知我们到哪里去了。在苏区中心作战，敌成了瞎子聋子，误把在南丰以南和东南地区的红军第四军第十二师以及在南丰以西宜黄以南地区的红军第三军第九师认作我军主力，下令发动进攻。而我军主力则已撤至苏区的后部高兴圩地区。我军避强击弱，先打上官云相的部队。上官云相部队战斗力虽不强，但它同蒋介石嫡系"四大金刚"部隔得很近，我们必须迅速解决战斗。8月7日至11日，我军在莲塘、良村和黄陂连打了三个歼灭战，毙伤、俘虏敌人约一万多人，从被动中初步夺得了主动。

接着我军充分利用在苏区内部作战的有利条件，故示假象，以十二军（欠三十五师）扬旗鸣号，大张旗鼓地向东北方向佯动，把一部分敌人引向东北，并以另一部兵力一度攻占乐安县城，紧紧牵住追敌的鼻子，穿行于高山险路，把敌人的一部分主力拖了半个多月。我主力两万多人，却偃旗息鼓，秘密越过敌人第十一师、第十四师与第五十二师、第六十师、第六十一师之间的十公里空隙，跳出敌人包围圈，向西转移到兴国东北的白石、枫边地区隐蔽休息。等蒋介石发觉再度调兵西进，我主力又进一步调动和疲惫敌人，继续西移，隐蔽地转到兴国、万安、泰和之间以均村、菜园冈为中心的山区，休整待机。

这时敌人像瞎马似的已乱奔了两个月，三个师遭到了我们的歼灭性打击，其余部队受尽苏区军民不断袭扰和坚壁清野之苦，悲叹"肥的拖瘦，瘦的拖死"。与此同时，两广军阀利用蒋军深陷江西之际，向湖南衡阳进兵。蒋介石处于两面受敌之境，不得不实行总退却。我军趁势分路出击，又歼灭敌两万多人，赢得了第三次反"围剿"的伟大胜利。

不过在敌人撤退时，我们同蒋鼎文、蔡廷锴部打了一个硬仗。三军团打高兴圩，我们打老营盘。敌人很顽强。打到最后，他们集中军官、军士；我方就集中共产党员、共青团员互拼。双方伤亡很大，双方都撤下来了。这一仗从战场指挥来说，无硬拼的必要，因为敌人已决定撤退了。说明作为一个战场指挥员，随时都应保持冷静的头脑。当我们从高兴圩撤向富田南边白云山时，碰到了韩德勤的一个师，像吃豆腐一样，一下子就把他消灭了，缴获极丰，正好补充了我们前一仗的大量消耗。

毛泽东、朱德同志指挥我们打了一系列胜仗，使我认识到，两军对阵，不仅是兵力、火力、士气的较量，也是双方指挥员指挥艺术的较量。

在敌强我弱的情况下，我军开始常处于被动，但只要指挥员善于运筹，可以驰骋的领域仍然是很宽广的。战争指挥艺术是一门无止境的学问。

第三次反"围剿"结束后，我先后任过红四军参谋长、红一方面军教导师师长等职务。1933年2月，我调任红十一军参谋长。这个军是由方志敏同志在赣东北创建的红十军同红十一军的三十一师合编成的，军长周建屏，政委萧劲光。

这时，敌人对中央苏区的第四次"围剿"即将开始。蒋介石以其嫡系部队70个团16万人的兵力，组成中路军，由陈诚任总指挥，担任这次"围剿"的主攻任务。另有蔡廷锴为左路军总司令，余汉谋为右路军总司令，负责就地"剿办"，并策应中路军行动。"围剿"的规模超过以往。

反"围剿"中的红军。

第四次反"围剿"是周恩来、朱德同志指挥的。他们表现了卓越的指挥艺术。1933年2月下旬，敌人以一部兵力吸引我军于南丰地区，另一部兵力由宜黄、乐安地区迂回我军后方，企图与我军决战。方面军首长鉴于敌军兵力过于集中，决定采取退却步骤，命令红十一军伪装主力，先打新丰镇，再东渡抚河，向黎川前进，以迷惑吸引敌人；主力部队秘密转移到东韶、洛口地区待机歼敌。2月17日起我军主力捕捉到战机，打了两个歼灭战，消灭了分别向黄陂前进的敌两个师。3月中旬，敌人企图诱引我军决战于广昌地区。为迷惑敌人，创造战机，方面军首长又命令红十一军进至广昌西北地区，配合地方武装，积极开展行动，吸引敌人先头纵队加快南进，拉大敌人前后纵队的距离，以创造各个歼灭敌人的战机，红军主力再战东陂、草台岗，歼敌一个师的大部。在这两次战役中，我对运用牵制、策应部队以创造战机，夺取战役的胜利有了直接的体会。

我在中央红军经历中的又一个重要体会是，从领导层的几次争论中，从正反两个方面逐步加深了对农村包围城市道路的长期性和中国革命战争规律的理解，逐步加深了对积极防御和诱敌深入的战略方针的理解。我感觉到作为军事指挥员应该懂得中国革命战争的战略问题。一个指挥员对战略问题有了较深刻的理解，有了清醒的头脑，才能运筹自如地指挥作战。在我以后的作战生涯中长期远离中央，所以我对于尽可能地去了解和学习战略性问题格外重视。

经受了王明"左"倾错误的反面教育

第三次反"围剿"结束以后，王明"左"倾错误已扩展到中央苏区，毛泽东同志被排挤出红军领导位置。第四次反"围剿"虽取得了胜利，而王明"左"倾错误并未得到纠正。在此后的一段时期内，红十一军同其他兄弟部队一样，奉命进行所谓"不停顿的进攻"路线，举行过多次作战，都因战略方针和作战指导思想上的错误，付出了重大的代价。红军日益丧失了战局的主动地位。

5月，我们在硝石打了一仗。硝石地处江西省东部，驻军是湖南"马日事变"的刽子手许克祥部的一个师。我们是仇人相见，仗打得十分激烈。二十八师攻击敌人一个山头，攻不下来，萧劲光同志和我赶到前沿，部队奋力攻击，敌被打垮了，我军乘胜猛追下去。但敌第二梯队的一小部分突然从我们的后面打了过来，这时我们手上已没有部队，我立即带领身边的警卫人员冲上前去堵截，这股敌人又被我们挡住了。但敌人的一枪打中了我的左臂，动脉血管的鲜血喷出一米多远，当场昏死过去了。幸好身边的警卫员是懂得一点急救常识的，他立即用绑腿把我手臂上部扎死，血才止住。同志们找来担架，冒雨把我送到二十来公里外的救护所去。山路崎岖难行，走了三四个小时才到。因绑带扎得紧，加上一路下着大雨，到了第二天我的手臂肿得像腿一样粗。由于伤势严重，我又被转送到军医院。医生一检查，子弹是从左前臂的两根骨头中间打穿过去的，两边骨头都伤了，还打断了神经，而且已经感染，出现坏死现象。因此医生主张给我锯掉，他们说如果不锯掉，就有生命危险。我想如果只剩下一只胳膊，在前线作战该多不方便，我坚持不锯。我对医生说，即使有生命危险，我也不锯。就这样，坚持下来了。现在这只手虽然残废了，但还是可以帮助右臂做一些辅助动作哩！但是伤口随即就化脓了，需要开刀。那时药品缺乏，设备简陋，技术水平低。解放后有人问我，你开刀用什么麻药？我说哪里有什么麻药，麻绳就是麻药。为了固定受伤部位，用根麻绳绑在凳子上，让医生施行手术，咬咬牙也就过来了，倒没有觉得太痛，反是手术后吃了大苦。当时技术水平差，手术后用蚊帐布剪成二指宽、五六寸长的布条子，放在盐水里泡，每天早晨从子弹的进口处捅进去，第二天又从子弹的出口处抽出来，再从进口处放进一条。捅来捅去，伤口长不拢，反而长了一层顽固性的肉芽子。医生又用个小耙子，把肉芽耙掉，这样捅来捅去、耙来耙去，伤口好几个月也长不拢。我见到其他同志一个又一个地重上前线去了，真是心急如焚。在医院时还遭到过敌人一次袭击，险些遭了殃。记得那天正是赶集的日子，敌人的便衣队突然袭来，医院的同志们立即分散四处隐蔽。我一跑出来就被四个便衣队员紧追不放，我一口气跑了十多公里，才甩掉了敌人。后来送到了方面军司令部的手术队治疗，到了那里用了碘酒不到半个月就好了。碘酒就是当时最好的一种外科药品了。

这是我第四次负伤。1933 年 11 月我伤愈出院，返回部队。这时第五次反"围剿"已经开始一个多月了。红十一军也已改编为红七军团，下辖第十九师、第二十师、第二十一师。寻淮洲任军团长。我任军团参谋长兼第二十师师长，刚回部队，11 月 11 日就参加了浒湾、八角亭战斗。

浒湾、八角亭在靠近敌人战略要点抚州的金溪县。浒湾的敌人是冷欣的一个师，辖五个团。中央军委命令红七军团由正面攻击，袭取浒湾；三军团迂回其侧后。我们向敌发起攻击，敌人在八角亭固守，与我们形成对峙。我率领的第二十师编制不充实，全师只有 2000 多人，而攻击正面近十公里，故我们只能作一线式配备。第二天敌人发觉了三军团进攻其侧后，便倾全力向我师和十九师的方向猛攻。我军奋战两昼夜，浒湾未攻下来，被迫撤出战斗。

这是一场恶战，这次作战从战役指挥到战术、技术上都有教训。战役指挥中通讯联络差，军团之间未能协同配合，当三军团迂回到敌后，向敌人猛攻时，我们不知道；而当敌人向我们这边猛攻时，三军团又不知道，所以未能配合上，打成了消耗战。从战术上看，敌人在向我发起反击时，派飞机、装甲车协同步兵作战，这是红七军团未曾经历过的。五十八团团长是一位打游击出身的干部，人称"游击健将"，打仗很勇敢，但从来没有见到过飞机轰炸的场面。敌机集中投弹，他叫喊："不得了啦，不得了啦！"其实他不是胆小怕敌，而是没有经过敌人空袭的场面。十九师是红七军团的主力，战斗力强，擅长打野战，但没有见到过装甲车，这次敌人以两辆装甲车为前导冲击他们的阵地，部队一见两个铁家伙打着机枪冲过来，就手足无措，一个师的阵地硬是被两辆装甲车冲垮。我师也打得很激烈，师部阵地一个机枪排，一个警卫排，打到最后只有机枪排的一挺机枪，还有 70 多发子弹，机枪排长舍不得打，我狠下心，上去一下子给打光了。敌人还是以密集队形向我们冲来。我们就推倒工事，用石头砸，一直坚持到黄昏。敌人的攻势停止了，我们也撤了下来。此时和军团部的联系已经中断，我们沿着背后的抚河岸边撤了下去，以后才找到了军团部。

这一仗给我留下了很深的印象，它说明随着战争规模的扩大和敌军武器装备的变化，我军的战术、技术也需要相应地发展。所以，我历来主张要给部队讲真实情况，让部队了解敌人。由于受"左"的影响，有一种倾向，就是不敢实事求是地讲敌人的力量。到了十年动乱时，更是发展到登峰造极，谁讲了，谁就是"恐敌病"，扣上各种帽子。进口的国外军事战争片子，也不敢在部队里放，怕引起部队的恐慌。这样是很危险的。当时我就曾不止一次地说过，与其将来打响了再"恐慌"，不如现在"恐慌"，现在"恐慌"可以做工作，研究对策，战时恐慌就晚了，来不及了，就会打败仗。

浒湾战斗后，我们部队活动于清流、归化、将乐、沙田一带。军委给我们的任务是拖住福建方面的敌人，不让敌人向江西方向增兵，我们的兵力不多，不能打规模大点的运动战了，于是我们打游击性的运动战。我们占领交通要道附近的重要山头，监视着敌人的行动，当敌人向江西方向运动时，就打出去，截住敌人，以吸引敌人回援。为牵制敌人行动，我们还以奔袭的方式打进了永安县城。永安县是敌鲁涤平部的后方，县城周围有城墙。同第二次打长沙相比，这时我们已经懂得了一些攻城的技术了。我们没有炮，搞到了黑色炸药。于是我们就挖坑道，一直挖到城墙脚下，另外把黑色炸药装进一只棺材，上面填上土，伪装出殡，抬到城门口，点起引信，把城墙炸开了一个大缺口，部队也已从坑道接近到了城边，一鼓作气，打进了永安县城。但是在王明"左"倾错误支配下，这些局部的、个别的胜利，都无助于粉碎敌人的第五次"围剿"的斗争。

当我回到七军团时，王明"左"倾冒险主义的统治已经扩展到了野战部队，部队里的气氛远不是过去那样活跃、舒畅了。军团政委萧劲光同志抵制错误，被撤了职，换上了一位积极推行王明"左"倾冒险主义的政委。还有一些好同志被无端地撤换了。我则被这位政委扣上了"反政治委员制度"的帽子，长时期地受到限制和监视。这件事说起来是很荒唐的。我们在闽赣边执行牵制任务时，一次我们阻击向江西前进的敌第四师李默庵部，消灭了一部分敌军。我从前沿跑回来请示是否继续追击。当时军团长和政委坐在一根木头上，军团长说："好，好，好！"表示要继续追击，政委没有作声，我以为他同意了，一转身就走。他突然跳了起来大叫："站住！妈那个 ×，政治委员制度不要了！回来！回来！"我们只得停止追击。当晚军委来电批评我们为何不继续追击，他才没有说的。但他却从此把我作为反对政治委员制度的危险人物加以限制和监视。我第一次见到这位政委是在浒湾、八角亭战斗以后，那时他刚来七军团上任，军团部在一个大庙里开大会欢迎他，请他作报告。恰巧这时我从战场回来，军团长见我到了会场门口，便走出来同我打招呼，刚简单谈了几句话，他就在台上拍桌子大骂："妈那个 ×，我在作报告，哪个还在讲话？"当时他还不认识我，竟对军团长如此态度，显然是要当众要一个下马威。

自我到红十一军、红七军团工作以来，感受最深的是王明"左"倾冒险主义对革命事业的危害。同样的部队，同样的武器，在正确路线指引下，在高明的统帅指挥下，就打胜仗；反之，越打越被动。当然革命的进程是势不可挡的，但人民和指战员们要为此而多付出无数的鲜血和生命。

1934 年 7 月，中央为掩护红军的战略转移，命令七军团组成北上抗日先遣队，向蒋介石腹心地区闽浙皖赣进军，执行牵制任务，创建新的苏维埃根据地。7 月 7 日，当我离开瑞金时，我的心情是复杂的。第五次反"围剿"已进行了九个多月，败局已定。我们即将远征，中央苏区的前景使我们分外关切，主力红军下一步的行动更一无所知。聊以自慰的是，我在毛泽东、朱德同志领导下学会了带兵打仗。我参加了建设井冈山根据地、开辟赣南闽西根据地和中央根据地的斗争，经历了反"会剿"、反"进剿"、反"围剿"的战斗，党和人民给了我很重的担子，我不能辜负毛泽东、朱德同志的谆谆教诲和培养，我不能忘记养育我成长的根据地人民，我要对得起无数革命先烈。就这样，我怀着革命事业最终一定会胜利的信念和克服一切困难的决心，又踏上了漫漫的征途。

第 五 章

红军北上抗日先遣队

1934年10月，由于王明"左"倾冒险主义的错误领导，中央苏区第五次反"围剿"遭到失败，中央红军主力被迫从苏区的西南方向突围，进行战略转移，开始了二万五千里长征。在这次战略转移之前3个多月，中央派出一支部队，举起北上抗日的旗帜，从中央苏区的东部出动，向闽、浙、赣、皖诸省国民党后方挺进。这支部队，就是人们常常提到的红军北上抗日先遣队。

这次北上行动，经历了两个阶段。1934年7月初，红军第七军团受命担负抗日先遣队的任务，从瑞金出发，先后转战于闽中、闽东、闽北、浙西、浙皖边和皖赣边，10月下旬到达闽浙赣（即赣东北）苏区，这是第一阶段。11月初，红七军团与原在赣东北的红军第十军合编为红军第十军团，继续担负抗日先遣队的任务，转战于浙皖边、皖赣边和皖南，这是第二阶段。两个阶段共历时6个多月，行程2800多公里，沿途且战且走，先后进行了樟湖坂、福州、桃源、罗源、庆元、清湖、大陈、分水、旌德和谭家桥等30余次重要战斗，一度震动了福州、杭州、徽州、芜湖以至蒋介石的反革命统治中心南京，对于宣传我党抗日主张，推动抗日运动发展，扩大党和红军的影响，以及策应中央红军主力战略转移，都起了积极的作用。广大指战员在极端艰苦的条件下长途跋涉，孤军奋战，以大无畏的革命精神，谱写了一篇雄伟壮烈的人民革命史诗。然而，在蒋介石调集大军不间断地围追堵截下，由于王明"左"倾错误的领导，这次进军始终难以摆脱被动的处境，最后导致了在怀玉山的失败。

今天，重新回顾这段历史，使我感怀至深。红军广大指战员那无与伦比的勇敢顽强精神和革命英雄气概，我们应当永远继承和发扬。同时，王明"左"倾错误所造成的恶果，用烈士鲜血换来的沉痛教训，值得我们永远引为鉴戒。

抗日先遣队的组成

三十年代初期，我国国内形势出现了错综复杂的局面。1931 年"九·一八"事变后，日本帝国主义大举入侵我东北、华北，中国面临亡国之祸，民族矛盾急剧上升，国内阶级关系随之发生新的变化，全国人民纷纷要求停止内战，抗日救亡。但是，蒋介石无视全国人民的愿望，提出"攘外必先安内"的反动口号，顽固地坚持对日妥协投降和加紧扩大内战的反革命政策。内忧外患，阴霾笼罩整个中国。

与此同时，党内王明"左"倾冒险主义统治着中央。第四次反"围剿"以前，他们排挤了毛泽东同志对中央苏区和红军的领导。1933 年，临时中央从白区迁入苏区，到第五次反"围剿"时，"左"倾的军事指导方针已在红军中取得统治地位。他们完全摒弃了毛泽东同志的人民战争战略战术原则，从军事冒险主义到军事保守主义，实行消极防御方针，造成了第五次反"围剿"的节节失利。到 1934 年夏，中央苏区已由原来的纵横各近千里，缩小到各三百余里。周围敌重兵压境，并不断向我中心区进逼，军事形势十分危急。

红军北上抗日先遣队，就是在这样的背景下组成和派出的。

1934 年 7 月初，红七军团奉命从福建连城地区调回瑞金待命。部队到瑞金后，党中央和中央革命军事委员会的几位主要领导人及共产国际派来的李德，接见了军团领导人寻淮洲、乐少华、刘英和我，当面交代任务，宣布由红七军团组成红军北上抗日先遣队，立即向闽、浙、赣、皖等省出动，宣传我党抗日主张，推动抗日运动发展，并规定这次行动的最后到达地域为皖南，因为那个地区有几个县的群众暴动，建立了一小块苏区，要求红七军团在一个半月内赶到，支援和发展那里的革命局面。

宣传抗日和支援皖南，是当时赋予红七军团的任务。中央在这方面做了不少准备工作，为了宣传我党抗日主张，中央公开发表了《为中国工农红军北上抗日宣言》、《中国工农红军北上抗日先遣队告农民书》等文件，印刷了"中国能不能抗日"、"一致对外——驱逐日本帝国主义出中国"、"拥护红军北上抗日运动"等大量宣传品，总数达 160 万份以上，这在当时条件下是很不容易的。为了及时支援皖南群众斗争，中央限令红七军团进行三四天休整和准备后，立即出动。

后来我们才知道，当时中央派出这支部队的更加直接的目的，是企图以这一行动威胁国民党统治的腹心地区，吸引和调动一部分"围剿"中央苏区的敌人，配合中央红军主力即将实行的战略转移。中央领导同志接见我们时，并没有说明这个战略意图。当时中央下发的作战任务训令和政治训令中，虽然表达了要以先遣队的北上行动促使敌人变更战略部署的意图，但在"左"倾宗派主义控制下，这两份绝密文件未见传达，我是若干年后才看到的。当时对于中央这个重要的战略意图，并不知晓。

红七军团是中央苏区红军主力中较新的一个军团，较长时间在中央苏区东线——东方军的编成内作战，经过实战锻炼，逐渐发展成为一支英勇顽强、善于野战的部队。当接受抗日先遣队任务时，由于在东线连续作战的消耗，全军团约有 4000 人。为了执行新任务，突击补充了 2000 多名新战士，合计 6000 多人。其中战斗人员 4000 多人，分编为三个师，实际上各相当于一个大团；非战斗人员约 2000 人，包括中央派出的一个随军工作团。武器也很不足，全军团仅有长短枪一千二三百支，一部分轻重机枪和六门迫击炮，许多战士背的是梭镖。但其他物资却不少，中央交付部队随带的宣传品就有三百几十担，连同部队的后勤物资及炊事担子，总共

500多担。这时，部队新成分多，非战斗人员多，武器不足，负荷很大，行动笨重，远不如在东线作战时那样精干了。

更为重要的是军团的领导问题。抗日先遣队仍保持军团体制，寻淮洲为军团长，乐少华为军团政治委员，曾洪易为随军中央代表。他们三个人组成红七军团军事委员会，决断一切政治和军事问题。刘英为军团政治部主任，我为军团参谋长，都不是军团军事委员会成员。在军团三人领导核心中，寻淮洲参加过秋收起义，是在革命战争中锻炼成长起来的一位优秀的青年军事指挥员。他艰苦朴素，联系群众，作战勇敢，机智灵活。但是，当时"左"倾宗派主义的领导者，对红军中原来的干部是不信任的，寻淮洲虽是军团长，却没有实权，很难有所作为。红七军团的领导权，实际上由曾洪易、乐少华两人掌握。中央代表曾洪易，曾在闽浙赣苏区任中央代表和省委书记，积极推行"左"倾错误政策，造成了极大危害，到抗日先遣队以后，面对艰险的斗争环境，他一直悲观动摇，后来投敌叛变了。军团政委乐少华，也是"左"倾错误政策的坚决执行者，曾到莫斯科留学，回国后很快升任红七军团政治委员。他既无实际斗争经验，又很蛮横霸道，动辄拍桌子骂娘，以"反政治委员制度"的大帽子打击压制干部，并滥用所谓"政治委员最后决定权"进行瞎指挥。

抗日先遣队担负着特殊的艰巨任务，然而，当时的中央实行着"左"倾错误指导方针，军团本身的领导权又掌握在曾洪易、乐少华这样的人手中，就使它的前程更为艰险了。

从瑞金出发和攻打福州

1934年7月6日晚，红七军团从瑞金出发，开始执行北上抗日先遣队的任务。我们经过长汀、连城、永安县境，打下大田县城，经尤溪以东，进到闽中地区。在罗炳辉同志率领的红九军团掩护和配合下，打下了

瑞金沙洲坝中革军委旧址。

樟湖坂，从那里渡过闽江，完全进入了白区。按原定计划，我们渡过闽江之后，应由古田、庆元、遂昌直接北上浙西，然后去皖南。但中革军委忽然改变计划，电令我们由谷口东进，占领水口，威胁并相机袭取福州。于是，我们便转兵向东。水口是福州西北闽江边上的一个重要集镇，守敌四个营，慑于我军声威，连夜逃走。8月1日，我军进占水口。同时，我军另一部占领了古田县城。

占领水口之后，军团部即在该镇召开"八一"纪念大会。这时向部队正式宣布：对外以"中国工农红军北上抗日先遣队"的名义活动，对内仍称红七军团。在大会上，对北上行动和攻打福州进行了动员，部队情绪高涨，斗志昂扬。

我军在闽中地区的突然出现，引起了国民党反动当局的震惊。敌人匆

1934 年 7 月 21 日，粟裕针对福建敌情给中革军委的电报。这是迄今发现的最早一封粟裕署名发给中央的电报。

忙将部署在闽东宁德、福安、霞浦和泉州等地的第八十七师王敬久部集中到福州，并向闽江上游堵截我军。同时，又急调在湖北整训的第四十九师伍诚仁部由长江水路日夜兼程东进，经海运驰援福建。"围剿"中央苏区的国民党东路军总司令蒋鼎文也急忙从漳州飞到福州"视察"。

福州是福建省省会，算是一个大城市了。它南濒闽江，有高大的城墙，筑有比较坚固的防御工事，城内外驻有国民党第八十七师的一个团和一个宪兵团，还有一些炮兵、工兵和海军陆战队，城郊南台有飞机场。从水口到福州约 70 多公里，沿江的交通干道被敌人控制着，我们是从北面大湖方向绕道开进的。8 月 2 日，部队从水口出发，当天黄昏遭到敌机袭击，因为缺少防空经验，伤亡了七八十人。这时，福州的敌人已加强了戒备。

攻打福州带有很大盲目性。8 月 7 日，我军到达福州西北近郊，当时对福州敌军的实力、工事等情况了解很差。但是，部队在中革军委攻打福州的作战命令鼓舞下情绪很高，又听说福州市内的地下党组织将进行策应配合，所以当晚即发起进攻。敌人凭借工事扼守，并使用飞机对我阵地轮番轰炸扫射。我军打得十分英勇，强攻一昼夜，攻占了敌军一些阵地和城北关的主要街道。但因我们还不善于近迫作业，又缺乏攻城手段，也没有市内地下党组织策应，没有办法打进城。我们估计即使打进城，也不容易解决敌人，于是决定把部队撤至福州以北岭头一带，准备向闽东转移。

约8月9日晚，我们进驻北石岭、桃源地区。当夜，敌八十七师的一个团追来，与我警戒部队打响。我们与敌人激战一夜一天，形成对峙状态。敌后续部队赶来增援，我们便撤出战斗。这一仗虽毙伤不少敌军，缴获了一批武器，但我们自己也受到不小损失，特别是伤亡了几个师、团干部。

中革军委这次电令攻打福州，给红七军团以后的行动带来了很大困难。我们刚过闽江的时候，声势很大，敌人弄不清我们究竟有多大兵力。这一打，暴露了我军只是一支不怎么大的牵制力量。从此，敌人就一直疯狂地追击和堵截我军。

转战闽东闽北

桃源战斗以后，我们继续向闽东地区转移。时值8月中旬，天气炎热，伤病员增加到七八百人。在敌区行动，民夫很不好找，伤病员大部分由干部战士抬着走，部队行动异常艰难，迫切需要一个适当的地区把伤病员安置下来。经过连江附近的时候，我们和闽东游击区取得了联系。

闽东游击区主要位于宁德、福安、霞浦三县之间，以赛岐、赤溪一带为中心，领导人是叶飞、阮英平、范式人等同志。我们一进入游击区，在当地党和群众的协助下，先将伤病员进行安置。同时根据闽东同志的意见，为了打通宁德、连江等地几块小游击区之间的联系，军团决定攻打罗源县城。8月14日凌晨，在当地党、群众和游击队的配合支援下，我们采用突然袭击的手段，一举攻克了罗源县城，全歼敌保安十一团第三营及县警备队共一千余人，活捉了敌县长和营长，群众大为振奋。我们在福州和桃源两次作战，都是采取正规战的打法，猛打硬拼，伤亡很大。这次罗源战斗，事先进行较详细的侦察，采用奇袭方法，因而能够以很小的代价一举全歼守敌。这使我们体会到，孤军深入敌区，在作战指导上应当有相应的改变。

红七军团进入闽东，是红军主力部队第一次到这个地区，当地党和群众十分兴奋和热情。他们为红七军团动员补充了一批新战士。我们也把战斗中缴获的几百条枪交给了地方党。留在当地的几百名伤病员，后来大都成了闽东独立师的骨干。

8月16日，我们奉命离开闽东游击区，沿着闽浙边境，由闽北前进。8月22日，攻克福安县西部的穆阳镇，消灭敌军数百人。8月28日，在浙西南击溃敌一个保安团的拦阻后，又攻克了庆元县城。随后又在竹口打垮了敌浙江省保安纵队两个团的阻截，俘敌两百多人，缴获步枪数百支，轻重机枪十余挺，迫击炮两门。不到半个月打了三个胜仗，我军声威大振。9月初，我们进入了闽北苏区东北的古楼一带游击区。

闽北苏区以崇安为中心，是闽浙赣苏区的一部分，领导人是有威望的老党员黄道同志。红七军团自出动以来，一路上马不停蹄，到达闽北苏区以后，原想利用这里的有利条件作短暂休整，总结一下经验教训，以利再战。同时，我军一路上受到敌军的前堵后追，尤其是敌四十九师始终咬住我军不放，为了摆脱这一被动局面，也需要依托闽北苏区寻机给敌人以有力打击，打一两个好仗。但是，中革军委随即来电批评我们"拟于闽北边区休息，这恰合敌人的企图，因敌人企图阻止你们北进"。于是，我们在这里只停留了几天，安置了一批伤病员，就继续向北进发了。

急于要我们离开闽东、闽北，这是继攻打福州之后中革军委在战略指导上的又一次重大失误。从当时红军斗争的全局来看，既然是要我们这支部队配合中央红军主力的战略转移，起战略牵制作用，就不必机械地限定到皖南去。何况当我们出动不久，中央就知道皖南暴动已经失败。如果当时让我们先在闽东、闽北地区活动，帮助地方党扩大武装斗争，打几个好仗，更大规模地发动群众，有依托地向政和、松溪发展，把闽东、闽北连成一片，再同浙南群众条件较好的庆元地区连接起来，创造较大的局面，然后跳跃式地向浙西和皖南发展，倒是可以吸引和调动更多一些敌人的。

　　部队自出动以来，不仅外有敌人围追堵截，内部也出现了严重困难，军团主要领导成员之间的矛盾日益尖锐起来。首先是乐少华同志一味盲目地执行中革军委的命令，拒绝结合实际的积极建议，而且专横无忌，对寻淮洲同志极不尊重，一开会就吵架，天天如此，几乎造成指挥上的瘫痪。与此同时，曾洪易愈益暴露出严重的恐慌动摇，在水口遭到敌机袭击时，他吓得脸色发青，嘴唇颤抖，一到闽北就提出要到闽浙赣大苏区去，并直接发电报要闽浙赣军区派部队来接。他的主张受到寻淮洲和大部分同志的反对，中革军委在回电中也对他做了批驳，以后他就更加消极对抗，竟要求离开部队。军团领导中这些极不正常的状况，从根本上说，是"左"倾宗派主义的必然恶果。它给我们这支深入敌区、独立行动的部队，带来了难以言喻的困难。

挺进浙西

　　我们到闽北苏区时，已是从瑞金出发后的近两个月，超过了中央规定到达皖南的限期，如果继续进军，本应向皖南急进。但中革军委来电指示要我们在浙江执行两项"中心任务"：一、继续对进攻我赣东北红十军及闽北苏区的敌人后方进行彻底的破坏；二、在闽浙赣边境广泛开展游击战，创建新苏区，破坏敌人后方交通，要求首先破坏龙泉、浦城、广丰、玉山间的公路、交通工具及电话线，进而破坏兰溪、衢县、江山、玉山间的铁路、火车站，以及玉山、常山、江山之间的公路。而对原来赋予的去皖南的任务未作任何说明。

9月9日，我们离开闽北苏区，北上浙西。这时，中革军委又不顾当面实际情况，多次来电批评我们"对保安团畏惧其截击是不对的"，"不须以急行军增加病员与疲劳，每日行二三十里"，等等。于是，我们一面对付敌人日益加紧的围追堵截，一面深入敌后进行破袭活动，经江山县之二十八都、仙霞岭、石门，于9月13日攻占清湖镇，消灭了敌浙江保安团的一个营。接着胜利渡过江山河（即江山港），炸桥破路，给了敌人一定的威胁和打击。但是，限于当时的群众条件和装备、技术等条件，要按照中革军委要求在广大地段上破坏铁路、公路是办不到的。

9月15日，我们进到江（山）常（山）公路的大陈地区。在大陈打垮了敌浙江保安第三、四、六团各一部共七个连的进攻，并一度攻入常山县城，缴获一批物资和现款。其后便经招贤、上方镇继续北上。

浙江是蒋介石的老巢，反革命的社会基础雄厚，保安团较强，保甲制度较严密，交通与通讯便捷，敌人能及时掌握我军行动情况，从各方面调动部队围击我军。我们却只能机械地按照中革军委规定的时间、地点、路线、里程慢慢地走，差不多天天要打掩护仗、遭遇仗，虽然也取得了不少战术性的胜利，但整个处境却越来越被动了。那时候，还有一个很实际的问题，就是没有根据地或游击区做依托，有时即使有了战机，大一些的仗也不敢打。到处是反动统治势力，没有群众基础，一仗打下来，伤员无法安置。抬着伤员行军打仗，是非常困难的。一个伤员要两个战士抬，还要一个战士替换，长距离抬下去，就削弱了部队的战斗力。但无论如何也不能把伤病员丢了，那是革命军队所绝对不能允许的。

正当我们艰苦转战浙西的时候，中革军委9月17日来电命令我们，在执行军委给予的破坏杭江铁路及附近公路的任务前，禁止继续北进。第二天又电令我们"应即向遂安前进，以袭击方法占领该城，并确保于我军手中"，规定我们以遂安为中心，在靠近安徽边境的淳安、寿昌、衢县、开化地区开展游击战争，建立苏区，尔后再向浙皖边境之歙县（即徽州）、建德（今梅城）、兰溪、江山、屯溪地域发展。

中革军委的一系列批评和指示，特别是要求我们以遂安为中心建立苏区的指示，使我们困惑不解，因为它完全脱离我们当面的实际情况。遂安位于新安江上游，距杭州约200公里。这个地方虽是山区，但处于衢江、兰江、新安江三角地带，江水较深，汽船可以通到建德、兰溪，还有浙赣铁路和公路干线，敌人交通方便，这样的地形，对我军机动十分不利。那里地瘠民贫，居民多以竹木为生，产粮很少，解决部队给养困难。特别是当地没有我们党的工作基础，相反是赣东北逃亡地主聚居之地。不论政治条件和自然条件，以遂安为中心建立根据地显然是不适宜的。

就在这时候，敌四十九师、浙江保安第一、第二纵队以及新增调来的补充第一旅王耀武部，从几个方向加紧对我追击和"围剿"，企图切断我前进道路，合击我军。面临严重敌情，我军处境危殆。为了避免全军覆灭之祸，我们只得不顾中革军委的一再指责，转向皖赣边行动。

活动于皖赣边

9月30日，我们到达皖赣边之段莘（婺源县北）地区，这里距原定最后目的地皖南已经不远。这时我们才知道，皖南几个县的暴动早已失败，有些干部和群众分散活动在山里面坚持斗争。我们在转移的路上，碰到皖赣特委和当地游击队的领导同志。按照他们的意见，我们继续西进到黎痕地区。

皖赣边和皖南，比我们所经过的浙赣边、浙西的条件要好些。在地形上，皖赣边有昌江、白际山，皖南有黄山，既有大山区，又有丘陵地，河道可以徒涉，便于我军隐蔽和机动；经济上比较富裕，有利于解决部队的粮食供给；文化教育也比较发达，稍大点的村子大都有报纸，便于我们了解形势动向。特别是有党的工作基础和影响，群众条件比较好。这里所处的地位也很重要，向东北可以威胁芜湖、南京，向东可以威胁杭州，我们准备在这个地区停下来，开展游击战争。

我们先后在查湾、道口、鸦桥、黎痕等地进行了几次战斗，打退了追击和堵截之敌，消灭一部分敌军，缴获一批武器。皖赣苏区给我们补充了五百名新战士。在经历了浙西一段困难之后，这时部队又开始出现了好的转机。

在此期间，军团领导曾向党中央和中革军委建议在皖赣地区开展游击战争，与当地党和游击队密切配合，争取在休宁、婺源、祁门一带消灭尾追之敌，以扩大皖赣苏区，寻找有利时机再入浙行动。根据战斗连队很不充实的状况，建议将部队整编为四个营，精简机关，充实连队，以便机动作战。还向中央和中革军委建议，在敌人严重进攻的情况下，允许我们机动、自主地解决许多问题。军团的这些建议，是符合当时实际情况的，但未获批准。

10月15日，中革军委来电，令红七军团转移到闽浙赣苏区整顿补充。军团研究之后，认为皖赣边有发展条件，而进出闽浙赣苏区要通过几道敌封锁线，因此，17日向中革军委去电请示，如我们今后仍须去皖南，则不如不去闽浙赣苏区，以主力向皖南游击区（石埭、太平、祁门、休宁等县之间，中心区在雷湖、柯村）行动。18日，中革军委复电同意。但21日又接中革军委电令，红七军团仍要去闽浙赣苏区。我们遵命立即向闽浙赣苏区转移，经浮梁、德兴之间，通过两道敌封锁线，进入闽浙赣苏区之重溪地区。

红七军团自瑞金出发到进入闽浙赣苏区，转战闽、浙、赣、皖四省的几十个县镇，历时近四个月，行程1600多公里。尽管受到王明"左"倾错误的指导和曾洪易、乐少华的直接干扰，但是，全军团广大指战员以坚韧不拔的革命意志和勇敢顽强的战斗精神，排除了一个又一个艰难险阻，连续行军作战，深入敌人腹心，击退了敌人无数次的截击、追击和"围剿"，打了一些胜仗，粉碎了敌人消灭我军的企图。我们沿途还尽可能地开展群众工作，宣传党的抗日救亡主张，扩大了党和红军的影响。部队虽然战斗和非战斗减员较大，但沿途陆续给各游击区留下了一千多名军事骨干力量，到达闽浙赣苏区时还保持了约三千多人。红七军团孤军转战敌人后方，是起到了它的积极作用的。广大指战员用血汗写下的这一段战斗历程，是不容抹杀的。

当时"左"倾错误的领导者，按照主观主义、冒险主义的战略意图来衡量红七军团的北上行动。要求通过这支仅有几千人的部队的作战行动，"促敌人进行战略与作战部署上的变更"，由于未能实现这些根本不可能实现的目的，就指责部队没有完成任务。他们还把曾洪易个人的退却动摇，同寻淮洲同志和广大指战员的光辉战斗业绩混淆起来，给这支部队扣上"染上了机会主义"、"执行了退却逃跑路线"等等荒诞的大帽子。这些显然不符合历史真实情况，是完全错误的。

到达闽浙赣和组成红十军团

闽浙赣苏区是方志敏同志领导创建的著名的老苏区，胜利地粉碎过敌人的多次"围剿"，红旗一直在这里高高地飘扬着。我们到达苏区时，方志敏同志亲自到驻地看望。他是那样的亲切恳挚，平易近人，第一次会见，就给了我们深刻的印象。苏区的革命群众都以极大的热情迎接我们，用尽可能筹集到的物资慰劳我们。群众称我们这支历经风霜的子弟兵为"老十军"（1933年1月，闽浙赣苏区的红十军调到中央苏区，成为红七军团的主要组成部分。闽浙赣苏区随后又成立了新的红十军）。在党和人民的亲切慰问下，四个月来的艰辛劳累，顿时一扫而光，部队情绪迅速振奋起来。

红十军团宣传画。

接着，部队进行整编。根据中革军委 11 月 4 日命令，红七军团同闽浙赣苏区的红十军及新升级的地方武装合编，成立红军第十军团，红七军团改编为第十九师，红十军和新升级的地方武装，分编为第二十师和第二十一师。领导干部也做了调整，任命原闽浙赣军区司令员刘畴西为军团长，乐少华为军团政委，寻淮洲任十九师师长，刘英任师政治部主任。同时，闽浙赣军区的领导干部也做了调整，省苏维埃主席方志敏兼军区司令员，曾洪易任省委书记兼军区政治委员，我被调任军区参谋长。当时中央和中革军委已率中央红军主力转移，中央苏区成立了以项英同志为首的中央分局和中央军区，所以军委在电令中还指出，红十军团和闽浙赣军区今后接受中央军区的指挥。

军团整编以后的任务是：第十九师仍出动到浙皖赣边，打击"追剿"之敌，发展新苏区；第二十、二十一师仍留闽浙赣苏区，打击"围剿"之敌，保卫老苏区。

11 月 18 日，第十九师在寻淮洲同志率领下，从怀玉山和德兴东北通过敌封锁线，向浙皖赣边进发。十九师的突然出动，出乎敌人意料。敌浙江保安纵队副指挥蒋志英率两个团尾追，受到我军坚决回击。蒋志英负伤败退常山，我缴获颇多。接着，十九师经上方镇，渡新安江，向分水县（今武盛）前进，并逼近昌化、于潜（今潜阳）和临安，震动了杭州。随后又转向皖南行动，经歙县、绩溪附近，一举攻克旌德县城，并由泾县、宣城之间北上，威胁芜湖。这一时期，寻淮洲同志率领十九师独立行动，摆脱了曾、乐的干扰，从当面实际情况出发，在广大地区内机动作战，主动灵活地打击敌人，表现出了卓越的军事指挥才能。

就在十九师活动很有成效的时候，中央军区发来指示：根据敌人对闽浙赣苏区的"围剿"日趋严重的形势，命令十军团部立即率二十、二十一师转到外线，同十九师会合，在开化、遂安、衢县、常山之间集结兵力，争取以运动战消灭敌人，创造浙皖赣边新苏区。为了统一领导十军团与创造新苏区的行动，中央军区决定以方志敏、刘畴西、乐少华、聂洪钧和刘英五人组成军政委员会，以方志敏为主席，随十军团行动。调我任军团参谋长、刘英任军团政治部主任。

在当时形势下，组成红十军团，并把长于打游击的红十军和地方武装集中起来，进行大兵团活动，企图打大仗，这是战略指导上的又一个重大失误，为后来红十军团的挫折和失败埋下了祸根。

谭家桥战斗

11月下旬，在方志敏、刘畴西同志率领下，红十军团部和第二十、二十一两师，经婺源、开化之间和休宁以南，北上皖南，12月10日与十九师会合于黄山东南之汤口地区。此时，敌人调集重兵分成多路对我实施尾追堵击，企图围歼我军。为粉碎敌之阴谋，我军必须选其一路给予打击。13日，我们沿屯溪至青阳的公路向北转移，经乌泥关进到黄山东麓谭家桥地区。这时获悉，其他敌军距离尚远，唯尾随我军之敌补充第一旅已抵达汤口，正继续向我追击前进中，显得孤立突出。该敌是蒋介石的嫡系部队，共三个团，装备比较好。我十军团三个师，兵力和敌人差不多，装备不如敌军，但地形对我十分有利。乌泥关是一个山隘口，东侧有一个制高点，向北一路小山坡。军团首长决心利用乌泥关至谭家桥段公路两侧有利地形，以伏击手段，争取歼灭该敌大部。

军团的作战部署是：由乌泥关起，沿公路两侧自南而北，按十九、二十、二十一师的顺序设伏。十九师是军团战斗力较强的一个师，配置在上峰，除以一个连兵力控制乌泥关制高点外，该师主要兵力部署在乌泥关以北，与二十、二十一师阵地依次衔接。二十一师以一个营构筑工事坚守谭家桥正面。待敌补充第一旅通过乌泥关，进入我设伏地域以后，即行封锁乌泥关口，断敌退路，阻击敌可能之增援。二十、二十一师会同十九师部分兵力对敌拦腰出击，并排打下去，将其大部歼灭于乌泥关至谭家桥公路上。

12月14日上午9点多钟，敌补充第一旅进入设伏地区后，我突然发起攻击。敌顿时惊慌失措，陷入一片混乱，担任前卫之敌第二团，在我军猛力冲击下呈现动摇，敌团长被我打伤。开始时，战场形势是很好的。但我十九师除以一个连控制乌泥关制高点外，未能将主力配置于乌泥关以北，而是摆到乌泥关以南去了。乌泥关以南是悬崖陡壁，兵力展不开。敌人调整部署后，集中力量进攻我战斗力较弱之二十、二十一师，两师指战员奋勇反击，但因不长于正规作战，而十九师又增援不及，以致阵地被敌人冲垮。接着，乌泥关制高点也被敌人夺去了。寻淮洲同志亲自带队夺取制高点，一个猛攻，制高点是夺回来了，可是，他却负了重伤，抢救下来，在转移途中牺牲。寻淮洲同志不幸牺牲，是我们的一个重大损失。此时，整个战斗我败局已定，于是决定撤出。在组织掩护的战斗中，刘英、乐少华同志又先后负伤。我们把队伍撤下来，到黄昏时候向北转移。此时，敌军也打得精疲力竭，伤亡很大，无力对我们追击了。

谭家桥之战是十军团全部转向外线作战后的第一个战斗，初战失利，我军愈加陷入被动。

怀玉山失败

谭家桥战斗之后，敌人第四十九师、补充第一旅、第二十一旅及一些地方部队，一共约近二十个团的兵力，蜂拥而来追赶我们。为了摆脱敌人的围追堵截，从 1934 年 12 月下旬到 1935 年 1 月上旬，我们在皖南和皖浙赣边的泾县、太平（今仙源）、青阳、石埭（今广阳）、黟县、休宁、祁门、屯溪、歙县、绩溪、婺源、开化等十余县地区往返转移，进行了大小十余次战斗，大都是消耗战，虽然给予敌人以相当的杀伤，但因敌我力量悬殊，我军处境日趋险恶。从当时的形势看，采取正规军打运动战的办法，已越来越不利，要坚持长期斗争，关键是将正规军转变为游击队，从正规战转变为游击战。为了较顺利地实现这一转变，必须打一两个好仗，以扭转谭家桥战斗失利带来的严重被动局面。但是，当时领导上还没有向游击战转变的认识，又缺乏积极寻机打歼灭战的思想，因而未能摆脱被动局面。

鉴于实际的教训，一部分同志先前已提出过适当分兵问题，谭家桥战斗以后，又建议分兵活动，以适应当时斗争的需要。但是，军团领导对分兵顾虑很大，决定全军团继续南下，经（开）化婺（源）德（兴）苏区返回闽浙赣大苏区去。

化婺德苏区，是闽浙赣大苏区北面的一个外围小苏区，直径 15 公里，周围约 50 公里。1 月 12 日晨，军团到达化婺德苏区东北边缘的杨林（属浙江开化县）。这时方志敏同志和我正随先头部队行动。所谓先头部队主要是军团机关人员、伤病员（包括乐少华、刘英同志在内）、后勤人员，以及缺乏弹药的迫击炮连和重机枪连等，共八百余人。我们经过杨林时没有停留，翻过一个山头，就到达了化婺德苏区，并前进到靠近闽浙赣大苏区的港头，才停下来休息。刘畴西同志率领的军团主力到达杨林之后，顾虑部队疲劳，就在当地宿营，第二天（13 日）下午才继续前进。这时，敌浙江保安第二纵队第五团从星口连夜急进 35 公里，超越我主力部队赶到化婺德苏区东部边缘的王坂、徐家村，占领了堵截我军前进的阵地。我军团主力进到徐家村受阻，与敌发生激战，只好以一部兵力掩护，大部队折经南华山、王山村，进入化婺德苏区。掩护战斗一直持续到 14 日下午。15 日，主力部队才大部进入化婺德苏区。

16 日，方志敏同志和我商定，因敌情紧急，部队应立即行动，先头部队先走，同时通知刘畴西同志率领军团主力迅速跟上，当夜全部通过敌陇首地段封锁线，进入闽浙赣苏区。下午 6 时，我们正要整队出发，刘畴西同志派人来通知，部队虽已到齐，但人员疲劳，当晚不能再走。这时我建议，情况这样紧，决不能迟延了，今天晚上必须一律通过敌封锁线。方志敏同志完全同意我的意见，他担心刘畴西同志犹豫迟疑，便决定留下来同主力部队一起行动，要我率先头部队立即前进。

这时，敌人虽已加强了化婺德苏区与闽浙赣苏区之间的封锁线，但兵力不足。当我先头部队通过时，山上碉堡里的敌人打枪，我们派出两个战斗班佯攻，吸引敌之火力，敌人没有敢从碉堡里出来。这样，我们就加快步伐，上半夜全部通过了敌人的封锁线，安全到达闽浙赣苏区的大小坪、黄石田（均属德兴县）地区。到达之后，我们一面同省委、军区联系，一面等待主力部队。可是，等到下半夜没有见大部队到来，第二天也没有来，第三天、第四天还没有来。我们到达闽浙赣苏区以后，随即派出大批干部组织便衣队前去联络和接应，均未能联系上，心情十分焦急。开始隐隐听到那边有炮声，以后就沉寂了。大约经过一个星期，闽浙赣省委告诉我们，从截获敌人无线电通讯中得知：先是搜山的敌军报告"清剿"已基本结束，要求撤出休整；以后蒋介石下令，说方志敏、刘畴西等仍在山上，在搜到以前，凡要求撤出休整的"杀勿赦"。不久，方志敏、刘畴西同志即被捕了。

在这期间，有少数同志陆续从怀玉山突围到了闽浙赣苏区。从他们谈话中了解到我军被合围后坚持战斗和遭到失败的一些情况。

16 日晚，刘畴西同志因顾虑部队疲劳，坚持就地休息，军团主力没有过来。以后在通过封锁线时，因为敌人打枪拦阻，就折回去改换方向。这样接连改换了几次方向，延误了几天时间，追击的敌军都赶上来了，我军遂陷于重重包围之中。我军经过长途行军作战，本已十分疲劳，陷入重围之后，弹尽粮绝，伤亡不断增加，又遇到天气骤变，雨雪交加，许多指战员几天粒米未进，以草根树皮充饥。在极端困难的情况下，他们仍顽强战斗，不断杀伤敌人。我十九、二十两师在怀玉山东南的山地和北部的冷水坑、玉峰、马山等地，二十一师在王龙山北部，同敌军反复血战。敌军向怀玉山围攻时，我军占据山顶制高点，坚决抗击敌人。在敌军不停顿的"搜剿"和围攻下，我军被分割，被冲散，但仍然坚持各自为战，表现了革命战士无比坚定、无限忠诚和誓死与敌血战到底的大无畏精神。敌人极端野蛮残忍，见人就杀，见房子就烧，把能搜出来的粮食全部烧掉。因为山高林密，不便搜索，敌人就放火烧山。我军走不动的伤病员，有些就被烧死了。被围的部队只有少数同志跑回闽浙赣苏区。另有一小部分同志向北突围到皖南去了。军团主要领导人刘畴西、方志敏同志隐蔽在陇首封锁线附近的山里，至 1 月 27 日，先后不幸被敌军搜捕。此后，方志敏等同志在狱中坚贞不屈，同敌人作了坚决的斗争。1935 年七八月间，伟大的共产主义战士方志敏同志和其他几位同志在南昌英勇就义。

历史的教训

在民族危机空前严重的历史关头，我红军北上抗日先遣队这支劲旅，在蒋介石反动派以数倍于我之兵力的疯狂追堵和围攻下，不幸失败了。这次失败的原因，客观上，是敌人力量的暂时强大；主观上，也是主要的原因则是由于王明"左"倾冒险主义的错误领导，它给我们以极其深刻而沉痛的教训，值得加以认真研究和总结。我个人认为最主要的教训有下列几点：

一、派出抗日先遣队的战略意图，赋予抗日先遣队的战略任务，是要以它的北上行动"促敌人进行战略与作战部署上的变更"。这个要求过高了，没有实现的客观基础，因而是主观主义的，它导致了在作战指导上的盲目冒险。

红军北上抗日先遣队，自 1934 年 7 月初从瑞金出发，到 1935 年 1 月在怀玉山失败，全部过程处于王明"左"倾冒险主义的统治时期。1979 年底，我曾向叶剑英同志请问：抗日先遣队是否是在王明"左"倾错误指导下派出的？剑英同志说："五次反'围剿'初期，毛主席主张过把红军主力挺进到苏浙皖赣地区，以打破蒋介石的'围剿'，当时毛主席不在位，中央没有采纳。后来派出先遣队，主力红军已经要作战略转移，那时毛主席处于无权地位。"那么，当时的战略意图是什么呢？ 1973 年 12 月，朱德同志在回答军事科学院的请问时曾指出："是准备退却，派先遣队去做个引子，不是要北上，而是要南下（指中央红军主力从中央苏区西南部转移)。"朱德、叶剑英两位领导同志的谈话，向我们指明了北上抗日先遣队派出的历史背景和实际意图，这对于我们研究这一段历史至关重要。

为着全局的需要，当时派出一支部队到敌人深远后方去活动，争取在中央红军主力战略转移时对敌人起一定的牵制作用，这从战略指导上说，是可以的。然而，中央赋予抗日先遣队的任务却远远超出了上述要求。据我后来看到的中央下达的作战任务的训令和政治训令，赋予抗日先遣队的任务是：深入到敌人深远后方闽浙赣皖诸省，最高度地发展游击战争，创造游击区域，一直到建立新的苏维埃根据地；最高度地开展反日运动，把群众的反日斗争发展到武装民众的民族战争的高点；通过在敌人深远后方的反日民族解放运动及土地革命的发展，促进敌人进行战略与作战部署上的变更。上述任务的确定，显然是一厢情愿。在中央苏区第五次反"围剿"败局已定的时候，蒋介石绝对不会由于我党北上抗日号召的提出和一支较小部队的出动，就抽调走大量兵力，放松对我中央苏区主力红军的"围剿"。再者，在当时整个红军作战严重失利的情况下，中央苏区老根据地八万主力红军都待不住了，却要求红七军团这支六千人的部队（其中还有一半新战士，仅仅一千多条枪），深入到蒋介石国民党的闽浙赣皖腹心地区去"最高度地发展游击战争"，"建立新的苏维埃根据地"，更是完全脱离实际的臆想。

在蒋介石发动第五次"围剿"的初期，毛泽东同志曾经主张趁着福建事变的时机，将中央红军主力突进到苏、浙、皖、赣国民党统治的腹心地区去，向广大无堡垒地带寻求作战，迫使敌人回援，以粉碎敌人对中央苏区的围攻。可惜中央拒不采用此计。七个月以后，形势已经大变，这时候派出这样一支先遣部队，不论从背景、从意图、从规模上看，和毛泽东同志原先提出的向北突进的主张，显然是根本不相同的。

从政治上看，在当时日本帝国主义加紧侵略我国华北，民族矛盾急剧上升，全国人民要求抗日救亡的历史背景下，提出红军北上抗日的口号，举起红军北上抗日的旗帜，是正确的，对于揭露蒋介石的卖国、内战政策，宣传我党抗日主张和推动抗日运动的发展，是有积极作用的。但是，当时闽浙赣皖地区尚无直接对日作战的形势，推动抗日运动的关键，是要实行政策和策略上的调整和转变，而这一点恰恰又是"左"倾冒险主义统治的中央所未能解决的。抗日先遣队进军途中，在土地政策、工商业政策等方面仍然执行着"左"倾的一套，不利于争取团结社会各阶层，对于我们宣传抗日、发动群众损害很大。

二、当形势已经发生了根本变化，未能及时实行由正规战向游击战、由正规军向游击队的军事战略转变，这是使抗日先遣队遭受挫折和失败的主要原因。

抗日先遣队派出时，第五次反"围剿"斗争已接近尾声，革命形势逐渐转入暂时低潮。主力红军离开中央苏区以后，南方数省敌我力量对比悬殊，我军更是面临极端不利的态势。因此，抗日先遣队亟须实行由正规战向游击战、由正规军向游击队的战略转变。但是，王明"左"倾冒险主义统治下的中央，未能领导实行这一战略转变。中央虽然原则上向我们提出过开展游击战争的任务，但在实际作战指导上仍然是要求搞大兵团作战。这从前面的叙述中可以看得很清楚。

在红七军团阶段，军团的有些领导同志，尽管当时对军事战略转变问题也缺乏认识，但是，在经过一段行军作战实践以后，结合过去在毛泽东、朱德同志领导下参加井冈山斗争和中央苏区军事斗争的体验，已经逐步感觉到，部队孤军深入白区，远离后方，面对优势敌军的堵追，必须在军事行动的指导方针上有所改变。例如：在北上进军途中，应当尽可能地利用原有的游击根据地或游击区作为依托，同当地党和游击武装密切配合，一方面支援和发展那里的游击战争，一方面休整补充部队，安置伤病员，减少无后方作战带来的困难，尔后相机继续作跳跃式前进；在强大敌军"追剿"下，应适当分散兵力，形成几个目标，同敌人盘旋兜圈子，多打游击战，以吸引、迷惑和打击敌人；在适当时机，集中兵力，打游击性的运动战，歼敌一部，以改变不利态势，争取战场主动权；既要积极打击敌人，又不盲目地打硬仗，拼消耗；等等。但是，由于军团领导权掌握在曾洪易、乐少华手中，同志们的这些正确意见得不到重视和采纳。红七军团整编为十九师后，摆脱了曾洪易、乐少华的干扰，在寻淮洲同志领导下出动浙皖赣边，那一段仗就打得比较活，形势出现了转机，这有力地说明了在敌人深远后方活动，必须相应地改变作战指导方针。当然，在红七军团阶段，我们也还没有预见到要实行由正规军向游击队的转变，中央没有给我们这样的任务，我们也不敢设想把一个大的军团改为游击队。

抗日先遣队后期的整编，更是一个严重的教训。当时既然估计到在中央红军主力转移后，敌人会加紧对闽浙赣苏区的"围剿"，形势将会日益严重，但仍不采取分散游击的方针，却把长于打游击的红十军和地方武装同长于运动战的红七军团合编，组成新的大兵团，集中在一起打运动战。1973年12月，朱德同志在关于战史问题的谈话中评价这次合编时就曾指出："编成一个军团，不编不垮，一编正规战打不成，游击战也打不成。经验还是要把正规军变成游击队。"朱德同志的谈话，指明了"左"倾冒险主义在这个问题上所犯错误的要害。

三、在作战指导上实行绝对集中的指挥，必然容易脱离实际，使部队作战行动陷于被动，危害极大。

当时，抗日先遣队的全部战略行动甚至战术行动，都由中央和中革军委直接指挥。本来，派出这样一个军团，深入敌人后方去独立执行任务，敌情那样复杂多变，环境那样困难险恶，中央和中革军委除了规定它的战略行动方向和基本任务外，理当给予较大的机动权。然而当时的中央和中革军委却使抗日先遣队的一切行动都严格受其控制，实行绝对集中的指挥，使军团陷于极其被动的境地，给军团制造了严重的困难。

说到这里，我很自然地想起毛泽东同志作为军事统帅的优良作风，他总是既通观和掌握战争全局，又处处从战场实际情况出发。他十分重视战场指挥员的意见，给予应有的机动权和自主权，充分发挥战场指挥员的能动作用。解放战争时期，以毛泽东同志为首的中央和中央军委，对于许多重要战役的指导，就是这样做的。打豫东战役时，中央来电中特别交代"情况紧张时独立处置不要请示"。打济南战役时，主要是明确规定了"攻济打援"的方针和假设了三种可能出现的情况，使下面心中有数，力争好的情况，同时预计到并有办法对付可能出现的僵局。总之，主要是对作战方针和战役中的关键性问题进行及时明确的指导，至于其他具体作战部署和战场处置，就由战役指挥员依据战场上千变万化着的实际情况去作出决定。这种英明的统帅方法和作风，同"左"倾错误统治时期的那一套，形成了鲜明的对照。

抗日先遣队北上行动过程中，在红七军团阶段，上有"左"倾错误指导，军事指挥实行绝对的集中主义，军团内部又有曾洪易、乐少华这样的干部只知机械地执行上级指示，事情就更加不好办了。其实，你越是机械地执行，就越是被动，越被动就越打不好仗，也就越挨批评。不结合实际情况具体灵活地执行上级指示，即使是在正确路线的领导下也是应当加以反对的。毛泽东同志早在1930年所写《反对本本主义》一文中，就尖锐批评过这种对待上级指示的错误态度，更何况当时是在远离中央、深入白区的环境中进行孤军活动呢？至于红十军团组建以后，则主要由于战场指挥方面的失误，谭家桥等几个关键性的仗都没有打好，从而加速了先遣队失败的到来。当然，如果尔后不实行军事战略转变，这支部队的失败仍将是难以避免的。但是，如果几个关键的仗打好了，赢得了时间，夺得哪怕是暂时的战场主动权，就有可能通过以后的作战实践，逐步认识到实行军事战略转变的必要性并付诸行动，而不至于遭受那么大的损失，付出那么大的代价。这些又都说明了战役指挥员，为争取战争的胜利，必须从实际情况出发，正确地发挥主观能动性，这在战局不利的情况下尤其重要。

四、"左"倾宗派主义的干部政策，严重地损害了军团的领导，这是导致抗日先遣队失败的组织上的原因。

红七军团的领导核心，是按照宗派主义干部政策配备起来的，少数"左"倾政策的坚决执行者，掌握着领导权，包括军事指挥最后决定权。他们的无知与专横给红七军团带来的灾难，我在前面已经略作叙述，教训确实太深刻了。

组成红十军团时，领导干部的配备，仍然受着"左"倾宗派主义的影响，保留了乐少华的军团政委职务，反而把军团长寻淮洲降职为师长，并把他排除在军政委员会之外，这不仅是对寻淮洲个人实行宗派主义的打击，同时也是无视红七军团从瑞金出动后转战数省以流血牺牲换取来的宝贵经验。新任军团长刘畴西是一位较老的军事指挥员，在南昌起义时就担任营长，经历了革命战争的锻炼，但是后来的事实表明，他在作战指挥上表现优柔寡断，也缺乏在白区同敌人机动作战的经验。"左"倾错误的干部政策，同抗日先遣队的失败是密切关联的。在战争中间，主要军事指挥员的配备，是一个非常重要的问题。

历史是已经过去了的事情，我们讴歌它也好，批判它也好，最重要的是从中吸取经验教训。红军北上抗日先遣队的斗争历史，首先是一部惊天动地的无产阶级革命战争的英雄史；同时也突出地反映了土地革命战争时期王明"左"倾错误严重危害的一个侧面，留下了十分深刻的历史教训。这些血的教训，有力地证明：违背了毛泽东思想，革命事业就要遭受挫折。

红军北上抗日先遣队的进军虽然失败了，然而由方志敏、寻淮洲等同志领导的广大指战员和烈士们的可歌可泣的战斗业绩，已成为红军斗争史中英勇悲壮的一页，将永垂青史！

蒋介石国民党的反革命"围剿"，并没有也绝不可能扼杀掉先烈们为之舍身奋斗的革命大业。红军北上抗日先遣队保存下来的力量，随即高举革命火把，又继续战斗了。

1935 年 1 月，党中央在遵义召开了政治局扩大会议，结束了王明"左"倾冒险主义在中央的统治，确立了毛泽东同志在红军和党中央的领导地位。历史再次有力地表明，用马克思列宁主义武装起来的，在暴风雨般斗争实践中锻炼成长的我们的党，能够依靠自己的力量最终克服和纠正各种错误思潮及倾向。道路是曲折的，前途是光明的。遵照中央的电示，我们随即以胜利突围的部队为基础，组成了中国工农红军挺进师，我被任命为师长，刘英同志为政治委员，率部向浙江南部进军。我们根据形势的重大变化，吸取过去斗争失败的教训，结合当面实际情况，在实践中探索和采取新的斗争策略和斗争方法，终于实现了从正规战向游击战的战略转变。经过同蒋介石几十个团的反革命"围剿"的反复斗争，我们在浙西南和闽浙边迅速打开了新的局面，创建了新的游击根据地，高举抗日、反蒋的革命旗帜，战斗在敌人的腹心地区。我们同南方其他各兄弟红色区域一道，在异常艰难困苦的情况下，胜利地坚持了三年游击战争。1937 年抗日战争爆发后，南方八省红军游击队统一整编为新四军时，我们这支部队编入了新四军第二支队，重新北上，转战于大江南北，肩负起当年先烈们的未竟事业，投入了整个抗日斗争的洪流。

第 六 章
浙南三年游击战争

浙南三年游击战争，是我国南方三年游击战争的一个组成部分。浙南游击区，包括浙西南、浙南（含浙东南）、浙东几块游击根据地，其中心区先是在浙西南地区，以后移到浙南地区；而游击区域则遍及浙赣铁路义乌至江山段和天台山以南的浙江省南半部和闽东北边沿。这场游击战争，从 1935 年初开始，直到 1937 年 9 月中旬我们与国民党浙江军政当局签署和平协议才告一段落。但是，浙南人民的革命武装斗争并未就此偃旗息鼓，那里的革命军民继续投入抗日战争和解放战争，一直坚持到 1949 年全国胜利。

浙南游击区，是由一支红军主力部队，在第五次反"围剿"遭到失败，军阀之间的战争已经基本停止，在革命低潮时节进入国民党统治腹心地区开辟和发展起来的，这就形成了浙南游击战争的若干特色。

在浙南三年游击战争期间，我绝大部分时间是率领挺进师发展游击战争，开辟、建设和保卫游击根据地。因此，我将以武装斗争为主线来记述这一时期的经历。

挺进浙西南

浙南三年游击战争，是紧接着中国工农红军北上抗日先遣队的失败开始的。那时，党中央已率领主力红军离开了中央根据地，正在长征途中，留下苏区中央分局和中央政府办事处，统一领导原来中央根据地和各游

刘英同志像。

击区的工作，领导人是项英同志和陈毅同志。1935年1月底2月初，我们率领抗日先遣队的怀玉山突围部队到达闽浙赣根据地不久，中共闽浙赣省委向我们传达苏区中央分局转来的中央指示，要我们以先遣队的突围部队为基础，迅速组成挺进师，由我任师长，刘英同志任政治委员，立即率部进入浙江境内，开展游击战争，创建苏维埃根据地；以积极的作战行动，打击、吸引和牵制敌人，保卫闽浙赣基本地区和邻近的根据地；并从战略上配合主力红军的行动。

我们得到上述指示的时间是在党中央

上饶县望仙乡灵山远眺，当年挺进师从乌鸦弄（照片中的远山缺口处）翻越灵山，跳出包围圈。

召开遵义会议以后，但在这个指示中没有传达遵义会议的精神，那时我们也不知道有遵义会议的召开。受领任务后，我们立即进行研究。我们对于浙江并不完全生疏，上一年，北上抗日先遣队曾在浙江地区度过了艰难的阶段。浙江是国民党统治的腹心地区，蒋介石的老巢，反动势力强大，大部分地区党的组织被破坏，更没有红色根据地或游击区域作为我们的依托。但是浙江的工农劳苦大众是有革命传统的，浙江有些地域的地形条件对我也很有利。从全局来看，其时中央苏区虽已丧失，但是国民党的主力正被我主力红军吸引于北上途中，那里是主要的战场，相对地说来，浙江的敌人比较空虚，而且我们可以同坚持在南方的几个老苏区互相配合、互相支援。先遣队北上时未能在浙江省立脚生根，主要是由于当时没有分散打游击的认识和决心。如果我们接受这个教训，自觉地把正规军变成游击队，不打正规战而打游击战，来一个决定性的转变，我们相信是可以在浙江立脚生根，完成党交给的任务的。

　　我们认真地分析了浙江的地理位置与地形，选定以仙霞岭为中心的浙西南地区作为我们创建游击根据地的第一个目标。这个选择的主要理由是：第一，那个地区是在闽、浙、赣三省交界处，可以同闽东、闽北、闽浙赣几块游击根据地互为犄角、互相支援，而三省敌人之间的矛盾，又可以为我利用。第二，那里的群众基础比较好。该地区在1930年曾受到过党所领导的红十三军革命暴动的影响，革命的火种还在一些基本群众的心底埋藏着。那里有一个青帮组织，其领导人对国民党的反动统治反抗已久，有打富济贫的要求，同我们有一点联系，可以成为我们初步的依托。第三，那里虽然交通发达，有杭（州）江（山）铁路（即浙赣铁路东段）和三条公路干线，但大部地区山岭连绵，森林茂密，道路曲折，便于我隐蔽和机动。

　　在中共闽浙赣省委和省军区的帮助下，我们立即进行挺进师的组建。

　　先遣队突围的部队主要是一个迫击炮连、一个机关枪连（已经没有炮弹和枪弹）和二十一师的第五连，再就是一些康复了的轻伤病员，以及政治部、供给部、保卫局的机关工作人员，共四百多人。此外，省委又将闽浙赣独立师第一团一百多人编入挺进师。为了适应游击战争的需要，下面不设团、营、连，而是编成三个支队和一个师直属队。支队实际上相当于连，但大都由团级干部担任领导。任命王蕴瑞同志为师参谋长，黄富武同志为师政治部主任。师部机关有司、政、供、卫各部，但极其精干。后来还把机关人员编成一个政治连。

当时确定的行动路线是：由闽浙赣根据地南下，先到闽北根据地，和那里的党组织取得联系后，再去浙江。经过了个把月的整训，2月底，指战员们抱着继承先烈革命遗志、开创新的游击根据地的坚强信念，誓师出征了。

挺进师南下，首先要通过敌人在信江以北布置的几道封锁线。由于我们的准备工作比较充分，行动隐蔽而且敏捷，以一夜140里的急行军翻过了灵山，通过了封锁线，渡过了信江，胜利到达闽赣边境。可是，当我们刚刚到达福建边境时，突然遭到了敌保安团的伏击。这次伏击给我们带来的最大损失，是把我们仅有的一部电台打掉了，从此我们就同党中央和上级党组织失去了联系。

我们从闽浙赣根据地出发前，曾向闽北党组织通报，请他们派人接应。但当我们打垮敌人的伏击进入闽北根据地时，却到处碰到敌人，找了好几天也没有找到闽北黄道同志的人。后来发现在一些村口和凉亭柱上贴着敌人的布告和反动宣传品，其中有署名李德胜的"劝降书"。这时，我们才搞清楚原闽北军分区司令员李德胜叛变了。这个叛徒正带着敌人来闽北"清剿"，还把我们挺进师要到浙江去的行动计划出卖给了敌人，使我们遭到伏击。这样，我们只得放弃先同黄道同志取得联系的想法，决定以自己的作战行动，为进入浙西南打开通道。

这时，我们同抗日先遣队北上时留下的两个连队会合了。他们有一百五十余人，几十支步枪和几挺机关枪，由营政委洪家云同志率领，归建于挺进师。而原来编入挺进师的闽浙赣独立师第一团在部队离开闽浙赣根据地后，大都掉队跑回去了。这样，挺进师仍是五百多人。为加强挺进师活动区域党、政、军工作的领导，决定成立政治委员会，由刘英、粟裕、黄富武、宗孟平、王维信、姚阿宝、刘达云、洪家云、方志富等九人组成，刘英同志为书记。

浙西南是一个重要的战略地区，敌人在那里驻有较强的保安团队。我们必须先在外围活动，把那些保安团队吸引出来，给以各个打击，才好进入该地区。为此，我们于三四月间在浙闽边境进进出出，往返作战，一度打到江山，又在武夷山、洞宫山区兜了几个圈子，后来又辗转游击于龙泉河以南之庆元、景宁（现已撤销，大部划入云和）、松溪、政和（现已合并为松政县）、寿宁、泰顺一带，先后打了大小几十仗。比较重要的有溪头、小梅、沙湾、上标、潭边街、百丈口等战斗，歼灭了一批保安团队和地主武装。敌人自感"风鹤频惊"，十分惶恐。此时，敌人以为我们必将在龙泉河以南的浙闽边境立脚，遂将龙泉河以北的浙江保安团队纷纷南调，并令福建的新十师和第五十六师北进，妄想南北夹击，消灭我军。

4月下旬，我们正活动于庆元县的斋郎地区时，敌人令浙江保安第一团团长李秀率部一千二百余人，福建保安第二团团长马洪深率部一千余人，并在近千人的地主武装（主要是"大刀会"）的配合下，从东北、正东和东南三个方向对我实行分进合击。当时我军只有五六百人，虽然敌我兵力对比悬殊，但我军战斗力强。我们决心利用斋郎的有利地形，精心组织一次战斗。敌人知道我军兵力有限，弹药不多，更无后方补给，拟以地主武装打头阵，先予我军以扰乱和消耗，然后出主力，一举将我歼灭。这却给了我军以各个歼灭敌人的良机。28日上午，战斗开始，手持刀枪的地主武装漫山遍野呼啸而来。近一个月来，我们已经有了对付"大刀会"的经验，我军以军事政治攻势齐下，半天不到便将他们完全瓦解。接着，浙保第一团李秀部，骄纵轻进，一下深入到我军预设阵地前沿。我集中火力，突然给以打击，杀伤其三百余人，俘虏约两百人，敌团长李秀也被打断了手，率残部仓皇向斋郎东北 40 里的英川逃窜。我军追击了 15 里才返回。这时刚由东南方向烂泥村赶来之敌马洪深感到孤立无援，连忙带着他的闽保第二团狼狈遁走。战斗胜利结束。

斋郎战斗，是我军挺进浙闽边后的关键性一仗。斋郎战斗的胜利，迫使敌保安团队在以后一段时间内转为退守，龙泉河北面的敌人已比较空虚，一些反动地主也纷纷离开了浙西南，我们获得了开辟以仙霞岭为中心的浙西南游击根据地的有利时机，胜利完成了进军以来的第一个作战任务——打开进入浙西南开辟游击根据地的通道。

创建浙西南游击根据地

经过一个多月的调查研究，我们对浙西南地区的具体情况有了进一步了解。从实际情况出发，我们选择了龙（泉）浦（城）江（山）遂（昌）和龙（泉）云（和）松（阳）遂（昌）东西两片地区作为建立第一块游击根据地的基本区域。因为洪家云同志率领的两个连归建之前，在龙浦江遂地区活动过，有一些工作基础；和我们有联系的青帮组织在这一带也有较大的势力，便于我开展工作。

1935 年 5 月上旬部队进入到龙、遂、松三县边界地区，受到当地青帮的热烈欢迎。这个青帮组织的主要领导人是松阳县安岱后村的陈凤生和斗潭村的卢子敬。陈凤生早年在外地经商，加入青帮，接触过进步思想，受到过 1928 年崇安、浦城暴动的影响，向往革命，1930 年回乡后，领导了攻打国民党枫坪警察所的武装斗争。卢子敬早年留学日本，受进步思想影响，中途归国，回乡办学校，加入青帮，积极学习与传播革命知识。陈、卢等一些青帮首领，实际上是当地很有威望的群众领袖。他们领导的青帮会众，绝大多数都是当地的贫苦青壮年农民，有强烈而朴素的革命要求。我们一到，他们就积极靠拢我们，主动表示希望得到共产党的领导。这样我们有了初步的依托，对浙西南游击根据地的开辟，起了很好的作用。后来，在党的领导和教育下，他们当中的大多数人参加了红军游击队和根据地建设工作，一些先进分子加入了中国共产党，成为挺进师进入浙西南地区后的第一批地方党员和干部。

这时部队已改编为四个纵队和两个独立支队。我们确定将第四纵队留在龙泉河以南的浙闽边境继续活动以牵制敌人，由第一、第二纵队担负开辟基本地区、建立根据地的任务，其余各部队则由师部率领北进，辗转游击于浙赣路以南的汤溪（现并入金华）、龙游（现并入衢县）、金华、武义、宣平（现已撤销，分别划入永康、武义等县）、丽水之线，造成声势，迫使敌人北调，以掩护和保障第一、第二纵队开展工作。

挺进师在第一个时期的主要任务是作战。北渡龙泉河进入浙西南地区后，我们的任务是要把武装斗争与根据地建设结合起来。我们运用了井冈山时期毛泽东同志的领导方法，分兵以发动群众，集中以打击敌人，要求每个干部、战士都学会两套本领：打游击，做群众工作。

我们这支部队的前身，本是赣东北的子弟兵——红十军，是长于打游击的。后来奉命调往中央苏区，先后整编为第十一军和第七军团，在几次反"围剿"的斗争中，千里转战，已锻炼成为一支长于野战的红军正规兵团。现在要分散打游击，反而要从头学起，最大的困难是不少干部不愿意分开活动。怎么办呢？只能在实际斗争中来培养和锻炼。我们于三四月间进入浙江并活动于浙闽边境时，就着手解决这个问题。开始，我们派一个团级干部带一支小部队出去，要他们在外面活动半个月，然后在预定的地点跟我们会合。可是，过了三天，他就带着部队回来了。别看才出去三天，人也瘦了，眼睛也凹下去了，胡子也长了，无论如何要跟我们一起走，不肯单独行动。以后我们就改变办法：开始不叫他出去半个月，只出去三天，三天后在什么地方和我们会合；会合后再出去，增加到五天，五天后再到规定地点集合。这样，他们单独行动的办法多起来了，信心也慢慢增强了，以后就把出去活动的时间逐次增加到七天、十天、半个月，这样才学会了单独活动。以后甚至一个班长也能够带一支小部队单独活动了。

游击队要能自如的活动，根本的一条是要依靠群众，会做群众工作。所以我们一进入浙江，就向部队提出了这项要求。因为是新区，群众对我们不了解，加之语言不通，又受到敌人反动宣传的欺骗，群众难免有些害怕。他们听说红军来了，就躲起来，有的则被国民党反动派胁迫着离开了村庄。有时，我们连一个向导也不容易找到，筹措粮食给养更是困难。为了向群众宣传，有时只好叫自己的侦察员化装成逃跑的群众，口里喊着："红军来了！红军来了！"群众也跟着跑出来了。侦察员再把群众拦下来，向他们说明情况，请他们带路，讲定每带十里路给一块银洋。当时我们的银洋还比较多。利用群众带路的机会，我们就做宣传。这样，群众得到了利益，又听我们讲了道理，知道我们是工人、农民的子弟兵，反对国民党抽丁拉夫和摊派苛捐杂税，纪律又好，确是爱护群众的。一传十，十传百，就不再相信国民党那一套骗人的鬼话了。在这一阶段的活动中，我们了解了群众的疾苦，熟悉了他们的风俗习惯，学习了一些浙南方言，积累了一些开展群众工作的新经验，对我们开辟浙西南游击根据地很有作用。

浙西南山区在反动统治阶级残酷剥削和敲诈勒索下，农民生活极其困苦，农村经济濒临破产，加之头年大旱，作物歉收，这一年春天又发大水，春花荡然，到处是灾民、饥民，挣扎在死亡线上。面对这个现实，我们公开提出"打土豪，开仓济贫，帮助群众战胜夏荒"，深入发动群众斗争。

此时浙江保安团队被我主力部队吸引和牵制在外，国民党兵力空虚，不得不集中有限的兵力守城而放松农村。我们也不集中部队攻城，而在广大地区辗转游击。我们每到一个地方，首先将国民党的区、乡武装消灭，区、乡、保长和土豪劣绅四处逃散；逃散不及而被我们捕获的，则按实际情况区别对待。罪恶多、民愤大的，召开群众大会公审，坚决镇压，没收他们的财产，分配给贫苦群众。如5月17日我们袭占了松阳重镇古市，公开处决了反动镇长和巡官；5月21日袭击龙游溪口，又镇压了罪大恶极的第三公安分局长。这样就给了阶级敌人以沉重打击，使广大被压迫、被剥削的群众从反动统治阶级的千年压榨下挺立起来，砸碎身上的枷锁，投入轰轰烈烈的革命斗争。这是浙南人民空前规模的革命壮举，也是全国革命低潮中一个局部的高潮，来势迅猛。我军所到之处，都有大批大批的群众跟着，簇拥着，复仇的呐喊声，胜利的欢呼声，山鸣谷应，日夜不绝。反动区、乡政权瓦解了，接着就建起农民、青年、妇女、赤卫队等各种革命群众组织。他们在共产党的领导下，宣布所采取的革命行政措施。一个崭新的红色游击根据地的雏形便在浙西南地区出现了。

革命形势迅速发展，浙江统治集团震惊。4月6日《东南日报》报道，"浙省无匪迹……治安绝无问题"。可是转眼之间，来自仙霞岭的革命霞光，已照映得浙西南一片火红。报纸惊呼："松遂龙各县大半赤化"。国民党浙江省政府主席黄绍竑与省保安处副处长宣铁吾等赶忙集议，决定"进剿"，妄图将我挺进师消灭于立足未稳之际。

敌人这次"进剿"，以浙江保安团为主体，纠合地主反动武装。国民党在浙江原有七个保安团，三月间，省保安处长俞济时带着3个团到宜昌去了，留有四个团全部用上；又调集了全省15个保安大队中的11个，以及刚从南京调来不久的税警团一个团，合计约八九个团的兵力，分四路向我进攻。我军参照前一段时间对付保安团的经验，决定将主力分为南、北两路，趁敌人尚在运动中，先一着跳出去，转入敌后，打击敌人，以便把敌人调出中心区，使中心区的工作能继续坚持和开展。

当我南路部队向西南方向出动的时候，师部则率主力北上了。开始，我们日夜兼程指向汤溪县城，在敌人拼命加固城防的时候，我们又迅速折向遂昌的门阵一带，在那里发动群众，斗争土豪劣绅，书写标语，扩大宣传。然后留下20多人就地开展游击活动，以掩护群众的革命斗争，主力则由当地群众中的积极分子带路，直奔上阳村。接着又由上阳村的农民积极分子配合，进袭南坑。我们每到一处，发动群众，惩处恶霸，吸收青年积极分子加入红军，搞得热火朝天。就这样，我们在汤溪、龙游、金华、宣平、遂昌之间辗转游击了十多天，把革命烈火引到了浙赣铁路线。浙赣线受到我们的威胁，各地告急的文电接连发到杭州，敌人的"进剿"计划眼看要破产，黄绍竑坐卧不安，打着"推行新运（即蒋介石搞的"新生活运动"）、抚慰灾民"的旗号，带着一个士官教育团前来助威。这一期士官教育团集中训练的是浙江各县保安队的基干队长和常备队长，都是浙江保安队的反共骨干。士官教育团装备比较精良，黄绍竑视为"怀中利剑"，于6月12日亲自带到金华，以振奋浙西南地区的反动势力。我军侦知消息后，预为布置，以逸待劳，给敌士官教育团以突然打击。先于14日在宣平北乡之吴宅歼其一个整连，接着又奔袭小溪口，再歼其一个连。这两个连队的装备，全部为我缴获。黄绍竑受此打击后，于20日匆匆跑回了杭州。敌人的第一次"进剿"遂告失败。

在武装斗争保卫下，浙西南游击根据地建设工作迅速发展。松遂之间的安岱后、大泮坑、大横坑、苏马坪，龙遂之间的玉岩、枫坪、小吉、上田、东畚，遂西南的王村口、独口，龙西的碧陇、住溪，福建浦城的毛垟，甚至丽水的雅溪、曳岭、丽云，龙南的上田、季山头、黄桶……几乎是一片火红。这些基本地区，建立了红色游击队，发展了群众武装，各种革命群众组织普遍建立，住溪、王村口、官塘、枫坪、谷陈等地还建立了临时苏维埃政府。在党的浙西南特委统一领导下，各项工作不断深入开展。8月，群众开始了紧张的查田运动，量地插标，准备分配青苗和土地。

这时，挺进师已发展到近千人，扩编为五个纵队和两个独立支队，连地方工作人员一起，不下两千人。地方武装也有千余人。我们的师部和领导中心放在王村口，还建立了后方基地。王村口的后山上就有军需物资供应站、军械修理所和伤病员休养所。

从 1935 年 5 月至 9 月中旬，前后四个半月，浙江第一块游击根据地已在江山、浦城、龙泉、遂昌、松阳五县之间建立起来，纵横百余公里。游击区域发展到北抵浙赣路，南到浙闽边界西段，西及赣、闽边境，东到丽水、宣平的广大地区。武装斗争为建设根据地打开了道路并提供了保障，根据地建设支持了武装斗争。我们初步实现了党中央交付的任务，在浙江站住了脚跟。

第一次反"围剿"

浙西南游击根据地的建立，等于在蒋介石的后院修起了革命的堡垒，枪口相对，这必然是他无法容忍而要加以"平毁"的。革命斗争的实践已经证明，只要实行革命的武装割据，"围剿"与反"围剿"的斗争是不会平息的。浙江当然不能例外。1935 年 8 月，敌人开始策划对我浙西南游击根据地进行"围剿"。

后来查明，蒋介石鉴于保安团对付不了我们，决定调动主力部队来"围剿"。国民党军委会在七八月间先后任命卫立煌和罗卓英为"闽赣浙皖四省边区剿匪总指挥部"的正、副总指挥。这个总指挥部原先设在江西上饶，着重对付我抗日先遣队，以后一度移驻福建南平，重点对付闽赣边境，7 月下旬移驻浦城，9 月中旬移驻浙江江山。该总指挥部制定的《第一期清剿计划》（国民党蒋介石认为我坚持南方游击战争的红军游击队只是红军的"残余"，故名"清剿"而不叫"围剿"），确定这次"清剿"要"以各边区大部对粟、刘"，并委第十八军军长罗卓英统一指挥。当时，福建、江西、浙江、安徽四省边区受该总指挥部节制的部队共有 63 个正规团，罗卓英计划以其中的一大半来对付我年轻的浙南游击区。

由罗卓英任军长的第十八军，是陈诚起家的老本，装备精良，人员充实，训练有素，战斗力较强，以后被称为国民党军五大主力之一。其师、团长中如黄维、霍揆彰、李树森、宋瑞珂、胡琏、阙汉骞、高魁元等，后来都是国民党军中的著名人物，由此可见蒋介石对此次"清剿"之用心。

罗卓英的部队于八月间由江西向浙江开进，其"清剿"的部署是：以第十四师三个团在北面，第九十四师三个团在东北，第六十七师三个团在东南，浙江四个保安团在南面，第三师两个旅五个团在西南，郜子举"剿共军"第二纵队两个支队四个团在西北。各部都构筑碉堡工事，对我浙西南根据地形成包围；又从北面的溪圩经东畲到南面的龙泉，构筑一条碉堡线，将整个包围圈剖为东西两半，以其第十一师三个团由龙泉向北机动。第十八军军部率其特务团驻丽水。此外，还调第五十六师所属的两个旅六个团，由磜下市向东南经花桥、举水、荷地直抵泰顺，构成第二道封锁线，以求切断我转向闽北、闽东的退路。敌人集中了32个整团共约六七万人的兵力，连同地主武装号称四十个团，妄图围歼我游击队，彻底摧毁我浙西南游击根据地。

敌人发动新的"围剿"，我们虽早有觉察，但开始判断认为是刚提升为浙江省保安处长的宣铁吾指挥。当时宣铁吾在遂昌设有"浙南剿匪指挥部"，指挥有四个保安团和十余个保安大队，构筑封锁线，扬言要用"回环压迫法"，以"迅雷不及掩耳之手段"直捣松遂龙间我根据地。我们对国民党浙江省防军的战斗力是心中有数的，而且我们为浙西南游击根据地的发展和第一次反"进剿"的胜利所鼓舞，所以在7月底8月初发起了"八一"大示威，以期打破宣铁吾的"围剿"。直到9月中旬，我们才逐渐查明这次"围剿"是蒋介石直接部署、由罗卓英指挥，并以敌正规军为主体。"八一"大示威虽然给了敌人保安团队和反动地主武装以相当的打击，但过早地暴露和消耗了我们的力量。形势比我们估计的要严重得多。

对付敌人如此大规模的"围剿"应取何种方针，关系重大。回顾中央苏区在毛泽东、朱德同志领导下的第一、二、三次反"围剿"和在周恩来、朱德同志领导下的第四次反"围剿"，都是以运动战歼敌，集中优势兵力，各个歼灭敌人。特别是第一、二、三次反"围剿"，一路敌人被歼灭了，一次"围剿"也就基本上被粉碎了。就是在井冈山时期，自朱、毛两军会合形成红军主力后，也是游击战与运动战相结合。而现在我们只是一支游击队，我们一次最多只能消灭敌人一个营，还是保安团的部队。我们必须以游击战的战略战术来粉碎敌人的"围剿"。游击战很难谈得上防御，也不能大量歼灭敌人；只能你打你的，我打我的，实行敌进我进的方针。我们决定留下第二纵队和第五纵队就地坚持，其余主力部队迅速跳出敌人的包围圈，以积极的作战行动吸引敌人、调动敌人，并开辟和建立新的游击根据地。

9月下旬，我们由浙西南游击根据地的中心区南下，在龙泉道太以东敌军第六十七师和第十一师的接合部——蛤湖偷涉龙泉河，突破了敌人的云、龙封锁线，进入浙闽边境。

罗卓英是一只狡猾的老狐狸。当他查明我游击队主力已突围进入浙闽边境后，知道以数万大军追捕我分散活动的不足千人的游击队，无异"以拳头打跳蚤"，不能奏效。因此，他除派一个师约五个团的兵力追堵我军外，仍将几十个团的大部队死死地箍住我纵横100公里的浙西南中心区，企图彻底摧毁我游击根据地。

后来的实践表明，我们将两个纵队的兵力留在浙西南是留得多了。如果我们当时对敌情有足够估计的话，主力部队还可以少留一些；留下的部队应该化整为零，采取武工队和秘密工作相结合的活动方式坚持斗争。

9月19日，罗卓英开始血洗浙西南，先后延续八个多月，直到1936年6月"两广事变"爆发才结束。

我浙西南广大革命群众和挺进师第二、第五纵队，在黄富武同志为首的浙西南特委和军分区的领导下，在敌我对比众寡悬殊的极端残酷的形势下，浴血奋战，以生命和鲜血誓死保卫红色游击根据地，写下了悲壮的篇章。他们在扼守玉岩、住溪、王村口等地的时候，日夜同敌军以营为单位编成的"搜剿队"作战，英勇机智，往往使敌人付出了重大的代价。苏维埃政府干部为了争取时间安置伤员，发动群众砍倒树木，横断交通，并在山崖上造石楼（即滚木礌石）、扎口子，凭险打击敌人。他们在王村口的馒头岭就是这样阻击敌人达三昼夜之久，打得敌人无计可施，后来不得不绕道石练方面去，爬上大乌尖从侧翼进攻，我军才放弃馒头岭，转移到第二个隘口御敌。敌人羞怒已极，焚烧了大小山路两旁的林木，漫天浓烟烈火，日夜不灭，并严密封锁，调整部署，紧缩包围圈。在反动地主武装的配合下，以梳篦方式漫山遍野来回"清剿"。10月30日，黄富武等同志被捕后，形势更为严重。但同志们在人民群众掩护下，掩埋好战友的遗体，包扎好自身的伤口，整理好战斗的组织，继续战斗。支队整编为大队，大队缩编为小队，主要领导干部伤亡了，基层干部接替指挥。最后剩下几个人，他们也自动集合起来，选出指挥员，重新与敌人周旋。秋去冬来，天寒地冻，他们穴居饮雪，挖田鼠窝找粮食充饥，夜以继日、出生入死地坚持，与前来搜捕的敌人战斗。其中如张麒麟、余龙贵、宣恩金、曾友席、曹景恒、杨干凡、刘亨云等同志，克服了千难万险，直到几个月后，才同我们由浙南出击的主力部队胜利会师。

坚持根据地斗争的第五纵队，是以浙西南根据地革命干部、共产党员和青年积极分子为主体的第一支浙西南人民子弟兵。尽管这支部队组建得晚，训练较少，但指战员们觉悟高，甘愿为保卫家乡、保卫红色政权、保卫土地革命英勇献身。他们人熟地熟，给予敌人的打击分外沉重；可是也由于他们是本地人，社会关系多，面目公开，易于暴露，牺牲最大。他们不愧是浙西南革命史上光荣的一代。

一些地方党政领导干部坚持斗争到最后一息。如龙浦县委书记方志富同志（化名张云龙），战斗到剩他一个人时，不幸左手负伤，他就凭着右手，轮换使用两支枪向敌人射击，最后在龙泉茶园坑壮烈牺牲。又如安岱后的陈凤生同志不幸被捕后，敌人把他押到龙泉，软硬兼施，要他招供。他坚不吐实。敌人残酷地把他钉在墙上，他还是不屈服。末了，敌人绝望地把他枪杀"示众"。其他如卢子敬、陈丹山等同志，都为革命洒尽了最后一滴血。

敌人的烧杀惨无人道，对我们的同志不仅是枪击和砍头，甚至把他们当众"开膛"，割了心肝去下酒，被捕杀和活埋的基层干部和群众不计其数。但是，敌人越残暴，革命军民的反抗越坚决。我浙西南革命军民在这场斗争中用生命和鲜血写下的壮丽篇章，将永留青史！

挺进师主力撤出浙西南中心区南渡龙泉河以后，敌人的追堵部队虽然只有五个团，不及其"围剿"兵力的六分之一，但是仍十倍于我，加上地方反动保安团队和地主武装的配合，我军的处境还是十分艰难的。我们和追踪的敌人往返兜圈子，周旋于浙闽边区的景宁、庆元、松溪、政和、建阳、寿宁、福安等地，战斗频繁激烈。

10月5日，我们在寿宁县境与闽东特委主要负责人叶飞同志等胜利会师。这是头一年我们抗日先遣队北上途经闽东与他们会师之后的又一次会师，群情振奋，十分欢快。随即，我们进到浙江泰顺县境。双方在交谈中一致认为，敌人组建了一个"闽赣浙皖四省边区剿匪总指挥部"，统一指挥四省边区的反革命力量来对付我们，而我各红色游击区却互不联系，各自为战，这是很不利的。如果我浙江与闽东、闽北三个地区能取得密切联系，即使一时尚难统一行动，但只要能在战略上互相协调、互相策应，定可更有力地打击敌人。基于这一认识，双方领导人很快取得了成立"中共闽浙边临时省委"的一致意见。经协商，临时省委由刘英、粟裕、叶飞、黄富武、刘达云、阮英平、范式人、许信焜、洪家云、方志富、许旺等11人组成，以刘英同志为书记，我任组织部长，叶飞同志为宣传部长兼少共临时省委书记；并相应成立闽浙边临时省军区，由我任司令员，刘英同志兼政委。

临时省委成立以后，面对敌人不受调动、集中力量摧残我浙西南游击根据地的反革命策略，我们立即着手开辟新的游击根据地。除令北渡瓯江的第一纵队加紧向浙东地区（即括苍山南北地区）发展外，重点放在开辟浙南地区的游击根据地。

浙南地区，主要是瓯江下游以南的广大地区，东濒东海，南接闽东，山岭连绵，地形险要。它比浙西南地区有两个更为有利的条件：一是1924年这里就有党的活动，1929年冬天以后的两年间，党在这里领导过武装暴动，红十三军的旗帜曾插到瓯江两岸的许多乡镇，在群众中留有很深的影响。此时在平阳、福鼎之间已有闽东党的工作，可以互为依靠。二是这里离浙赣线较远，国民党统治势力比较薄弱。于是，我们由浙闽边向东北行动，攻下了瑞安珊溪镇，立足于瑞安、平阳、泰顺三县之间，以此为枢纽向东南和东北发展，一直打到瓯江南部直抵东海之滨。接着我们又出动主力，兜了两个大圈子，攻克了瑞平泰外围敌人许多重要市镇和据点，如云和之东坑、梅岐、沙湾、渤海、大顺、小顺，文成之南田、西坑、黄坦、大峃、玉壶、峃口，瑞安的营前、高楼、湖岭、马屿、陶山、平阳坑，泰顺的百丈口、左溪、泗溪、仕阳，平阳的水头街、山门、腾蛟，苍南的莒溪，福鼎的南溪等地。局面打开后，确定由刘英同志带少数短枪和省委机关在瑞平泰地区开展游击根据地的建设工作，我则率领武装部队，在浙闽边进进出出，从浙江打到福建，又从福建打到浙江，吸引和打击敌人，以掩护和保护省委开展工作，并支援浙西南地区的斗争。

从1935年9月到1936年6月，是我浙南游击区经受严峻考验的重要时期。我浙西南游击根据地暂时丧失了，但我们在浙南地区又开辟了大块的游击根据地；游击战则在浙西南、浙闽边、浙东、浙南更广泛的区域展开了。从总体上看，罗卓英三四十个团的"围剿"并没有打败我们，我们获得了新的胜利。

浙南党内的一些分歧

在三年游击战争中，浙南党的主要负责同志之间主要是刘英同志和我之间在几个问题上产生了分歧，给工作带来一定的影响。

前面已经提到，我们同中央和上级党组织在电台被打掉后即已失去联系，我们并不知道有遵义会议的召开和清算王明"左"倾冒险主义，对于革命已转入低潮，留在南方坚持的游击队应取何种方针，认识并不十分明确。前一阶段，我们主要考虑的是如何实现由正规军向游击队的转变、进入浙西南、建立游击根据地、在浙江省立脚生根。四个多月的活动，进展比较顺利。后来几十倍于我之敌压下来了，浙西南游击根据地遭到血洗，刚刚取得的革命成果受到了严重的摧残。在严酷的形势下，我回顾了浙西南这一段的斗争，产生了一些想法。我们在浙西南，基本上是按照过去中央苏区的做法，以打土豪、分田地为基本政策，并公开发展群众组织，公开建党、建政。在创建游击根据地之初，采取这些做法，有力地打击了地方反动封建势力，对发动基本群众和迅速打开局面有决定性作用。但是从坚持长期斗争来看，打土豪、分田地，打击面大，不利于团结和争取其他社会阶层。同时浙西南红色政权的中心区离铁路不过数十里，这样一个为广大白色政权所包围的小小的公开红色政权，当敌人以强大力量进行"围剿"时，目标非常突出，难以经得起敌人反复持久的打击。因此，我设想在民族矛盾日益加深的形势下，应从实际情况出发，适当地转变策略，调整政策，团结中间阶层，对上层分子根据其不同表现区别对待，以孤立敌人，并注意公开工作和秘密工作的结合，以增强我对敌斗争的力量。但是，当我把这些意见同刘英同志商讨时，他认为这是对浙西南工作的否定而甚为反感，我们两人在思想上产生了分歧。

1936 年 3 月，我们获悉罗卓英经过几个月的"围剿"，正将主力集结于城市和交通干线。刘英同志判断敌人的"围剿"已经结束，要我即率挺进师主力回到浙西南地区去恢复工作。我认为敌人主力虽已集结，但仍在附近城市和交通干线，仅凭这个情况还不能判断敌人对我浙西南游击根据地的"围剿"已经结束，挺进师主力仍应坚持在广泛区域内打游击；至于何时进入浙西南中心区，应在进一步了解情况后，相机行事。我们的意见未能取得一致，刘英同志即以省委的名义作出主力进入浙西南恢复工作的决定，并派许信焜同志任挺进师政委会书记。

我们进到浙西南地区外围后，了解到经过敌人几个月的"围剿"，浙西南游击根据地的主要领导人黄富武同志已经牺牲，其他领导干部除个别走失外也已先后牺牲，保留下来的少数基层干部和部队，已化整为零，转入隐蔽的斗争。敌人的堡垒工事像围棋子一样，遍布整个地区。罗卓英的主力部队在经过军事进攻的第一个回合以后，收缩驻扎于浙西南及其周围的城市和交通干线，由保安团队和地主武装进入第一线，继续"清剿"，斗争正转向深入，敌情仍然很严重。在这种形势下，挺进师主力如钻到敌人的包围圈里去，正是敌人所求之不得的，势将遭到毁灭性的失败。但许信焜同志坚持要执行刘英同志的决定。虽然由于我的决断，部队只进入浙西南地区进行了几次奇袭，随即转到广大地区去打游击，但却加深了我同刘英同志的分歧，并且在一部分同志中传扬开来。

闽浙临时省委是在失去党中央和上级党组织领导的情况下，由浙南和闽东两个游击区的党的负责人，根据实际斗争的共同需要协商一致成立的。临时省委成立后，由于浙南游击区和闽东游击区双方都有些本位主义、山头主义，从浙南方面来说，还有以主力自居的思想；同时我们都不知道遵义会议的精神，受"左"倾冒险主义肃反扩大化的影响，互相错抓了人，错杀了人，发生了误会，双方都有气，以致产生了矛盾。临时省委本应按照党的原则妥善地来处理这些矛盾，但刘英同志却想"统"掉闽东。他几次提出要把叶飞同志留在临时省委工作，藉以调离闽东。我不赞成，认为这对坚持闽东游击根据地和协调两个地区的关系不利，也不符合组成临时省委的初衷。我对刘英同志决定派到闽东独立师任政委的人选也认为不当，可能对双方团结起不好的作用。刘英同志未采纳我的这些意见。临时省委成立后，三个主要领导人经常分开活动，省委的实际工作由刘英同志主持。刘英同志常常以省委的名义，把个人的意见强加给其他同志。刘英同志的这些做法，不能不引起闽东同志的疑虑和反感，也使我感到很难办。我是经常在外面打游击的，对于这些问题做了一些调解工作，也没能收到什么效果。

不久又发生了同黄道同志联系的问题。临时省委成立后，我们很想再同闽北游击区的黄道同志取得联系。大约在 1936 年 2 月间，我正转战于浙闽边境，碰到了闽北军分区政治部主任，就写了一封信，托他带给黄道同志，希望黄道同志牵头，召集会议，商讨三个游击区今后的协同配合问题。在当时我们三个游击区的负责人中，黄道同志是党内有威望的老同志，我认为由他出面召集会议是最适合的。刘英同志也给黄道同志写信联系过，但对于我给黄道同志写信甚为不满，并引起了恐慌。

1936 年 3 月，刘英同志写信给叶飞同志，说临时省委已于 2 月 2 日决定叶飞同志兼组织部长，闽东特委设副书记一人，再次要叶飞同志来省委。当时我是组织部长，这个决定无论在事前或事后我都不知道，直到前些时，才从一份材料中看到。说明刘英同志既想把叶飞同志调离闽东，又想撤掉我这个组织部长。

1936 年秋，我正活动于闽浙边境之庆元县境，刘英同志以临时省委的名义给我送来一封信，要我乘与叶飞同志见面的机会，把叶飞同志押送省委，并派来一支武装监督执行。这个命令使我十分震惊，不知道究竟又发生了什么问题，总觉得双方的矛盾应当在党的会议上来解决，不应采取对敌斗争的手段。但我未能坚决抵制，将叶飞同志扣押了起来。当时，受王明"左"倾冒险主义的影响，党内存在着混淆两类矛盾的做法，叶飞同志如被押送到省委实在是很危险的。幸喜在途中遇到敌人伏击，叶飞同志乘机脱险。闽东同志随即宣布退出闽浙临时省委。扣押叶飞同志导致了闽浙临时省委的解体（以后，浙南方面仍然沿用"中共闽浙边临时省委"这个名义，直到抗日战争开始后，才改为"中共浙江省委"）。

当我到达临时省委后，刘英同志立即召开会议，提出了所谓"分裂省委"的问题。说叶飞、黄道反对刘英，粟裕参与其事，对闽东主要负责同志进行声讨，对我进行斗争。因闽东同志已退出闽浙临时省委，我便成了主要斗争目标。当时对我也采取了对敌斗争的手段，派了一个班把我监视了起来，剥夺了我的行动自由。

在这次会议上，把我率队转战于浙闽边境，给黄道同志写信，以及叶飞同志的脱险，都说成是我参与所谓"分裂省委"的活动，还把我在前面叙述过的我们在浙西南问题上的分歧，说成是我"全盘否定浙西南的工作"，"对恢复浙西南丧失信心"；甚至把我们进入浙江的第一阶段，为吸引和调动敌人而在浙闽边的游击活动，也说成"一开始就对进入浙江没有信心"；等等。

刘英同志对我发动的这场突然袭击，我事前毫无觉察。面对严重的敌情，我们既已失去中央和上级党组织的领导，同闽东、闽北兄弟地区的关系又搞破裂了，浙西南游击根据地刚刚遭到严重摧残，现在内部又出现了危机，在这样极端严重的时刻，我们无论如何也不能再分裂了。经过一个多星期的反复思考，从浙南革命斗争的全局着想，我被迫违心地作了"申明"。这场斗争才算结束。此后，我和刘英同志就分开活动了，刘英同志主要坚持于浙南地区，我则主要活动在浙赣路南侧和浙西南地区。我们在总的方面仍是统一的、配合的，但在各自活动的地区内则各自行动，而且互相之间心存戒备，每当必须会合时也各自带着武装，并且不住在一个房子里。后来由于敌情严重，从1937年2月开始双方失去了联系，直到1937年10月与国民党地方当局谈判成功后才又会合。

浙南党内主要领导人之间的这些严重分歧，属于政策策略方面的，后来我在自己活动的范围内，从实际情况出发做了若干调整，刘英同志在浙南地区事实上也做了一些调整。不过我们始终未能就浙南游击区的建设和发展做过实事求是的探讨。至于采用处理敌我矛盾的手段来对待党内矛盾，在浙南党内还延续了一定的时期，带来很不利的影响。而闽东、闽北、浙南三个兄弟游击区之间的团结，经过了这一段的波折，到抗日战争开始，在上级党的领导下，在新的基础上才得到解决。时间已经过去几十年，刘英同志于 1942 年在坚持浙江工作期间被国民党逮捕，英勇牺牲。旧事重提，是想把历史事实交代明白。当时我们都还年轻，又失去了中央和中央分局的领导，这就不能不使我们在思想上行动上和对问题的处理上，留下不成熟的痕迹。

第二个发展时期

从 1936 年 6 月"两广事变"爆发到同年 12 月"西安事变"的和平解决，是浙南游击战争的第二个发展时期。从客观上说，"中央军"调走了，敌情逐渐缓和；从主观上说，是因为我们依据实际情况，适时地调整了政策，发挥了政策的威力。

我们把公开的武装斗争同隐蔽的群众工作更加有机地结合起来。前一阶段，我和刘英同志就常分开活动，我带大部队公开打游击，他带少数便衣武装人员做群众工作，双方紧密配合，工作比较顺当。逐步地我们把这种活动方法提到斗争策略的高度来对待，并使组织形式与之相适应。我们分别组成了"突击队"与"牵制队"。所谓"突击队"也就是武装工作队，主要任务不是打仗，而是带领便衣队、短枪队坚持于基本地区，做发动群众的工作，进行游击根据地建设。所谓"牵制队"，就是游击队的主力部队。它的主要任务是在广大范围内进行公开的武装斗争，牵制、吸引、打击敌人，以掩护和保卫基本地区，并发展新的游击区。

刘英同志带"突击队"与省委机关坚持浙南地区，我则带"牵制队"在广泛的地域公开打游击。

在我率领"牵制队"单独活动的过程中，考虑到这样一个问题：为了长期坚持敌后，形成比较巩固的游击区，并为主力部队提供更多的"落脚点"和"跳板"，我们不仅要有相对稳定的较大块的游击根据地，而且在较大块的游击根据地的周围，还必须建立一些小块的游击根据地和若干的游击基点；这些小块的游击根据地和游击基点，有公开的，有秘密的；在你来我往，敌人势力比较强大的地区，还应有"白皮红心"式的两面政权，使我们的整个游击区形成几种类型的结合。为此，我决定把建立游击基点作为"牵制队"的重要任务之一，一面打仗，一面建设。我们在一些重要地区，选择条件比较好的村庄开展工作，几个或十几个有工作基础的村庄连成一片，就是一个游击基点，离开二三十里又建立一个游击基点，这样逐步向外发展。基点密集的，联系起来便成了一个小小的游击根据地。它的外围，还有分散的游击基点。这些游击基点和小块的游击根据地，开始是临时性的，经过斗争的考验和不断加强工作得到巩固和发展。

在游击区内，这种小的游击根据地和分散的游击基点之所以能够存在，除了有力的武装活动外，主要靠政策的威力。这个时期民族矛盾日益加深，我们吸取浙西南斗争的经验和教训，针对浙江商品经济比较发达，地主兼工商业者多的特点，对政策做了若干调整，以抗日、反蒋为前提，扩大团结对象，缩小打击目标。我们改变了打土豪的政策，把"没收委员会"改为"征发委员会"，征收"抗日捐"。比方说，我们到一个地主家里，如果他家里的人跑了，就根据部队的需要和他家负担能力的大小，给他写个条子，说明我们北上抗日，有了困难，需要他捐助多少担米、多少衣服和多少钱。假定我们希望他捐助 200 元，便说明这次住在他的家里，吃了几担米、杀了几头猪，合计该扣除 50 元钱，便要他再送 150 元钱到什么地方去。地主回来，看到红军没有没收他的家产，是讲道理的，全家商量商量，设法把那 150 元钱送到指定的地点。这样，矛盾不激化。但也有不送的，我们就写信警告他，要他在某天某时把钱送来，并且规定了接头的办法；如再不送，不仅罚款，后果由他负责。当然也有顽固的，以为我们奈何他不得，就是不肯送来，那就需要采取比较强硬的办法对待。

如汤溪周村有个地主乡长，我们通知他要送 500 元抗日捐米。根据调查，他是完全可以负担的。但他不干。我们警告他说：你拒不缴纳抗日捐，现在要另罚 500 元，合计 1000 元，如限期不交，定要惩处。他听了笑笑说："想惩办我，谅他们没有这个本事！"其实我们与群众有密切的联系，他的行踪，我们了如指掌，这一天，他出门了，我们的侦察员马上在半路上把他抓了来。他吓得要死。我们还是向他交代政策，要他交款。这一下见效了，他一回去，很快便把捐款和罚款共 1000 元全数送来了。以后他还到处宣传："红军真厉害呀！……"这样，周围的一些地主在收到我们的条子后，大都及时认捐交款，不必动武。这就解决了部队的经费开支。

我们很重视群众的经济利益，注意发展山区经济，部队活动的地区大多是林木茂密的山区。我们的政策是支持竹木和山货出口，欢迎平原城镇的殷实客商进山做买卖，使商品流通，山区经济得到发展。这样做虽然还不能满足基本群众的长远利益，但对他们近期生活的改善是有利的，因而得到群众的拥护，自觉帮助我们防奸防特，通风报信。这样做，也争取了一批资本家和工商业者。我们的一部分军需用品，也能比较适时地得到供应。

我们还很重视团结争取知识分子的工作，向青年进行革命、抗日宣传，把进步青年团结在自己的周围，并通过他们收集一些报纸和进步书刊。这些书报，是我们了解情况的一个重要来源。

在小块的游击根据地里，政权是我们掌握的，但形式是秘密的。当然时间长了，也就成为公开的秘密了。

在敌我争夺频繁的边缘地区，我们建立"白皮红心"式的两面政权。大体上有两种情况：一种是争取原来的保、甲长为我们做事；另一种是把我们的秘密党员派进去做保、甲长。国民党和群众对立，不是那么了解情况，"白皮红心"可以存在得住。我们有广大群众的支持，谁个好，谁个坏，我们是有数的。对那些经常作恶的保、甲长，我们给以惩办，惩办了几个，大批保、甲长就保持中立，真正坏的给孤立起来了。

我们所建立的小块游击根据地，可以举宣（平）遂（昌）汤（溪）边区为例子。

早在1935年5月至9月，我们游击于浙赣线中段以南地区的时候，便进入宣遂汤地区，并在门阵、银坑一带回旋。这一带地形很好，以门阵为中心，坐南向北，背靠大岭，面对金（华）汤（溪）平原，群峰守望，竹木葱茏，位置重要。它不仅处于三县交界处，而且可以扼制三条交通线：其东有宣平至金华的公路，其西有丽水经遂昌至龙游的公路，北面有金华至衢州的铁路和公路，且有小溪由南向北通往金华，是竹木放筏必经之道。我们在这里打土豪，发动群众，开展工作，并在芝肚坑、龙葱、周坞、黄塘井、小洋坑、紫坑、溪口等十多个村庄发展党员二十余人，建立了党的支部和遂汤区委。罗卓英"围剿"时，我军主力向浙南转移了，由于该地区处在敌人包围圈之外，工作又隐蔽，未受到严重摧残，门阵的群众，还掩护了我们一个伤员养伤达数月之久。1936年秋冬，我们已经有了建立小块游击根据地的想法，派人按新的精神去恢复工作。1936年底和1937年初，先后有两支部队进入该地区。春节前后，在紫坑成立了党的宣遂汤工委，统一领导这一小块游击根据地的建设。由于执行了新的政策，经济上有一定的发展。中心点门阵被群众称为"小上海"，商业繁荣，平原上的客商带来大批布匹、医药等货物，交换山区的特产，使金华也实际上成了我们的"军需补给基地"。那一带的不少保、甲长是替我们办事的，区长、乡长往往保持中立。他们明明知道我们一些情况，但权衡利弊，不向国民党当局报案，因为报了案，反而会受到上司的责难和"进剿"军队的敲诈勒索，而且也要受到我们的惩处，两头不讨好。从敌人方面来说，先前进山骚扰的部队遭到我们几次打击之后也学"乖"了，小股的不敢再来，怕被我们消灭；大股的又上不来，因为道路艰险，给养困难，施展不开。这样，我们就有了一个小小的但又确实比较稳定的后方。这个后方，在刘建绪的"围剿"时期，发挥了顽强的战斗力量，成为我们在浙赣线以南和浙西南地区坚持斗争的重要基地之一。

这个时期，我们进行游击战的范围相当广泛，如从鼎平地区出发，经瑞安、青田、缙云、丽水到达浙西南。而在浙西南，又可以在龙泉、遂昌、汤溪、金华、宣平、松阳等浙赣线以南的一大片地区活动，东进可到永康、武义、东阳、仙居、天台，南下可到云和、庆元、景宁、寿宁、松溪、政和等浙闽边地区，总之，战场比较辽阔。我们常常把活动的重点放在对敌人威胁最大、对外界影响最大的浙赣线南侧，有时甚至打到武义汤恩伯的家乡，打到青田高市村陈诚的老家，而且逼近了蒋介石的老家奉化溪口。当然，到达这些地方是不容易的。特别是天台山以东，敌情就更加严重一些。有一次我们准备去打溪口，敌人发觉了，派了三个团来堵截。我们不得不暂时向天台山以南转移，打了一个下午，赶了七八十里夜路，才甩开敌人，第二天，我们又回头继续和敌人兜圈子。

由于我们有了若干公开的、半公开的、秘密的游击基点为依托，部队打了仗，疲劳了，一个晚上急行军便转到了游击基点。这里群众是我们的，封锁了消息，大家可以住下来，休整三五天，侦察好敌情，计划好行动部署，再跳出去，打击敌人，开展工作。浙南基本区是我们的大后方。有时我们也跳到那里去，在那里打击进犯的敌人，或者做稍长时间的休整。这样，如鱼得水，我们的活动比前一阶段自如多了。

此时，浙南地区根据地的建设工作也取得了很大的发展。前面已经提到开辟浙南游击根据地是从 1935 年秋挺进师主力跳出包围圈,进入浙闽边,同闽东的同志会师后开始的。首先开辟了瑞平泰地区,接着闽东同志为了相互支援,便利机动,将原属闽东特委的鼎平中心县委(在福鼎、平阳、泰顺边界)划归浙南,使浙南游击根据地的范围扩大到浙闽边境东段。"两广事变"发生后,我们利用敌情缓和之机,在"牵制队"的掩护和策应下,首先集中力量打通了根据地内各县、区之间的联系,使各基本地区连成一片,然后又调集一批力量,发展新区,扩大根据地范围,打通了温州沿海的交通口岸。1936 年 8 月,我们又与活动于平阳北港地区的一支革命力量汇合。这支革命力量是由老共产党员叶廷鹏同志为首组织起来的。原来他在与党失去联系之后,仍然在那里联络群众,坚持斗争。当挺进师进入浙江,革命形势有了发展时,他又进一步团结了何畏、吴毓、陈铁军、杨进、黄耕夫等一批革命青年,并与北港凤翔乡的群众领袖郑海啸同志一起,在平阳北港和瑞平边创建了一块纵横十五公里的秘密工作地区。他们主动要求闽浙临时省委领导,这样就使浙南游击根据地的范围扩大到平阳北港一带。1936 年 11 月,我根据地的幅员由浙闽边境东段向北扩展,一直扩大到飞云江中游的南北两岸,包括瑞安、平阳、泰顺、福鼎,以及青田、景宁、丽水、寿宁、霞浦、庆元、永嘉等县的部分地区,纵横 250 余公里。为了加强党政领导,全区成立了浙南和浙东南两个特委,并先后成立了福鼎、平阳、泰顺、桐霞、霞鼎太、鼎太、瑞青泰、永瑞青、庆景寿、丽云边等 10 个县委和一个瑞平泰中心县委,成立了浙南人民革命委员会。在根据地内,普遍建立了党、团基层组织和贫农团、工会、妇女会、少先队等群众组织,建立和发展了地方武装和群众武装。一批地方干部在斗争中迅速成长,如郑凡甫、周钦民、林辉山等同志,后来各担负起了一个县的领导职务。这时的浙南游击根据地,又如头年夏秋的浙西南游击根据地那样了,"党、政、军、民、学,工、农、青、妇、儿",搞得十分红火。

　　浙南游击根据地建设的基本政策，仍是继续贯彻土地革命的纲领，打土豪、分田地。开始是领导群众开展抗租、抗债、抗捐、抗税的"四抗"运动，进而发展到在一些中心区实行包括青苗在内的土地分配。此后随着抗日救亡运动的逐渐高涨，适当地调整了对敌斗争的政策和口号。如对国民党的乡、镇、保长由镇压改为争取；地方士绅和中等商人，中立的允许自由来去；把"穷人不打穷人"的口号改为"中国人不打中国人"，把"欢迎白军士兵杀死官长拖枪当红军"改为"欢迎白军官兵枪口对外和红军共同抗日"；等等。同时，还开展了争取城市知识分子的工作。

　　活跃于浙东地区的游击队，出没于瓯江北岸的仙居、温岭、三门、天台、东阳、永康、缙云、丽水之间的广大地区，并以永缙边的金竹峰、黄弄坑为活动中心，建立了党的浙东特委。在特委的领导下，建立了几个县委，各县委都有自己的武装，其活动区域主要是仙居、天台、东阳、永康、缙云五县交界的大盘山一带。敌人感到对他威胁很大，视为"心腹大患"，特地成立了一个"大盘山绥靖专员公署"来对付我们。可是他们消灭我军的企图始终未能得逞。开始，刘达云、张文碧、范连辉带着部队在这里坚持，以后张文碧同志到了第二纵队。刘建绪"围剿"时，刘达云叛变了，浙东游击区受到很大损失，但范连辉同志顽强机智，把散失的部队集中起来，继续坚持斗争。

　　一度丧失的浙西南游击根据地，这时又得到了恢复，重新组织了浙西南特委，重建了龙浦、龙遂、江浦三个县委及其下属的王村口、住龙等若干区委，在挺进师主力的掩护下恢复工作。他们接受了头年遭受挫折的教训，考虑到浙西南为敌人三省通道，势所必争，决定以秘密工作为主。这样表面上看起来不如过去轰轰烈烈，但工作更扎实了，干部和群众更坚强了，对付敌人的"围剿"更有办法了。

　　1936年底，挺进师再次由几百人发展到一千五六百人，地方游击队和群众武装达数千人。我们的活动范围扩大到了温州、台州、处州、金华、衢州、绍兴地区所属的三十几个县境。我们有了像浙南这样的比较巩固的大块游击根据地，还有了如宣遂汤边区及青瑞边的梅山、李山，飞云江边的五云山等小块的游击根据地和大量的分散的游击基点，做到了公开的秘密的互相支持、互相掩护。部队打游击的经验也丰富起来了，可以分散发动群众，也可以集中打击敌人。我们在浙江又打开了一个大发展的局面。

第二次反"围剿"

1936 年冬，国内的政治形势发生了急剧变化，红军三大主力一、二、四方面军胜利会师；"西安事变"的发生，迫使蒋介石接受了停止反共内战的条件。

可是，国民党蒋介石为了消灭我南方红军游击队及游击根据地，加紧了在"西安事变"以前已经策划的对我南方游击区的"围剿"。他任命第四路"剿匪"总指挥刘建绪接替上台还不到两个月的张发奎担任闽赣浙皖四省边区主任，又派国民党 CC 系骨干分子朱家骅接替黄绍竑任浙江省主席，还调浙江省保安处副处长蒋志英到温州地区主持"剿共"。

敌人的这次"围剿"，又以浙南游击区作为其闽赣浙皖四省边区的主要进攻目标。1936 年 12 月 15 日，刘建绪由杭州赴江山"四省边区总指挥部"接事，随即调集主力部队六个师、两个独立旅及地方保安团共 43 个团，开始筹划对我进攻。这时我游击区范围大为扩大，刘建绪已不可能采取罗卓英包围浙西南游击根据地的方针，他采取了拉网式的由北而南、由西而东、由外围到中心逼进包围的方针，企图先将我军向东南压迫，然后在浙南包围聚歼。他以第六十三师等部由浙赣路一线压我向南；以新五师、第五十二师及赣、闽保安团布置于江（山）浦（城）公路及松溪、庆元、政和之线，由西迫我东移；第五十六师由闽北伸向庆元等地；独立第九旅控制飞云江；泰顺有两个保安团；温、瑞、平为第十九师；福鼎有第八十师一个团。在浙闽边界，构筑了稠密的碉堡工事，专门组织了一个"浙闽边清剿指挥部"，任命第十九师师长李觉和永嘉保安司令许蟠云为正、副指挥官，企图切断我向福建方向机动的道路，将我逼迫到沿海地带的一隅再加以歼灭。此外，他们又强迫群众组织"联甲"及"剿共义勇队"、壮丁队，协助军队"进剿"，还采用移民并村手段，焚烧边区零散的房屋、茅棚，居民的油盐柴米按人头逐日配给，企图以此把群众和红军隔开，实现其"竭泽而渔"，消灭红军游击队的梦想。

当时，尽管我们对抗日高潮到来的可能有所预计，但对"西安事变"和紧接着的一连串政治事件的发生，还不能迅速作出准确的判断。在新形势的激励下，我们对当面的敌人发动了勇猛的进攻，想以此加快革命形势的发展。这次主动进攻，又一次暴露了我们的力量。不久，刘建绪向我大举进攻，我们的头脑才逐渐冷静下来，认识到蒋介石企图在实现第二次国共合作之前，一举将我南方游击队全部消灭。这实际上是国共双方三年游击战争期间军事上的最后一仗。在强敌的进攻面前，为了保存红军游击队，坚持武装斗争的旗帜，坚持战略支撑点，我们确立了自己的指导思想，这就是：必须把隐蔽精干、保存力量同机动灵活、积极作战的方针统一起来。

这时，刘英同志鉴于敌人"围剿"的重点是原省委活动的主要地域，也就是浙南游击根据地的基本地区，他就决定越过飞云江转移到永（嘉）瑞（安）之间去继续主持领导工作，这是对的。但他同时又以省委的名义决定成立闽浙边区省委办事处，指定我为办事处主任，率领主力在浙闽边应敌，这是错误的。当敌人数十个团大举进攻，重点指向浙闽边，并力图寻歼我军主力时，不仅不应把挺进师主力留在浙闽边区，而且就连浙闽边的地方党也应该转入地下，进行秘密和隐蔽的斗争，以避开敌人的锋芒，保存力量，等待时机。刘英同志个人作出的这个决定，当时我并不知道，当然更谈不上予以实施。

中国工农红军挺进师浙南三年游击战争示意图

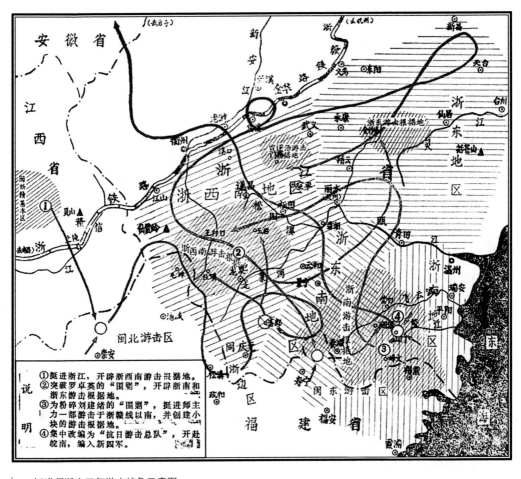

挺进师浙南三年游击战争示意图。

针对敌人"大拉网"的战术，我们采取与敌人相向对进，易地而战的打法。敌人梳过来，我们钻过去；你要我的山头，我要你的后方。为对付敌人大规模的"围剿"，作战单位逐渐分散，由开始百把人集中行动，逐渐分散到几十人、十几人，甚至几个人。但这也不是固定不变的，往往根据敌情与任务，有合有分，好在大家都已锻炼成为游击好手，可以组自为战，人自为战了。

这个时期是我们在三年游击战争中作战最为频繁的时期，也是我们运用游击战术比较成熟的时期。我们以毛泽东同志在井冈山时期总结的十六字诀为指导，结合实际，经过无数次的作战实践，总结了一套经验。

我们把游击战术在浙南游击区的运用，归纳为六条原则：（一）以最小的牺牲换取最大的胜利；（二）不在消灭敌人，而在消磨敌人；（三）支配敌人，掌握主动；（四）积极进攻，绝少防御；（五）飘忽不定，出没无常；（六）越是敌人后方，越是容易成功。

在作战、行军、宿营等方面，也都摸索到了一套要领。例如在作战行动上，我们总结出这样的要领：（一）反敌人之道而行，并竭尽欺诈之能事，敌进我退，敌集我散，敌大我避，敌小我欺，避实就虚，声东击西；（二）不要企图太大，只要常有小胜；（三）站在敌人翼侧、后方和圈子外围，不为敌人所合击；（四）一切作战行动必须迅速、勇猛、坚决，迟疑犹豫就等于等死；（五）注意使用突然的白刃袭击，只要枪弹一响，刺刀就要杀到敌人的肚皮上去。隐蔽我们的行动和企图是我们的一条重要原则。我们总结了兜圈子、大小圈、"8"字形、"S"形、电光形、回马枪、东去西返，早出晚归等许多方式，做到飘忽不定，出没无常，使敌人无法捉摸。行军沿途的痕迹要留专人殿后负责消除，压倒的草要扶起来，脚迹要抹掉，有时则在与我们行动相反的方向弄出痕迹，迷惑敌人。

部队宿营，一般不住大村庄，大村庄道路多，不便于警戒。多半选择小村庄，最好是独立砖瓦屋，不住没有后门的房屋。那时我们实行"五班制"，每到宿营地，支队部住中间，东、南、西、北各放一个班。哪个方面发现敌情，就由那个方面的班抗击，掩护支队部和其他班转移，完成任务后，到预定地点集合。每天都要规定两个集合点，如果第一个集合点有敌情，就到第二个点去集合。为了适应分散游击的需要，指挥机关就是我带的一个班。这个班的成员有参谋，有警卫员、卫生员、绘图员、司号员、炊事员、理发员等等。他们既是专业人员，又是战斗人员；既执行本身的职务，又站岗、放哨、侦察、打仗，很精干。各支队也是这样。

我们每到一个地方，就要调查地形道路，天天调查。从驻地出发，前边有条岔路，右转弯是到哪里去的，左转弯是到哪里去的，大路小路都问得清清楚楚。这样，即使在路上碰到敌人，我们也有办法跟他兜圈子。部队进入一个新地区，开始道路不熟，免不了要找向导。向导要可靠。向导既给我们带路，又是我们的宣传对象。每次找到向导，部队的领导人都要亲自谈话、查询、慰问。到宿营地后，不能立即遣返，以免走漏消息；而应在我们转移时，才能将向导辞去，并且要做好工作。

我们还从敌人那里了解情况，经常找报纸看，做些分析判断，也偷听敌人的电话。有时为了掌握敌人在某一个县的兵力部署和活动情况，我们就去袭击一个乡公所，把乡长抓来，叫他给县长打电话，说他这里很紧张，请县里赶快派部队来。县长回话说：哪里还有部队?! 县里的部队都开到那里去了。这样，我们就达到了目的。

积极进攻是游击战术的一大特色。敌人进攻我们，我们是被动的，就迅速转移，不同敌人决战；我们进攻敌人，是有计划的，只要情况不变，坚决打。运用最多的作战形式是袭击。

敌人的后方是我们袭击的主要目标。我们袭击的主要对象：一是蒋政权的基础或爪牙，常常神出鬼没地捉敌人的保、甲长，造成当地统治者的恐慌与动摇；一是捕杀敌军的哨兵和侦探，使敌官兵惊恐，哨兵不敢放哨，尖兵也不敢当。敌人的兵力过于集中，不好下手，我们就搞他落伍掉队的，打他的"尾巴"，或者叫"截尾子"。我们有个办法：敌人行军，要在岔路口做路标，我们就事先在岔路上布置好埋伏，等敌人大部队通过，只剩下"尾巴"时，就移动路标，将敌人的"尾巴"引入我们设伏的地段，把他们通通俘虏起来。

破坏敌人的通信是我们经常的作战活动。浙江大部分县城都通公路，乡乡通电话。敌人用电话传递消息，用汽车运送部队，都很快。破坏公路桥梁，没有烈性炸药，用黑色炸药只能炸一个坑，不起作用，所以我们主要是破坏电话设施。开始时，我们把电线杆齐根锯断，过后，敌人把锯断的杆子埋起来，电话很快又架通了。后来我们再去，就扛两条凳子，站在凳子上把电线杆拦腰锯成两截，使两截木杆都不能用作架线，这就不容易迅速修复了。

敌人进攻时，为了避其锋芒，我们坚决迅速转移。有时多路敌人向我们进攻，我们还利用有利地形和两路敌人互不联系的条件，导演"鬼打鬼"。如在一个高地上向两面山脚的敌人射击，等两面的敌人都向我们反击时，我们便从一侧秘密转移，使两面的敌人自相冲杀。这样，不但能够消耗和削弱敌人，而且可以扩大敌人内部的矛盾。

但是，由于敌人太多，遭遇战还是经常发生，惊险的场面也常出现。有一次，敌人向温州以西"围剿"，我们由庆元、景宁之间北进，在云和附近过了龙泉河，再向北还要过松阳溪。在这一段，龙泉河由西向东，松阳溪则由西北流向东南，在丽水的大港头、碧湖之间两溪汇合，形成一个三江口。龙泉河南岸有一条由龙泉到丽水的公路。我们过公路的时候，遇到敌人一辆汽车，部队看到就打，没有打到，汽车跑了，却引来了敌人。我们过龙泉河继续北进，准备过松阳溪。当晚，天降暴雨，引起山洪暴发，小小的松阳溪，突然变得又宽又深，天黑得看不见路，找不到渡口。天亮后，敌人来了，把我们卡在两溪之间十多公里的"三角架"里。开始，我们故意折回向南。敌人追赶。我们突然掉头向北，打回马枪。敌人闪开。我们乘机跑到溪边，发现了渡口有条船，没人管。我们马上上船准备过渡。刚上船，隐蔽在旁边房子里的敌人钻出来了，向我们猛烈射击。我们这才发觉中了敌人的计，便跳下船，沿着溪边，边打边跑，躲过了这股敌人。可是敌人一下子调来大部队向"三角架"包围过来，那真是紧张极了！困难极了！不得已，我们钻进刺丛里躲起来。不久，敌人就围上来了，到处搜，一边搜，一边喊："看到了，我看到你了，赶快出来！"我们知道，这是敌人虚张声势。我们下了决心，把驳壳枪子弹上了膛，敌人不到面前不打，敌人一到，我就一个拼一个！由于敌人在明处，我们在暗处，敌人怕挨我们的冷枪，也不那么大胆，加之大雨不断地下，下到天黑，敌人坚持不住了，走了。我们出来继续向北走，到了溪边。好在我们都会游泳，就组织泅渡。上了岸，到处有敌人的游动哨，每隔五里十里，总要碰到敌人。但我们终于巧妙地通过了敌人的封锁，冲出了包围圈。这一天一夜急行军九十公里，连打七仗。

又有一次，敌人把我们追到一条山沟里，前面又被一个据点拦住。怎么办？也是情急智生，大家就化装迷惑敌人。那时，我们和敌人穿一样的灰军装，就是帽子不同，我们是红五星八角帽。同志们把袖管和裤管卷起来，把帽子拿到手里当扇子扇风，一直朝敌人的据点门口冲。敌哨兵问："你们是哪一部分的？"我们就说是什么保安团的，从哪里来，到哪里去，说得没有漏洞，他就放我们进据点。我们进去后，连忙从后门出去。当敌人发觉有诈，从后面追上来时，我们已经安全地通过了敌人的据点，脱离了危险区。

还有一次，我们住在瑞安县平阳坑的半山腰，布置了警戒。不料，敌人熟悉道路，绕过了我们的哨兵，爬到我们的上面，居高临下地把我们往坎下打。山下是飞云江。我们下到江边，如果过江到对面去爬山，敌人要打我们的背，只好顺江而下。下游有个旋磨渡，那儿有一个石山咀子伸到

1980 年 6 月，粟裕在杭州与浙江坚持三年游击战争的老战友合影。左起：张金发、张文碧、林辉山、余龙贵、粟裕、郑海啸、刘亨云、黄先河。

江心，我们想由此过江，可是刚一下水，我就被一个大漩涡卷进去了，旋转力太大，来回转了三四个圈子还是划不出来。真是危险极了，再划不出来就会被漩涡吸到水底去。幸好后面的同志赶忙递个伞柄给我攥住，才把我拉上岸。刚上岸，敌人已经从后面打过来了。我们就你推我拉地从石壁攀上悬崖，好在天黑，我们不动，敌人没有发现。等敌人从我们下面追过去了，我们才又从敌人的屁股后面打过去。

在整个三年游击战争中，我们的处境都十分艰苦，这个时期就更为严重了。虽然山高林密，我们可以隐蔽，但敌人也摸出了一些对付我们的经验，前堵后追，有时我们整日整夜都在跑路，中间还要打几仗，有时甚至几天几夜得不到休息，搞得精疲力竭。记得有一次，我们连续走了三天三夜，最后到了金华附近的秘密游击基点，在革命群众的掩护下，我一觉睡了差不多四十个小时。三年中，我们在浙赣路以南，天台山以西，浙闽边以北，差不多大小山头都走遍了，而且很少走大路，多走羊肠小路，有时根本不走路，走山埂或水沟，使敌人看不到我们的脚印，无法追踪。吃饭的问题很严重，一连几顿饭吃不上是常事。有时候，敌人的"围剿"稍微松一点，我们可以在树林里烧饭吃，但又苦于没有炊具。那时，我们每人有一只搪瓷缸子，既当锅又当碗。到了宿营地，放半缸子米，半缸子水，用草枝一盖，烧起火来。大家围着火烤一烤衣服，有的就倒在篝火旁睡一睡。睡醒起来，饭已熟了，就开饭。但有时敌人"围剿"很紧，怕暴露目标，不能举火，只好吃生谷子。生谷子吃了不消化，大便拉不出来，没办法，只好互相用棍子扒肛门。

1961年，粟裕（中）与浙江泰顺的老红军刘宝生（右二）和红军医院党支部书记黄明星（右一）等合影。

有了伤员更不好办。那时我们的卫生人员不多，药品很缺乏，有了重伤员，只能安置在群众家里。自从敌人搞移民并村以后，困难更大，不能抬着伤员行军打仗，寄到群众家里，又怕敌人搜查时连累群众，藏进山洞也不安全，因为山洞是敌人搜查的重点目标。怎么办？没有别的办法，只好向死人"借房子"，把棺材打开，把里面的尸骨搬出来，垫上干草，把伤员放进去，暂时隐蔽、养伤。至于负了轻伤，就坚持跟队。有一次，我伤了脚踝，没药敷，就用苦菜叶子贴起来走路，贴了两个月才好。总之，生活很艰苦。在那三年的一千多个日日夜夜里，部队大部分时间是露营，青天作帐，大地当床，很少脱过衣服睡觉，经常和衣而卧，"枕戈待旦"。

在抗击刘建绪43个团的"围剿"中，贡献最大、牺牲最大的是浙南的广大革命群众。他们中的一些优秀代表，把革命的希望、未来的理想，全都寄托在中国共产党和工农红军身上。他们以崇高的品德和视死如归的气概，保卫着共产党，保卫着我们的干部和军队。据当地同志介绍，苍南五凤乡半山村的共产党员、游击队长潘世雅和他的妻子——地下交通、共产党员王玉英，在反"围剿"斗争中不幸被捕，潘世雅遭敌人枪杀，王玉英为保护党和红军的机密，乘敌人的警卫懈怠时，毅然用剪刀剪断自己的舌头，使敌人无法从她的口中获得任何材料。燕田一位游击队员被捕后，敌人把他押到云和七溪，吊打、熏辣椒粉、上老虎凳，受尽了酷刑，始终坚强不屈，直到被敌人枪杀，未吐露党和红军半点真情。我军从泰顺太平区根据地转移时，双溪口村党支部书记黄明星和他的妻子卢桂莲，动员群众，将几十个伤员分散隐蔽治疗。不久，他俩先后被敌人抓去，严刑拷打，逼他们交出伤员。夫妻俩守口如瓶，没露半点真情。后来，这批伤员在群众的掩护下，全部养好了伤，安全归队。这些数不清的可歌可泣的英雄事迹，鞭策着我们这些幸存者，也教育着我们的后代：应该继承他们的业绩，无愧于这些平凡而伟大的无名和有名的革命英雄。

在艰难而壮丽的革命征途中，正如大江奔流，难免泥沙俱下。在三年游击战争期间，我们的队伍里出现了少数叛徒。他们给革命事业带来了损失，个别领导人的叛变所造成的损失是重大的，然而它没能阻挡伟大革命事业的前进。那些叛徒们的卑鄙行径，则永远为人所不齿！

刘建绪的"围剿"，虽然动用的总兵力比罗卓英的那次"围剿"要多，但是，我们反"围剿"的有利因素也有增加：第一，由于我游击区的范围已大为扩大，刘建绪的兵力与罗卓英集中于浙西南的兵力相比，相对说来没有那样密集了；第二，经过前一时期的工作，我们的社会基础更巩固、更广泛了，各大小游击根据地和游击基点互相策应，加强了我们抵抗敌人的力量；第三，全国形势的变化曾迫使刘建绪一度放松"围剿"的进程，这对我们也是有利的。因此，尽管浙南游击区的中心地区遭受到的摧残十分严重，但是几块游击根据地还是坚持下来了，而且保存了较多的干部。浙南这个战略支点，坚如磐石。

迎接抗日高潮

在国民党的封锁与"围剿"之中，我们的处境虽然极其艰苦，但北上抗日的意志仍很坚定，大家非常关心全国革命形势的发展和变化，希望及时了解党的方针和政策。

由于我们早就失去了同党中央和上级党组织的联系，所以我们每到一地，就千方百计收集敌人的报纸，从字里行间了解情况，分析形势；并且通过各种社会关系，特别是通过青年知识分子，搞来上海等地的进步刊物，如邹韬奋办的《大众生活》，从中体会党的方针、政策。当我们知道了党中央1935年8月1日发布的《八一宣言》和1935年底提出的《十大纲领》等重要文件的精神后，对全国的政治形势和党的总路线有了一个基本的了解。我们马上组织学习和宣传。对内，给指战员上形势课，进行思想教育；对外，发表宣言和公开信，说明斗争形势，宣传我党关于建立广泛的抗日民族统一战线的主张，表明我们的立场和态度。在游击战争那样艰苦恶劣的环境里，我们没有忽略过共产党人所肩负的政治责任，对于一些重大政治事件，都力求从我们自己所能理解的水平，表明政治态度。例如，当北平"一二·九"学生运动的消息传到我军时，已是1936年1月了，我们当即发表宣言，表示积极支持。1936年6月发生了"两广事变"，当时我正带着挺进师主力转战于浙西南和浙东一带，刘英同志带领"突击队"在浙南开展秘密工作，尽管双方没有联系，但是都分别发表了反对军阀内战，要求团结抗日的宣言。回想起来，那时我们的思想还是比较能够顺应革命形势的发展的。

1937年春，经过多方努力，临时省委同上海党组织建立了联系，接着又经过上海党与中央取得了联系，这对于指导浙南游击区的斗争，有着极其重大的意义。但遗憾的是，那时我已同临时省委失去了联系，仍然处于闭塞的状况之中。

1937年5月之后，刘建绪对浙南的"围剿"进入最严重的阶段，其残暴程度达到了高峰，真是黎明前的黑暗。但是，此时民族矛盾已空前激烈，"七七"事变、"八·一三"事变相继爆发。而我红军主力北上已胜利到达抗日的前进出发地，南方八省的游击根据地的革命红旗始终屹立不倒，全国人民包括海外侨胞又以各种形式的抗日救亡斗争紧密配合，国民党蒋介石迫于形势和全国抗日运动高潮的压力，其"北和南剿"的反动方针再也不能推行了。

1937年9月，我们正在门阵地区活动，由于消息闭塞，还不知道国共两党已经实现第二次合作。这时从金衢平原上不断传来各种消息和谣言，说什么"共产党投降了"，"红军被收编了"。经过仔细分析，我们觉得可能是国共合作了，便派了一支小部队出去调查。这支小部队化装成国民党军队，大摇大摆地开到龙游县溪口镇，进入镇公所，自我介绍说：

"我们原在山区剿匪，现在奉命开赴抗日前线，要给县长打电话，了解情况。"镇长帮助给县长挂了电话。县长说："现在国共合作啦，红军改编为八路军要开拔抗日了……"他们问明了情况，收集了些报纸，便返回汇报。

我们开了个会，把部队集中起来进行动员教育。同志们听说国共合作了，要抗日了，觉得从1934年7月就已接受的先遣抗日的任务，很快就能得以执行，都很兴奋。我们要求大家百倍提高革命警惕，严防发生意外。稍后，又给国民党遂昌县政府写了信，要他们派代表来同我们谈判。

不久，国民党遂昌县政府派了一个代表来到门阵，请我们下山进城。我们向对方严正表示：为了共同抗日，我们愿意同国民党地方当局进行停战谈判。同时告诉对方，第一，我们将开赴浙南根据地，沿途不得留难；第二，我们已经停止了打土豪，要求对方给我们补充弹药、给养；第三，合作不是投降，改编不是收编，双方是平等的合作，要保持我军的独立性，我们不进城。对方表示，愿意回去报告，并尽快答复我们。

鉴于这次谈判可能成功，为了积极迎接民族民主革命高潮，我们即令部队集中于门阵，在小溪右岸驻扎下来，进行政治形势教育，开展练兵活动。

红军代表与国民党遂昌县代表在门阵的谈判处。

与此同时，宣遂汤工委也向群众进行了广泛的宣传教育，并发动群众为部队筹办给养，缝制新衣。

过了几天，国民党答应了我们的条件，欢迎我们下山。我们同时了解到临时省委已同国民党浙江当局达成了停战协议，当即决定集中部队开赴浙南平阳，与刘英同志等会合。我们在门阵村头的白沙庙召开了军民联欢会，向群众告别，还请木偶剧团来为群众演出。群众欢天喜地，真像过节一般。

我们终于依依不舍地告别了门阵乡亲，翻山越岭，沿着崎岖的山路南下，绕过遂昌县城，经过石练、湖山、王村口、大潘坑，船寮、青田、大峃，到达飞云江南岸，和刘英同志派来的联络员相遇了，随即一同奔赴平阳北港和刘英同志等胜利会合。

以后，我才知道了闽浙临时省委同国民党谈判的一些情况。临时省委在同上海党组织取得联系后，逐渐了解到党中央关于联蒋抗日的主张。1937 年 4 月，在刘英同志主持下，以临时省委和省军区名义向浙江国民党当局发出呼吁停止内战一致抗日的文电。其时刘建绪已奉蒋介石之命，在报纸上公开表示要和我方谈判。双方代表在鳌江进行了三天谈判。在谈判中，国民党代表妄图以和谈为名，迫我投降。我方代表表明了合作抗日的严正立场，揭露了敌人的罪恶阴谋。对方见其阴谋不能得逞，便拿出蒋介石“停抚进剿”的手令相威胁，谈判随即破裂。在全国抗日高潮到来后，刘建绪复于八月间给临时省委送来亲笔信，要求和我方重开谈判。临时省委遂派代表到温州同国民党浙江当局谈判，9 月 16 日双方达成合作抗日的协议。

实现两党合作抗日，这是由国内革命战争向抗日战争的两个革命战争时期的转变。从浙南地区来说，在这一转变过程中还比较自觉。在同国民党的谈判中，我们坚持了原则立场，国民党在军事斗争中没有取得的东西，在政治斗争中同样没有得到。

挺进师分散游击于浙南各地的游击队先后集中于平阳北港山门街，记得有范连辉、周瑞球、舒雨旺、杨立才、刘亨云、张文碧以及何畏、陈铁军等同志带领的各路部队，共四五百人。这个数字，和1935年初挺进师进浙江时的人数相当。但其成员已经有了很大的变化，原七军团、十军团的老骨干不太多了，充实了许多新的血液，有浙西南、浙南和闽浙边的一批工农子弟兵，有温州、上海等城市的知识青年。我们的装备虽然不算好，可是部队作战经验丰富，战斗力是很强的。这支部队随即正式改编为"国民革命军浙闽边抗日游击总队"，下属三个支队和一个教导队。为了加强抗战力量，我们在大屯村举办了党员干部训练班，在山门街畴溪小学开办了"抗日救亡干部学校"，部队补充新兵，加强训练，就地开展群众工作。此时，省委又派了吴毓、龙跃等同志去与中央联系。

1938年，曾山（后排右五）、刘英（右六）、粟裕（右七）等在抗日救亡干部学校前合影。

　　这时，新四军军部已在南昌成立，以后又迁至皖南，来电命令我们赴皖南集中。1938 年 3 月间，东南分局组织部长曾山同志来到了山门街，向我们传达上级的指示，并一同研究了部队进一步整编的问题。党中央对南方各游击区的安全和巩固问题十分重视，一再强调这是"十年血战的结果"，是"今后抗战和进行革命斗争的重要战略支点"，无论如何不能放弃，一定要保存。当时，日寇有在温州沿海登陆的可能，为了准备在日寇登陆后在闽浙赣地区开展游击战争，并防止国民党当局再次背信弃义，发生变故，决定由刘英同志主持浙江省的工作，带领部分武装人员和干部继续留在浙江坚持斗争；由我带领"抗日游击总队"开赴皖南参加新四军的战斗行列，还以抗日救亡干部学校的部分人员组成战地服务团，随部队行动。

　　一切安排就绪，刘英同志便和曾山同志一起先赴东南分局。我和刘英同志从这里分手后，就没能再见面了。我们是从 1934 年开始在一起工作的，共同经历了北上抗日先遣队和三年游击战争这两段艰难的历程。1942 年春，刘英同志在温州被捕。他在狱中顽强斗争，坚贞不屈，于 5 月 18 日被蒋介石下令杀害了。他把自己的生命献给了革命事业。刘英同志的一生是革命的一生，战斗的一生，人民永远纪念他。

　　3 月 18 日，我们由平阳山门街出发，欢送的人群饱含深情。浙南游击区的革命群众，三年来哺育了我们游击队的成长，不少人以自己的生命换取了我们的新生。现在，新的革命使命在召唤我们，大家都要为新的任务而战斗了，这样的分别又是很有意义的。

　　我们途经瑞安、泰顺、丽水、松阳、遂昌、龙游、衢县、常山、开化、屯溪等县境时，都派人去同国民党当局交涉，要求立即释放"政治犯"，使一批被国民党逮捕和迫害的同志得以出狱。在北进途中部队受到各阶层人民群众的热烈欢迎和慰劳。这时的政治形势已与几个月前大不相同，各地抗日救亡运动的浪潮汹涌澎湃，许多地方都成立了"抗日自卫委员会"，浙南、浙西南游击根据地的群众正在以当年创建根据地那种热情

1938年3月18日，粟裕率领500名铁血壮士，离开浙江平阳山门镇，走向抗日救国的新战场。这是部队出征前誓师。

和气派开展抗日救亡运动。部队收到他们的传单和慰问信，感到非常鼓舞。到达龙游以后，同志们要求乘火车到衢州，经过交涉，上了火车，一声汽笛长鸣，同志们的心随之飞到了抗日前线。我们行军一个月，到达安徽歙县岩寺，加入了新四军的战斗行列，整编为新四军第二支队第四团第三营。

浙南三年游击战争的道路是艰难曲折的。我们在失去党中央和上级党组织领导的情况下，经历了由正规军到游击队和由国内革命战争到抗日战争两次转变，又经受了国民党的一次"进剿"和罗卓英、刘建绪两次几十个团的"围剿"，领导同志之间又产生过严重分歧，但是，不管形势怎样险恶，鼓舞我们的强大精神力量始终是对中国共产党及其所领导的革命事业的坚强信念，相信我们的革命事业是正义的，正义的事业总是要胜利的，革命的前途是光明的。这个信念，推动着我们从失败和挫折中接受教训，推动着我们在新的斗争中逐步走向成熟，走向新的发展。三年，付出的代价是昂贵的，但成果也是丰硕的。第一，在敌人的心腹区域沉重地打击敌人，较长期地吸引和牵制了敌人相当数量的兵力。仅以我们进行的两次反"围剿"为例，就先后吸引、牵制了罗、刘两敌各三四十个团的兵力，历时各达八个多月之久。其间，对敌人力量的消耗与打击是难以用数字表达的。一方面，党中央和主力红军的长征和南方各游击区的斗争牵制了敌军的主力，这是对浙南游击区斗争的有力支援；另一方面，浙南的斗争，无疑在一定程度上策应了党中央和主力红军的战略行动，也在一定的程度上配合和掩护了邻近兄弟游击区的斗争。第二，努力宣传党的路线和政策，扩大党的影响，在敌人的心腹地区发动群众，推进了抗日救亡运动的浪潮，并把浙南建成为中国革命在南方的一个战略支撑点。这个战略支撑点，在以后的抗日战争和解放战争中都发挥了重要的作用。第三，在艰苦卓绝的斗争中，培养、锻炼和储备了一支经验丰富的战斗队伍，成为组建新四军的部分骨干力量，并把"先遣抗日"的旗帜胜利地插到了江南敌后，报偿了党和人民四年来所寄予的殷切希望。

浙南三年游击战争的胜利，是许多党的优秀干部、战士和革命群众鲜血、意志与生命的结晶。挺进师政治部主任（后兼任浙西南特委书记）黄富武同志，领导浙西南反罗卓英"围剿"斗争，于1935年10月30日被俘，坚贞不屈，蒋介石亲自下令，1935年12月12日下午2时许被杀害于丽水南明门外。师宣传科长王维信同志，1935年4月底在斋郎战斗中负重伤牺牲。师组织科长兼地方工作科长（浙西南特委第一任书记）宗孟平同志，1935年5月在龙泉茶峎岭战斗中牺牲。第一纵队前后两任纵队长朱宝芬同志和王屏同志，在开辟浙东地区的斗争中牺牲。第二纵队长李重才同志和政委洪家云同志，在反罗卓英的"围剿"时，在浙西南战斗中牺牲。第三纵队长刘汉南同志，1935年9月26日在安仁镇赤源坑战斗中牺牲。第三纵队政委兼龙浦县委书记方志富同志，1935年10月7日在龙泉茶园坑战斗中牺牲。第四纵队长王裔三同志和政治委员李凡林同志，在游击于闽北根据地时牺牲。第六支队政委王春华同志，1935年10月14日在英山附近的战斗中牺牲。还有如地方工作团团长、浙西南特委副书记杨干凡同志，工作干部朱干、杨林同志，第三任浙西南特委书记许信焜同志，以及我在前面已经提到过的陈凤生、卢子敬、陈丹山等同志，都为坚持浙南三年游击战争洒下了最后一滴血。还有更多的，我所不知道的无数的无名英雄。这些有名的和无名的英雄们，他们的革命精神是永垂不朽的！

1937 年 12 月 13 日，中共中央政治局《对南方游击区工作的决议》庄严指出："……南方各游击区的同志在主力红军离开南方以后，在极艰苦的条件下，长期坚持了英勇的游击战争，基本上正确的执行了党的路线，完成了党所给予他们的任务，以致能够保存各游击区，在今天成为中国人民反日抗战的主要支点，使各游击队成为今天最好的抗日军队之一部。这是中国人民一个极可宝贵的胜利。"我以为，在三年游击战争中英勇奋斗而牺牲的烈士们，是夺取这些胜利的最光荣的功臣！

第 七 章

挺进苏北与黄桥决战

　　这段历史，发生在 1940 年。当时，抗日战争已进入相持阶段，国民党顽固派加紧推行反共政策作为其准备投降的重要步骤，挽救民族危亡的领导责任，更加集中地落到中国共产党的肩上来了。为了坚持抗战、反对投降，我新四军江南指挥部奉命率领所属主力部队挺进苏北，执行开辟苏北、发展华中的战略任务。在陈毅同志的领导下，把党中央制定的路线、方针和政策同实际情况紧密结合，正确地处理了党内外、敌友我、军事与政治等一系列错综复杂的关系；经过五次战斗，赢得了以黄桥为中心的战役决战的胜利，实现了新四军与八路军的胜利会师，奠定了苏北抗日民主根据地的基础，打开了华中抗战的新局面。

　　多年来，回忆和歌颂这段历史的作品已经不少。我愿以这场斗争的亲身经历者的身份，为读者提供一些背景材料。我的回忆，将侧重在一些重大问题的决策和军事指挥方面。

江南新四军挺进苏北

　　苏北地区在抗日战争中具有特定的战略地位。它是一个有两千多万人口，盛产粮、棉、盐等战略物资的重要基地；是控制日寇沿江进出的重要侧翼；又是连接我新四军同八路军的重要纽带。苏北抗日局面一旦打开，向南可以与我江南抗日根据地相呼应，扼制长江下游，直接威胁设在南京的日本侵略军总部和汪精卫伪政府；向北、向西发展，可以与山东、淮南、淮北抗日根据地连接，分别直通华北、中原。控制苏北，对于我发展和积蓄抗战力量，更沉重地打击日寇，以及制止国民党顽固派反共投降都具有极其重要的意义。所以，苏北是日、顽、我必争之地。

新四军向苏北发展，是党中央早就确定了的方针。1938年春，党中央、毛泽东同志对江南新四军的发展方向有过明确的指示："目前最有利的发展地区是茅山山脉"。5月4日又指示："在茅山根据地大体建立起来之后，应分兵一部进入苏州、镇江、吴淞三角地区去，再分一部分渡江，进入江北地区。"

这个任务的提出，是对蒋介石的险恶意图作了充分的估计的。自主力红军长征，蒋介石便想彻底消灭我坚持南方的红军游击队，但是未能得逞；抗日战争开始，蒋介石迫于形势，不得不同意将我坚持南方八省十五个地区的红军游击队编成新四军，开赴抗日前线，但又将我主要力量限制在面临长江天险和日寇侵华心脏的南京附近地区，实行借刀杀人之计，企图借日寇之手消灭我军于这一狭窄地区。党中央、毛泽东同志采取了将计就计的方针，要求各部迅速深入敌后。因为我军一经开到敌后和人民群众相结合就如鱼入水，蒋介石将无以售其奸。

遵照党中央的方针，我新四军江南部队于1938年4月在皖南歙县岩寺集中后，即派先遣支队向苏南敌后挺进，接着，第一、第二支队于六七月间挺进到苏南敌后。约两个月，便取得了韦岗、新丰、新塘、句容城、珥陵、小丹阳、永安桥、江宁、当涂、禄口等大小百余次战斗的胜利，与新四军皖南、江北部队的英勇抗敌行动遥相呼应。

项英同志从右的立场看待国民党蒋介石借刀杀人的阴谋，不敢到敌后去，希望通过谈判在第三战区范围内得到一个"较好"的防区。党中央、毛泽东同志曾多次向他做工作，说明"在敌后进行游击战争虽有困难，但比在敌前同友军一道并接受其指挥反会要好些、方便些、放手些。敌情方面虽较严重，但只要有广大群众活动的地区，充分注意指挥的机动灵活，也会能够克服这种困难"。
但项英同志对党的独立自主
的敌后游击战争的方针仍然
顾虑重重。当时，苏南敌后
空隙很大，群众在日寇蹂躏
下，迫切盼望抗日领导力量
的到来，是我军获得大发展
的好时机。项英同志却把过
多的力量，其中包括经过战
争锻炼的许多骨干力量和大
批知识青年留在皖南。后来
还把已在苏南敌后取得了一
定作战经验，并初步改善了
装备的主力部队第一团、第
三团先后调回皖南，在一定
程度上影响了我军在敌后的
迅速发展。

抗日时期的粟裕。

1939 年 2 月下旬，周
恩来同志亲自到皖南来对
项英同志做工作，同他商定了新四军"向南巩固、向东作战、向北发展"
的一致意见。此后项英同志派了一些干部到苏南、江北加强敌后工作，但
他常常屈服于国民党蒋介石的压力而不断动摇。

当时蒋介石、顾祝同划定我第一、第二支队的防区非常狭窄。如第二
支队的防区，被划在南京、天王寺、秣陵关这个三角地带，最长距离不
过 30 公里。为了发动群众，抗击日寇，我们不断冲破蒋介石的束缚，打
到防区之外。向南打到高淳、郎溪，西南打到芜湖，东北打到镇江、金坛

| 1939 年，粟裕与陈毅合影。

一带。"抗日有罪"，每次打击日寇的行动，都遭到顾祝同的追查、警告。项英同志不仅不敢理直气壮地予对方以反击，反而责难我们"破坏统一战线"。1939 年 5 月，陈毅同志决定派叶飞同志率领第六团挺进到澄（江阴）锡（无锡）虞（常熟）地区活动。项英同志得悉后十分恐惧，急电制止。那一天，陈毅同志把项英同志的来电交给叶飞同志看。电报中说了两点：澄锡虞是日寇控制的重要地区，交通便捷，部队去了会被消灭；那里不是国民党划定的防区，我们去了，会破坏统一战线。这时，陈毅同志面色阴沉，一言不发地在室内来回走动。稍停，突然问道："你带部队到澄锡虞，会被敌人消灭吗？"叶飞同志坚定地回答："不会的！我们不仅不会被消灭，而且还会发展。"陈毅同志严肃地拍着胸说："好！部队被消灭由你负责；破坏统一战线由我负责。决定去！"以陈毅同志为代表的广大指战员就是这样坚决地抵制项英同志的错误主张。

　　这时在陈毅同志的领导下，茅山抗日根据地已初具规模，我们就陆续派主力部队北渡长江。

　　1939年初，派出第一支队第二团一部，协同管文蔚同志所领导的地方抗日武装力量丹阳县游击纵队，积极向扬中和长江北岸发展，消灭了企图叛变的丹阳县游击纵队第二支队，加强了梅嘉生、韦永义两个支队，控制了扬中和江都所属的大桥一带江北沿岸阵地。这里的位置十分重要，控制了这个地区，使我军获得了向苏北发展的跳板。

　　10月下旬，苏北地方实力派李明扬请求我军协助其运送部分弹药过江，我们即派陶勇、卢胜同志率第二支队第四团一部北渡长江，进入苏皖边区以后与梅嘉生部合编，命名为苏皖支队，活动于扬州、仪征、六合、

新四军第二支队领导同志合影。右起：蓝荣玉、罗桂华、傅狂波、王绍杰、罗化成、罗忠毅、粟裕、张开荆、王集成。

天长地区，并向北发展，同新四军第五支队取得了联系。

11月底，为加强苏北力量，又决定叶飞同志率江抗二路（原第六团）到达扬中，与已发展改编为江北人民抗日义勇军挺进纵队的管文蔚部合编，然后渡江北上，向吴家桥周围地区发展，积极打击敌伪。

到此时为止，江南敌后我军已有数支主力部队到达苏北，控制了长江渡口，造成了我军足跨长江两岸、随时可以发展苏北的有利态势。

此时，我新四军江北、江南指挥部已先后成立。第一、第二支队由江南指挥部统一领导。

在派出主力部队的同时，苏北地方工作也在积极开展。1938年下半年，惠浴宇同志由延安分配到苏南，陈毅同志了解到他是苏北人，就派他到苏北扬州、泰州地区开展工作。以后协助韦一平同志组织了党的临时工委（后改为苏北特委）。随着抗日形势的发展，苏北革命群众也逐步活跃起来。泰州、泰兴、如皋、南通一带，是1930年土地革命战争时期红十四军的主要活动地区。当年的武装斗争虽然失败，但是党在人民群众中的影响很深，"野火烧不尽，春风吹又生"，一些革命分子开展宣传活动，收集武器，组织和发展抗日武装。同时，上海地下党（江苏省委）也陆续派出党员、干部到（南）通如（皋）海（门）启（东）一带，并组成江北特委，发展进步势力，利用社会关系开展对友军的工作。由北而南的工作也在开展。赵毓华、钟民、朱群、陈伟达、周一峰、洪泽、韩念龙、梁灵光、许家屯、俞铭璜、茅珵等同志都已从各方到来。各路力量汇于苏北，给予我军挺进苏北以有力的配合。

1939年底和1940年初，抗日战争形势有了进一步的发展。日寇在对国民党加紧诱降的同时，集中主要兵力打击我党和敌后抗日军民，首先是华北敌后军民。国民党顽固派在日寇的诱降政策下，加紧推行"以军事反共为主、政治限共为辅"的反动方针，在第一次反共高潮被我粉碎后，将摩擦中心逐步由华北移向华中，以顾祝同、李品仙、汤恩伯、韩德勤从苏南、皖中、皖东、豫东和苏北等地大举向我进攻，作为其准备投降的重要步骤。

党中央、毛泽东同志鉴于国、共第一次合作时的血的教训，及时地要求全党同志提高警觉，从思想上、政治上、组织上全力巩固我们的党，巩固党所领导的军队和政权，以准备对付可能的危害中国革命的突然事变，并作出了大力发展华中的战略部署。明确提出：鉴于日寇大量增兵，华北敌占区日益扩大，我方斗争日益艰苦，以及国民党可能的公开反共和投降，全国性突然事变可能到来，我军决不能限死在黄河以北不入中原，故"华中是我最重要的生命线"。"整个苏北、皖东、淮北为我必争之地。凡扬子江以北，淮南路以东，淮河以北，开封以东，陇海路以南，大海以西，统须在一年以内造成民主的抗日根据地。"在军事上做了这样的部署：派八路军主力两万余人由冀鲁豫分路南下，会同新四军第四、第五、第六支队以及江南指挥部已到达苏北的挺进纵队和苏皖支队共同完成发展华中的任务。

党中央关于大力发展华中的战略部署，坚持了统一战线中独立自主的政策，体现了抗日战争中无产阶级对资产阶级的领导，不仅在当时对坚持抗战、反对投降，坚持团结、反对分裂，坚持进步、反对倒退具有关键性的作用，而且对以后革命形势的发展，也有着深远的影响。

为了贯彻这一战略任务，中共中央代表、中原局书记刘少奇同志于1939年11月进入华中敌后，在淮南路西与张云逸同志会合。在刘少奇同志的领导下，中原局经过前后几个月的调查研究和不同意见的讨论，着重分析了大别山、伏牛山和苏北平原的不同条件，进一步明确了苏北是当时华中最有利、最能发展的地区，是我军的战略突击方向。这样，发展苏北的任务便由关系新四军发展方向的一个局部上升到关系我党对日、对顽斗争的全局的位置上来了。

1940年3月，顾祝同调集五个师、一个旅，连同地方保安团队约

18 个团的兵力，主要部署在贵池、青阳、绩溪、宁国、宣城、繁昌、南陵、泾县一带，还加强了溧水、高淳、郎溪、广德、宣城之线，企图切断我皖南、苏南之联系，造成围歼皖南、威逼苏南我军之势。同时，在大兵压境的态势下，勒令我将江北第四、第五支队和叶、陶部队南调。皖南地区非敌后，处在三战区包围圈中。苏南是我军对日作战和向东向北发展的基地。而且以当时我军的兵力来看，暂难在皖南、苏南两处应敌。为此，我们建议皖南军部率部即向苏南靠拢。当时，蒋顽对形势也做过分析，认为"叶、项在皖南，如瓮中之鳖，手到擒来；陈、粟在苏南，如海滨之鱼，稍纵即逝"。4 月 26 日，中央复电同意我们的建议，指示"皖南军部速移苏南为宜"。从我们控制的郎溪、宣城地区到军部驻地泾县云岭仅 160 公里左右，双方对进，一昼夜就可会合。我们布置了三个团去接应他们北进，并将电台呼号、通信联络约定好了。但项英同志竟又动摇起来，以种种借口拒绝北移，反而再三要求中央批准将叶、陶等部调回皖南。

党中央断然拒绝了项英同志的要求，于 1940 年 5 月 4 日发出《放手发展抗日力量，抵抗反共顽固派的进攻》的重要指示。其中指出：在国民党反共顽固派坚决地执行其防共、限共、反共政策，并以此为投降做准备的时候，我们应强调斗争，不应该强调统一，如果不斗争，就将再犯1927 年的错误。中央还就我在敌后地区的发展方针着重指出："不应强调华中特殊而坐失发展时机，在江苏境内，应不顾顾祝同、冷欣、韩德勤等反共分子的批评、限制和压迫，西起南京，东至海边，南至杭州，北至徐州，尽可能迅速地、有步骤有计划地将一切可能控制的区域控制在我们手中，独立自主地扩大军队，建立政权。"

这些指示是对项英同志右倾思想的再一次教育，又是对以陈毅同志为代表的坚持敌后游击战争的广大指战员的鼓舞与支持。陈毅同志当即召集县团干部会议做了传达，并提出了今后的努力方向。广大干部了解到

"五·四"指示的精神后，群情振奋。同时，陈毅同志以中央军委新四军分委会副书记的身份，再次向项英同志提出建议，促其北上。但项英同志却向中央撂挑子，说中央的"五·四"指示表明他的领导已有了路线错误和不执行中央方针，他"当然不能继续领导而且无法领导"。

6月，国民党蒋介石部署的由顾祝同、冷欣、韩德勤、李品仙从南、北、西三个方面向我新四军进攻的阵势已步步进逼，由于项英同志的坚持，我皖南、苏南部队已无法集中；江北几支部队协力发展华中的步伐因种种缘由进展不够顺利，我军现有的力量已不可能求得在大江南北同时对付顽固派的进攻。形势的发展，已经到了最后抉择的关键时刻，机不可失，时不再来。6月15日，陈毅同志当机立断，急电中央：决心部署移往苏北，"再不决定，必致苏北、苏南两方受损"。这时，我们同延安已有了直通电台。从此，完全摆脱了项英同志的限制。

全力对付韩德勤

江南新四军主力部队挺进苏北，是抗日战争开始后的第三年。这时，苏北敌后广大地区大都为国民党所统治。蒋介石派顽固派、反共专家韩德勤担任江苏省政府主席兼鲁苏战区副总司令。在蒋介石的支持下，他依靠其嫡系主力第八十九军和独立第六旅等武装，实行苛政重赋，鱼肉人民，极力镇压爱国运动，摧残抗日力量。如1939年春，突然围攻我东海县抗日武装——八路军独立第三团，杀伤该团团长以下数百人。同年夏，又围攻我活动于高邮湖北闵家桥地区的抗日游击队，残杀该游击队领导人陶容以下数百人，其中大部是共产党员。类似大小血案，遍及苏北各地，时有所闻。苏北国民党部队内部爱国官兵的抗日要求，也受到韩德勤的压抑。日寇在其兵力不足的困境下，乐于利用韩德勤作为其镇压苏北抗日军民的统治力量。日、顽双方信使往还，狼狈为奸，人民陷于水深火热之中。韩

德勤已成了苏北抗战的主要障碍。要坚持和发展苏北抗日战争，建立抗日
民主根据地，必须从韩德勤手中夺取苏北抗战的领导权。所以陈毅同志于
1940 年 5 月 8 日向中央报告："解决苏北问题，应先向省韩下手。"

当时，苏北地区由韩德勤指挥的国民党总兵力共有十六万人，其中韩
德勤系统八万人，号称十万。但派系繁多，矛盾重重。驻在泰州及其附近
地区的鲁苏皖边游击总指挥部李明扬、李长江及曲塘一带税警总团陈太运
等部，都是深受韩德勤排挤和歧视的中间势力。他们的处境和具体情况与
韩德勤的嫡系部队和保安旅有所不同，因而政治态度也有差异。李明扬
是老同盟会员，资历比韩德勤老，他和李长江原是国民党江苏省保安处
正、副处长，自从顾祝同、韩德勤包揽江苏军政大权以后，保安处长由第
八十九军军长李守维取代，两李的地位一落千丈，后来得到桂系的扶助，

1939 年 3 月，在新四军军部合影。左起：李一氓、袁国平、粟裕、陈毅、王集成、周恩来、
邓子恢、项英。

| 1939 年春，在新四军军部合影。左起：陈毅、粟裕、傅秋涛、周恩来、朱克靖、叶挺。

才维持了当时的地位，他有一定的民族意识。他企图借助于我新四军的抗战声威，以抵制韩德勤的压迫与兼并。而贵州籍的苗族人陈太运，属于宋子文系统，是以同乡关系得到何应钦的支持而维持了今天的地位的，他也有一定的抗日意识。1939 年，他曾一度被韩德勤软禁于兴化。在季方、黄逸峰等同志的帮助下脱险归来后，曾暗中联李反韩。

我们认为，李、陈等地方实力派与韩德勤之间的矛盾，虽有其自身的利害关系，但包含有坚持抗战与破坏抗战的矛盾。在苏北顽、我之间，李、陈等地方实力派处于重要的地位。如果他们能中立，就便于我们同韩德勤作最后的较量。1940 年 1 月 28 日，中央曾明确指示：对于中间势力，如李明扬等，我应采取中立他们的政策。所以我们把同韩德勤争夺中间派作为扩大抗日统一战线，解决苏北抗日领导权的一个重要环节。

在苏北争取中间势力以孤立韩德勤这个问题上，陈毅同志表现了高超的策略思想和领导艺术。早在1938年7月1日的新丰战斗之后，丹阳县抗日自卫团的负责人管文蔚同志前来要求新四军领导时，陈毅同志就指示政治部主任刘炎同志派一批干部去加强该部的建设和改造，将该部扩编为丹阳抗日游击纵队，并利用广泛的社会关系向扬中及江北大桥地区发展。其后，陈毅同志了解到李明扬部第二纵司令颜秀五是苏北人，就要惠浴宇同志以同乡关系与他联络，并且经颜秀五的疏通，与李明扬、李长江取得了直接的联系。1939年，陈毅同志曾写信给李明扬，用毛泽东、朱德同志的名义向他致意，措辞恳切，李明扬看了非常感动。以后对人夸口："我在这里打坍了，到延安去，玉阶（即朱德同志）会招待我的。"从此开始了与李明扬的信使往还。1939年5月以后，陈毅同志由惠浴宇、管文蔚等同志陪同，三次到泰州和两李见面，表达我军团结抗战的诚意。陈毅同志特地从我军的战利品中挑选了30支三八式步枪送给颜秀五。选了一匹好马，佩上新鞍鞯，送给李长江。还向李明扬赠送了指挥刀。两李待陈毅同志为上宾，在泰州街上贴标语："欢迎四将军光临指导！"他们以"四将军"称呼我新四军既表达了他们对我党领导的抗日军队的敬重，又以此避免韩德勤等反共顽固派对他们的刁难。还集合队伍请陈毅同志训话，并将韩德勤的反共密令告诉我们。陈毅同志也面告两李，由于苏南顾祝同、冷欣对我逼迫，我军不得不到苏北抗日。两李也表示谅解，有助我东进抗日反韩的意愿。这一切，为我挺进苏北创造了有利条件。

可是，对两李的统战工作并不是一帆风顺的。事实表明，由于两李在抗日反韩这一根本立场上存在一定程度的摇摆性，因此对他们的争取工作要准备"和"与"打"两手并用，"和"是为了争取，"打"也是为了争取。

当我方积极争取两李时，韩德勤利用两李对蒋顽压力的畏惧以及对我挺进纵队在江北发展的疑惧心理，又打又拉，表示要与两李"捐弃前嫌，重修旧好，共同反共"，使两李动摇而倒向反我。

1940年5月17日，我挺纵为粉碎敌伪"扫荡"，移往江都郭村休整。两李在韩德勤的挑唆下，说是占了他的地盘，竟向我挺纵下最后通牒，限三天退出郭村。在顽军保安第三旅的配合下，调动其第一、第二、第四、第六纵队向郭村进逼，总兵力达十三个团。其第二纵队踞于塘头、宜陵、丁沟一带，隔断郭村与大桥地区和苏南我军之联系；第四纵队在泰州、刁家铺、口岸一带；保三旅则在郭村以北之小岐一带，妄想一举围歼我挺进纵队于郭村、大桥地区。

此时我方政治、军事态势急迫。一方面挺纵兵力单薄，顽我兵力对比悬殊，如作战不利，我将失去大江南北交通的枢纽地带，势必严重影响我主力北上。另一方面，即使打败了两李，但如果处置失当，两李倒向韩德勤一边，造成韩、李反共大联合，对我发展苏北也极为不利。加之此时在有的领导干部中对党的统战政策和争取两李的方针认识不尽一致。在此关键时刻，陈毅同志一面令在天（长）仪（征）扬（州）地区的苏皖支队星夜赴援，一面电示挺纵：他将立即渡江北上，亲临决策。电报发出后，他便换了中式夏布衫裤，戴上凉帽，匆匆向江北赶去。

挺纵领导叶飞、管文蔚、姬鹏飞、张藩等同志接到陈毅同志的指示后，一面做紧急应战的准备，一面派政治部副主任陈同生同志为代表，前去泰州向两李倡言和平。可是，李明扬却以开会为由离泰州去了兴化，李长江则扣留了陈同生同志。6月28日，开始了对郭村的大举进攻。李部先后到达兰家桥、白塔河、杨家桥、董家桥、庄家桥、吴家桥、黄毛墩、麻村等地，形成四面包围、十路进攻之势。我军收缩于郭村、西周庄坚守，在地方党和人民群众的全力支援下，利用李部各路互不配合的弱点，采取积极防御，逐次杀伤其最突出的一路，有效地稳定了郭村阵地。这时，奉命增援的苏皖支队已由陶勇等同志率领，跨越天扬路，夜渡邵伯湖，穿过日寇封锁线，日夜兼程一百余公里，突然进入了李部防区——郭村西面的杨家桥、麻村一带，与挺纵取得了联系，并于当夜进入郭村，分担了部分防务。

6月30日,我军挺纵第一团两个营于夜间隐蔽出击,突然袭入李军后方重镇宜陵,消灭其一个营和一个团部,李军大恐。此时,共产党员陈玉生同志率领了一个团(该团是我地方党领导的部队,为适应斗争环境,当时公开用李明扬的第三纵队第八支队番号),共产党员王澄同志率领了一个营(该营是李明扬的第二纵队第五支队第四大队,是我地方党所控制的),在我第四团接应下立即起义,进一步改变了战场形势。我军反守为攻,对李军实行内外夹击,歼其三个团,迫使李军全线溃退。

7月3日,陈毅同志被迎到郭村,他给部队以热情的慰问和鼓励。但他又说:战役和战术上的胜利,不等于战略上的胜利。我们要打开苏北局面,非把韩德勤打败不可;要打败韩德勤,就必须争取两李中立,不使他投奔韩德勤。这一打,究竟是把两李打到韩德勤一边去,还是打到我们这边来,这就要看我们政策和策略的威力了。

这时,有的同志主张驻守郭村,不再前进;有的同志又主张直下泰州。陈毅同志认为郭村地区过于狭小,将来势必还会发生摩擦;而打到泰州又会逼得两李非倒向韩德勤不可。他决定乘胜打下塘头,控制交通要点,解决部队给养;又在泰州城唾手可得的态势下,适可而止,收兵于泰州城郊的碾米场,并派代表去见李明扬,表明我顾全大局,灭敌、反顽、联李的方针不变,要他以"互助互让、共同发展"八个字来推动抗战。这时,李明扬从兴化赶回来收拾残局。听说我们不攻泰州,还派来代表倡导和议,正是求之不得,连忙向陈同生同志赔礼道歉,派专使陪送返回挺纵。电话架通后,陈毅同志亲自同李明扬通话,再次表明我军为了团结抗战,愿意与他们重修旧好,将俘虏他们的人员全部释放,归还缴获的部分枪支,并愿将郭村等地全部让出交给他们,但要求他们团结抗日,助我东进;如果将来韩顽不以民族利益为重而向我进攻时,希望他们保持中立。李明扬难中得救,全部答应。

郭村战斗是巩固苏北桥头阵地的一仗，也是同韩德勤争夺两李的关键一仗。至此我们取得了政治和军事的双重胜利。

建立以黄桥为中心的根据地

1940 年 6 月中旬，我江南指挥部率领第二团、新六团等部准备经溧（阳）武（进）路向长江边北移。顾祝同、冷欣以其第四十师主力一部及"挺进军"第五团等部对我突袭。我军奋起自卫还击，歼其两个团于西塔山地区，余部溃逃。我军随即越过公路、运河、铁路、长江等日寇的几道封锁线，于 7 月 8 日前胜利到达苏北吴家桥地区，与挺进纵队、苏皖支队会合。

江南指挥部率部过江后，苏北顽、我斗争进入新的阶段。在此以前，双方以争夺中间力量为中心，此后即将进入正面的交锋了。我们分析形势，蒋介石、韩德勤绝不会允许我们在苏北敌后建立和发展抗日根据地。顽、我之间势将有一次决战，必须积极做好准备。至于对韩德勤的斗争方针，我们认为，

黄桥战役前粟裕（右一）、陈毅（右二）在行军途中。

新四军北上部队做渡江准备。

在韩德勤军事实力数倍于我的形势下，要争取我在苏北全局的优势，必须坚持自主的原则；但这时正处在顽固派两次反共高潮之间，全国人民心向缓和，力促团结抗战，从顽、我斗争的全局出发，又必须运用"以退为进"的策略。

对我军以何处为中心建设根据地的问题，在指挥部到达苏北后有过三种议论：一是扼守扬（州）泰（州）地区，二是北进兴化，三是进取黄桥。我们主张东进黄桥。第一，黄桥处于靖江、如皋、海安、泰县、泰兴等县的中心，以黄桥为中心建立根据地，便于向（南）通、如（皋）、海（门）、启（东）发展。而只有控制通、如、海、启才可以与我江南部队相呼应，控制长江通道，威胁日寇和切断韩顽与江南冷欣的联系。第二，吴家桥、郭村一带，原为两李范围，地区比较狭小，如果向外发展，势将与两李发生矛盾，影响全力对韩，与我统战方针违背。水城兴化，是韩德勤盘踞的中心，周围全是水网，对我进出不利，且地域偏西，对日寇威胁不大。第三，盘踞黄桥一带的保安第四旅何克谦部，一贯勾结敌伪，积极反共，敲诈勒索，久失人心，而且战斗力较弱，易于歼灭。第四，该地区有我党的工作和影响，群众基础好。我军东进抗日，能获得地方党的配合和广大人民的热烈拥护。

左起陈毅、项英、袁国平、李一氓、朱克靖、粟裕、叶挺。

这时，我们遵照中央指示，将渡江北上的江南指挥部改为苏北指挥部，仍由陈毅同志任司令员兼政治委员，我任副司令，刘炎、钟期光同志分别任政治部正、副主任。此时刘炎同志尚在苏南，政治部工作由钟期光同志主持。部队整编为三个纵队，每个纵队三个团。第一纵队以叶飞同志任司令员兼政委，下辖第一、第四、第五团；第二纵队以王必成同志任司令员，刘培善同志为政委，下辖第二、第六、第九团；第三纵队以陶勇同志任司令员，刘先胜同志为政委，下辖第三、第七、第八团。全部共七千余人。数量虽还不大，但统一了指挥，行动协调了，部队面貌一新，这对开辟苏北局面有重要意义。

苏北指挥部随即发布政治动员令，提出团结、抗战、反顽口号，要求全体指战员做好打运动战、歼灭战的充分准备，严格执行纪律，宣传党的政策，开展群众工作。

部队在扬泰地区休整了一周，7月25日出发，采取远道奔袭和各个击破的战术，直指黄桥。我军以战斗姿态于7月26、27两日通过口（岸）泰（兴）线上的寺港口、缪湾等两李防区，李部如约让路，并朝天鸣枪，我军佯作夺路而过。

韩德勤得知我东进的消息后，即令何克谦率保安第四旅由黄桥及其以南地区向北攻击，同时命令陈太运率税警团由曲塘南下至北新街一带，妄图南北夹击，消灭我军于运动中。

我们对于何克谦、陈太运两部，决计采取不同对策。当我军东进到北新街以南时，突然调头向北，击溃陈太运两个团，歼其一个多营。当陈太运碰得头破血流时，我方如数遣还了俘虏，还主动地送了部分枪支给他，警告他不要跟着韩德勤制造摩擦打内战，应该团结抗日。

在对付陈太运的同时，我们以第二纵队占领黄桥以北及东北的蒋垛、古溪、营溪，以第一纵队占领搬经，截断何克谦的退路，第三纵队攻占黄桥及其以南地区。28日一夜激战，各部胜利完成了任务。我军于29日凌晨，解放了黄桥。此战歼何顽主力近两千，在我党团结抗日号召之下，何部两个团由陈宗保等同志率领于战后起义。

我军到达黄桥时，沿途群众夹道欢迎，并热烈要求我军长期驻扎，保护地方，打击日寇。这时陈丕显同志已从东南局来到苏北，协助陈毅同志抓地方工作，加强根据地建设的领导。指挥部也派出干部、民运工作队和服务团，协同地方党组织发动群众，积极进行抗日民主根据地的建设。工作进展异常迅速。8月10日，我们向中央报告："我占领黄桥以后，便分兵发动群众，清剿散兵游勇，委派了泰县、如皋、靖江、泰兴、江都五县县长，筹建苏北临时行政委员会，成立苏北军政干校，出版石印的《抗敌报》（苏北版）；建立四个税卡，十天内扩大新兵一百余名。"接着，我们又派部队攻下了黄桥以南之孤山、西来镇等敌伪据点，我党我军声威大振。以黄桥为中心的根据地已初具规模了。

韩德勤对我进占黄桥，创建以黄桥为中心的抗日民主根据地，以及部队猛烈发展，群众运动轰轰烈烈，感到莫大的威胁。在军事失利之后，他表面上同我划定防区，韩部驻姜堰、曲塘、海安一线，不再南下，我军驻黄桥、蒋垛、营溪、花园桥一带不再北进，实则处心积虑准备向我进攻。他利用秋水暴涨、我军各部不便相互支持的时机，调动兵力，调整部署，补充弹药，焚烧涟水、淮阴间老黄河各渡口的船只，阻止我八路军第五纵队继续南下，妄图消灭我军于立足未稳之际。

黄桥根据地的建立，为以后与韩德勤决战准备了一个比较理想的战场。我方为加速准备决战，指挥部、军分委联合下达了《对于创建黄桥大根据地的指示》，着重指出："目前的工作任务是积极充实主力，严格整训部队，努力民众运动，建立民主政权工作的基础，随时准备迎接反扫荡、反摩擦的胜利。"指挥部政治部颁发了《九月份政治工作方针的训令》，明确指出了"准备决战是中心"，"决战决定一切"的口号。

果然，韩顽不顾人民的愿望和我党团结抗日的呼吁，调集大军，破坏协议，于9月3日开始向我发动进攻。以两李、陈太运部及保安第三旅编成右路军，在姜堰附近集结，以八十九军参谋长郭心冬指挥第一一七师（欠一旅）、独立第六旅（欠一营）、保安第一旅（欠二营）为左路军，在曲塘、胡家集、海安附近集结，计划分别经蒋垛、古溪向黄桥进攻。其右路军的两李和陈太运部在我争取下态度犹豫，进展缓慢。左路军则大胆冒进。我决计严守自卫立场，坚持不先放第一枪，逐步收缩，等到第八十九军一一七师、独立第六旅、保安第一旅深入我防区，再集中兵力予以各个歼灭。

左起粟裕、吴仲超、朱克靖、陈毅等在黄桥丁家花园。

9月6日，顽左路军进到营溪以南，我即展开英勇反击。一举歼其先头部队保安第一旅两个团，余部回窜。

保一旅原有我江北特委的工作。此次战后，我军释放了所俘该旅副团长及其以下全部人员，对他们宣传合作抗日不应反共之大义，使该旅旅长薛承宗大为震动。争取了该旅在以后的黄桥决战中保持中立。

营溪之战，是韩德勤对我的一次试探性进攻。韩德勤在受挫后改取"堡垒推进"方针，指令姜堰顽军保安第九旅张少华部严密封锁我区粮食来源，并挟制李明扬、陈太运两部，企图逐渐缩压我于沿长江狭小地区，勾引日伪对我合击。我们已经注意到营溪战斗的同时，天长、六合等县及津浦路苏皖段沿线敌伪相继增加，天长、六合两据点的敌人已增加到1500余人，骑兵数百。9月5日，即韩顽进犯营溪的前夕，日寇攻陷了我路东中心区之马家集、竹镇集、舜山、半塔、汊涧等地，每到一处，抢掠烧杀，无恶不作，与韩顽遥相呼应。形势表明，与韩顽长期相持对我十分不利。我为打开局面，本着自主原则，决定进取姜堰。

姜堰原是陈太运的防区，韩德勤为了向我进攻，将陈部调往曲塘，而令保安第九旅张少华部进驻。张少华曾当过汉奸，虽声明"反正"，其实仍然和日寇互派代表，保持联络，是一个身兼顽、伪的双料货。他进驻姜堰后，依托南面的运盐河，构筑了以36个碉堡为核心的防御工事，加设了电网，以求固守。

9月13日，我以第二、第三两个纵队围攻姜堰，二纵队主攻，第一纵队在白米、马沟一带打援。我攻击部队挑选了优秀战士组成"勇敢队"两个排，担任突击任务。他们由共产党员带头下水渡河，自镇东北突击。队员们用橡皮裹着马刀把子，奋力砍开铁丝网，从碉堡的夹缝中猛插进去，以"孙行者"钻进"铁扇公主"肚皮里去的战术，先打掉张少华的司令部，再由里向外打，内外夹攻。经一昼夜激战，攻克了姜堰，歼守敌千余人，缴获了大量武器和军用物资。

我为继续保持政治上的主动与优势，在占领姜堰、打开粮源之后，再次表明我停止内战、团结抗日的初衷不变，只求救国有份，抗战有地，派朱克靖等同志四处奔走，联络各界绅民代表继续呼吁省韩，重开谈判，以求合理解决纠纷。

由于事关大局，我方团结抗战的旗帜鲜明，陈毅同志登高一呼，韩紫石等许多上层人士和八县代表同声响应，四五十个留胡须、穿长袍的人奔向黄桥与我会谈。这些人中，有的确是本着团结抗战好意来的；有些是希望韩、我力量均等，以便在中间立足；有的则和韩德勤有不可分离的利害关系，眼看韩德勤再打就会失败，所以出来劝解。尽管各自的动机不同，但他们出面斡旋，对促进团结抗日是有利的。

当士绅代表向韩德勤呼吁"停止内战、团结抗日"时，韩顽竟乘机要挟说："新四军如有合作诚意，应先退出姜堰。"在他看来，"金姜堰，银曲塘"，我军以革命同志的鲜血换来的抗战阵地是决不会退让的；如果不让，他就有了向我进攻的借口。中间人士也很担心，认为韩德勤要价太高，我军必不答应，和谈必将失败。出乎他们意料的是，我方断然答应让出姜堰。陈毅同志在姜堰召开的各方代表会议上慷慨陈词，表明我方顾全大局、忍让求全的苦衷，但也要求对方履行诺言。如省韩必欲置我党我军于死地，我方也只有出自自卫一途。陈毅同志义正词严，博得所有代表的同声赞叹。如黄桥朱履先老先生说："如果你们退出姜堰，省韩还来进攻，则是欺人太甚，万分无理，不但欺骗了你们，也欺骗了我们，省韩必遭到苏北人民共弃！"

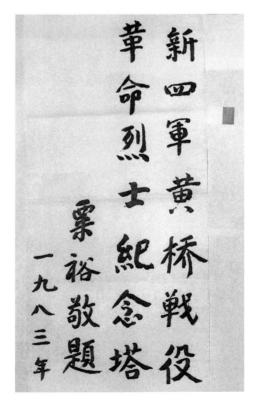

1983 年，粟裕为黄桥战役革命烈士纪念塔题词。

9 月 30 日，我军履行诺言，撤出姜堰。为争取中间势力，通知李明扬、陈太运来接防。李明扬喜出望外，单独接管了姜堰。我又主动送给陈太运一百多条枪。韩德勤一无所获，与李、陈之间的矛盾越发加深。

我军自攻取黄桥到让出姜堰，把军事仗与政治仗、自主的原则与以退为进的策略结合得十分巧妙。尤其是姜堰，如不夺取，便没有让出的文章可做。而让出姜堰，对我是"一举三得"，既揭露了韩德勤积极反共、破坏抗战的罪恶阴谋，在政治上赢得了社会各阶层的极大同情，造成我党我军完全有理的地位；又加深了苏北国民党军队内部派系之间的矛盾；还使我适时集中了兵力，在军事上对付韩顽的进攻处于有利地位。这些处置，是陈毅同志对党的斗争策略的杰出运用。

决战黄桥，一举解决苏北问题

我军自北渡以来，经过四次战斗，连克黄桥、姜堰，控制了东西一百公里、南北数十公里的较大地区。但从夺取苏北全局来说，还只是初步的胜利。因为，虽然我们已给顽军以一定的打击，但是同韩德勤的主力还没有交锋；虽然我们已经控制了一些地方，但苏北抗日民主政权还没有确立；虽然我江南主力已经过江，但与八路军的联系还没有打通。所以我们还没有在苏北站稳脚跟。在这几个迫切需要解决的问题中，第一个问题是核心，只有同韩德勤的主力做了决定性的较量，其他的问题才迎刃而解。

这时，南下的八路军第五纵队第一、第二支队已抵达涟水以北地区，新四军第五支队已列阵于宝应湖、大运河西岸，与我新四军苏北部队形成了由北、西、南三面夹击韩德勤的有利战略态势。针对国民党顽固派，特别是韩德勤的反共阴谋，中央公开提出了"韩不攻陈（毅），黄（克诚）不攻韩；韩若攻陈，黄必攻韩"的严重警告，使我军处于政治上的有理有利地位。

韩德勤深惧八路军与我会师，又以我退出姜堰为虚弱，决心采取"先南后北"的方针，先歼我苏北新四军，然后回师对付南下的八路军。于是亲自指挥 26 个团共三万余兵力南下，妄图与我决战，歼灭我苏北部队于黄桥地区。韩德勤主动寻衅，正是我一举解决苏北问题的良机。但我军全部人员仅七千余人，其中战斗人员不过五千余人。而八路军南下部队受到敌、伪、顽的牵制和半水网地区的阻碍，尚在老黄河以北；第五支队在春季反顽战斗胜利之后，整训还未结束，同时又受津浦路东敌伪的威胁，暂难东渡。在这种情况下，要求北、西两军对我进行战役上的配合是不切实际的，我们只能在他们的战略配合下，做独立决战韩顽的准备。

大敌压境，顽军多我数倍，能不能打歼灭战呢？从发展苏北的任务来看，我们是必须打歼灭战的；如果只把韩德勤击溃，没有歼灭他的有生力量，他还会卷土重来，对我开辟苏北、发展华中很不利。但是在实际上能不能达到目的呢？毛泽东同志说，我们与敌人作战，在战略上是以少胜多，在战役上、战斗上是以多胜少，这是一个原则。但当前的形势却要求我们不仅在战略上，而且在战役、战斗上也要以少胜多。我军军政素质是敌人所不可比拟的，我军又处于"哀兵"的地位，"哀兵必胜"。但是，要克敌制胜，还需要发挥灵活机动的军事指挥艺术。

韩德勤的进攻部署是：以其嫡系李守维第八十九军和翁达独立第六旅为这次进攻的主力，组成中路军，分经营溪、古溪和祖师庙、加力攻我黄桥北面和东面地区。以鲁苏皖边游击军两李部及苏北游击第八军（由税警团等部编成）陈太运部组成右路军，以第一、第五、第六、第九、第十共五个保安旅组成左路军，掩护其主力之两翼，攻我黄桥以西及东南地区。目的是占领黄桥，消灭我军主力。

我军自退出姜堰后，兵力已经集中。我们对顽、我形势作了认真的分析研究：黄桥地区北面是通扬河，南边是长江，西南有一条从泰州到口岸的运河，周围有泰兴、靖江等日寇据点，如果放弃黄桥，我军就没有回旋余地了，而且对民心、士气必将产生极为不利的影响。但是从我军当时的人力、物力来看，我们没有条件采取集中兵力、坚守黄桥的方针；而且集中兵力坚守黄桥，最多只能击溃敌人，而不能歼灭其主力。于是，我们决定采取以黄桥为轴心、诱敌深入各个击破的作战方针。有了黄桥这个轴心，既可以大量吸引、迟滞、消耗敌人，又便于我观察全局，机动使用兵力，达到各个歼敌的目的。

在各路敌军中如何选择首战歼灭对象，对战局的胜败关系极大。我们选择了翁达旅作为首战歼灭对象。这个选择的主要根据，一是两李和陈太运虽然已表示中立，但在韩德勤大军向我进逼的形势下，疑虑很大，如果我首战歼灭了翁旅，对于拉开两李、陈太运同韩德勤的距离，稳定李、陈的立场将起重要作用。这样就使韩德勤的右翼失去了掩护。二是翁旅是韩德勤中路右翼，把它消灭了，就把韩德勤的中路军打开了缺口，使我军可以实现对韩军主力的包围与迂回。三是翁旅是韩德勤嫡系主力，如首战被歼，可以给敌军士气以严重打击，并使其他杂牌军不敢动作。所以如果首战歼灭翁达旅，对战役的转变会起决定性影响。

选择翁旅为首战歼灭对象，是一着奇兵。因为翁旅在韩德勤的战斗序列中，是战斗力最强的部队之一。全旅三千多人，一色的"中正"式七九步枪，每个步兵连有崭新的捷克式机枪九挺，号称"梅兰芳"式部队（指装备漂亮），军官大都是"军校生"，是强敌。一般作战原则是先打弱敌，后打强敌，而这次我们是先打强敌。我们认为这是可以办到的。我们可以利用地形地物的掩护，隐蔽接敌，对行进中的翁旅实施突袭，把它截成几段，使其首尾不能相顾，这就能发挥我军优势，达到速战速决的目的。

对于日寇，我们分析，当顽军向我大举进攻时，他会采取坐山观虎斗的态度，而韩德勤也不敢公开要求日寇直接参与向我进攻。只要此战能速战速决，日、顽联合攻我的局面不会出现。

在兵力部署上，我们决定以四分之三的兵力作为突击力量，仅以四分之一的兵力守卫黄桥。

我们充分注意发挥各个纵队的特点。这三个纵队都是善于勇猛攻击的。其中第一、第二纵队兵力比较充足，用于突击方向，隐蔽集结于黄桥西北之顾高庄、严徐庄、横港桥地区待机；并由第二纵队派出主力两个营配置于古溪至分界一线，实行运动防御，诱敌深入；另以一纵队一个营化装进入敌后，配合地方武装袭扰敌人。第三纵队全部人员不足两千人，用于防守。这个纵队的作风顽强，指挥灵活，是可以胜任正面阻敌任务的。

陈毅同志召集各纵队领导干部开会，很快统一了认识。部署既定，便对党政军民进行了深入的动员。政治部印发了军分委和党代表的《敬告指战员同志书》，反复强调打好这一仗的政治、军事意义，号召全体同志为打败顽军的进攻而战，为巩固和扩大苏北抗日民主根据地而战。全军上下斗志昂扬，紧张地进行战斗准备。地方党政机关和人民群众，纷纷声讨顽固派破坏抗日的罪行，掀起了支援我军作战的热潮。数千民兵和人民群众扛着门板和各种器材帮助部队赶修工事。在支前委员会的组织和领导下，救护站、担架队迅速组成，待命行动，家家磨面、烧水、烙饼。仅黄桥镇上就动员了六十多个烧饼炉为前线烘烧饼。由此诞生了以后广为流传的《黄桥烧饼歌》。

即将来临的是我军在苏北进行的一场前所未有的大战。它的胜败，关系到党中央开辟苏北、发展华中抗战局面的整个战略任务，是有决定意义的一仗，所以称之为"黄桥决战"。而且我军从东进开始，方向的确定，战场的选择，战役的部署，各项准备工作的进行，都是指挥部根据党的方针紧密地结合当面的具体情况来安排的，目的全在与韩顽决战，成败的责任完全在我们。在敌众我寡的条件下，肩上的担子是很沉重的。陈毅同志有一挑珍贵的书籍文稿，从皖南挑到茅山，又从江南挑到苏北，从来不肯丢开，可是这时也从铁皮箱里拿出来打埋伏，显然是作了"破釜沉舟"的打算。但当时，我们的干部都是二十多岁、三十几岁的人，连陈毅同志也还不到四十岁，恰是风华正茂、精力充沛的时候，全都精神抖擞，迎接严峻的考验。

陈毅同志坐镇严徐庄掌握全局，我到黄桥前线，负责战场指挥。

黄桥周围，全长约两公里。我和陶勇同志商量：防御兵力不足，只能保证重点，机动部署。从当时的敌情出发，西边、南边不派部队，由后勤、伙夫担子担负警戒；北门只放一个班；其余兵力全部集中在东门之南、北一线。

顽军出师不利，9月30日出动后，受阻于暴雨。10月3日，雨过天晴，才又向我攻击前进，分兵几路，扑向黄桥。10月4日，攻城战幕揭开。

这时，苏北各种政治势力的注意力都集中到黄桥这块弹丸之地上来了。4 日下午，李明扬宣布"谢绝会客"，中止了和我方代表见面（一直到六号我军已取得全胜，他才又开始会客），却日夜询问战况；陈太运则派人伏在通扬运河堤上向南眺望；泰兴敌探也进到黄桥以西七八公里的石梅（失迷）观战；周围伪军据点中的汉奸队伍也在注视黄桥风云变幻。一时，在以黄桥为中心的苏北战场上，出现了一幕两方对战、多方围观、准备应付突变的奇局。这一切情况都要求我们，必须在军事上迅速歼敌取胜。

正当顽军第三十三师一部向我黄桥东门进攻进入高潮时，翁达旅也从高桥南下了。对于这个首战歼灭对象，我军选择在什么时候突击最为有利呢？这又是极其重要的一着。如果突击过早，只打到它的先头部队，而没有打到它的要害，顽军不但可以退缩、避免就歼，而且还会暴露我军的部署和意图；如果失之过晚，顽军多路会攻黄桥，我军难以坚守，观战各方就可能争先扑杀过来。4 日下午 3 时，据报翁旅的前锋已抵黄桥以北两三公里处。为了进一步判明情况，确实把握最有利的出击时机，我赶到北门，登上土城高处观望，但见北面两三公里远的大路上，有许多群众惊慌地向西南奔跑，判明独立第六旅的先头确已来到。我计算，独立第六旅采用一路行军纵队前进，如果两人之间的距离为一米半，全部三千多人的队形将是长达四五公里的一路长蛇阵。从黄桥到高桥的路程约七公里半，其先头部队抵达黄桥以北两公里半时，后尾必然已过了高桥，完全进入了我伏击地段，我军此时出击，正好可以将独立第六旅拦腰斩断。我决心采取"黄鼠狼吃蛇"的办法，多路向其突击，将它斩成几段，然后各个包围，力求首先歼其首脑机关。

我打电话至严徐庄征得陈毅同志同意后，马上下令出击。

我一纵为主要突击力量，分为四个箭头猛插过去，将独立六旅切成几段，首先歼其旅部和后卫团，迫使其先头团回援，然后以一部从侧翼迂回到翁旅后方，乘势将其包围。经过三个小时的激战，全歼独立第六旅，中将旅长翁达自杀。

我军一举歼灭了独立第六旅，斩掉了韩德勤中路的右翼，使顽军主力第八十九军完全暴露和孤立了。

翁旅被歼后，战场重点立即转到黄桥城下及其以东地区。顽军为扭转不利的局面，拼命猛攻黄桥，以猛烈的炮火掩护部队向我东门进攻。我军防御工事大部被毁，部队伤亡颇大。敌人三十三师一部居然在尘土硝烟中突进了东门。情况异常紧张。如果黄桥失守，在我完全无预备队增援的情况下，将无法达到围歼敌李守维的目的，不仅战役任务不能完成，我几个纵队势将被敌人分割，被迫分散活动，形成打游击的局面。因此，必须动员部队人员以有我无敌的战斗精神，坚决迅速地把突入东门的敌人就地消灭或驱逐出去。恰在这时，听说奉命增援的老四团一个营由江南过来了，离黄桥镇还有十公里。我便振臂高呼："同志们，江南增援部队过来了！"同志们受到鼓舞，士气大振，都兴奋地回答："我们坚决打退敌人的进攻，迎接江南主力！"陶勇同志和纵队参谋长张震东同志把上衣一一脱，挥动马刀，带领部队硬把顽固派杀出东门，然后架起机关枪，把敌人死死顶住。

当翁达旅被歼，攻入黄桥的敌人又被反击出去后，战场出现了对我极为有利的转折。我第二纵队经八字桥插到分界，第一纵队已由八字桥与黄桥之间南下，与我守卫黄桥之第三纵队完成了对已经进入黄桥以东地区的李守维部的合围。我军已完全掌握了战场的主动权。

原来，顽军三十三师于4日下午在黄桥东门进攻受挫时，第八十九军军长李守维便命令他的预备队之大部在古溪待命，自己亲自率第三四九旅经八字桥向黄桥疾进增援，刚刚到达黄桥东北之野屋基村附近，得知翁达旅正被我包围于高桥及其以南地区，危在旦夕。李守维非常惊恐，既不敢救援翁旅，又不敢继续前进，遂令第三四九旅在野屋基村附近构筑工事固守。而我第二纵队在王必成、刘培善、杜屏等同志的带领下，于当夜悄然向东南穿过八字桥，插至分界，截断了顽军归路。接着，第一、第二纵队两路夹击，将第三四九旅和三十三师全部分割包围于黄桥东北地区，并首歼三十三师主力于小二房庄。然后向东，全力围攻野屋基村附近的第八十九军军部及第三四九旅。

正当围歼战激烈地进行的时候，陶勇同志从守备部队中抽出力量，把包括炊事员在内的所有人员都组织起来，从黄桥的东门及其两侧地区打了出去，配合第二纵队聚歼顽第三十三师，活捉了该师师长，加强了对李守维的围歼。

顽军第八十九军李守维部，是韩德勤赖以横行苏北的主要军事支柱，人多武器好，是顽军在苏北最有战斗力的主力之一。虽然已被包围了，但李守维还想作困兽挣扎，拼命抗击我军的进攻。由于敌人火力猛烈，我军多次攻击，进展不大。我军组织力量，调整部署，黄昏后发起总攻。

经过一夜激战，6日清晨，顽八十九军的军部被彻底歼灭了。李守维妄想渡河逃窜，失足落水，淹死于八尺沟河中。

顽军失去了指挥，极度混乱。但第三四九旅仍在拼死抵抗，在野屋基村附近与我展开逐屋争夺战。我军经多次白刃格斗，终将顽军反抗气焰彻底压倒，第三四九旅大部被歼灭，其残部沿原路溃退。但因地形复杂，桥梁早被我人民武装所控制，陷入我人民战争的汪洋大海，在一片"缴枪不杀"、"优待俘虏"的呼喊声中，纷纷缴械投降。

奉命增援三十三师的顽军预备队进至分界以西，因三十三师被歼，便转守营溪。我第二纵队追至营溪，把它包围，激战半天，歼其大半，残部向海安方向溃逃。韩德勤纠集来的各保安旅团见势不妙，也争先撤退。为了囊括通、如、海、启，控制长江，向大海边发展，我们把海安作为追击战的首要目标。在作战命令中规定："不顾伤亡，不计俘获，占领海安就是胜利。"因为海安是个十字路口，控制了海安能割断如皋、南通、海门、启东四县顽军与海安以北顽军主力的联系。当时我曾对江南增援来的部队说："你们才从江南赶来，本来应该让你们休息一下的，现在任务紧急，只能先执行任务了。"他们立即出发，和各兄弟部队争先前进，逢水过水，见桥夺桥，不怕疲劳，边打边追，直奔海安。海安的顽军逃了，我军胜利占领。

至此，顽军第八十九军及独立六旅几乎全军覆没。最后清查，我军自10月3日起至6日止，共歼顽军主力十二个团，保安第十六旅全部，保安第三旅、保安第五旅各一个团，共计一万一千余人。其中第八十九军中将军长李守维、独立第六旅中将旅长翁达及旅、团长数人毙命，俘三十三师师长孙启人、九十九旅旅长苗瑞林、一一七师参谋长等师、旅、团军官十余名，下级军官六百名。据不完全统计，主要缴获有长短枪3800余支，轻、重机枪189挺，山炮3门，迫击炮59门，还有大量弹药和军需物资。

韩德勤见大势已去，率残部千余人向兴化狼狈逃窜。我本着有理、有利、有节的原则，到达东台，便停止向西北追击，给韩德勤留下一条后路，以便争取更多的人继续抗日。我军派出一支部队，继续沿通榆公路北进，准备迎接南下的八路军。10月10日，我苏北部队前锋与黄克诚同志率领南下的八路军先头部队会师于东台县之白驹。

11月7日，刘少奇同志及八路军南下部队的领导同志来到海安，陈毅同志率苏北指挥部及地方党、政领导同志举行了隆重的大会热烈欢迎。盼望已久的大会师终于在决战胜利之后实现了。陈毅同志曾慷慨赋诗：

> 十年征战几人回，
> 又见同侪并马归。
> 江淮河汉今谁属？
> 红旗十月满天飞。

在回忆这一段革命斗争历史时，我还深切地怀念当年共同战斗的其他一些同志：龙树林、徐绪奎、陈时夫、乔信明、邱玉权、廖政国、郭猛、黄才胜、吴载文、严昌荣、罗湘涛、孔峭帆、李景瑞等等同志，这些同志已经先后离开了我们，他们都为挺进苏北、发展华中做出过重要的贡献。我新四军江南部队全体指战员没有辜负党中央、军委的信任，胜利地完成了挺进苏北、夺取苏北抗战领导权的历史任务，从此掀起了苏北抗日民主根据地建设的高潮，展现了华中抗战蓬勃发展的前景。

第 八 章
苏中抗日斗争

苏中人民的抗日斗争是值得一写的。这里只记述 1941 年 2 月至 1944 年 12 月有关军事斗争的战略策略和作战指导方面的若干问题。全面地写，题目太大了。武装斗争的胜利，是根据地和人民群众力量的集中体现。在复杂、尖锐、艰苦的斗争中，苏中得以建设成为华中基本抗日根据地之一，武装斗争的胜利是决定性的因素。

苏中的战略地位和战略任务

1940 年 7 月，新四军江南指挥部挺进苏北，与先期过江的部队会合，经过严重的反摩擦斗争，在同年 10 月取得了黄桥决战胜利。苏中抗日斗争的局面才真正打开了。这时全国的抗日形势早已进入相持阶段。这是苏中抗日斗争形势的一个特点。当时形势是非常严峻的：顽方韩德勤主力即将对我大举进攻，而黄克诚同志率领的八路军南下部队距黄桥地区尚远，没有条件进行战役配合。陈毅同志经过审慎研究，为了赢得时间，决心以劣势兵力，同国民党顽固派韩德勤部决战。陈毅同志下这个决心，是承担重大责任的，以后他不止一次地对我说过当时的这种紧张心情。

黄桥决战胜利，新四军与八路军南下部队会师，我方的军事实力已超过国民党军，仅弱于日伪军，在苏北战场居第二位，并且控制了黄桥以北经海安到盐城数百里范围内的几乎全部城镇，随即又打开了（南）通如（皋）海（门）启（东）的局面。以城镇为立足点，开始建立抗日民主根

苏北抗日根据地形势图

（1941 年 1 月）

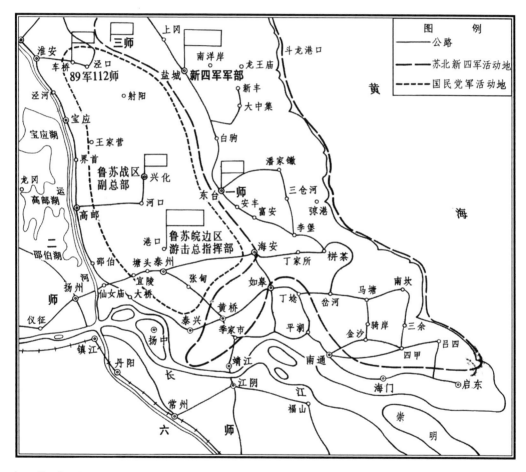

苏北抗日根据地形势图。

1941年2月18日，中共中央革命军事委员会发布重建新四军军部的委任令。

据地，党、政、军民各项工作迅速展开。这一时期的工作是在陈毅同志直接领导下进行的，工作有声有色，卓有成效。

皖南事变发生后，1941年1月20日，奉中央、中央军委之命，重建新四军军部，陈毅同志为代军长，刘少奇同志为政治委员。1月25日，新四军新的军部在盐城成立，全军整编为七个师。第一师由苏北指挥部所属部队编成，我被任命为新四军第一师师长、苏中军区司令，刘炎任一师政委、苏中军区政委，钟期光任政治部主任。1941年11月，叶飞任一师副师长。1941年3月，组成苏中区党委和苏中行政委员会，刘炎、陈丕显分任苏中区党委正、副书记，管文蔚任苏中行政公署主任。后刘炎同志因病不在位，他的职务由我兼任。这是一个生死与共、团结合作的领导班子。

原苏北指挥部所属三个纵队，即改为第一师的第一、第二、第三旅。第一旅旅长兼政委叶飞；第二旅旅长王必成、政委刘培善；第三旅旅长陶勇、政委刘先胜（后为吉洛，即姬鹏飞）。

为迅速建成新四军新的领导机关，原苏北指挥部即作为新四军军部的部分基础。苏北指挥部是由江南指挥部改建的，经过一定的战争锻炼，精干、灵活、有效率。当时留给一师师部的，连我在内官兵共二十四人。我是 1941 年 1 月 17 日由盐城返回东台二里桥组建第一师师部的。在我起程的前两天，陈毅同志特地来到我的住房，关切地问我："怎么样，人太少了吧？"我立即爽快地回答："好男不吃分家饭嘛！军长放心，哪里有群众、有敌人，那里就有我们的发展。"军长听了很高兴，连声说："好！好！"并且说他很快就去看我们。军长的关切，使我受到很大鼓舞。在此以前，我是副手，在他直接领导下工作，大树底下好乘凉，现在我要单独去苏中，深深地感到肩上担子的分量很重。

苏中位于长江以北、京杭大运河以东，北起斗龙港，东临黄海，面积约两万三千多平方公里，人口八百多万。这里临近南京、上海，扼制着长江下游北侧航运通道；盛产粮食、棉花、食油、海盐等重要战略物资，沿江城镇有纺织、加工等现代轻工业，商业兴盛，财源丰足；境内系平原水网，河流纵横，公路交错，交通便捷，历来是官僚资本江浙财团的重要原料基地和工业品销售市场，沦陷后成为日本侵略军的重要后方和人力、物力、资源的供应基地。

苏中是我华中抗日根据地的重要组成部分，是华中南部的一个前哨阵地，又是向苏浙皖边、闽浙赣边发展以及反攻阶段收复南京、上海的一个重要基地和出发地。在半殖民地半封建的中国，上海是个国际都市。苏中临近上海，可以成为我党、我军连接国内外反法西斯力量的桥梁；我抗日斗争的胜利和根据地各项民主政策的成果，能通过苏中，再由上海迅速向国内外传播，以扩大我党、我军的影响。同时，我方在苏中所能控制的人力、财力，在华中各战略区中占首位。所以，苏中以其重要的地理位置、经济状况、战略作用，成为日本侵略军、国民党蒋介石和我党我军三方必争之地，并决定了斗争的极端尖锐和复杂。这是苏中抗日斗争的又一个特点。

中央、中央军委赋予苏中的战略任务是随形势的发展而逐渐具体化的。1938 年，党中央、毛泽东同志在给新四军的第一个"五·四"指示中指出："在茅山根据地大体建立起来之后，还应准备分兵一部进入苏州、镇江、吴淞三角地区去，再分一部渡江进入江北地区。"中央把江北作为江南新四军的一个发展方向，这算得是一个规划性的指示。1939年底和1940年初，中央作出了大力发展华中的战略部署，指出整个苏北、皖东、淮北为我必争之地，凡扬子江以北，淮南路以东，淮河以北，开封以东，陇海路以南，大海以西，统须在一年以内造成民主的抗日根据地。于是，开辟苏北、苏中便成为关系全局的现实任务了。到1941年2月，华中抗战新局面已经打开，中央进而指示，苏鲁战区是华中的一个基本根据地，应把这个地方看作是向西、向南，出鄂豫陕边和向闽浙赣边发展的策源地，"好像汉高祖的关中"。苏鲁战区自然包括苏中在内。这是我们的光荣战略任务。

我认真地研究中央的这些指示，并把它们同中央关于抗日战争的战略方针结合起来思考。我理解中央制定的"独立自主的游击战"的战略方针，既是从日军强大及占地甚广但兵力不足和我军的弱小这一实际状况出发，又关照到抗战胜利后的斗争。游击战，在一般的作战原则中是战术性的。党中央、毛泽东同志把游击战提到了战略的地位，是要通过抗日游击战争积聚起雄厚的革命力量，既为抗日反攻做准备，也为抗战胜利以后打败反动武装的进攻、实现民主革命的总任务做准备。因此，我们在抗战时期一刻也不能忘记我党在民主革命时期的总任务，我们的军事斗争策略要处理好进与退、进攻与防御、大打与小打等方面的关系，把现阶段的抗战任务和将来的实现民主革命总任务联系起来。有了这些思考，我对苏中抗日斗争的战略任务便有了比较清醒而深刻的认识。苏中的抗日斗争，不仅应求得军事斗争的胜利，而且应把苏中建成基本根据地（不是游击根据地或游击区）。军事斗争应成为根据地建设的支柱，并且应为下一步夺取整个民主革命的胜利，做好必要的准备。这个认识成为我领导苏中抗日斗争全过程的指导思想。

工作重心由城镇到乡村的转变

我军进入苏北以前，日寇同顽固派出于各自的利害，相互默契，相互利用。日寇占据沿江、沿大运河的重要城镇，其余广大地区由国民党统治。我们的军事实力跃居第二位以后，日顽相互依存和共处的格局被打破了。我军是真正抗日的力量，日寇同我军的矛盾为主要矛盾；国民党顽固派利用这个矛盾，一方面借日寇这把刀来杀我们，另一方面为尔后抢夺抗日战争胜利果实做准备。苏中抗日斗争由此进入新阶段。

日军在苏中的部队原是第十七师团的一个联队，分布于沿江和沿通扬运河的南通、如皋、靖江、泰兴、扬州，并沿大运河北伸至邵伯、高邮一线。伪军仅有南京"维新政府"所辖之伪绥靖军第三、第六两个师，分驻于扬州、南通。1941年春，日军从江南调来独立第十二混成旅团接替第十七师团一个联队在苏中的防务，以加强对我进攻的力量。这个旅团的旅团长是南浦襄吉少将。旅团直辖五个步兵大队和一个特种兵大队，共5600余人，武器装备好，战斗力比同等的日军部队强些，有单独执行战略任务的能力。但它所要占领的区域是整个苏中，兵力显然过于单薄，为弥补兵力不足，便对国民党军队施行诱降、压降政策，拉拢国民党武装当伪军，以达到战略上控制苏中的目的。国民党顽固派也推行"曲线救国"的反动政策，依附敌人，继续反共。于是国民党武装进一步分化，除小部尚保留国民党旗帜外，大部与汪伪合流，叛国投敌。从1940年底到1941年3月，启东地区的国民党游击第六纵队司令徐承德，泰州地区的国民党鲁苏皖边区游击总指挥部副总指挥李长江，以及苏北的国民党省保安第八旅旅长杨仲华等，先后率部投敌，被编为伪第一、第二两个集团军，使苏北伪军迅增到十三个师、三个旅、四十二个正规团和十一股杂牌部队，共达三万七千余人。

日寇为了全面占领苏北、苏中，乘国民党发动皖南事变和新四军在苏北、苏中立足未稳之际，企图首先摧毁我新四军首脑机关，然后寻歼我主力部队。1941年1月11日下午，日寇以飞机17架空袭我盐城华中总指挥部。同日上午9时，日军三千人占领我黄桥，开始了对我苏中区的"扫荡"。2月，我们获悉李长江即将率部投敌，估计日寇占领我黄桥后，将续占曲塘、海安、东台等主要城镇和交通干线，然后日伪配合，李长江由泰州经兴化向东北，日军由东台向北，合击盐城。

这时苏中的工作还处于开辟阶段，党政军系统在思想上、组织上、作战方法上、工作作风上与即将到来的严重斗争形势还不相适应。部队的许多干部特别是团以上干部，虽曾经历过三年游击战争的锻炼，但挺进苏北以后，在反摩擦作战中以集中兵力打运动战为主，对于游击战反而生疏了。许多新参加部队的同志，更缺乏打游击的锻炼。地方工作的重心还在城镇，还没有来得及深入农村，工作方法习惯于大刀阔斧，工作对象主要是社会上层。随着反顽斗争的胜利，部队逐渐庞杂。同时，相当多的同志盲目乐观，对今后日益艰巨的斗争形势缺乏足够的认识；还有一部分同志有一种模糊观念，认为我们不去刺激敌人，就可以避免敌人的"扫荡"；个别人面临国民党军纷纷投敌和日伪军大举进攻的紧张形势，希望离开斗争第一线，到安定的地区去。

在这样的形势下，全区人心比较动荡。社会上层爱国人士和广大工农基本群众为我军能否生存、能否坚持苏中抗日斗争而担忧；有些地主、商贾和游民表现动摇、观望、变态。人民群众向我们提出了这样一个问题：新四军打国民党顽固派很行，现在日本人来了，你打不打？能不能打胜？

摆在我们面前的任务是，要以积极的作战行动打击、顿挫敌伪的进攻，抑制其嚣张气焰，坚定干部、群众的抗日信心；同时要预计到今后斗争形势将日益尖锐，转好思想弯子，不失时机地将工作重心由城镇转向农村，作战对象由顽军转向日军，作战方法由运动战转向游击战，并以游击战为中心，实行组织形式、领导方法、工作作风等各方面的转变。这一转变就苏中来说是战略性的，不转变，肯定要吃大亏；转变得不适时，转变得不好，也要吃亏。在作战指导上，必须从华中全局出发，把苏中当面的反"扫荡"斗争同看好华中局、新四军军部的南大门紧密结合起来，要敢于刺激敌人，敢于威胁敌人，以主力部队为骨干，开展广泛的游击战争，粉碎敌人的"扫荡"，并求得最大限度地把敌人吸引在苏中地区，以保障华中局、新四军军部的相对安定。

苏中区的转变是同对敌作战结合进行的。我们获悉李长江准备投敌的情报后，将主力部队隐蔽集结于海安至曲塘之线的区域内，加强侦察、监视，进行讨逆准备。与此同时，我党政机关也在群众中进行反"扫荡"的动员布置，一切公开的力量准备适时撤出城镇，转入农村。2 月上旬，军部来电指示："李长江在泰州公开投敌，通电就任伪军第一集团军总司令，阴谋很大，海安、东台及兴化均在其计划之内；此贼不除，后患甚多，望集全力解决之。"2 月 18 日，陈毅代军长、刘少奇政委颁布讨逆令，命我为讨逆军总指挥，叶飞为副总指挥，刘炎为政治委员，"速率所部歼灭李逆"。陈代军长还亲临我指挥部坐镇，对部队作战斗动员。讨逆战役于当天（18 日）发起，我军分三路出击，19 日即连克姜堰、石家堡、苏陈庄，20 日攻克泰州城。李长江猝不及防，士无斗志，兵败城破，扔下佩剑，翻墙脱逃。我军乘胜追至界沟、塘头。三天作战，歼伪军三千余人，并接受两团伪军反正。

与李长江投敌相呼应，日军亦于 2 月 18 日由扬州、黄桥、如皋等地出兵，对我苏中进行第一次大"扫荡"。日军企图进占海安、东台及兴化，并夹击我军主力。我军于讨李战役后，立即撤出战场，按预定计划，第一、第二、第三旅各参战部队，以团为单位，分别撤向第三、第二、第四分区农村，进行反"扫荡"，并以主力一部转移至东台以北，打击北犯日军。日军虽先后占领了我海安、东台、泰州三城及其沿线许多集镇，也占领了国民党江苏省主席韩德勤统治的兴化等地，但日军伙同李长江合击盐城的计划被打破了。

讨李战役和反"扫荡"的胜利，沉重打击了叛国投敌的民族败类和日本侵略者，警告了投降派、亲日派；国民党投降政策也被暴露在广大人民面前。苏中抗战军民受到胜利的鼓舞，为深入农村开展根据地建设创造了很有利的条件。

4月中旬，我们为了掩护苏中根据地建设，策应北线新四军第三师收复被韩德勤侵占的蒋营的作战行动，发动了对日军的攻势作战。首先在第三分区向泰州、靖江地区之日伪据点发起攻击，连克古溪、蒋垛、苏陈庄、大泗庄、孤山、老庄头、姚家垈等据点。在姚家垈战斗中，击毙日军泰兴城防司令以下二十余人，生俘日军两名。在兴化梓辛河伏击战中，击沉日军汽艇一艘，歼敌一个小队，生俘日军两名。

在此期间，我利用日伪在占领主要城镇后忙于修筑据点，我军已顺利转入农村休整的短暂间隙，于4月10日在角斜旧场召开了干部大会，作了由正规战向游击战转变问题的讲话，动员苏中全党全军转变思想、组织、工作、战术，提出一切工作深入农村，一切工作扎根基层，一切工作适应游击战争，一切工作为战争胜利服务。坚决粉碎日伪的"扫荡"，反对游而不击，反对"跑扫荡"、"躲扫荡"，做到游而必击，扰而必乱。加强地方武装建设，各县普遍建立县独立团或县大队，以带领民兵、自卫队就地坚持，开展游击战争，并配合主力部队作战。结合实际，对党政军机关分别提出了具体要求：军队要短小精干，裁汰老弱，紧缩机关，减少非战斗人员，充实连队，变"大后方"为分散的"小后方"。党政机关要军事化、游击化，提倡踏实细致的工作作风，反对大呼隆、一般化。群众组织要把公开工作与秘密工作严格分开，以便在敌伪侵占时仍能坚持隐蔽斗争。关于作战方法，以团为单位的战斗和行动将大为减少，代之主要以营连为单位的、有计划有目的的、经常而有效的游击战，积小胜为大胜。我并结合苏中实际，介绍了三年游击战争时期的若干游击战术。

同时，我们大力加强思想政治工作，采取了一项重要的组织措施。我们活动的地区，多数商品经济发达，文化水平较高。随着抗日浪潮的高涨，我党我军影响的扩大，大批知识青年参加了我们的部队。当此斗争形势转变之时，我们把大部分知识青年派到部队当政治指导员、营教导员，有的先当一段文化教员再当政工干部，使他们在基层、在战火中锻炼并发挥他们的聪明才智。据 1941 年 10 月统计，营以下干部中百分之六十、连队指导员中百分之七十（以后占到百分之八九十），都是青年知识分子。部队注进了新的血液，政治工作生动活泼，朝气蓬勃，成为第一师的一个特色。第一师的思想政治工作十分活跃而有成效，值得专门一写，我在这里只是点到而已。

6 月下旬，苏德战争爆发。德军战争初期的胜利，大大刺激了日寇的野心。于是日军在华中调集第十五、第十七师团和第十一旅团之各一部，接替第十二混成旅团在长江北岸及运河沿线各据点的防务，集中第十二混成旅团之全部及李长江伪军共一万七千余人，于 7 月 20 日由东台、兴化、射阳、陈家洋四路合击盐城，再次妄图摧毁我新四军军部。

华中局和军部提出了"保卫盐城"的政治号召。苏中军民全力以赴，协助第三师、盐阜区进行反"扫荡"。遵照军部的统一部署，我第一、第三旅在第三、第四分区选择敌伪的要害狠打。第一旅围攻泰兴、姜堰，攻克古溪、黄桥、季家市、蒋垛等据点，毙伤大量敌伪军，并突然以主力回攻泰州，予敌十二旅团部以强烈震撼。第三旅袭击林梓、余西、金沙、北刘桥敌伪据点，一个月作战十余次。第二旅在盐城以南，对自东台北犯盐城之敌节节抗击，予以杀伤和歼灭；敌占盐城后，第二旅又转到其侧后，破坏盐城至东台敌交通线，打击其来往部队，阻止敌伪在盐城、东台间建立联络点，并在伍佑、刘庄、白驹、西团、小海作战，以连为单位层层阻拦进攻之敌，击沉敌汽艇二十余艘，后又乘敌占领盐城后仓促回兵之际，攻克裕华镇，活捉日军七名，全歼秦南仓据点之伪军。

苏中区凌厉的攻势作战，策应了第三师和盐阜区的反"扫荡"，防卫了华中局、军部的南大门。日寇痛感苏中区抗日军民的威胁，不得不暂时放弃摧毁我新四军军部的企图，转而南下寻歼我苏中主力部队，企图首先控制苏中。自此以后，苏中区一直成为华中日寇进攻的一个重点。苏中地区的斗争形势迅速尖锐化了。

在军事斗争胜利的鼓舞下，以军事斗争为掩护，苏中各级抗日民主政权相继建立，开始了在农村建党和开展"二五减租"运动，农抗会等各种群众组织陆续建起来了。组建了地方武装，到4月底建成东台、泰东、兴化、靖江、如西、泰兴、泰县、南通、如皋、启海十个地方团，共计6200余人，有长短枪3800多条。6月底，脱离生产的民兵自卫队发展到近万人，不脱离生产的民兵发展到16万人。

回顾这一段历程，在华中局、新四军军部的正确领导下，我们在形势急剧变化的情况下，比较主动、适时地完成了工作重心的转变，并且在农村中站住了脚，为对付以后日军更频繁、残酷的"扫荡"做好了准备。

根据地基本区的争夺

苏中军区是1941年4月20日正式成立的。根据华中局、军部指示，全区由西向东，由北向南，划分为四个分区（地区）和兴（化）东（台）泰（州）特区。由第一、第二、第三旅分别经营第三、第二、第四分区。各分区（地区）成立中共地区委员会、行政专员公署和军分区。第一分区包括江都、高邮、宝应三县（机构后建立）；第二分区包括兴化、东台、台北、泰东四县；第三分区包括泰兴、泰州、如西、靖江四县；第四分区包括如东、如中、通中、通西、通海及海启六县。成立联合抗日司令部，简称"联抗"，活动于顽友我接合部的兴东泰地区。第一分区地委书记兼第一专署专员惠浴宇，第一分区司令刘先胜；第二分区地委书记章蕴，第

1941 年 4 月，苏中军区成立大会。

陈毅、粟裕与苏南地区干部合影。前排左一曾山、左二陈毅、左三刘炎、左四罗化成，中排左一叶飞、左二钟期光、左三王必成、左五何克希、左六刘培善，后排右一吴仲超、右三粟裕、右五罗忠毅。

二专署专员刘季平，第二分区司令管文蔚（兼），政委钟民；第三分区地委书记韦一平，第三专署专员朱克靖，第三分区司令陈玉生，政委叶飞（兼）；第四分区地委书记向明，第四专署专员季强成，第四分区司令季方，政委向明（兼）；"联抗"司令黄逸峰（以上均为第一届任职）。

在苏中成为日寇重点进攻目标后，我们不能设想全区都保持相对稳定的局面，但必须保持有一定范围的、相对稳定的基本区。因为只有这样，才能保证在任何严重形势下，对全区实施不间断的指挥，使得各地区、各部队之间互相配合和协同；才能有较巩固的后方，办学校训练干部，办医院收治伤病员，进行兵工、军需生产，以支持长期战争和积蓄力量；才能相对地集结和训练主力兵团，形成拳头，以保持主动权，在需要时刻，在主要方向，实施有力的突击。在敌情严重的游击战争环境中，实现主力地方化，分散活动，化整为零，相对地说比较容易办到，而要经常集中一定数量的主力部队在手，保持强有力的拳头，则比较困难，可以说没有一块回旋余地较大的相对稳定的基本区是办不到的。上述几方面如果都办不到，那就实际上称不上是基本根据地了。

为此，我在苏中军区作了有纵深、有层次的战略布局。从几个分区的形势看，第三、第四分区位于沿江，人口稠密，物阜民丰。敌人为保障长江航运安全和掠夺人力、物资，势必加强控制，当时已遍设据点，以后斗争形势将更趋紧张，我军回旋余地将更加缩小。第一分区江都也在沿江地区，高邮和宝应在京杭大运河东岸，顽固派势力较强，工作尚待开辟。第二分区北靠盐阜区，东临大海，西接水网，南有第三、第四分区为屏障。境内东台以东直至黄海，有以三仓镇为中心的东西南北各约 15 公里的沙荒滩涂地带，辽阔贫瘠，人烟稀少，交通闭塞，不便于敌人活动，却有利于我们回旋，还可以成为我们向海上发展的依托。因此，我把基本区择定在第二分区滨海滩涂地域。我估计，只要我们加紧争夺并讲求斗争策略，求得基本区的相对稳定是可能的。于是我作这样的部署：以第二旅夹（南）

通（赣）榆路成品字形布阵，该旅第四团坚守盐城以南的刘庄、伍佑地区，看守军部南大门；第六团在东台以西、兴化以东地区，创造向西开辟第一分区的有利形势；第五团在东台以东和东南，防卫滨海地区并与第三、第四分区相呼应。第一旅坚持活动于第三分区。第三旅坚持活动于第四分区。苏中党政军机关主要活动于第二分区，并适时向第四分区机动，因为第三分区除日寇外还有国民党武装，已相当拥挤；而第四分区对敌人长江航运威胁最大，势将成为全区斗争最尖锐地区，须加强指导。

我确定这一时期的对敌斗争方针是：对于敌人将要占领而我不能长久保持的一切集镇，应以游击战尽量迟滞敌伪的进攻行动，推迟其占领时间，以掩护我根据地工作；对于我之基本区域和重要基点，则应采取各种有效战法，坚决与敌人争夺，使其久占企图不能得逞，以改善我军态势，保障基本区的相对稳定。

既是游击战又进行要点争夺，是否矛盾？不，游击战的特点在于秘密而周到的准备，迅速而突然的动作，主动而灵活的指挥，我们要保持的是这些特点，至于游击战的战术是不断发展的，我们应该依据敌我力量的变化，创造更多的战法。

敌我双方的剧烈争夺，从 1941 年日寇"八·一三"大"扫荡"起一直持续到 1942 年春。1941 年 8 月 13 日，日寇集中敌伪一万余人，由南通、如皋、海安、东台等据点出发，对我苏中进行第二次大"扫荡"。全区军民已预有准备，广泛开展了反"扫荡"，与各路敌人纠缠、游击。这次反"扫荡"，我军连续作战四十二昼夜，战斗 130 余次，毙伤敌伪军 1300 余人，活捉日军 14 名，伪军 800 名，毁敌汽艇 30 余艘。敌人占领了我李堡、栟茶、掘港、马塘、双甸、岔河、石港、大中集、潘家镇等一批集镇。敌寇所到之处，大肆烧杀淫掠，使我根据地群众遭受摧残，在我军民心中燃起了复仇的熊熊烈火。

日寇在"八·一三"大"扫荡"以后，要分兵保守据点，机动兵力减少了，没有力量再进行万人以上规模的全面"扫荡"，便从一个地区的各大据点拼凑机动兵力，实行局部性"扫荡"，或依靠据点，乘虚突进，以扩大伪化区，限制、分割、缩小我军活动区域，并把进攻的重点放在捕捉我苏中指挥机关。前面已说过东台滨海地区的地形，敌人进入这里"扫荡"，战线长，没有立足点。因此，敌人计划夺占这块地区中心的三仓镇，打通东台、潘家镇至三仓镇的公路，把这块地区割裂为二，并以公路作为封锁线和立足点，对我进行"扫荡"。日寇还计划攻占位于我第二分区与第四分区接合部与三仓镇成掎角之势的丰利镇，沟通三仓与丰利的联结，使公路经由三仓、丰利，向北同潘家镇、东台，向南向东同李堡、角斜、海安相联结，进而分割我第二分区同第四分区、第四分区同第三分区的联系。敌人的这个计划如能达成，将大大限制与分割我活动区域，并使我基本区的保持遇到极大困难。所以，三仓这个只有二十几户人家的小集镇，便成为敌我展开激烈争夺的一个战略要点。

我们提出了"保卫三仓"、"保卫丰利"的口号。当时我的决心是无论如何不能让日寇占领三仓。我认为，经过反复争夺，这个目

如东县丰利镇季敦国（图中老人）的家曾是三旅领导人陶勇、姬鹏飞的住所。他曾在镇旁的都天庙前聆听粟裕在庆祝胜利大会上的讲话。

的是可以达到的。至于丰利，我估计难以长期控制，但是在那里争夺，可直接策应三仓的争夺战，而且可以加强对第四分区敌人的威胁，迫使敌人把争夺重点移向第四分区，这也是一种"围魏救赵"的策略。

三仓镇的反复争夺战，实际上从 1941 年 6 月就已开始了。当时，我乘敌伪向我第四分区"扫荡"之时，抽调第三旅主力第七团北上三仓地区，击退了由潘家镇进犯三仓之敌。9 月 28 日，日军乘顽固派策动会道门组织的大刀会暴乱之际，占领了三仓。我随即命令第七团首先破坏了东台至潘家镇的公路，使三仓陷于突出、孤立境地，尔后实施两次进击，夺回了三仓。此后日寇多次企图夺回三仓，我们派出若干主力小分队，配合广大民兵，在敌人分进合击的途中开展广泛的游击战，迟滞敌人的行动，破坏敌人的协同，并消耗、疲惫敌人；我主力则在三仓镇及其外围构筑隐蔽工事，待敌人进入我火力范围时，突然开火，予以杀伤，并适时猛烈反击，迫其收兵；待其后撤，则尾追打击之。在敌兵力占绝对优势情况下，我军以坚守防御的态势，以火力和适时的反冲击，予敌以重大杀伤。然后不待敌军合围，即有组织地以运动防御迅速脱离敌人。敌占领三仓后，我则以主力配合民兵围困，使敌人昼夜不堪其扰；另以部分主力，配合民兵游击队破坏桥梁、道路，切断三仓通往其他据点之联系，使三仓之敌断缺粮、水和军需供应，被迫撤退。这种以主力部队为主进行的三仓争夺战先后共七次，敌人每进攻一次，都以惨败告终。其中最大的一次是 1941 年 12 月 9 日，潘家镇之敌石井大队及伪军 700 多人，乘敌我在丰利作战之时，分两路进占三仓。我以第二、第三、第七共三个主力团及抗大九分校，将进攻之敌全部包围于三仓，经昼夜激战，予以重大杀伤。可惜我火力不足，黎明时敌人突围窜逃。

丰利争夺战先后进行了五次，打得也很激烈和出色。1941 年 12 月，在丰利进行了一次较大的争夺战。12 月 8 日晨，敌伪分三路合击丰利，来自掘港的一路约 580 人，从丰利东南进行迂回，与另两路敌人相隔较远，行至花市街、双灰山以北，遭到我师部特务营两个连和第三旅第八团一个营的前后夹击，大部就歼。据统计，我歼灭伪军团长以下300余人，其中生俘195人，毙日军30余人，包括敌南浦襄吉派的督战代表小野大山，生俘日军两名，其中一名叫羽田的分队长举枪投降；我缴获轻机枪8挺，迫击炮一门。与此同时，进攻丰利之敌的另一路，经丰利坝窜入丰利。我主力一部尾追突入镇内予以痛击，毙伤敌100余人。残敌不支，施放毒气，仓皇逃脱。第五次丰利争夺战，敌人从南通、如皋、东台、兴化前后五次抽调部队增援，南浦亲自出马指挥。我们与敌人纠缠了七昼夜，毙伤敌伪800余人，在给敌以重大杀伤后，主动撤离了丰利。

为策应和配合我基本区的要点争夺战，给敌伪以更沉重打击，我第一、第二、第三旅主力部队和地方武装，在广大民兵、游击队配合下，向敌伪薄弱据点出击。各部连续作战一个月，攻克掘港、临泽，袭击了如皋、古溪、李堡、栟茶、余西、二甲、双甸、岔河、时堡、福镇庙、王家营等据点。此役号称"十团大战"，沉重地打击了敌人，鼓舞和锻炼了人民。

我们的指挥机关也战斗化、游击化了。1942年1月下旬，第五次丰利争夺战后，我率领"前指"转移到第二分区三仓与弶港之间休整，当时正值旧历年关，为了让大家过个愉快的节日，我通知乘渔船在海上隐蔽活动的师直机关人员上岸与我们会合。黄昏得到情报，敌人在周围几条线上增兵。我们判断敌人第二天要发动对三仓地区的"扫荡"，决定敌进我进，立即率领师直机关向敌人来路富安、安丰方向行动。第二天拂晓我们到了鲁家灶村。村北有条由西向东的小河，河南岸有一条通向安丰的小路，我估计袭击三仓的敌人可能经过这条路。当时队伍已行军一夜，我们没有休息就过了河。果然，机关人员刚过河，后卫就同从安丰出动的敌人打响了。部队交替掩护有秩序地全部过了河，但目标已经暴露。我们只得赶快北移。中午到达四灶，炊事班埋锅烧饭，买鸡买肉，准备让大家过个好年，岂料饭菜还未熟，又响起枪声，原来敌人也学乖了，分路分梯次行

动，前面走过去，后面又跟上来了。于是我们拉起队伍，带上饭菜又继续
走。天晚了，走到七灶，刚打算做晚饭，北面又发现敌情，便回头再向南
走，凌晨到张家灶。敌人刚从这里袭扰而去，于是我们便在此一面休息，
一面派出侦察员向几个方向警戒。不久侦察员跑步回来报告："唐家洋的鬼
子集合在场上，指挥官正在训话。一部分鬼子把抢来的东西装上小车、担
子，押回李堡据点去了。"我据此判断：敌人不待天明就集合训话，肯定
不是返回据点，而是还要杀"回马枪"。立即通知集合队伍，继续向南走，
打算越过海安到丁家所的公路，跳到如东汤家园地区去。走上公路，我发
现路边有一堆人粪，用小树枝一挑，还是软的，再一察看，路上还有许多
皮鞋印，判定敌人正利用黑
夜向李堡增兵，这批敌人后
面可能还有跟进的，我们要
抓紧这一间隙越过公路。果
然，后续之敌从海安方向开
来了，我们毫无声息地俯卧
在公路两侧，待敌人通过后
顺利地越过了公路，接着渡
过了丁埝向东的大河，第二
天清晨全部跳出了敌人合击
圈，安全到达汤家园。傍晚
得悉在我们离开张家灶后，
敌人果然杀了个"回马枪"，
只是扑了个空。这次行动经
过一天两夜，反复行程一百
多公里。从海上登岸的机关
人员连续行军两昼夜。苏中

粟裕摄于 1941 年。

区党委、行政公署也同样地在同敌人周旋、游击。我们的机关和机关干部已经能适应这种环境,一面作战,一面工作。在整个抗日战争中,我苏中军区机关尽管一直是日寇寻歼的目标,却没有遭到过一次袭击。

我们还把同敌人的争夺扩展到海上。苏中沿海一直是海匪出没的地方。旧社会为匪,多是被逼的,他们中的许多人具有民族意识。从1941年3月起,我们抽派坚强干部,运用正确的政策和策略,争取了有影响的孙二虎、陆洲舫部,瓦解歼灭了作恶多端的王平仲部,组建了海防团,在以弶港为中心的斗龙港、环港、小洋口、吕四、南坎、北坎等十余处港口,开辟和建立了党、政、群工作。我们在苏中近海海域开展游击战争,发展渔业、盐业生产,建设后方基地,还从海上沟通了同山东根据地、苏北根据地、上海地下党和浙东纵队的联系。

1941年敌我作战频繁,从1月至11月,全师共作战334次,毙伤敌伪军官兵5300人,俘虏敌伪军官兵3890人。如果加上12月份的战绩,数字还要大一些。三仓及其周围的一仓、二仓经过反复争夺,被夷为一片平地,但敌人始终未能在那里安下据点,更谈不上修筑至潘家镟的公路了。敌伪占据了几乎全部城镇,控制了主要水陆交通线,安设了大小据点三百四十多处,以据点和交通线为脉络,控制了据点附近和交通干线两侧的大部分农村,在这些地区建立了伪政权和各种伪组织。苏中根据地缩小了。但是我党我军在不断胜利的斗争中赢得了时间,推迟了不少地区伪化的进程,限制了伪化的区域,保持了回旋余地较大、相对稳定的基本地区,各分区也都保持有相对稳定的中心区和广阔的游击区,还不断深入敌占区活动,开展游击战争,袭扰、打击敌伪,宣传与组织群众。苏中抗日根据地仍控制全区土地面积的47%,人口的60%,并在接敌的边缘区逐步建立起敷衍日伪而主要为我们服务的"两面性政权"。党的建设有了新的发展,全区有中共党员9620人,支部1001,区委122个、县委12个和县分委4个。更为重要的是,在严酷的战争中,全区军民经受了锻炼，结成了鱼水相依的深厚感情。到了这时，可以说我们已经为长期坚持苏中抗日根据地奠定了基础，由此开始了苏中抗日根据地的全面建设时期。

积极的斗争方针，不是盲目硬拼，而是依据敌我形势所进行的有计划有目的主动行动。当时和后来都有人对我们这一段所采取的斗争方针不够理解，甚至有所怀疑。殊不知苏中是敌我必争之地，如果在敌人严重进攻面前，不采取积极的斗争方针，敌人就会迅速分割、封锁、压缩我解放区，实现伪化。而我们则会地区日蹙，军民情绪低落，作战丧失主动，进而被逼化整为零，转入地下，苏中就会成为游击区，而不能建成基本根据地，更谈不上对华中全局作出应有贡献了。

坚持武装斗争，坚持原地斗争

1941 年 12 月 8 日，太平洋战争爆发，以苏、英、美、中为首的世界反法西斯阵营终于从组织上形成。世界形势的这一变化，对中国抗战是十分有利的。但是，中国敌后战场仍然处于最艰苦最困难的时期。苏中最困难的时期比全国还要长一些，这是因为日本侵略军为支持其太平洋战争，更加紧了对大江南北的控制与掠夺；而国民党蒋介石又加紧了反共行动。于是苏中敌后日、伪、顽、我之间的矛盾出现了一些变化。伪军唯恐被驱使到南洋当炮灰，普遍离心，寻找后路；日本侵略军加强对伪军的控制和改编；国民党蒋介石也加紧对伪军的拉拢利用。由此引起了日伪、日顽之间矛盾激化。国民党增派力量重返苏中，建立反共基点，顽固派和我方之间的矛盾也再度激化了。但是，日我之间的矛盾仍然是主要的矛盾，我们要准备对付日寇更凶狠、更残暴、更毒辣的进攻。

党中央于太平洋战争爆发后就时局的估计、今后的方针任务，对全党、全军、各敌后根据地颁发了一系列重要指示，后来概括称为"十大政

抗日战争时期的粟裕。

策"。华中局于1942年春召开了扩大会议，根据中央指示，结合华中情况，制定了"继续坚持华中敌后抗战，完全巩固各根据地，加强与聚集力量，以便在适当时机反攻敌人，争取中国抗战的最后胜利与中国人民的彻底解放"的总方针、总任务，并且提出了加强对敌斗争，加强军事建设和根据地建设的具体任务。

1942年4月，我们在海门县的海复镇，召开了苏中军政党委员会第二次扩大会议，传达学习了华中局扩大会议精神，讨论布置了今后斗争和工作任务，提出了"一面巩固，一面发展"的方针，既要坚持原地斗争，粉碎敌人的一切进攻；又要积蓄与加强力量，准备和迎接反攻。

1942年初，敌我争夺重点已由第二分区的三仓向南推移到了第四分区的启（东）海（门）区。为掩护启海区根据地建设，一月间我进击并收复三阳，又乘胜扩大战果，攻击二厂、久隆，两度击退敌人的进攻，前后战斗共达半个月之久。

日寇连续遭我打击，兵力又不足，为达到巩固点和面的控制，再次变

1942 年，苏中军区部队进行反"清乡战斗动员"。

换手法，运用交通政策，加紧修筑公路，加强各据点之联络，提高转运能
力，减少各据点守兵，适时集中更多兵力机动作战，并在战术上采取步步
为营，稳扎稳筑，推进一段，巩固一段。我们也适时地改变战法，以民兵
和广大群众对敌人进行纠缠破坏，主力则选择适当时机歼灭其掩护部队，
并乘隙袭击据点，尽一切可能保持和巩固现有的地区。据不完全统计，全
区以袭击战、交通破击战为主，三个月中战斗 168 次，先后攻克三阳、白
蒲等 20 余个据点。我军虽火力不足，但仍能选择适当时机，采取突然袭
击动作，猛扑一路或攻其一点，获得胜利。三阳战斗，争取了一个团的伪
军反正；一仓战斗，歼灭伪军两百余人，迫使敌人放弃了占领企图；陆家
庄战斗，伪军王杜山部被全歼；悦来镇战斗，伪旅长徐承德毙命；金沙战
斗，打击了最顽固的伪军头目张圣伯，歼伪军百余。敌人为分割我第三、
第四分区，打通如黄公路、启海公路的计划，在我严重打击下，推迟了数
月，公路建成后也经常不能全线通车。各分区还多次进行由地方武装掩

护，广大民兵群众参加的全面破击战，使日伪在维护公路和运输过程中受到的损失难以计数。

与此同时，我军组织精干部队、短枪队，挺进到敌人据点后面及江边地带，袭击其腹背，迫使敌人不敢把大量兵力用到第一线，甚至小分队也不敢单独离开据点活动。

我们还开展了改造地形的伟大群众运动。苏中大部为水网、半水网地区，相当一部分地区非舟楫不通。敌伪"扫荡"这些地区使用汽轮，每条河流都是他们的水上公路，行动比我们木船迅速得多，在"敌进我退"情况下，我们难以摆脱敌人的追击，如我们上岸转移，条条河流都成为我们运动的障碍，加之水田中间的田埂狭窄，沿着田埂转移，往往遭受敌人的火力杀伤。而在"敌退我追"情况时，木船又赶不上汽轮，难以歼敌。但群众的智慧是无穷无尽的，他们发明了在河流上构筑明坝、暗坝、交通坝、阻塞坝，我们的木船吃水浅，船底平，从坝上一拖而过，畅行无阻；敌伪的汽轮吃水深，拖不过坝，若舍汽轮上岸，条条河流又成为他们难以逾越的障碍。同时，我们改造桥梁，变大桥为小桥、固定桥为活动桥；改造道路，改大路为小路、直路为弯路。此外，为沟通兴化地区向东台以东地区的粮食运输线和节省部队转运开进的体力消耗，我们发动群众开了许多"小运河"，将台南、台北地区的很多河流连接起来。我们还在建湖镇西南的射阳湖上，修筑了一条由东南向西北长达十余公里的大堤，沟通了第一、第二分区的陆路交通。在改造地形的同时，大力加强了部队水上作战训练。可以说我们已经较好地掌握水网地区打游击战的规律了。

这些实践说明，对于战争中的地形条件，应该辩证地去看。水网地形其实是既有利又有弊，只要充分发动群众，加强对地形的改造，加强部队的适应性训练，就可以变对我不利为有利，变对敌有利为不利。

为了支持长期战争，改善部队的武器装备，补充弹药，我们在1942年3月成立了军工部，在设备、物资、技术极为缺乏、落后的条件下，想了好多办法，除通过伪军关系花钱购买子弹外，因陋就简建设起小型、流动的修械所、兵工厂，修理枪械、翻造子弹。我们派出采购人员秘密进入上海，在上海地下党的大力帮助下，购买了无缝钢管、其他钢材、铸铁等物资，自行制造手榴弹、枪榴弹、地雷、迫击炮弹等，还能小量制造迫击炮。在敌情严重时，我们把修械所、兵工厂放在海船上，在海上继续生产。

1942年初，正当我们与日寇顽强斗争之时，国民党第三战区司令长官顾祝同派遣忠义救国军两千余人，由苏南北渡侵入我第三分区的靖江、泰兴一带，对我第三分区进行破坏，并且勾结伪军为其掩护，企图打通与曹甸地区的韩德勤部和溧潼东北地区的张星炳部的联系，在苏中建立反共基点。我集中第三分区的主力及第四分区的第八团给以打击。国民党军与伪军的公开勾结，引起日寇的很大顾虑，激化了日顽之间的矛盾。日军发起了对"忠救军"的进攻。"忠救军"在伪军掩护下逃回苏南。

1942年6月，日寇鉴于对我苏中根据地进行的全面"扫荡"、分区"扫荡"、乘虚跃进、交通政策等都没有收到效果，再次变换方针，吸取华北铁壁合围和苏南"清乡"的经验，开始对我苏中地区进行"清剿"（又称"机动清乡"）。在政治上，对上层士绅采取争取政策，对乡保长则笼络与威胁并用，对我基本群众和抗日军人家属先胁迫其为日寇办事，不从的则格杀勿论。在经济上，设立统制委员会，统制一切物资，加强对我封锁，在一些重要地区实行"三光"政策。在军事上，实行水陆封锁，然后分进合击一点或多路重围一区，并且如梳篦一样，反复进行，搜捕我工作人员，寻歼我地方和主力部队。苏中斗争形势进一步严酷起来。

面对这一形势，我们认真进行了分析，认为敌人的主要战术手段是分进合击、多路合围，这些都需要高度协同，但日本侵略军深入我根据地作战，等于瞎子、聋子，无法准确侦察和判断我们的行动，又受地形、交通方面的限制，以及沿途遭我民兵、游击队的打击，很难达成合击；而且敌调集机动兵力在一个地区"清剿"，势必造成其他地区的空虚，便于我军其他地区游击战争的开展。至于敌人的残暴，只能激起我军民百倍的复仇怒火。我们决心运用灵活机动的战略战术，发挥人民战争的威力，并且加强敌占区、接敌区工作和敌伪军工作，打破敌人的"清剿"。

日寇于6月12日开始对第四分区海门、启东地区进行第一期"清剿"。7月上旬对第三分区靖江、泰兴地区进行第二期"清剿"。9月末10月初对第一分区江都、高邮、宝应地区进行第三期"清剿"。我们指示各分区紧密配合，在敌"清剿"区内以地方武装配合民兵就地坚持，与敌纠缠，不断予以袭扰，捕杀敌特、汉奸。主力部队适时跳到"清剿"区外，进行机动作战，特别是向敌人后方和敌人的弱点进攻。于是，各分区的攻势作战此伏彼起，互相策应，互相支援，数月中先后进行的较大战斗有石港攻坚战、海门袭击战、如西反击战、二鸾歼灭战等。在南通二鸾镇南的夏（谢）家渡战斗中，我第三旅第七团一举歼灭日军保田大队长以下110名，迫使"清剿"第四分区之敌仓皇收兵。我第三分区的如西县，在敌伪转移兵力对第一分区进行第三期"清剿"时，发动了万余群众围困西河弯伪军据点，不久又组织两万余群众围困水洞口，一万余群众封锁加力市。我们还实行秘密斗争与公开斗争相结合的方针，开辟和加强了边区、敌占区和敌伪军工作。到11月，敌人的"清剿"即被基本打破了。

这一时期，随着斗争形势变化，我们对几个方针性的问题进行了研究和讨论。

第一，关于实行党政军一元化领导问题。当时苏中党政军各级都是分开领导的，为加强统一，协调各方，苏中区设立军政党委员会为最高领导机构。各分区（地区）也设有军政党委员会。党政军配合总的说来是好的，但仍不免有些缺憾。为适应今后形势，我于7月19日发电，向华中局、新四军军部建议，苏中区从上至下实行党政军一元化领导。

第二，关于改善三结合的武装力量体制问题。苏中军区成立以来，我

们一手抓建立和发展地方武装、民兵自卫队，实行主力地方化；一手抓主
力部队的发展，相对集结主力，进行机动作战和整训，已经形成了主力部
队、地方武装、民兵三结合的武装力量体制。但是，还存在以下问题：一
是主力部队长期频繁作战，消耗过大，缺少整训，不利于今后的大发展；
二是地方武装数量虽已超过主力，但较多用于执行警备任务，较少用于
进击敌人，还不能独立担负起坚持原地斗争的任务；三是苏中今后除第二
分区北部可能稍趋缓和外，其余地区特别第三、第四分区将更趋紧张，回
旋余地更加狭窄，部队过于拥挤，容易遭受损失。我在 7 月 19 日的同一
个电报中，建议抽出一部分主力团，选择较安定的地区进行整训。坚持原
地斗争的任务，由留下的部队承担，或将留下的主力团与地方团合并后
承担。

我对上述两个问题的意见，得到丕显、文蔚、叶飞、期光诸同志的原
则同意。7 月 29 日，军部复电原则同意，对实行党政军一元化领导，指出
暂宜慎重；对改善武装体制，提出了具体意见。此后又经过反复酝酿，到
1942 年 9 月经华中局和军部批准，对全师（军区）部队进行统一整编，各
旅保留一个主力团（即第一、第四、第七、第五十二团），并予以充实加
强，其余主力团实行地方化，与各县团合并，成为地方团的骨干力量。经
过这次整编，使军区有主力在手，随时可以对重要方向实施突击，而各分
区、各县也都有较强的武装作为机动兵力，配合区游击队和民兵，担负坚
持原地斗争的任务。主力军得到了轮流作战、轮流整训的条件，地方军则
大为加强，并在斗争中逐步成长，上升为新的主力。而大量半脱产和不脱
产的民兵，成为群众性抗日游击战争的伟大力量和不断补充壮大我军的源
泉。实践证明，这次的整编是成功的。同年 12 月，贯彻执行中共中央《关
于统一抗日根据地的领导及调整各组织间关系的决定》，经华中局、新四
军军部批准，撤销了各级军政党委员会，建立了统一领导的各级党委，作
为党政军民的最高领导机构，从而实现了党的一元化领导。苏中区党委由

苏中地区反"清剿"示意图

（1942年6月至1943年3月）

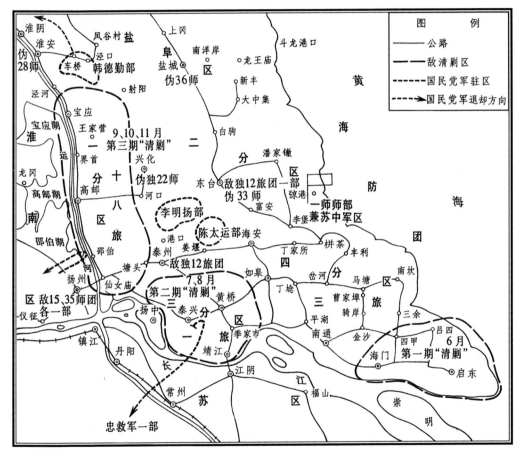

苏中地区反"清剿"示意图。

我任书记，陈丕显任副书记。第一地委书记兼第一分区政委韦一平；第二地委书记兼第二分区政委陈时夫；第三地委书记兼第三分区政委叶飞；第四地委书记兼第四分区政委吉洛；兴东泰地委书记黄逸峰。

第三，鉴于敌情的严重，1942年7月，华中局、军部曾几次来电，指出新的斗争形势，要求有新的方针以适应，主要内容是：

一、苏中斗争是长期的、南浦襄吉是长期的对手，你们至少准备苦斗一年到二年，一切取决于熬得过，撑持得住，只要能保持骨干，即是极大胜利。

二、苏中工作应以领导武装斗争、建立敌伪军工作、组织领导革命两面派、领导民兵为中心，其他任务均应围绕此一中心去进行。

三、全线大的突击作战，不可能改变敌人的部署，而小型武装突袭与群众交通破坏战，则起了积极作用，一团兵力左右的突击，亦须要打几次以振奋人心，全军全师的全线出击则不甚适宜。

对华中局、军部的指示，我们认真地作了研究，认为指示是要求我们对敌情作充分的估计，对形势作最坏的打算；给予苏中区的任务是留有余地的。我回顾了浙南三年游击战争，当时的条件比现在困难得多，我们熬过来了，撑持住了。当前敌我力量的对比，敌人虽有相当的优势，但我们并不是绝对的劣势；我们在社会基础、群众基础上更有强大的优势。苏中抗日根据地是能够长期坚持，并且能够对全局作出较大的贡献的。关键是既要防止对敌情缺乏清醒的估计，不顾实际地盲目硬拼；更要防止在严重形势下看不到有利因素，丧失坚持原地斗争的信心，消极地化整为零。为此我们提出了"坚持武装斗争，坚持原地斗争"的方针，确定以武装斗争为主，进一步处理好武装斗争与非武装斗争、公开斗争与秘密斗争、合法斗争与非法斗争的关系。在作战指导上，我们认为对付敌人的"清剿"和"清乡"，的确比对付"扫荡"更困难，但是敌人兵力不足，不可能在苏中全区同时进行"清剿"或"清乡"，使我们有可能选择敌人的弱点和后方予以突击，迫使敌人推迟或局部更改部署。我们要求区别不同时期、不同地区（基本区、中心区、游击区和边缘区、敌占区，"清剿"、"清乡"区和非"清剿"、"清乡"区），力求把敌人进攻的重点压缩到更小的范围内，以利于全局的发展。由于我们解决了上述几个方针性问题，对艰苦坚持原地斗争和以后的大发展起到了重大作用。

这一年还有一件大事，是第一、第六师合并。苏南反"清乡"斗争开始后，1941年8月，第六师师部及所属第十八旅陆续北撤到苏中第一分区。苏中第一分区的地理位置很重要，1940年我军北渡长江后即在江都开展工作，黄桥决战后，又派人进入高邮、宝应两县，苏中区党委成立后，派惠浴宇等同志去开辟、建设江（都）高（邮）宝（应）地区。第十八旅到达后，决定由第十八旅经营第一分区，把这里作为恢复和发展苏南的出发地和后方基地。1942年3月正式成立苏中第一分区、苏中第一行政专员公署、中共苏中第一地委。1942年3月16,日中央军委决定第六师番号不变，统一由第一师指挥，谭震林同志任第一师政委。但是，谭震林同志未曾到职，后调军部另有任用。这时，苏南的丹（阳）北地区和澄（江阴）（无）锡虞（常熟），苏（州）常（熟）太（仓）地区也已划归苏中区党委领导，以后在长江以南、京沪铁路以北分别成立中共苏中第五地委（地委书记金柯）和中共苏中第六地委（地委书记钱敏）。1942年，苏中部队统一整编，为加强苏南工作，经华中局、军部决定于12月派第一师第二旅旅长王必成率第二旅第四团、教导队及盐城、兴化警卫团各一部共两千人渡江南下，在溧阳地区与第六师之第十六旅会师，合编成一个旅，番号仍用第十六旅。旅长王必成，政委江渭清。1942年10月，中央军委命令第一、第六两师领导机关对内合并，由我任师长兼政委。

综观1942年，日伪军对苏中根据地的"扫荡"，四五百人的小"扫荡"平均每周一次，千人以上的较大"扫荡"平均每半个月一次。从开始反"清剿"的6月到11月中旬，日寇增设据点49处，使苏中区敌伪据点增加到 339 处，增修公路 19 条，全长 450 公里。我苏中根据地又有所缩小，部分游击区变成敌占区，部分中心区变成游击区。但是，全区仍然保持着相对稳定的基本区，保持着相当数量的主力部队，各分区仍然保持着一定范围的中心区和广大的游击区，各县武装坚持在县境内进行斗争。同时边区、敌占区工作和敌伪军工作有了很大开展。经过全面建设，根据地更加巩固，各项工作向深度和广度发展了。

冲破黎明前的黑暗

1943 年是在紧张的气氛中开始的。日寇在泰兴、如皋、东台、海安一带增调兵力，有举行大规模军事行动的模样，随即又有敌三个师团将增调苏北的传闻。1942 年冬反"清剿"胜利后形势一度相对稳定，现在又突然转为紧张了。我们为应付最严重的局面，雷厉风行地抓紧进行在1942 年 10 月即已开始的精兵简政工作，并准备为主力兵团另行择地整训，一时引起部分干部和群众的不安。区党委认为主要是宣传上有片面性。在1942 年 10 月下旬召开的"南坎会议"上，传达了"今年（1942 年）打败希特勒，明年打败日本"的政治口号，当时过多地强调了反攻的形势和准备反攻的力量，忽视了对今后艰苦斗争的宣传。现在弯子一下子转这么大，自然要引起群众思想上的波动。于是，我们立即坦率地说明前一段对形势的宣传不够全面，在指出大好形势的同时，强调指出 1943 年是苏中抗日斗争最尖锐、最艰苦的时期，也是黎明前的黑暗的时期，号召全体军民坚定最后胜利的信心，争取抗日战争胜利的早日到来。不到半个月，干部、群众的情绪稳定了，全体军民投入到新的以反"清乡"为重点的斗争之中。

早在 1941 年初，日本侵华派遣军总司令部就确定了以长江下游为起点，逐次推行"清乡"的方案；汪精卫伪国民政府也将其定为国策。同年

3月成立了"清乡"委员会，汪逆自任委员长，伪江苏省主席、国民党特务头子李士群任秘书长。从1941年7月起，先后对我苏南抗日根据地的苏常太、澄锡虞地区，进行了首次"清乡"。我苏南区党委、第六师经过一段艰苦奋战，转为执行合法斗争、隐蔽坚持的方针，原活动于该区的第六师第十八旅奉命撤出苏南，进入苏中第一分区。汪逆便大肆吹嘘所谓"胜利"，于1942年12月1日制定了《民国三十二年度上半年清乡工作训令》，确定在苏南继续推行"清乡"，在浙东进行"清乡"试验，而将"清乡"重点放在我苏中根据地，并首先选择临江濒海、易于分割封锁、对日伪威胁最大的我第四分区，作为"苏北第一期'清乡'实验区"。划定天生港、丁埝之线以东，丁埝、马塘、南坎之线以南，东至黄海，南至长江为"清乡"区范围。除调集伪第三十二、第三十三、第三十四师外，日军还从苏南抽调了参加过对苏南"清乡"的第六十一师团的四个大队和部分宪兵，以及大批"清乡"警察、特工和伪方行政人员，进驻"清乡"区内各集镇和重要村庄。沿"清乡"区边沿，日伪军构筑了长达175公里的竹篱笆封锁圈，每隔一定距离构筑碉堡、瞭望哨，派兵驻守。封锁了长江岸边大小口岸，仅留少数孔道，派兵把守。占领了沿海集镇，封锁了海上与陆上交通。日伪计划用六个月时间完成"清乡"，妄图在"清乡"区内彻底消灭我党我军，肃清一切抗日势力和"敌对分子"，建立起彻底的伪化统治。

日寇对第四分区的"清乡"，原计划于1943年3月1日开始。我们为打乱其部署，鼓舞群众斗争情绪，决定先发制人。我师部特务团主力于2月23日一举攻克如皋县曹家埠伪军据点，第三旅及第四分区主力又乘伪军调防之机，攻入金沙、余东、三阳、悦来、小洋口等十多处据点，还进抵长江边，掩护群众烧毁了日伪用以封锁"清乡"区的大批毛竹，迫使敌人把"清乡"计划推迟了一个月，到4月1日才开始。

区党委把领导工作的重点放在制定方针政策和组织实施上，首先是制定反"清乡"斗争方针。1943 年 1 月 28 日，华中局、新四军军部确定反"清乡"斗争的总方针是必须坚持原地斗争。苏南反"清乡"执行的是合法斗争、隐蔽坚持的方针。我们依据华中局、军部的总方针，对比苏南的情况，从苏中实际出发，进行了认真的研究，认为我们如果也和苏南采取同样的方针，将使日寇得以基本上实现在第四分区的伪化，并必然将"清乡"依次扩展到苏中全区。苏中是华中抗日根据地前哨阵地，如果不能保持，则敌我斗争的第一线势必向北推移到盐阜、淮南、淮北诸地区，对全局显然不利。因此，我们制定了"以公开武装斗争为主，达到坚持原地斗争目的"的方针。我们认为，苏中是具有执行这一方针的条件的：第一，第四分区的地理状况虽临江濒海，水网交织，交通便捷，与苏南大致相同，但是它背靠大块根据地，有苏中全区作支援。第二，苏中有坚强的武装力量，有在平原水网地区同敌伪开展游击战争的丰富经验，可以在军事斗争中取胜。第三，苏中抗日根据地是在同敌人反复激烈斗争中坚持、巩固起来的，全区人民和各级组织经受过锻炼和考验，并且已经取得了 1942 年反"清剿"斗争的经验。第四，苏中区领导已经为应付最坏形势的到来，在领导体制、斗争方针、组织形式、作战指导、物资储备等方面做了许多工作，全区领导处于有备的状态。当然，我们也充分估计到斗争的长期性和极端尖锐、极端艰苦、极端残酷；苏中全区，首先是第四分区必需为之作出最大的牺牲，但是这种牺牲是光荣的、值得的。这一方针得到华中局的批准。

确定了斗争方针，我们又在坚定的原则基础上采取灵活的斗争策略，制定和实施了一系列政策和措施。

以公开武装斗争为主，充分发挥主力部队的骨干作用和三结合武装体制的威力。1942 年我们已经完成了整编计划，第三旅除第七团外，其余各团均编入第四分区地方团，这些地方团已成为分区的主力。此外，第三旅又抽出 2000 余人，转化为区游击队及民兵骨干，以强化民兵的军政素质。在"清乡"区内，我们决定以区队、民兵开展群众性的游击战争为主，以武工队对敌伪进行重点打击为辅。主力部队实行"敌进我进"的方针，撤至"清乡"区外围，随时抓住敌人的弱点，机动地给予打击，或抓住有利时机，由外向里，在封锁线上打开缺口，突入"清乡"区内，攻克据点，掩护和配合群众斗争，尔后又迅速撤出；还组织一批武工队进入"清乡"区，同地方武装、民兵一起作战，并有计划地轮换长期在"清乡"区内坚持斗争的地方武装、民兵，把他们撤到"清乡"区外休整、补充。这样形成不同层次、不同形式的波澜壮阔的人民游击战争。

以武装斗争为后盾，更有效地开展其他各种形式的斗争。武装斗争与非武装斗争相结合，军事斗争与经济、政治、文化斗争相结合，公开工作与秘密工作相结合，内线与外线相结合，使反"清乡"斗争成为一场军事、政治、经济、文化等各方面的总体斗争。

进一步加强和扩大统一战线工作。充分发挥我们在社会基础上的强大优势，尽量团结、争取、利用一切力量以集中打击敌伪"清乡"势力，使反"清乡"斗争成为各个阶层、各种力量的最广泛的斗争。

强调"清乡"区与非"清乡"区在斗争方针上的区别。敌人在"清乡"区是要打破在我统治下的现状，而在非"清乡"区，却因兵力不足，有意无意地维持现状，以达到分区"清乡"的目的。所以，我们要求非"清乡"区必须给敌人以主动的打击，造成敌人顾此失彼的窘境，以减轻敌对"清乡"区的压力，使苏中区的斗争以反"清乡"为重点，各分区紧密配合，相互支援。

我们充分估计到反"清乡"斗争的长期性和残酷性，始终注意保护群众的积极性。对群众性斗争不提过高的不能达到的要求，以免遭致不应有的损失，挫伤群众的积极性。例如，我曾提过每个乡、每个支部每月捕杀一个敌人的号召，后来成为群众的实际行动，有的乡与乡、支部与支部还开展了竞赛。我们提醒各级领导，组织成千成万的民兵围攻据点，是在特定条件下的一种人民武装斗争方式，不能作为经常的战术，那样是危险的。我们还不断地由其他地区给予"清乡"区人民以救济、支援，帮助他们渡过灾难，重建家园。

我们力求正确地判断和把握形势，防止片面性。1943 年 10 月，敌在为时六个月的第一期"清乡"失败后，紧接着搞"延期清乡"，采取高压手段，推行"三光"政策，形势更加严酷，一些地区群众情绪一度低落，斗争陷入被动。我分析这种情况后认为，这是长期斗争中的疲劳现象，而不是退潮，应适时地加强宣传，并采用各种更巧妙的斗争手段，更复杂的斗争方式，继续做更分散、更艰苦的顽强斗争。我们规定在敌情特别严重的地区，实行公开的武装斗争与合法、秘密的斗争相结合，在一定时期内以合法、秘密的斗争为主，并规定这一转变，应由上一级党委适时地予以掌握和批准。

为掌握反"清乡"斗争的第一手材料，及时总结反"清乡"斗争经验，也为了提高司令部机关军事指挥水平，我从师直属队选派中层领导干部和骨干组织武工队，轮流进入"清乡"区参加斗争。

加强敌伪军工作。我们重新研究了对敌伪军工作的政策。当时苏中地区的伪军已有旧派和新派的区别。旧派是原国民党鲁苏皖边区游击总指挥部中的投降部队和地方上的妥协势力，这一派仍残存有民族意识和地方观念，太平洋战争爆发后，同日寇的矛盾增加了。新派则是由日汪扶持起来的力量，以日本买办和特工为主，代表人物是伪苏北清乡主任公署主任兼伪保安司令张北生。他们是日寇"对华新政策"的坚决执行者。我们利用旧派，打击新派；利用旧派又不使其完全胜利，打击新派又不使其完全失败，使两派力量互相对消。对于参加"清乡"的伪方基层人员，初期采取群众性的锄奸斗争，继而采取以瓦解争取为主的政策，达到逐步掌握伪基层政权。

对于敌军，我们分析：敌南浦旅团是我们的老对手，几年来在我苏中军民不断打击下，累计伤亡消耗了五千人，经不断补充，仍剩下三千七百余人，南浦本人因此受到上级责备，并一度拟将该旅他调，经南浦本人申辩才没有被调走，后来增调第六十一师团四个大队到苏中"清乡"，却不属他指挥，引起他的不满。对南浦我们一直注意斗争策略，1942年即指出，对南浦之打击应适可而止，以抑留他在苏中单独与我纠缠。这时我们进一步利用敌人的矛盾，着重打击主持"清乡"的敌第六十一师团，适当给南浦一点面子，使他采取消极态度。

上述这些政策和措施，在反"清乡"斗争中发挥了强大的威力，收到了显著的效果。"清乡"区内的游击战争真正达到了全民参战的程度。游击战的战术技术发展到空前的水平。特别是经常性的游击战和围绕中心任务的斗争紧密结合，交织进行，势不可挡。

反封锁斗争。敌人把封锁视为"清乡"的法宝之一。反"清乡"斗争开始后，我们提出"不让敌人打篱笆"的号召，一场破击战迅速开展起来。群众创造了许多行之有效的办法，如将固定篱笆的木桩拔起套上绳索，然后将篱笆成片拉倒；在篱笆上套上油箍，放火焚烧。开始是小规模的分别破拆，后来发展到几个乡、几个区的联合行动。在苏中区党委统一部署下，1943年6月17日和7月1日，第三、第四分区同时发动封锁线两侧群众大破击，仅7月1日夜，四万多群众和民兵，在主力部队、地方武装掩护下，在各级干部带领下，有组织、有计划地在一百多公里的封锁线上进行大破击。他们锯倒电杆，收缴电线，挖毁公路，火烧篱笆。绵延上百公里，看不到头的冲天火光，噼噼啪啪的竹子爆炸声，斗志高昂的人群呐喊声，显示了群众游击战争的无比威力。日伪军吓得躲在碉堡里一动也不敢动，眼睁睁地看着苦心经营的竹篱笆被毁坏殆尽。

锄奸斗争。敌人以特工作为"清乡"的急先锋，他们是日伪的耳目、爪牙，肆意残害我干部群众的刽子手。4月1日，我们以苏中第四专署名义颁布了《反"清乡"期间紧急治罪条例》，规定对"国人皆曰可杀"的汉奸、特务就地处以极刑，并把执行权授予区级以上政府和民众团体。早在敌"清乡"前，我们即已从军队和公安部门抽调了一批政治坚定、机智果敢、有作战经验的同志，配备短枪，组成精悍的武工队（原称政治保安

苏中四分区反"清乡"短枪队合影。

队，群众称之为短枪队），其主要任务是深入据点，镇压日伪"清乡"的重要人员，后来成为群众性游击战争的骨干。反"清乡"斗争开始后，锄奸活动随即开始。武工队英勇机智，神出鬼没。民兵和群众在武工队带动下，采取盯梢、诱捕、"扎粽子"、"包馄饨"、"背娘舅"、"老鹰捉鸡"等各种办法捕杀汉奸、特务。仅四、五两月全区不完全统计，共处决特务、汉奸 274 人。苏南调来的"清乡"队员，被我捕杀半数。敌人原拟续调苏中的两个"清乡"大队，未敢再来。许多伪"清乡"人员请长假、开小差或躲在南通城里不敢上任。使敌伪失去了耳目、手足。

反保甲斗争。日伪从"清乡"开始即加紧编查保甲，先是和平编查，遭到群众的反抗。到政治"清乡"阶段便推行强制编查，调集大量日伪军，将某一个地区包围起来，把群众拉到一起，强制编查，对反抗者血腥镇压。1943 年 7 月 26 日晚，日军在南通县十总店一次即活埋我群众

53 人。为击破敌人阴谋，各地党组织动员身份已经公开的党员、干部和民兵、青壮年临时转移，留下老弱去敷衍。同时布置秘密监视哨，及时发现并处置内奸、特务。区队、民兵则在封锁圈边沿袭扰日伪。日伪一撤离，干部立即返回原地慰问、抚恤、救济受难群众，继续领导斗争。在靠近日伪据点的地方，则控制两面派乡保长，慢编、乱编、假编；"编好"后又动员群众把门户牌烧掉，然后到据点报告说是新四军来烧掉的。到 9 月中旬，日伪强制编查保甲被迫陷于停顿。全区撕掉门户牌七万多张、毁户口册五万多页，惩处杀伤伪保甲指导员等 53 人。

反抽壮丁斗争。在残酷的"高度清乡"时期，敌人作垂死挣扎，加紧掠夺我人力资源，实施强行抽壮丁和编组自卫团。我们针锋相对，开展了反抽训壮丁的斗争，办法是采取拖、糊、抗、反等各种手段敷衍搪塞，捣乱破坏；对少数为日伪卖力抓丁的伪方人员，则坚决予以镇压。日伪编组自卫团的计划大部落空。

类似的斗争还有反维持、反自首、反伪捐等。财经战线、文教战线的斗争也不断深入。对"两面派"的工作、敌占区的工作、对敌伪人员的工作，都有了加强与发展。

活动在"清乡"圈外的主力部队，积极寻机歼敌，沉重打击敌伪。我第一师第三旅仅 1943 年四、五两个月进行的主要战斗，即达 42 次，先后袭击或攻克金沙、余东、六甲、悦来镇、麒麟镇、岔河、凤凰桥等据点，平毁碉堡 108 座。1943 年 9 月，第三旅主力一部在如皋县地方武装配合下，强攻丰利镇据点，摧毁伪警察局和伪区公所，攻下碉堡五座，击毙伪教导旅团长及伪警察局长等四十余名。

分区主力部队在"清乡"圈内和边缘地带艰苦奋战，与群众斗争紧相呼应，打击日伪。如 1943 年 9 月，南通县警卫团两个连，在白蒲以西李家桥附近痛击下乡强拉民夫的日伪军，经过白刃格斗，毙伤日伪军 20 余名，俘日军一名。同年 11 月，该团一部设伏于石港附近，袭击日军山本机动"清剿"队，当场将山本击毙，打死打伤日军十余人。

在多种形式的斗争中，我还要讲一讲汤景延、顾复生、沈仲彝同志和他们领导的通海自卫团、崇明警卫团（后两团合并，称通海自卫团）所作的斗争。通海自卫团是通海地区的地方部队，当时还是灰色面貌。团长汤景延，中共特别党员。副团长沈仲彝，中共党员。1943年初，华中局、新四军军部鉴于苏南反"清乡"的严重形势和苏中四分区反"清乡"斗争在即，决定利用汤景延同志的特定社会关系，打入伪军内部，进驻通如海启的"清乡"重点区，以配合反"清乡"斗争。为加强领导，又派中共党员顾复生同志任该团政委（未公开）。汤景延、顾复生、沈仲彝同志接受党的任务后，领导全团在极其复杂、艰险的环境中，英勇机智，进行着一场特殊的战斗。他们控制沿江港口，确保我苏中与江南的交通联系；购买、运输军需物资；掩护我党政军干部过往；搜集日伪重要情报；秘密处决日伪特务。他们配合反"清乡"斗争起到了积极的作用。1943年9月，汤景延等领导同志奉命率部暴动，进袭日伪军据点，杀死了一些日伪军，扩充了部队，胜利归来，编为新四军苏中"联抗"第二团，和兄弟部队共同作战。汤景延同志后来受党的分配，到上海浦东、浦西地区开辟武装斗争，不幸受伤被捕，英勇就义。

从1943年4月1日开始，经过了六个月的反"第一期清乡"（"军事清乡"、"政治清乡"）和三个月的反"延期清乡"，又经过反"高度清乡"，仅4月至12月的九个月中，第四分区党政军民共作战2100余次，毙伤敌伪军、镇压"清乡"人员2400余名，并争取了1700余名伪军、伪人员向我自首投诚。我军民也付出了巨大的代价，据不完全统计，群众死难上万人；县、区、乡干部牺牲104人；部队指战员伤亡近千人。许多军民受到日寇灭绝人性的残害，如活埋、剥皮、"点肉灯"、"吞火龙"、"腌咸肉"、"灌肚肺"、戳钢针、上电刑等等，但他们坚贞不屈，表现了中华儿女的伟大气节。一些开明地主、爱国士绅也不顾身家性命，英勇地投入斗争，有些献出了自己和亲人的生命。

这场斗争一直持续到1944年2月，敌人在我顽强斗争下累遭惨重损失，兵力更加不足，士气更加低落，不得不把以武装镇压、破坏、残杀为主的"高度清乡"，改为以政治伪化为主。我们终于度过了最严重困难的局面，坚持了第四分区原有阵地，并且还有新的发展。

苏中第四分区的反"清乡"斗争，是在华中局、新四军军部的领导下进行的。具体领导的是苏中第四地委和第四分区，他们身临其境，在斗争中创造了丰富的经验。承担最大牺牲、作出最大贡献的，是在第四分区坚持斗争的广大军民。整个苏中地区的党政军民对第四分区反"清乡"斗争进行了全力的支援和配合。第四分区的反"清乡"斗争还得到苏南地区的支援，并经由海上得到了山东、苏北、上海、浙东等兄弟地区的支援。苏中第四分区反"清乡"斗争，是一场以我们的胜利宣告结束的可歌可泣的悲壮激烈的人民斗争，已载入我党我军的史册。

在这黎明前的黑暗时期，与第四分区反"清乡"斗争交错进行的是全区的全面反"扫荡"。1941年三次大"扫荡"之后，敌人因兵力不足，又在我不断杀伤、不断消耗下，仅能对我进行分区"扫荡"或季节性"扫荡"。1943年春，敌人兵力突增一倍以上，在对我四分区"清乡"的同时，又对我苏中展开了全面"扫荡"。我则进行全面反"扫荡"。

1943年1月，我在全师直属队干部会上提出了五项政治号召：一切为了坚持原地斗争，反对退却逃跑；一切为了胜利，反对盲目硬拼；一切为了革命利益，反对个人打算；一切为了战争的胜利，要做困难时的英雄；巩固党内外团结，拥护党的绝对领导。号召全体军民迎接更全面、更复杂、更残酷的斗争，并夺取胜利。鉴于这时苏中抗日根据地已进入巩固时期，地方武装已能够独立坚持原地斗争，而敌人"扫荡"规模更为扩大，为避免不必要损失和不失时机地准备反攻，苏中主力部队于5月移至兴化、盐城地区。7月，进一步提出今后的反"扫荡"斗争应以群众性的游击战为主，充分发挥民兵的作用；同时要求一切部队都应加强战斗准备，以便能把握主动，在有利条件下打击敌人。

这一年敌人的"扫荡"，以春秋两季在第二分区进行的两次规模为最大。其中秋季大"扫荡"敌人出动了七八千兵力，还配以伪军四五千人，企图消灭我军主力。

我苏中军民奋起反"扫荡"。民兵广泛运用游击战术，"扫荡"前积极破路、打坝、拆桥、藏粮、埋雷……反"扫荡"开始后主动袭击敌伪并配合主力作战。我主力部队和地方兵团选择适当时间、地点机动作战，袭击日伪后方和薄弱据点。敌人的每次"扫荡"都以失败告终，消灭我军主力的企图更化为泡影。

1943 年，延安《解放日报》报道苏中苏南新四军反"清乡"胜利。

一年来，我主力部队和地方兵团同敌伪作战 624 次，毙伤敌伪 15054 人，俘 11949 人，缴获步马枪 30914 支，轻重机枪 294 挺，掷弹筒 62 个，炮 64 门。民兵自卫队共与敌伪作战 2855 次，毙伤俘敌伪 4105 人，缴获长短枪 596 支，机枪 4 挺，掷弹筒 5 个。反伪化斗争也获得巨大的成就，仅第一、第三分区七个县的反伪化斗争，便动员了七十万以上群众参加。

1943 年是苏中抗日根据地敌情最严重、斗争最艰苦的一年。全区军民英勇无畏，顽强奋战，经受住了严峻的考验，终于获得了反"扫荡"、反"清乡"的双胜利。黎明的曙光已经在望了。

领导重心的再次转移

1944年初，第二次世界大战反法西斯阵营胜利的形势更加明朗。苏军已基本上将德军逐出国境。英美的陆海空军，正向打击德军最有利的方向集中。欧洲各国反法西斯的第三条战线日益发展。在太平洋战场，美军加强了反攻。在中国敌后战场，我解放区军民不断地给日寇以沉重的打击。日本侵略军正在作最后挣扎。我党中央号召解放区军民抓紧时机，发展和巩固抗日民主根据地，壮大人民革命力量，高度警惕国民党的内战政策，准备在任何情况下把日寇打出中国去。

这时苏中的形势是这样：日寇阴谋在对我第四分区进行"高度清乡"的同时，对我第一、第三分区进行"扩展清乡"，对第二分区进行"强化屯垦"，但是已无更多的兵力可调，只能依靠抽集现有力量，而且老兵成分越来越少，士气越来越低落。而我苏中抗日根据地经过艰苦奋斗，获得了全面的发展和提高，到1943年11月底，全区敌人控制的地方仅及百分之十六多一点；敌占区的人口仅及百分之十五多一点。全区县以上早已建立了抗日民主政权，区一级政府一般都经过局部改选，半数以上的乡有了共产党的支部和群众组织，基层群众优势已经基本确立，并开始进行以乡政权为重点的基层政权改造。地方武装已能独立担负打击、歼灭日伪，坚持原地斗争的任务，主力部队随时可以用于机动作战。苏中区党委及时提出了"更顽强地坚持原地斗争和更有效地准备反攻力量"的方针。

积蓄力量，准备反攻，一直是苏中领导思想的一个重要方面，即使在苏中斗争形势最严峻时也没放弃过，并一直注意为反攻做思想上、组织上、军事上、物质上的准备。现在敌人正在作垂死挣扎，战争进行到了转折关头，作为战区的指挥员，必须正确估量形势，把握时机，积极主动地推进形势的发展。设若判断失误，轻率从事或优柔寡断，都会对全局造成不利的影响。为此，我开始把领导重心由以坚持为主转为以发展为主。

苏中抗日斗争形势的转折，是从车桥战役开始的。组织发起车桥战役，我有一个较长的酝酿和形成过程。日伪对第四分区"清乡"后，除师直属队和第二分区的机关、部队要在东台南北地区活动外，第三、第四分区的主力团有时也需要转移到第二分区休整，或待机配合第四分区作战，因此，很觉得地区狭窄，部队拥挤，而大批干部亟待整风，也缺少一个较为安定的环境。1943 年 6 月 23 日，我奉命去军部驻地（黄花塘）参加整风会议和汇报工作，便带少数参谋、测绘人员和一个连，有意识地选择路线，对沿途地形、敌情进行实地调查。去时由台南穿过通榆公路、串场河，经兴化地区南下到江都真武庙，从昭关坝伪军据点中通过扬淮公路，偷渡运河，泛舟邵伯湖，在扬州城北十五余公里邵伯湖南岸的黄珏桥上岸，越过扬（州）灭（长）公路，到达黄花塘军部。九月返回苏中时，由天长之龙岗乘船过高邮湖北上，经黎城（金湖县）过淮河，然后在平桥、泾河两据点间夜渡运河，越过封锁线，接着乘船过建湖、兴化间的水网地区，再越过通榆路回到台南地区。我们穿行于车桥、曹甸据点附近以及许多边沿区、接敌区和敌占区，往返行程五百余公里，沿途察看地形、了解敌情，同干部、群众交谈。在临泽以北的团寨，又与第十八旅旅长兼第一分区司令刘先胜探讨了这个地区的特点和军事地位。我注意到淮安、阜宁、宝应三县边界的淮宝地区，是我新四军第一、第二、第三、第四师的接合部，也是敌人两支部队的接合部。这里原是国民党江苏省政府所在地，是韩德勤在苏北苦心经营的反共基地。1943 年韩顽弃守后为敌伪所占。敌人以车桥为中心，建有十余处据点。我们也跟进开辟工作，一年来已在安丰、曹甸、泾河镇一线以南，打下了政权工作和群众工作的初步基础，其余地区伪化仍深。我设想，如果我们集中兵力拔除车桥、泾口等据点，在这里打开局面，敌两支部队都会因为是自己的边沿地区而互相推诿、观望，配合作战也不会协调。而我方得手后就可以获得一个相对稳定的地区，可以把领导机关移驻于此，集中干部开展整风运动，集中主力进行整训，还可以就近加强对第十八旅工作的指导。特别是可以打通苏北、苏中、淮北、淮南四个地区之间的战略联系。这样就形成了在淮宝地区发起以夺取车桥、泾口为目标的攻势作战的设想。在这一地域发起攻势作战，会不会刺激敌人，引起对我新四军大规模报复行动？这是需要考虑的。为此，战役发起时机应该审慎待机。到了1944年2月苏中区党委召开第五届扩大会议时，我在全面分析了形势后，认为日军已是穷途末路，在我发起攻势作战后，难以对我进行大规模报复"扫荡"，即便有些小动作，在我有所准备的情况下，影响也不会大。我便向与会的几位领导同志提出发起车桥战役的建议，得到了他们的一致同意，随即召开团以上干部会议，具体研究制定作战方案。

当时提出三个作战方案分析比较：一是由东向西，先攻泾口后攻车桥；二是车桥、泾口同时攻击；三是先攻车桥，后取泾口。经过分析比较，择优选取了第三方案。因为执行第一方案，虽背靠第三师地区，便于我军运动和开进，但不久前我攻击泾口未克，敌伪防备甚严，而且即使攻下泾口，还需再攻车桥，付出代价较大。第二方案，不仅兵力分散，而且如一处攻击不得手便会陷于被动，甚至使整个战役失利。第三方案的优点是明显的，首先，打下车桥后，敌人可能放弃一大片地区，我们可以得到最有利的战役效果；其次，车桥处敌中心地区，是敌人的心脏，工事坚固又有日军驻守，敌人自以为安全，而敌人认为安全的地方，正是我最容易得手的地方，这是战争的辩证法，我们可以采取掏心战术，隐蔽接敌，突然进攻，必能收出奇制胜之效；再则车桥周围的地形也较有利于我。为此决定选择第三方案。

车桥坐落在涧河（又名菊花沟）两岸，东西二华里，南北一华里半，河道上有五座桥梁，俯瞰全镇，形如"车"字，是以得名。敌伪占领后，驻扎日军一个小队，约四十余人，伪军一个大队，约五百余人。他们加高

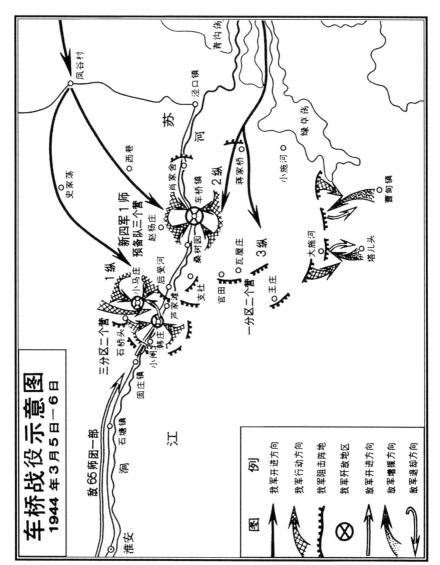

车桥战役示意图
（1944年3月5日—6日）

车桥战役示意图。

围墙，拓宽外壕，架设铁丝网，修建了53座碉堡，构成了绵密的交叉火力网。以车桥为中心，在外围还有十几个坚固据点相拱卫。车桥地处中心，来援方向较多，但敌两个师团部的驻地徐州、扬州，距车桥都比较远，估计不一定来援，其主要增援方向可能来自淮安。为此，我们决定调集主力第一、第七、第五十二团和苏中军区教导团及第四分区特务团等共五个多团的兵力，采取攻坚打援并举的方针，决心不惜牺牲，坚决攻占车桥；同时歼灭敌人的增援部队，各阻击部队坚决保障两天两晚之战斗警戒任务。顺便说一句，有的同志把这次的作战方针表述为"攻坚打援并举，以打援为主"，这不太确切。打援的部队虽多一些，但我们的目的是攻取车桥，解放这一片地区。

在此以前，我们对日寇打的都是游击战，这次集中五个团的兵力，还有地方武装和民兵配合，以游击战和运动战相结合，对日寇举行这样规模的攻势作战，在苏中抗日游击战争中是没有前例的。所以我们狠抓了战役前的准备，特别重视协同作战的准备。第一，对敌情的判断，对可能出现的各种复杂情况，做了审慎周密的预案和计划；对我方部队集中时间、地点、开进路线、攻击时间做了精密的计算和要求，以减少战时协同的困难。第二，统一了弹药、器材、粮秣、野战医疗、运输等后方勤务工作，还根据我们所拟采用的战术手段，特制了一批攻坚器材，如连环云梯、单梯三角钩、爬城钩、麻绳、煤油、棉花、竹竿、土坦克、炸药、烟幕弹、沙包，还准备了火箭、灯笼、电话等通讯联络工具。第三，动员群众支援前线，征集了大批船工和船只，组织群众及时配合战时勤务，战后平毁敌人据点工事。第四，战前对部队进行编组，将互相较了解、战斗作风特长相仿的部队，临时编成一个建制，共编为三个纵队、一个总预备队，适当调整了组织与干部。第五，在战役发起前十余天，即由师部和各主攻部队派出得力干部，进入车桥和芦家滩伏击阵地作实地侦察，并依据实地情况，进行战前训练。

政治动员工作做得很充分，召开了各种形式的动员会，颁布了战时奖惩条例，组织了突击队、突击组，互相提出战斗竞赛。

在组织指挥上，师前方司令部与一分区司令部暂时合并，组成野战司令部。我和副师长叶飞也做了分工，叶飞负责战场指挥，我掌握全局。

战役于 1944 年 3 月 5 日晨 1 时 50 分发起，首先进攻车桥据点。我军利用夜暗从敌外围据点之间直插车桥，以隐蔽迅猛动作，从四面八方越过外壕，架起云梯，爬上围墙，很快攻占了围墙上的所有碉堡并迅速攻入镇内，分割包围各敌伪驻地。我军的突然攻击，使敌完全被动。经激烈战斗，于当日中午全部歼灭了镇内的一个伪军大队。接着对日军驻守的土圩及碉堡开展攻击，经一天一夜的战斗，日军一个小队大部被歼，残敌固守挣扎，我展开了政治攻势。5 日下午，淮阴、淮安、涟水等地日军（华北派遣军第六十五师团第七十二旅团山泽大队），纠合伪军共七百余，分批在淮安集结，乘汽车向车桥增援。当第一批援敌进入我韩庄、芦家滩伏击

1944 年 3 月，苏中区党委、一师师部和苏中军区机关先后从东台三仓河地区迁至宝应县西安丰镇固晋村。

73 毫米和 52 毫米口径迫击炮和弹药，就是在这些工人手中诞生。

阵地时，我军突然猛烈开火，迫敌进入我预设的地雷阵地，炸死了一批敌人，接着第二、第三批援敌亦进入韩庄与第一批残敌会合。当晚，敌向我阻击阵地进犯。我军从敌侧背奋勇出击，与敌白刃格斗。敌伤亡惨重，向韩庄东北突围，在芦苇荡边被我切成三段，大部就歼。7 日，车桥残敌狼狈逃窜，战役胜利结束。我军共歼山泽大佐以下日军 460 余人，其中生俘山本一三中尉以下 24 人，歼伪军 500 余人，攻克车桥据点，摧毁碉堡 50 余座，并缴获九二式步兵炮一门及大批武器弹药，我军乘胜扩大战果，至 13 日，共收复曹甸、泾口、塔儿头等敌伪据点 12 处，使淮安、宝应以东纵横 50 余公里的地区全部解放。

车桥战役发起前，我运用声东击西的手法，在东台三仓地区举行了牵制作战。当时敌军对我计划一无所知，仍在致力于"清乡"和"扫荡"。3 月 3 日，我获悉日军百余人、伪军千余人增至安丰，有向东"扫荡"模样；南面海安之敌一部进至李堡，有向我台南地区"扫荡"之可能。我们遂将师直机关分为前后梯队，由管文蔚同志率后梯队北移，跳出"扫荡"圈；我率前梯队向南经三仓、三十总到薛家套，故意迎击"扫荡"之敌与其纠缠。3 月 4 日，李堡、安丰、潘家㘰各路之敌，以一仓河、吴家桥为目标分进合击。我们于夜间从敌人空隙中由薛家套安全转移到五总。敌合击扑空后继续分路追寻。我又安全转移到兰路址。3 月 5 日凌晨，车桥战役打响后，敌即仓皇后撤，并放弃了潘家㘰据点。南线的作战行动麻痹了敌人，加强了车桥战役发起的突然性。

车桥战役得到我兄弟部队第三师的积极支持。在战役前，我们即同三师沟通了情报联系。战役进行中，第三师一部攻克涟水、车桥间的朱圩子据点，歼灭伪军 300 余人，对车桥战役的胜利起到积极的配合作用。

车桥战役的捷报传到延安，新华社向全国播发了新四军收复车桥的消息，赞扬这是"以雄厚兵力"打的一个"大歼灭战"。延安《解放日报》发表了祝贺这一胜利的社论。在延安的陈毅军长也发来了嘉奖电。车桥战

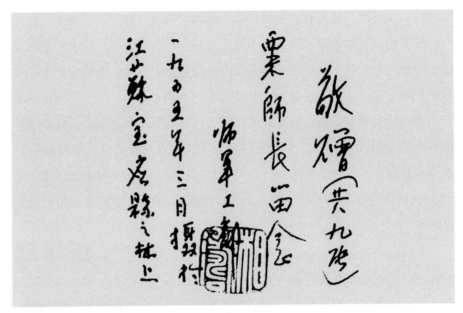

新四军一师军工部政委罗湘涛送给粟裕的照片和背面的签名。位于江苏宝应县林上庄的军工部，当时正突击生产军火，支援部队作战。

役后敌人未敢进行大的报复行动。一个月后，苏中区党委、苏中行政公署、苏中军区移驻车桥附近宝应县的固晋一带，党校移到了固晋附近的林溪镇。我们集中 4 个主力团在淮宝地区整训，为后来我军向苏浙战略机动创造了有利条件。

车桥战役以游击战与运动战相结合的战役形态，以机动突击、单刀直入、分别包围、各个击破、秘密接近、迅速猛扑等战术手段，偷袭与强攻、进攻与阻击、分途开进与协同攻击、步兵单独作战和步炮联合作战、主战场与牵制战场、主力与人民武装等多种作战方式以及周密细致、机智果敢的组织指挥而展现光彩。我军指挥员英勇顽强，不怕牺牲，185 位同志光荣负伤，53 位同志光荣献身。日本反战同盟苏中支部松野觉同志参加火线喊话，英勇牺牲。

车桥战役以后，我对全区斗争方针又做了一次考虑。当时日伪对四分区的"清乡"已转为以政治伪化为主，同时准备对第一、第三分区进行"扩展清乡"、对第二分区进行"强化屯垦"。面对这一情况，我认为敌人已无多大兵力增调苏中，我们对敌人的"扩展清乡"、"强化屯垦"应采取打破的方针。至于第四分区的反"清乡"，则仍提坚持反"清乡"，不提粉碎"清乡"，因为过早地提"粉碎"容易引起轻敌和急躁，导致敌人的报复，使群众遭受不必要的损失。同时，这时我们的领导重心，已经转向准备反攻，第四分区形势如再度紧张，对全局会有干扰。

6 月中旬，苏中区党委根据形势的发展，指出反据点斗争是一切工作的中心环节，要用一切办法来达到反据点斗争的胜利，使敌人被逼放弃小据点，集中到大据点，并使大据点一个个处于孤立局面。

于是苏中全区展开了对日伪的攻势作战。早在 5 月，苏中主力特务四团已攻克南通、如皋两县交界的童家甸据点；东南警卫团攻克竖河镇据点；各县警卫团、区队、民兵攻克日伪据点 28 处，歼灭日伪近千人。6 月 23 日，第三旅第七团在如皋中部耙齿凌附近与日伪军 500 余人打了一个遭遇战，经三个多小时激战，击毙日军中队长加藤大尉以下日伪军 200 余人，活捉日军小队长以下 14 名，伪军 200 余人。6 月 27 日，我主力第七团与特务四团，在 3000 余民兵配合下，攻克"清乡"区封锁线上的日伪军重要据点南坎镇，把"清乡"区打开一个大缺口。此仗日军 12 人、伪军一个连被全歼，驻掘港日军中队长丹木率部增援，被我阻击，丹木以下 10 余人毙命。7 月中旬，活跃在吕四、环港一带的海防团以奇袭手段，缴获日军运输艇两艘，活捉日军 9 名。7 月中旬，第三分区主力一部与如西独立团攻占石庄，俘伪军 150 多人。区队、民兵收复新市、新生港、吕家窑、田家铺、张黄港、新坝等日伪据点，攻克长江中的永安沙。第二分区于 7 月中攻克兴化南的戴家窑，俘伪军营长以下 180 多名，强攻西团伪"屯垦"警备第一纵队第五大队，击毙伪军 30 余人，俘 246 人，平毁了 13 座碉堡，接着又收复谢家庄、洪家垛、河口、墩头、湖北庄、万来庄、朱家舍等日伪据点。

我第四分区军民在"清乡"区内发起了夏季攻势和秋季攻势。六七月间，南通、海门、如皋各地地方武装、民兵和群众 5 万余人，发动了为时 20 多天的大破击战，破坏公路 700 余公里，炸毁桥梁 50 余座，攻占八总店、鲍家坝、三余、北新桥等一批日伪据点。9 月再次组织大规模攻势，历时 45 天。夏秋两季攻势，前后攻克、逼退日伪据点 60 余处。到了 1944 年 10 月，不仅恢复了"清乡"以来被日伪占领的地区，而且使根据地有所扩大。

至此，第四分区军民经过一年零七个月的艰苦斗争，终于取得了反"清乡"斗争的决定性胜利。而日伪的"扩展清乡"、"强化屯垦"宣告破产。1944 年初设立的伪"苏北屯垦总署"，也于 11 月 1 日被迫宣布取消。实践证明，我们对形势的估计是正确的，因而能不失时机地对敌人展开攻势作战，而车桥战役则成为苏中抗日根据地对日伪进行局部反攻的起点。

1944 年秋，党中央为了发展东南各省的抗日斗争和准备战略反攻，并为在抗日战争结束后迎击国民党的反共内战预做准备，重申了发展东南的战略方针，我奉命担负向苏浙皖边区发展的任务。多年为之奋斗，一刻没有忘怀的这一夙愿终于实现了。1944年12月中旬，我率苏中主力三个团由车桥地区出发，渡江南下，暂时告别了苏中父老。

战争教育了人民，人民赢得了战争。苏中抗日根据地是在同敌人艰苦顽强的斗争中建立和发展起来的；苏中人民是经过战争烈火考验的，因而是最坚强的。回忆这一段历史，我觉得这是一条最宝贵的经验。

第九章
向苏浙敌后发展和天目山战役

向苏浙敌后发展，是我军向东南发展任务的一个组成部分，是党中央在抗日战争后期，为迎接战略反攻形势到来作出的战略决策。

我们在执行向苏浙敌后发展任务的过程中，遭到国民党顽固派一而再、再而三的拦截和进攻，被迫奋起自卫。从1945年2月到6月，在浙西天目山地区，主要是孝丰（今安吉县丰城镇）地区，我军进行了三次大规模自卫反击作战，沉重地打击了顽军，尤其是第三次作战，歼灭了向我进攻的顽军精锐主力。这三次作战统称为天目山战役或孝丰战役。

当时抗日战争已经胜利在望，胜利果实归谁所有？胜利后国家前途和人民命运将怎样？已经日益尖锐地提到全国人民的面前。蒋介石在抗日战争中，一直处心积虑地限制、削弱人民革命力量，随时准备消灭共产党和人民军队，抗战爆发以来多次制造反共摩擦，现在眼看日寇败局已定，为了独吞胜利果实，并在胜利后对全国继续其法西斯反动统治，就更迫不及待地指令国民党第三战区悍然向我发动进攻，妄图一举歼灭我在江南和浙西的新四军主力，为其以后发动更大规模内战作准备。

我们对于在向苏浙敌后发展中将会受到顽固派的严重阻挠是早有预料和做了准备的。为了全力迅速向敌后进军，我们总是力求避免同顽军纠缠和正面冲突。可是，树欲静而风不止，想避免也避免不了。发动内战是顽固派的既定方针，我们只能针锋相对坚决斗争。因此，我们向敌后进军时不能不随时准备对顽军的进攻实行自卫反击，面对顽军的进攻，我们只有取得自卫反击作战胜利，才能够继续挺进敌后，打击日伪，发动群众，扩大和建立新的解放区。

天目山战役是我在抗日战争中所经历的激烈和艰苦的重要战役之一，也是我华中部分主力锻炼成长的重要战役之一，正是通过天目山战役的胜利实践，使我们提早实现了从游击战到运动战的战略转变，为后来蒋介石对我们全面大打时做了思想上和战略战术上的准备。

新的形势和任务

1944 年世界形势大好。年初，反法西斯战争已进入大规模战略反攻，希特勒处于东西夹击的困境之中，日寇已面临穷途末路。中国敌后战场形势也越来越好。我们不但度过了最艰苦的岁月，而且连连取得新的胜利。抗日根据地被敌人分割、包围的态势，正在转变为敌人的孤立据点被大片抗日根据地所封锁和包围。到 1944 年 11 月，八路军、新四军及华南人民抗日军队已发展到 65 万，民兵有了 200 多万，解放区的人口已有 9000 万。我华中地区就有主力军 20 万余，地方武装 5 万余，民兵发展至 80 余万。

在这样的形势下，党中央筹划着扩大解放区、缩小沦陷区的战略部署，各解放区展开了局部反攻。同时中央决定留守延安的八路军三五九旅以一部南下向湘粤发展；在华中的新四军以一部向西向河南发展，一部向南发展东南沿海。

1944 年 9 月 9 日，日军攻占温州，并相继占领福州，控制了闽、浙沿海地区，国民党军纷纷西撤。9 月 27 日党中央指示华中局："我军为了准备反攻，造成配合盟军的条件，对苏浙地区应有新的发展部署，特别是浙江的工作，应视为主要发展方向"。"苏南部队除巩固现有地区外，中心工作应放在太湖西南岸，沿京杭国道深入天目山，造成过钱塘江与浙东打通的战略形势"。随后，党中央又对华中局指示：新四军在执行西进、南下两大任务中，应以南下为主，尔后视情况变化，争取全面控制苏、浙、皖、闽、赣诸省，使我党我军在举行战略反攻时处于有利的战略地位。接着，中央确定以第一师（包括第十六旅）担负南进任务，浙东游击纵队接应由苏浙边南下的部队，浙南游击队向浙闽交界沿海敌后发展。

党中央这一战略决策的蓝图，可以追溯到毛泽东同志 1941 年 2 月发出的关于华中三个战略地区（包括鄂豫陕边、江南根据地、苏鲁战区）任务的指示。在这个指示中，毛泽东同志对江南根据地（包括苏南、皖南、浙东和闽浙赣边四个方面）规定的战略任务是准备出天目山、向黄山及赣东北发展、创立和恢复芜宁地区和沪杭甬地区以及闽浙赣边区的根据地。而苏鲁战区，应作为向南发展的策源地。当时由于皖南事变造成的严重损失，华中局同南方几个省委联系中断，华中局曾设想成立江南区党委，以苏中为依托向江南伸进。但此后华中敌后抗日斗争进入最艰苦阶段，而日寇打通浙赣线的计划又未实施，以致这个指示一时未能付诸行动而成为一个远景规划。到了 1944 年的 9 月，情况发生了以下变化：

一、苏中抗日根据地经历了 1941 年、1942 年、1943 年的艰苦斗争岁月，已经日益巩固壮大，不仅有足够的力量坚持和巩固苏中地区，而且为向南发展做了思想上、组织上、军事上的准备，有力量随时执行发展和支援新区的任务。

二、苏南的形势有了新的发展。在苏中区党委领导下的丹（阳）北地区，对 1943 年 3 月开始的日伪"清乡"，全体军民英勇奋斗，艰苦顽强地坚持了原地斗争。到 1944 年，各县建立了县政权和三十至六十人的县警卫大队，区乡不脱产的武装组织发展到五千多人，逐步恢复为游击根据地的局面。澄（江阴）（无）锡虞（常熟）、苏（州）常（熟）太（仓）地区，经历了反"清乡"斗争，在极为困难的条件下，以苏中第三、第四分区为依托，采取逐步增强斗争效果的方针，终于不仅站住了脚，而且情况逐步好转，在"清乡"中受到破坏的党组织，已得到一定程度的恢复。苏皖区党委、苏南行政专员公署以及第十六旅，在京沪路以南地区，在艰苦复杂的形势下，坚持武装斗争，深入开展工作，进行根据地建设，除胜利坚持原有阵地外，把力量伸展到了苏皖边的长兴、郎溪、广德地区，各分区也已连成一片。这些都为大军南下准备了有利的前进阵地。

三、浙东区党委、浙东游击纵队在日伪顽夹击的复杂形势下，艰苦奋斗，不仅建立与坚持了三北（指姚江以北的余姚、慈溪、镇海地区）游击根据地，保存了浦东原有阵地，而且建立了以四明山为中心的敌后根据地，并依托四明山向南和向浙赣沿线的金华、义乌、兰溪方向发展。

此外，皖南、浙南、福建方面都保持着若干块游击基地，尽管斗争环境十分艰苦，经过长期坚持，武装力量也有了新的发展。

综上所述，无论是世界大势和整个敌后形势，无论是苏中、苏南、浙东的形势，都有利于我们向东南发展。

我对于发展东南，怀有特殊的革命责任感。从1934年7月红七军团组成北上抗日先遣队到三年游击战争，我先后奉命执行向闽浙皖赣挺进和在皖南、浙江创建苏维埃根据地的任务。由于敌我力量的极端悬殊，我们经过艰苦卓绝的斗争，付出了无数的生命和鲜血，才得以在浙南和闽浙边保持了战略支点。抗日战争中我一直关注着那里形势的发展。1942年5月中旬，日军发动了浙赣线战役，占领了金华、兰溪和进贤、东乡等地，大片国土沦为敌占区。我向华中局和军部建议增派部队向浙江发展。陈毅同志回电指示：由于整个情况尚不明朗，目前仅可作准备。1942年六七月间，华中局先后派出谭启龙、何克希等一批干部到浙东，并决定成立浙东区党委，加强与统一浙东地方党和军队的领导。苏中区党委和一师曾给以积极的多方面的支援。我们并一直十分重视保持与浙东的海上通道。所以，中央确定南进是我期待已久的夙愿。1944年9月，我请求由我率领苏中第一批主力部队，执行南进任务。华中局、军部同意我的请求并报经军委批准。

渡江南进，胜利会师

挺进苏浙是我第三次执行先遣任务。上两次是 1934 年 7 月到 1935 年 1 月的红军北上抗日先遣队和 1938 年 4 月到 6 月的新四军东进抗日先遣队。1944 年 11 月 12 日，我同叶飞同志到淮南中共华中局、新四军军部开会，按照中央指示精神研究了发展东南的方针、政策、步骤、方法和可能抽调的力量，同时研究了坚持苏中的有关问题。中央批准了华中局的部署，由我先率领第七团、特务一团、特务四团三个团七千余人及由中央、华中局、苏中区党委分别调集的各类干部三百余人首批南下，会合十六旅、浙东游击纵队发展苏浙敌后。当时有消息说，日寇面临盟军的强大反攻，拟抢先解决中国问题，甚至准备在中国大陆进行长期战争，即所谓放弃三岛，与英美决战于大陆。中央根据当时的形势，估计对日战争时间可能延长，因而我们对发展的部署也做了较长期的打算。华中局曾考虑尔后由谭震林、叶飞同志相继率第二、第三批主力南下，必要时甚至再组织后续南下梯队。当时谭震林同志正在津浦路西淮南地区指挥反"扫荡"而未能参加研究，后来又因情况变化而未南下。

对南进的实际准备工作在严格保密下早就在分头进行了。12 月 5 日，成立了实际上是南下司令部的练兵司令部，以第一师参谋长刘先胜为司令，具体组织部队行动。在这之前，预定南下的各部队已分别在三仓、曹甸等地集中整训了两个多月，开展军事大练兵，进行形势和政策教育，整顿了组织，补充了兵员和武器弹药，补发了服装和全新的皮子弹袋，做到齐装满员。为了适应南方山地作战，我们早就秘密地从上海采购到一批无缝钢管，并就地将主要零件加工好，运到苏中装配成小口径的迫击炮，因而在南下前每连装备了三门自制的 52 毫米小炮，营成立了装备有自制 73 毫米迫击炮和重机枪的机炮连，团则组成了有洋造八二迫击炮的炮兵连。与此同时，我们翻印了浙江省五万分之一地图，还派人到上海等地采购了医药用品和通讯器材，并准备了大量法币和一些金银以便必要时在新区使用。经过练兵和政治动员，战士们个个身强体壮，斗志昂扬，随时准备去执行战斗任务。

部队从苏中南下，要通过长江、京沪铁路（今沪宁线）、大运河以及京杭国道（今宁杭公路）等敌人的封锁线。我们面临的第一道难关，也是风险最大的一关，是大部队偷渡敌人严密封锁的长江天险。苏南沿江地区有南京、上海两大城市和若干中小城市，人口众多，经济文化发达，交通便利，是日伪心腹之地，驻有重兵。敌寇对长江封锁很严，舰艇在江中昼夜巡弋，沿江据点林立，警戒严密。敌寇又严令所有船只白天凭条出港，晚上进港封存，各种船只为敌寇统制不易征集。时值冬季，长江水位低落形成宽阔的泥滩，除了码头，车船既不能靠岸，人马又难于徒涉。

全国解放前我带着部队四次渡越长江，这是第二次。四次过江都是战略行动，但具体情况各不相同。第一次是为了打开苏北局面，1940 年陈毅同志于 6 月 29 日先带一个警卫班从苏南北渡后，我于 7 月 8 日率江南指挥部及第二团、新六团渡江北上，渡江人员约两千人，易于隐蔽机动。第三次是我苏浙部队于 1945 年 9 月北上，贯彻执行"向北发展，向南防御"方针，当时日寇已投降不敢进行阻拦，国民党军队虽有阻拦，但由于忙于接管宁沪杭城市难于抽出大量兵力堵截，我以一个纵队断后，实际上只以一个支队掩护，数万主力部队和地方干部日夜兼渡（浙东部队北上是走另一条路线）。第四次是 1949 年 4 月实施战略追击彻底打倒蒋家王朝，百万雄师过大江，是在我军绝对优势下的强渡，举世瞩目。而这第二次过江是主力部队、地方干部及机关人员近万人在同一时间内一举偷渡，难度很大却又必须保证万无一失；如有失误，不仅造成损失而且暴露战略意图，后果严重，所以必须绝对保密和精心计划组织。在接到中央九月指示后，渡江的准备工作，就在部队和地方、江北和江南有计划地展开了。镇江、仪

我挺进江浙后顽方动态图

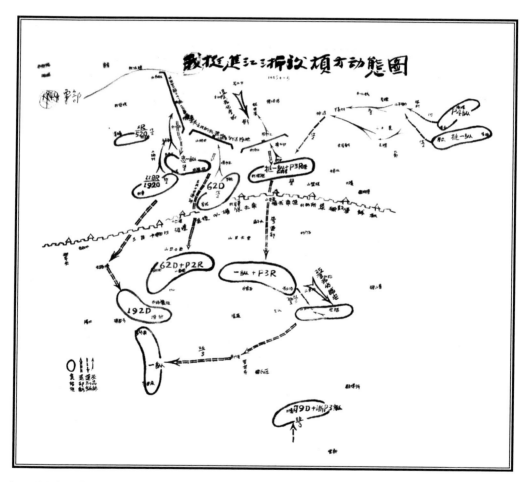

当年部队绘制的《我挺进江浙后顽方动态图》。

征、扬中、江都、泰兴等沿江地段是我新四军历来联系大江南北的战略通道，两岸党的工作有一定基础，根据地也较为巩固，这是保证我们顺利渡江的最有利的条件。

由于这次渡江人数多，所以分成东西两路。东路由刘先胜、陶勇、阮英平等同志率特一团、特四团和机关后勤，从江都大桥地区渡江，经丹（阳）北、句（容）北南下，在扬州曹王寺地区集中后又分成两路，一路经佘家坂登木船过夹江再到对岸。另一路经嘶马到三江营乘商轮直达对岸龟山。特四团因受船只限制延至次晚截借了另一商轮随后跟进。部队过江后分别从日伪新丰据点中及陵口附近通过运河和铁路，于 1945 年 1 月 4 日到丹阳西南的延陵地区。

西路由我带着第七团和干部队从淮南出发，选择在仪征、东沟（六合城东南）间地区渡江，我们于 12 月 26 日进至离江边约 15 公里的小营李宿营，27 日晚从沙窝子乘木船过江到南岸，在龙潭北的一个小码头上陆。龙潭西靠伪首都南京，东邻伪江苏省会镇江，均有日伪重兵驻守，两地之间的龙潭、下蜀、高资等各铁路车站都是日伪据点，铁路与江岸并行，中间地带很狭窄，地形不利，但也正因为如此，敌人想不到我们敢于从这里在他眼皮子底下通过。12 月下旬下了大雪，天寒地冻，河湖结冰，部队行动不便，但也正因如此，敌人想不到我们会在这种时刻渡江。地点、时间都出敌不意，最危险的地方恰恰成为最安全的地方。当晚，我侦察分队先头过江，悄悄登上龙潭码头，把十几个厂警之类的便衣武装先稳住，做好对他们的政治说服工作，接着大部队就顺利通过。由于人多船少，来不及运送第二梯队即将天亮，后续一个营于次晚仍然利用龙潭码头续渡跟上。我们上岸后从龙潭、下蜀间越过铁路进入九华山区（位于龙潭镇与句容城之间）。过了江，就同接应我们的丹北、茅山地委，江（都）镇（江）工委的领导同志和十六旅派来联络的参谋见了面，大家格外兴奋，倍感亲切。在敌人多年摧残下的句北人民，首次见到我军容整肃、军纪严明的大

批主力部队浩浩荡荡突然开来，惊喜万状，奔走相告，纷纷自动带着干粮
要求挑担送行。有的是兄弟父子一起来，有些地方全村全家劳力都来了，
实在争不到任务的几百民工，几经劝说仍不肯走开，他们宁愿扛着扁担同
子弟兵并肩伴行。江南老区人民对新四军的深厚感情使战士们无不十分
激动。

在严重敌情下大部队安全渡江的成功，是南下行动的第一个重大胜
利。其所以获得成功，除因在时间和地段选择上出敌不意与我们周到的准
备、严密的组织和严格保密外，是和地方党政干部不避艰险不怕困难尽最
大努力予以保证分不开的。他们充分发动群众，千方百计征集大批船只直
至巧妙地调用了两艘日商轮船。他们充分准备了向导、民工、粮草和宿营
地，并出色地做好了伪军工作。部队从新丰据点过运河时，该处伪军头目
把日寇"邀请"到据点里面吃喝作乐，把大部伪军拉出去打野外，只留少
数伪军在岗哨上实际是为我大部队通过作警戒。苏中、淮南、苏南在长江
两岸有关地区的地方工作同志，尤其是丹北、茅山地委，江都、镇江、仪
征县委和长江工委、铁路工委、江镇工委等党政军领导和各级干部，为保
证苏中主力安全顺利通过长江、运河和京沪铁路等封锁线作出了巨大贡
献。而人民群众爱国主义精神和对我们的积极的、无私的支援，则更是我
们获得胜利的根本保证。

12月31日我们到达溧阳陶庄，在此休息三天并过新年。这里是茅山
中心区，是我们于1938年初在苏南建立的第一块根据地。人民觉悟高，
对新四军感情深。他们虽然处于日伪匪顽的骚扰压榨之下生活很苦，但还
是想尽办法热烈欢迎和慰问子弟兵的到来。有的村子群众还搭起彩门，墙
上贴满红绿标语。当战士们从敲锣打鼓鼓掌欢呼的夹道人群中通过时，个
个精神抖擞步伐健壮，连续行军的疲劳顿时消失。时值1945年新年，军
民联欢聚餐，盛况空前。1月4日我们继续前进，经上兴埠、周城、庙西，
6日到目的地苏浙皖边长兴县的仰峰岕时天已黑了，山路崎岖，路有积

雪，十六旅同志沿途举着点燃的竹篾为行进部队照明，体现了两支将要共同战斗的部队之间的战友深情。

我们在长兴西北地区同十六旅会师，胜利地完成了南进的长途行军任务。

1945 年 1 月 13 日，中央军委电令成立苏浙军区，统一指挥江南、浙东部队，任命我为军区司令员，谭震林为军区政治委员（未到职），刘先胜为参谋长。叶飞、钟期光两位于四月南来后奉命分任军区副司令和政治部主任，金明同志南来后则主要担负地方党的领导工作。华中局并委托我以华中局代表名义全面领导江南、浙东两个地区的党委工作，以建立全面统一的指挥。在苏浙的部队也进行了统一整编：以原十六旅为第一纵队，司令王必成，政委江渭清，下辖第一、第二、第三支队（相当团，下同）；原浙东游击纵队为第二纵队，司令何克希，政委谭启龙，所属部队原番号不变；苏中首批南下部队为第三纵队，司令陶勇，政委阮英平，下辖第七、第八、第九支队；苏中第二批南下部队到达后编为第四纵队，司令廖政国，政委韦一平，下辖第十、第十一、第十二支队。与此同时，地方党委、行政区划及干部配备也做了调整。还建立了苏浙公学。

2 月 5 日，在温塘开了苏浙军区成立大会，全体同志响应党中央"扩大解放区，缩小沦陷区"的伟大号召整装待发。在部队休整期间，我们除注意抓好团结与纪律教育外，特别注意了加强山地战的训练，练习爬山，提高山地运动速度。因为原在苏中的部队过去长期活动于平原水网地区，而我们向南发展的地区都是山地。为此，我向连以上干部做了山地战的专题讲解，政治部门并专门对山地训练、山地行军的政治工作做了布置，还组织第一、第三纵队各连派代表互访互学，既交流了经验又增进了友谊。2 月 13 日是春节，各部队提前过了节，就冒着严寒向杭（州）嘉（兴）湖（州）敌后进军了。

苏浙军区司令部人员在成立大会会场留影。

苏浙军区司令部人员在成立大会会场留影。

1945 年，楚青和小戎生在浙江长兴仰峰岕合影。

周密筹划

苏浙军区当时的活动范围包括苏南、浙西、浙东三个区域，苏南区指的是江苏的长江以南以及皖南的宣（城）郎（溪）广（德）和宣（城）当（涂）芜（湖）地区；浙西区指的是浙江的钱塘江、富春江及其上游信安江（衢江）以西以北地区；浙东区指的是钱塘江至信安江东南，瓯江以北地区。

苏浙两省是我国的富饶省份，经济文化发达，抗战前是国民党政治、经济、文化中心，当时是日伪统治中心所在的腹心地区，沿海还是英美盟军可能登陆的地域，敌顽都极力想占有这一地区。我军向苏浙敌后发展，实质上是敌顽我三种力量对这一地区的争夺，这是错综复杂、尖锐微妙的三角斗争。敌顽之间是又矛盾斗争，又默契反共，甚至公然勾结，他们都想制服对方，又都想借刀杀人利用对方打击和消灭我们。我们既要打击日伪，又要警惕顽方的反共阴谋，特别要防止敌顽对我们的夹击，在斗争中要充分注意和掌握敌顽之间的矛盾。这种斗争又因当时国际反法西斯斗争胜利发展形势的影响而更加复杂：美国看到胜利在握，对华政策转为扶蒋压我的方针；日寇为了集中兵力准备太平洋战场的决战，正加紧实施对蒋又压、又诱策动内战的方针；国民党顽固派则企图利用这种新的形势对我加强压力，并集中精锐部队驱赶我们，使这一地区的斗争蒙上中、美、日国际斗争背景的色彩。

敌顽我三方在苏浙地区的态势犬牙交错，苏浙大部分地区沦入敌手，日伪占领着南京、上海、芜湖、杭州、宁波等重要城市和几乎所有城镇，貌似强大，但已走下坡路，兵力日蹙。我们到达苏浙边区后，敌寇在浙江除加强沿海防御外，并无较大军事行动，虽扬言要再次打通浙赣铁路，实际上却停止于金华、兰溪，并将永康、丽水、衢州一带放弃，驻守在杭州至金华沿线。天目山脉以北的宣城、郎溪、广德、安吉和天目山脉以东的余杭、富阳等县城及较大的集镇虽仍为日伪占领，但主动作战行动已经不多。

国民党第三战区，处于我军向东南敌后发展方向的西侧。长期以来，它执行消极抗日积极反共的政策，在制造皖南事变后仍把主要矛头对准我军。它拥有第二十三、第二十五、第三十二等三个集团军共七个军，计有正规军二十二个师（旅）和突击总队三个突击队（相当于师），并统辖苏浙皖挺进军四个纵队，忠义救国军四个纵队，以及浙江省四个保安旅，江苏省二个保安纵队和江西、福建的保安部队等众多的地方部队，总计兵力不下30万。自日军打通粤汉路以来，国民党第三战区全境虽已沦于敌后，但尚有连成大片的土地，保有广阔的地域，资源丰富，后备充足。他们与日伪勾搭默契和平共处，甚至提出"变匪区为沦陷区""宁可让与日本，不可让与匪军"，在这大片国土上，鱼肉人民，拥兵自重。在日寇向浙赣线进攻时，国民党第三战区的部队虽在正面不断后撤，却在天目山区留有重兵，其目的显然是企图同我在东南进行争夺，这清楚地表明，我军挺进苏浙敌后，发展抗日力量，必将遇到国民党第三战区的全力破坏。我们首先遇到的对手主要将是国民党正规军。

中央和华中局指示我们：将领导中心设于苏浙皖交界地带，南下部队会合第十六旅首先进占吴兴、长兴、安吉、武康间之敌后地区。然后向敌后新区深入发展，采取巩固的逐步发展的方针，在大步向浙江发展的同时要十分注意发展一切敌后之敌后地区，作为大发展的巩固的基础和将来收复各大城市的有力阵地。总的战略设想是一旦战略反攻时期揭幕，我们能够破敌、收京、入沪、配合盟军登陆，使我们在日寇崩溃时处于有利的战略地位。如果那时国民党发动全面内战，则我们能够在东南独立地就地坚持，成为全国抗击国民党军进攻的一翼。

归结起来，我们挺进苏浙敌后的具体任务是：深入苏南工作，打开浙西局面，打通与浙东联系。

深入开展苏南工作，打击日伪，发动群众并不困难，问题在于那些与日伪互相勾结沆瀣一气、匪顽合一为非作歹的武装特务。我从苏南地区经过时，沿途耳闻目见，顽方特务武装甚为猖獗，这是影响我工作深入和人心安定的主要原因。盘踞浙西的顽军主力，时而越过宣（城）长（兴）路北犯，是这些特务武装倚仗的后台。与浙东打通联系、根据当时情况可以考虑两条路线：一是东路，从杭州东北钱塘江口南渡，到达三北地区。此线江面宽阔，杭嘉湖区又是日伪"清乡"区，我在该区无工作基础，且系水网区，不便于大部队行动。二是西路，从杭州西南地区东渡富春江，到达金华、萧山地区。此线西侧大部为顽军所控制，顽军必然要东出阻拦。因此，无论深入苏南工作或打通浙东联系，都必须首先打开浙西局面，其关键又在控制天目山。控制了天目山就能屏障苏南，巩固现有地区，才能使发展杭嘉湖区无后顾之忧，创造打通浙东的有利条件。

杭州西北的天目山脉是浙西的脊梁，东北—西南走向，绵亘百里以上，层峰叠峦，竹木茂盛，山势险峻，东、西天目山主峰均高达1500米左右，支脉绵延莫干山、昱岭、百丈峰等山脉。其北麓的孝丰城是浙西山区与平原交界点之一，既是天目山北部门户，又是浙西与苏南、皖南来往的要冲，位置极为重要。要控制天目山，必须先控制孝丰。顽军既置重兵于天目山，我要进入杭嘉湖敌后，必将遭到顽军的拦击，这样就不可避免要与之进行一场恶战，战场将在孝丰地区。而且由于顽区纵深大，后备雄厚，作战将不止一次。

分析了以上情况，我对进军的具体部署设想了两个方案：一是全力向孝丰地区出动，尔后在反击中控制天目山，再向浦东和浙东发展；二是先以一部指向莫干山，尔后深入杭嘉湖，打通与浦东、海北（指杭州湾北的乍浦、平湖、嘉兴、海宁、海盐地区）的联系，再向浙东发展。第一个方案不仅可使安吉、孝丰以东及武康、德清和杭嘉湖地区为我遮断，以便控制该地区而进一步打通浦东及浙东联系，而且可以使控制天目山的任务迅速完成，减少今后之困难，还可以在此方向先以一个纵队进入浙东，预期半年后当有极大发展。第二个方案以第一纵队进入浙西安吉、递铺以东，占领武康、德清及余杭以北地区，以一周时间肃清该地区之土匪，并开展地方工作。尔后即以该地为基础派小部武装向东深入杭嘉湖地区，打通与浦东、海北的联系。向南进至富春江边游击，以便与金萧支队打通联系。两个方案比较，各有利弊。依当时苏南情况和我们力量看，第一方案虽是可以迅速打开局面的上策，但不是很有把握，如后续部队不能迅速南来，还可能陷于僵局，而且我军主动深入顽区作战，在政治上、军事上都对我不利。第二方案虽发展缓慢，但较稳妥而有把握，且可以进一步摸清情况和创造实施第一方案的有利条件。我们确定执行第二方案并报军部批准。我估计当第一纵队进入莫干山地区，顽方查明我军情况后，可能以主力由武康与递铺间向北挺进，逼我于吴兴、长兴以南之水网地区背水作战，另以主力一路沿孝丰、安吉以西进入泗安以南地区截断我第一纵队向西北转移之路；更大可能是顽军仅以小部牵制我第一纵队，而以其强大主力由孝丰、安吉、泗安以西，越宣长路北进袭击我后方，寻歼我指挥中心。双方的争夺重点将在天目山主脉，果如此，我可就势实施第一方案，也并非对我不利。

为应付可能发生的情况变化，我率第三纵队仍留宣长路以北备战休整，练习山地作战，准备随时机动。我们对各纵的具体部署是：第一纵队进至安吉、递铺以东，余杭以北，控制莫干山及杭嘉湖地区，建立前进基地；第三纵队两个支队进至誓节度、广德、泗安以南，配合第一纵队行动，一个支队在广德、泗安公路南北地区掩护后方交通；第二纵队除继续巩固四明山区外，逐步向西发展，策应主力南进作战。这个部署使第一、第三纵队以掎角之势互相策应，第一纵队深入敌后，进一步摸清情况伺机进退；第三纵队保持机动，盘马弯弓，引而不发；第二纵队则隔江活动，遥相呼应。这样部署的好处是：如顽军主力向东攻击我第一纵队，则第三纵队不仅可以正面钳制敌人以分其势，而且可视机由西向东攻击顽之侧背，协同第一纵队求歼该顽。如顽以主力攻击第三纵队，则我可急调第一纵队由东向西，切断该顽与天目山之联系，协同第三纵队歼击该顽主力，孝丰城可能不战而下。

我军南进，既要深入敌后新区打击日伪发动群众，又要对付当面顽军的拦截和准备应付其纵深力量的增援，更要时刻防止日伪与顽军的夹击。对敌斗争，我们在战略反攻以前主要仍是游击战。对顽斗争，我们严格遵守自卫立场，人不犯我，我不犯人；若顽军向我进攻，则坚决予以反击，人若犯我，我必犯人。对顽作战则将以运动战为主，着眼于歼灭有生力量。

在执行任务中，我感到困难最大的是兵力不足和粮食紧张两个问题。尽管手中已有两个主力纵队，但面对广阔而尚待开辟的敌占区，尤其面对众多且有雄厚后备的顽军，力量就显得不敷应用。在分兵发动群众和集中应付敌人的掌握上更增加难度。浙西东部地区尚待开辟，部队开进去不一定立即有饭吃，其西部不仅尚未打开，而且都是山地，盛产竹木茶叶，而粮食不能自给，所以军粮完全仰给于苏南，部队行动受制于粮食补给甚大，部署作战行动和确定发展方向都不能不首先考虑粮食问题，粮食问题是影响战略决策和作战部署的大问题。

轻取孝丰

1945 年 2 月 10 日，我各纵按上述部署行动。第一纵队沿途积极打击日伪，先后粉碎了安吉、梅溪等地日伪和土顽多次出扰，占领了杭州以北的递铺、三桥埠之线，控制了武康、德清两城，全部进入莫干山区。同时第三纵队第七支队也进至广德以南柏垫以东地区。我们这个行动既是执行发展任务的开始，也是为了试探敌、顽的反应，在进一步摸清情况后好确定下一步的行动。

顽第三战区以陶广为总司令的苏浙皖挺进军总部，已于2月初得悉我一师主力南下并在长兴地区与第十六旅会合，认为我军"企图进入莫干山建立根据地后，可能进入杭嘉湖与海北地区，准备尔后协同盟军登陆作战，以争夺国际信誉"。当发现我军越过广（德）泗（安）路南下并东进时，即令第二十八军以第六十二师主力"迅将该匪歼灭，毋使坐大"；并令忠救军、浙保第二团、挺进第一纵队等部协力堵歼我军。顽军发现我第一纵队已全部进入莫干山，在广德以南仅有我第三纵队的第七支队时，即集中第六十二师全部、忠救军一个团、浙保第二团共五个团，经孝丰及其西北向我第七支队突然发起进攻，满以为以5：1的优势，可以轻易地把我第七支队吃掉，妄图切断我第二纵队的后路，进而歼灭该纵主力。第一纵队的东进敌后，果然使顽军积极动作起来。于是发生了天目山第一次反顽自卫战。

我是一直把注意力的重点放在西边的。我既关心着东边情况的发展，更密切注视着西边顽军的动作。现在顽军主力由孝丰西北向北攻击第三纵队，正符合我的估计，我等待的也正是它这一招。因为这样我们就能在此方向上对顽军进行反击，转而实施第一方案，又可避免主动攻入顽区在政治上军事上对我的不利，而收声东击西之效。

顽第六十二师是国民党中央军主力部队，是三战区骨干部队之一，装备整齐，弹药充足，较有战斗力，且是反共老手，受命向我进攻时曾狂言"两天解决，绰绰有余"。忠救军是一支受过特别训练的反动特务武装，全副轻装备，武器精良，善于游击和山地作战，以其作战灵活机动，善于投机取巧，被名为"猴子军"。我对国民党的正规军能否战而胜之，他们的战斗力和脾性究竟怎样，均需通过实践才能回答。

我第七支队遭顽主力进袭即奋起自卫，于12日在广德正南25公里余之上堡里将顽忠救军一部击溃后，即以一部进至孝丰北之阳岱山、景和里一线。14日，忠救军以一个团再次猛攻我上堡里阵地又被击退。15

日，顽第六十二师在忠救军继续向我第七支队正面进攻的同时，由外白羊迂回至西亩市以西之景和里，企图截断我第七支队归路。我第三纵队即以第八、第九支队投入战斗，自午起在景和里、南丁岭以北之线与顽军展开激战。我急调第一纵队主力越过莫干山，由东向西切断顽军向孝丰、天目山区之退路，以协同第三纵队求歼该顽。16日晚，我第三纵队开始全线反击，顽不支，并悉我第一纵队正回师西进参战，当即全线溃逃。当晚我第一纵队经西亩市向北急进时与逃顽尾部遭遇，17日上午乘胜追击，于孝丰以北之塔山将顽第六十二师第一八四团残部击溃，午后1时占领孝丰城，残顽继续向孝丰城南报福坛逃窜。18日午，我第一纵队占领报福坛，并配合第三纵队于孝丰西会歼西圩市、渔溪口、大小王坑一线之顽忠救军一部，残顽向天目山和宁国窜去。至此，我南下后第一次自卫反击作战胜利结束，共歼顽1700余人，缴获迫击炮3门、重机枪12挺、轻机枪30余挺、步枪600余支。此役双方作战兵力基本上是1∶1。

这是我军南下以来的初战，带有摸清情况性质。由于第三纵队全线反击时第一纵队尚未赶到，未能形成合围，以及南下部队缺乏山地搜索经验，而溃败的顽军熟悉地形，大部钻入山林夺路而逃，所以歼敌、缴获均不理想。但我军初战告捷，打出了威风，长了自己的志气；而顽军碰得头破血流，从骄横轻敌转为闻风丧胆，这两部顽军在以后与我作战中均表现得畏缩不前，再也不敢轻举妄动了。战后，我作战部队认真研究了顽军作战特点，总结了山地战的经验，重视了改进战术、构筑工事和组织搜索，加强了侦察和通信手段，提高了大兵团作战中各部队间密切协同的自觉性。

顽军的这次进攻，不仅偷鸡不着蚀了米，而且促使我们在反击中实施了第一方案，提早了转向孝丰的进军。孝丰曾多次被日寇占领，群众屡受蹂躏。顽军驻扎时对人民肆意搜刮，一见日寇到来即望风而逃，日寇一走则又来鱼肉人民。人民群众对敌对顽都是又怕又恨。我军进入孝丰，秋毫无犯，鲜明的对比，使孝丰地区广大人民认识到新四军是自己的子弟兵，

| 1945 年，苏浙军区部队在天目山开展练兵运动。

觉悟迅速提高。这为尔后粉碎顽军的进攻打下了良好的群众基础，也是战场准备的重要条件。

根据党中央 2 月 24 日指示精神，我们在敌打通浙赣线以前，就地巩固现有阵地，一方面抓紧部队休整训练总结经验；一方面积极部署深入根据地建设和开展新区工作，发动群众减租减息，发展生产，积蓄力量，准备将来大举跃进，并随时准备反击顽固派可能的再次进攻。

巧夺天目

我军在第一次反击中追到报福坛、渔溪口之线就停止前进了。一则本着有理有利有节的原则适可而止；二则要抓紧时间深入农村工作；三则从军事上考虑，天目山易守难攻，顽军有纵深配备，过于深入顽区对我不利，而且强攻凭险据守的顽军，必将付出较大伤亡。估计顽军在初战中遭受的打击还不很大，必不善罢甘休，第二次进攻将接踵而来，不如以逸待劳，待顽出击，在天目山外，于运动中歼其有生力量，然后乘胜而进，使顽虽占地理之利却无兵据守或至少削弱其守备力量，我便可能以较小代价而迅速占领天目山。据此，决定在顽军再次进攻之前，我不主动出击。

不久，我们得知顽三战区司令长官顾祝同密令陶广所部相机在孝丰附近将我围歼，粉碎我打通海北和浙东的企图，严防我以天目山作根据地，并叮嘱"对剿匪部队行动严守秘密勿使盟军发觉，以重国际听闻"。可见顽固派做贼心虚，自知反共的图谋是见不得人的。当顽军第一次向我突袭遭到反击时，陶广本已调第一九二师、第五十二师各一部驰援，只因第六十二师和忠救军溃败太快未及赶上。如今接到密令就加紧部署再次向我进攻，以第二十八军军长陶柳为前线总指挥，在忠救军的协同下兵分四路从西、南、东三面呈马蹄形向孝丰分进合击，妄图夺取孝丰和围歼我军，严令顽各部应抱"有我无敌的决心"达成任务。其左路是忠救军，除原有二个团外，新增从桐庐赶来的一个纵队，共五个团，自刘村、小白店、杭垓一带向孝丰西北前进；其左中路是第一九二师之第一一八团和第五十二师之第一五六团，自章村、汤口一线从西南向孝丰以西攻击前进；右中路是第六十二师三个团残部，自报福坛、统里一线从正南向孝丰进攻；右路是挺进第一纵队、浙江保安第四纵队各一个团，自山坞、白水湾一带从孝丰东南进行包围。

顽军这次进攻的兵力有十二个团，其进攻部署的重点在孝丰以西，主要骨干力量是左中路的第五十二师和第一九二师各一个团。第五十二师、第一九二师也是顽中央军，同第六十二师一样均是第三战区主力，尤其第五十二师训练有素，反动教育深入，装备精良，并配有苏式轻重机枪，是各部队中战斗力最强的，一贯自视甚高，经常充任反共急先锋。一般估计，其一个团的战力大致与我一个强的主力支队相等。我们主要对付的是这一路。其次要认真对付的是左路忠救军，它在得势时是有攻击力的。我们的方针是以各个击破对付顽军的分进合击，任凭几路来，我只打一路，集中兵力捏成一个拳头指向西面之顽，主要目标为求歼第五十二师的第一五六团和忠救军主力，然后视情况逐次歼击其他。我们应战的仍是第一、第三两个纵队，只增加了一个独立第二团。顽军虽然以二倍于我的兵力四路进攻，表面上气势很凶，但其建制混杂，指挥不统一，内部矛盾重重，只要我们能利用山地有利地形，阻击钳制其他各路，狠狠打击一路，歼灭其骨干主力后，其他各路也就好对付了。我当即决定以第三支队一部及独立第二团在孝丰周围担任正面守备，以第八支队布防于孝丰西北之牛山、八卦山一带阻击忠救军，第一、第三纵主力分别控制予孝丰及其西北芦村地区，待机由孝丰西南和西北向西实施迂回包围南北对进合击进至孝丰西侧之顽军。

顽军原定于3月1日向我发起进攻，因内部矛盾而推迟至3月3日开始。首先，忠救军向我孝丰西北之牛山、八卦山阵地进攻，其他顽军亦向我步步进逼。4日至6日，顽军先后占领孝丰东南至西南外围之白水湾、皇路庄、施儒庄、统里庄、报福坛、上梅村、上市村等地，并继续向我迫近。我守备部队坚守孝丰周围的青明山、坝山、太阳山、草明山（即大毛头山）及西北之牛山、八卦山等阵地，战斗十分激烈，许多阵地反复争夺失而复得。6日晚，我各守备部队先后发起反击，正面击溃了第六十二师的进攻，并从西面揳入渔溪口歼灭忠救军一部。7日晚，我全线出击，第三纵队主力自孝丰西北的芦村南下，向西线顽军左翼迂回；第一纵队主力西出孝丰城，进行穿插分割。忠救军见我主力出击就溜之大吉，这就暴露了第五十二师第一五六团的翼侧。我第三纵队拟切断第一五六团退路时，该顽已开始撤退，在报福坛附近的黄泥岗我与之遭遇，双方反复争夺有利地形，经激烈战斗，我终将这股顽军消灭。我军接着又在孝丰西南之吉才坞、老石口歼灭第一九二师一部，并在孝丰南再创第六十二师。10日，顽军纷纷南窜西逃。其右路挺进第一纵队、浙保第四纵队，在进至孝丰外围后未敢上来，在得悉其他各路顽军与我接战后赶紧回缩遁逃。

在东、西天目山之间鞍部有个叫羊角岭的地方，两边山峰陡峭，中间仅有一条山路可通，小路一边是深涧，地势非常险要，只要在这里放上一个小部队用火力封锁住隘口就万夫莫入。但顽军兵败如山倒，竟不敢在此据险抵抗。我第二支队尾随紧迫，乘机巧夺了这个险要之地，并乘势南进直下天目山南部的一都。溃退到一都的败兵正拟稍歇，听到一点响声即惊惶逃窜。

3月12日至26日，顽第一九二师、第六十二师残部、挺进第一纵队、浙保第四纵队曾先后分别由黄湖、横畈、青云桥、后院向我进扰均被击退；我遂前出上述地区游击，接着顽军放弃临安，并从于潜、昌化之线向西南撤退。至此，我军后发制人，在两倍于我之顽军围攻下，各个击破，以少胜多，再歼顽第一五六团团长朱丰以下1700余人，缴获迫击炮4门、轻重机枪80余挺，并完全占领天目山和解放了临安，胜利地结束了第二次反击战。浙西纵横各100余公里的广大地区，包括长兴、广（德）南、孝丰、安吉、武康、德清、吴兴、余杭、临安、于潜、富阳等11个县的大部或一部均为我们控制，解放人口100余万。

第二次反击战的战役目标是实现了，占领了天目山，但歼敌仍不多，大部分逃散了。其原因，从顽军方面说，他们总想保存实力，进攻时等待观望，撤退时争先恐后，一碰硬马上缩回，我们布下的口袋他不钻，而且部队撤得很开，不像黄桥战役时那样靠拢。从我们方面说，虽然山地战的适应力提高了，但长期在游击战争中养成的独立自主各自为战的习惯一下不易改变，各打各的多，协同配合少。从打游击战向打运动战转变、向进行大兵团协同作战转变，只能在实践中逐步完成。同时我们只有二个纵队靠在一起，作战时一根扁担挑两头，手中没有预备队，面对胜利发展的新形势更感兵力不足，因此我积极向华中局和军部建议第二批南下部队早日动身。如果有了三个纵队，就可以拿一个纵队堵截，两个纵队突击，仗就好打了，就能成建制歼灭敌人。我从实战中体会，部队编制以五五制或四四制为好，否则不敷机动。

结束第二次作战后，中央指示要静观变化，暂缓大举入浙。顽军在第二次进攻失败后士气更加沮丧，兵力更感不足，又悉我第四纵队南来，故赶筑碉堡加强防御。估计顽方虽在增调兵力积极准备更大规模的进攻，但一时不至于有大的举动，第三次进攻将会推延。我们就抓紧时机休整，继续贯彻中央和华中局指示，做好深入发动群众的工作，以巩固现有地区，发展敌后新区。由于孝丰地区已较稳定，苏浙军区领导机关于4月4日离开长兴西北的仰峰岕去孝丰城与前指会合。17日移孝丰东南之井村、吴家道。叶飞、金明同志率领第四纵队渡江后安全到达，钟期光同志也已南来，26日我们在吴家道见面，这时我党七大正开始举行，更使我们十分欣喜，大家都希望以新的胜利向七大献礼。

5月，在临安地区成立浙西区党委和行政公署，领导天（目山）北、天（目山）东两个地委、专署和杭嘉湖工委、专署，大力进行新区建设工作。天北地委、专署下设广（德）南、安吉、孝丰、吴兴、武康五县；天东地委、专署下设德清、余杭、临安、富阳四县；杭嘉湖工委、专署负责吴兴、德清公路以东敌后地区的开辟工作。同时苏皖区党委改为苏南区党委。

这时本来已很困难的粮食问题更加突出。当地常年缺粮，这一年灾荒严重，顽军又封锁了皖南粮道，军粮不继，民食不足。一般部队只有十天粮食，个别单位已断炊，有的以野菜竹笋充饥。群众有的开始吃青苗。粮食供应全靠苏南，民工长途运输到目的地时自身食用近半，动员了大量民工不断输送仍供应不及。为了节约粮食，部队改吃稀饭减少餐次。为了减少体力消耗，以致停止操练活动，有的连队让战士卧铺休息听指导员讲故事；有的部队分散四出采购、筹集粮食，既耽误了工事构筑，又可能在遇到紧急情况时来不及收拢；少数单位和个人为了争粮影响内外团结和军民关系。为了把有限的粮食合理分配和最有效地使用，军区组织了粮食领导小组，由叶飞副司令亲自主持具体分配。刘先胜参谋长是我们之中年龄最

| 1945 年，苏浙军区指战员在天目山开荒种地。

大的，也带领机关干部亲自肩挑背驮接运粮食。军区机关和各部队并开展开荒生产运动，普遍种粮种菜。这些措施有的只能救燃眉之急，有的短时间难起作用。在此情况下，如不解决严重缺粮问题，不但部队不能支持，人民也不能生活。为此，按军部指示精神，决定把解决粮食困难问题和深入敌后工作结合起来。"分兵以发动群众，集中以应付敌人"的原则，具体化为以战备姿态分兵就粮和开展对敌斗争。

为防止顽军乘我分兵之时向我进攻，我们对分兵深入敌后的地区、方向、距离，都一一细心考虑，既要有利于就粮，又要有利于发展，还要便于及时集中。于是，我们调整了部署：以一部担任孝丰、天目山正面防务，扼要完成半永久性工事构筑，使在抗击顽军进攻时能支持到部队的集中；其余各部基本上以支队为单位分赴苏南太湖以西地区、皖南宣芜地区、浙西杭嘉湖地区，一面发动群众开展工作，一面休整训练；另以一部向杭州、余杭、富阳间游击，控制富春江岸之渡口。5 月 19 日夜，我第四纵队第十一支队在富阳西南汤家埠附近渡富春江至中埠与第二纵队一部会师，打通了同浙东的联系。原在浙东的第二纵队主力则依托四明山逐步向西发展，以期达到控制会稽山，并与金华、萧山地区打成一片。

诱敌深入，连歼顽军

我第十一支队渡富春江进入金萧地区，顽方迅速作出反应。顽第七十九师全部于5月22日起展开于富春江西岸和新登（今城阳）东北一线，并先后强占我何阜殿边、云昌、施家村、方家井等地赶修工事。他们迷信五次"围剿"时期堡垒主义的老办法，短时间内筑成了大批碉堡群，切断了我浙西与浙东的联系。第七十九师也是顽军主力，并且也是参与皖南事变的刽子手之一。我第十支队原拟随第十一支队之后继续渡江，因受阻停止于新登东北地区。

这时，据多方情报证实，顽第三次向我大举进攻已迫在眉睫。这次进攻由第三战区副司令长官上官云相亲自出马任总指挥，以第二十五集团军总司令李觉代替被撤换的陶广任前敌总指挥，增调第七十九师、独立第三十三旅、第一四六师加强第一线。5月底，李觉总部由光泽开抵淳安，同时突击总队第一队亦由江西开抵淳安附近准备参战。突击总队又称突击军，全部美械装备，经英国教官训练，其编制系五五制，总队下辖五个突击队，每队辖五个战斗营及工兵连等直属分队，每营步兵四个连、重机枪迫击炮各一个连，一个营约千人，相当于一个小团，一个突击队相当于一个师，战力强于第五十二师，是顽方最精锐的部队。5月28日起，天目山以南的顽军进占新登以北、临安以西之藻溪镇；天目山以西的顽军从宁国方向出动，向孝丰以西及西北之独树街、桥头、柏垫一带我阵地进逼；忠救军则向孝丰西南我章村、磻溪正面进扰。又据谍息，日伪将于近日内向我"扫荡"。我们事后知道，顾祝同派谢企石会见大汉奸周佛海，表示"咸望南京与重庆配合共同剿共"，顽伪对我的夹击是达成默契的。

为控制富春江两岸，确保浙西浙东之联系，我决定乘顽立足未稳之际打乱顽之进攻部署，改变日伪顽夹击的态势，并争取时间，使我分散之主力能迅速集中。我们于 29 日晚开始，以第一纵队第一支队、第三纵队第七支队、第四纵队第十支队三个主力支队向顽第七十九师反击，经 3 个整晚激战，突破其筑碉防线，占领与平毁碉堡 300 余个，并于 6 月 2 日占领了新登城。在我向新登城西南发展时，顽突击第一队已奉命星夜兼程经分水、毕浦赶到战场。3 日，顽第七十九师得到突击第一队增援后，在独立第三十三旅的配合下向我反扑，双方反复争夺要点，激战一夜，我再歼顽一部。我共歼顽第七十九师一个团及突击第一队一部计 2200 余人，缴获迫击炮一门、重机枪 15 挺、轻机枪 45 挺、长短枪 500 余支。我军伤亡 900 余人（内亡 252 名）。此后，顽我形成相持态势。在此情况下，我们有三个处置方案可供选择：一、增援新登，继续在新登奋战；二、撤退一步，在临安与顽决战；三、大踏步后退，诱敌深入，寻机再战。

顽发动这次大规模进攻是下了更大决心和做了更周密部署的，这仗非打不可。我不打这一仗就不足以粉碎其进攻，不粉碎其进攻就不能保持战场的主动权，问题是何时、何地、怎样打才有利。我考虑了以下情况：

一、日寇正加紧策动顽军进行内战，目前不但不再向浙赣线进攻，而且放弃金华、兰溪等地，默示顽方放胆调用后备力量向我进攻。顽我已形成正面冲突。且得悉敌正部署由杭州、湖州等地出动向我苏南、浙西根据地"扫荡"。

二、顽第三战区司令长官顾祝同 6 月 1 日电令，决以一部凭碉堡固守新登、于潜、千秋关、夏红庙、水东镇之线，主力袭我侧背，企图围歼我于临安地区。新登当面顽军正运动集结，宁国方向顽军不断进扰我孝丰西侧阵地外围并窥视我后方。

三、我在新登前线仅三个支队作战，连日激战部队过于疲劳。新登地区狭窄多山，且是顽筑碉地带，我如继续作战，至少需有 2000 以上之伤亡，其中干部伤亡数将占很大比重。即或能获全胜，顽将紧接发动第四次规模更大的进攻，我将不得不长期纠缠于艰苦的自卫作战之中。如与顽硬拼消耗，不仅不利于当前，更不利于今后之发展。如在临安决战，虽可稍有休整，并有获胜把握，但基本情况并无大的改变，而且临安东邻余杭、杭州，敌情顾虑更大。

四、顽军有广大后方，人力物力充足，后备兵力雄厚，可以得到源源增援接济。我刚开辟的新区群众尚未发动，工作无基础，一切军需补给完全仰赖苏南供应，运输线长，后勤保障困难，尤其严重缺粮。新登作战中部队整两天未吃上饭；而苏南在 3 个月中已动员民工 50 万人次，如此下去人力物力均难支持。

五、苏南新区地方工作尚未深入，有广大伪化与接敌区尚未开辟；浙西地方工作因为数月来全力解决财经困难，所以发动群众减租减息和各种建设工作无法顺利进行；杭嘉湖、沪杭沿线、太湖边、宣当芜等广大敌后之敌后地区均有待开辟。我若继续被长期的反顽作战所牵制，必然严重影响上述地区的开辟和建设，而只有真正发动了群众，建立了巩固的根据地才能立于不败之地。

根据上述分析，在新登、临安与顽作战均不利。打仗是最讲辩证法的，因为双方都是活生生的人在行动，敌人同我们一样也会动脑筋会走路，他打着打着变了招，我们就得跟着变招，即使他不变招，我们也常要根据战场上变化了的形势来变化打法。孙子说过：兵无常势，水无常形，能因敌变化而取胜者，谓之神。现在整个情况变了，顽军的力量、部署变了，我们不能一成不变，不可在新登恋战，也不宜死守天目山。如与顽军胶着，拼消耗正中顽军下怀。我们应该主动撤离新登、临安，诱使敌人脱离堡垒阵地，然后在运动中继续消灭顽军有生力量。当时我在临安北之横畈前指，我立即通知部队准备后撤。这时叶飞同志从新登赶回商讨对策，我们的意见取得一致。于是我军 6 月 4 日撤离新登，8 日继续从临安北撤，10 日军区和地方党政领导联名上报华中局建议暂时放弃天目山，向敌后之敌后发展。11 日华中局复电批准，15 日我军撤离了天目山。

我军主动迅速撤离新登，顽进至临安又扑一空，加之我前线部队仓促撤离战场，物资伤员转移都由部队自抬自运，人员纷杂，道路拥挤，这种种现象使顽军产生了错觉，认为我已是"伤亡惨重溃不成军"，作出了我军已"向北溃逃"的错误判断。我将计就计加强战役伪装，诱敌深入，将顽军引向预设战场。第三支队在天目山正面利用地形和既设工事机动抗击，掩护主力集结和辎重撤退。设在天目山的机关、医院、工厂、报社和军需物资纷纷向宣长路北转移，并公开向群众告别。顽方特务、谍报将所见所闻上报并夸大其词，使那些比较持重的顽军头目也确认"新四军已向北逃窜"。第十一支队 6 月 2 日夜自富春江东回渡后，就接受掩护主力脱离战场的任务，摆出主力大部队的样子进行运动防御，实际担任后卫的只有一个侦察连。他们且战且退与顽军不即不离，到达退却终点孝丰后就转入正面阵地防御。第十二支队在完成紧急抢运伤员后直接进入莫干山区敌后，既为今后主力转入敌后做准备，又作为下一步作战时向顽侧后实施迂回的机动力量。其他各支队全部在孝丰西北地区隐蔽集结。

6 月 9 日，顾祝同电令李觉以有力兵团肃清东西天目山我军并筑碉固守，主力组成左右两个"进剿"兵团，依托东西天目山，分由临安、宁国两地向孝丰分进合击，务期一举略取孝丰，求歼我军主力；并续调突击总队第二队和第一四六师前来参战。李觉奉令后即调整部署，限所属各部于 15 日前完成各项准备，18 日前进占各出击要点，19 日开始全面进攻。这次进攻总兵力计有：右"进剿"兵团为第七十九师，突击第一队，突击第二队（欠二个营），以突击总队副司令胡琪三为指挥官；左"进剿"兵团为第五十二师，第一四六师，独立第三十三旅，挺进第二纵队，绥靖第一纵队、第二纵队（均系原苏保纵队改编），以江南苏皖边区绥靖指挥部指挥官刘秉哲为指挥官；中间尚有两路担任扼守东西天目山各隘口，并策应左右各兵团作战的是第二十八军军长陶柳指挥的第一九二师和第六十二师的一个团，以及忠救军第一、第二、第三纵队各三个团和新编第一团；场口及新登附近由挺进第三纵队和浙保第四纵队担任守备，共计15个师（纵队、旅、突击队），45个团（支队、突击营），七万五千人。除第一四六师的两个团、挺进第二纵队、绥靖第二纵队、挺进第三纵队、浙保第四纵队分别担任各自守备任务未直接参战外，用于第一线和先后参战的有10个师、34个团、五万七千余人。大军压境直指孝丰，大有黑云压城城欲摧之势。顽军妄图一举攻占孝丰，围歼我军；即使围歼不成，至少也要赶我退回苏南；或借刀杀人，逼我退入杭嘉湖，假日伪之手将我消灭。

在撤退中，连日来一批批部队和机关、后勤，夜以继日在孝丰附近我指挥所的小屋前经过，尽管艰苦疲劳、忍饥挨饿，但大家精神饱满，紧张有序。有时我到门口看看，过往的指战员也不时向门里望望，不管是相识的或不相识的，都互投亲切信任的目光，互相都心领神会，准备迎接新的战斗和新的胜利。在顽军各部向前推进的同时，我隐蔽集中在孝丰西北地区的主力，已休整多日，正随时准备投入战斗。我将主力先机转到孝丰西北地区，因为这是顽军合击圈的分界线，我主力集结于此既便于向合击圈内外机动，又便于机动对付东西两路顽军。留在孝丰城担任守备的第十一支队和独立第二团已控制了孝丰外围的各制高点，并构筑了必要的工事，随时准备抗击敌人对孝丰城的进攻。

怎样打法？先打哪个？

我们分析：顽军这次进攻兵力虽然众多，但其中路忠救军和第二十八军的主要任务是扼守天目山隘口，意在牵制和防我再次向南突进。该两部因两次受我打击，不敢轻进。东西两路是顽军的主力。西路虽有六个师兵力，但第一四六师在任守备的占了两个团，只一个团参加第一线，并且是担任翼侧抢护；挺纵、绥纵等部或守备或跟进配合，只起辅助作用；进攻的骨干力量是第五十二师和独立第三十三旅。独立第三十三旅虽然编制、装备、战力与正规师相等，但这个旅为保存实力好打滑头仗，捡便宜时进得快，碰硬时也溜得快，不会真正出力。第五十二师的一个团在上次作战中已受到歼灭性打击，这次我们要对付的将主要是另两个团。东路有三个师兵力，突击总队虽然是精锐部队，但我们已与之较量过，突击第一队同第七十九师在新登作战中均被歼一部，战力大损，突击第二队前来参战的只占该队的五分之三。所以对东西两路的任何一路，我集中力量都有把握予以歼灭。顽军仍然是分进合击，我必须仍以各个击破对付之。在兵力上我虽只有主力三个纵队的九个支队和一个独立二团共两万余人，顽我兵力总对比是三比一强，但我已完全集中，对付其一路，尤其是集中对付其中一个部队，则我又将是优势。而且各部队经过前两次作战锻炼，协同动作和战术运用都有提高，已渐适应山地战斗，兄弟部队间相互了解团结信任，并抢挑重担，对顽军脾性特点也已摸到，经几天休整体力有所恢复，粮食尚能勉力维持，部队求战情绪高。地理、群众条件已转为有利于我。顽军已脱离其既设筑碉地带，打运动战正是我军之长。

随着情况的发展，我原先的设想逐渐形成明确的腹案：采取先阻东打西、后阻西打东的办法，连续作战各个击破两路顽军。作战分两个阶段：第一阶段，先歼西边的顽左翼骨干第五十二师，并相机求歼独立第三十三旅；第二阶段，视情况发展移兵东向，再歼顽右翼集团。我们注意到顽左右两个集团远距离分头开进，前进速度不一致，第五十二师好大喜功行动积极；右集团却按部就班步步为营，加上我以小部队对东路顽军进行麻雀战迟滞其行动，故前进缓慢。在此情况下，我如先向东出击，侧后受顽左集团威胁较大；相反，如我先向西出击，则对侧后顾虑较小。基于上述考虑，我决以第八、第十一两支队和独立第二团组成阻击集团，要求既顶住右路顽军的进攻，又拖住不使逃离。以第一、第二、第三、第七、第九、第十等六个支队组成突击集团，伺机出击顽左路。把第十二支队预伏在顽军侧翼的武康、德清地区相机运用。

在我密切注意东西两路顽军进展的时候，顽军第五十二师一个侦察排长窜到孝丰城附近被我俘获，进一步证实了我已掌握的情报，第五十二师为抢头功确已突出。19日，第五十二师主力第一五四团进至孝丰城西十公里许之新桥头、百步村、西圩市一带为我所阻；第一五五团进至孝丰城西北十余公里之虎岭关、小白店之线与我守备部队对峙；新补充起来的第一五六团随师部在磻溪及其附近，离上述两团约十公里。此时顽军右兵团刚进抵双溪、石门之线，预定20日先头部队到达孝丰东南的港口、百丈地区，尚与第五十二师距离二十公里以外。战机出现了。我们计算，我以六个主力支队围歼第五十二师两个主力团，有把握在两天之内解决战斗。19日晚我如向第五十二师发起攻击，顽右路军可能前进一步，但将被胶着于孝丰城东，这既有利于达到第一步作战的目的，又有利于第二步转歼东面之顽。当晚我即以第一纵队第一、第二、第三支队对付顽第一五四团，以第三纵队第七、第九支队和第四纵队第十支队对付顽第一五五团，分别进行包围歼击，经一昼夜激烈战斗，该两团基本被歼。第五十二师是我们的老对头，是反共的急先锋，血债累累。皖南事变中伏击我新四军军部的就是他们，这次向我进攻时竟扬言"再打一个茂林，完成皖南剿共未竟之功"，所以我军上下对之特别愤恨。"为皖南事变死难烈士报仇"的口号也就特别激励人心，部队斗志更旺，歼击速度也比预期更快。在对第一五四团进行迂回包围时，我军一部从塘华村、观音桥揳入了第五十二师同独立第三十三旅的接合部，当即歼灭了独立第三十三旅一个营，独立第三十三旅害怕被包围就仓皇溜走。中路的忠救军、第二十八军虽奉急令驰救第五十二师，但该两部慑于被歼未敢轻动。

20日下午，第五十二师全歼已成定局时，我把指挥重点转向东线战场。我们把孝丰变为一座空城，令守备部队放开东路，控制孝丰城以北、东北、西、南、东南各山地要点，形成三面埋伏，待顽军进入城内就关门打狗；同时，对西线只留第九支队收拾残顽并负责桃花山至西圩市、下汤之线警戒；主力全部东移，并令原守备西线的第八支队立即从孝丰西北向东南迂回，乘夜在顽密集阵地的间隙中穿过，向港口地区隐蔽集结或酌情就地攻击，以切断顽军向东南的唯一退路；限预伏在莫干山以东的第十二支队连夜翻山，于21日晨8时前赶到白水湾、港口地区，抄袭顽军后路，堵住对顽右集团包围的唯一缺口。

21日，李觉仍错认我主力还在孝丰以西与第五十二师激战，电令右兵团连夜乘虚向孝丰、鹤鹿溪挺进并相机占领，协同左兵团向我"夹击而聚歼之"。其时，第五十二师主力实际上已经覆没。我们原来担心的是东路顽军逃得太快，现在却继续送上门来，自然是求之不得。突击第一队一部一度进入孝丰空城，见势不对急忙退出，但已来不及了。出得了城却脱不了围。顽第七十九师与我争夺孝丰城东北制高点五峰山，被我抢先五分钟占领山顶打了下去，不得不驻止于不利地形。当晚，我第一纵队全部经大竹杆、报福坛、山坞从孝丰南面向东迂回潜伏拦截，从南面兜住了敌人；第八支队在穿越敌阵时受到环攻，他们在敌阵中占领和固守要点顽强奋战，虽未及时到达目的地，却拖住了顽军，既割裂了顽军整个部署，又造成了顽军的混乱和恐慌；第三纵队主力则经孝丰东北向顽右翼迂回，占领灵岩山及其以东一线高地，由北向南攻击。至此，顽右翼兵团主力已陷入我重重包围。我第四纵队主力从孝丰正面向东出击，第十二支队已袭占港口、白水湾地区断敌退路，第一、第三纵队从南北收拢，将顽压缩于孝丰东南之草明山、白水湾、港口的狭小山谷地区内，顽军狼奔豕突拼死突围均未得逞。我指战员发扬连续作战的战斗精神和英勇顽强的战斗作风，咬紧牙关，忍饥耐苦，排除万难，用孙悟空钻到铁扇公主肚子里的战术大胆穿插分割，加速歼敌过程。23日的总攻又一改夜间发起的常规为白天攻击，既出敌意料，又易于观察，充分发挥我军炮多的优势，用炮火杀伤猬集的敌人，并壮大声威压倒敌人。经二昼夜恶战，突击第一队除留守临安一个营外全部被彻底干净歼灭，第七十九师、突击第二队大部被歼，残顽夺路南逃，我直追至黄湖（即横湖）。顽军至此仍惊魂不定，乃全线退却并弃守临安。气势汹汹的顽第三次进攻，即以彻底的惨败而告终。在这次作战中共歼顽军突击第一队少将司令胡旭旰、第五十二师副师长韩德考、第七十九师参谋长罗先觉等以下官兵6800百余人（内俘近3000人），缴获各种炮17门、轻重机枪130余挺、长短枪千余支。

在三次作战中，广大指战员表现了可歌可泣的献身精神。我军阵亡504人、伤1600余人。第一支队刘别生支队长在新登前线英勇牺牲。第二支队丁麟章政委在围歼第五十二师时光荣殉职。许许多多无畏的干部战士，为了保障整个战斗的胜利，不惜牺牲自己的生命，他们有的坚守阵地，抗击绝对优势敌人的轮番攻击，与阵地共存亡；有的冲入敌阵，在身负重伤时，自己拉响手榴弹与敌同归于尽。这些同志伟大的革命献身精神，永远值得我们学习和崇敬。

政治工作在战斗中发挥了强大威力，宣传鼓动很活跃，使部队始终保持革命的英雄主义精神和旺盛的战斗意志。各部队自觉遵守纪律，内外上下团结一致，主动要求担任最艰苦的任务，相互支援密切协同。"向党的七大献礼"、"为皖南事变死难烈士报仇"的口号都极大地激励了部队的战斗情绪。后勤工作在极为艰难的条件下，出色地保证了作战的需要。苏南、浙西的地方党政干部和广大人民，为作战的胜利作出了伟大的贡献。据不完全统计，苏南地区有组织的长期随军服务的民工即达6200余人，为运送军用物资、粮食、伤员的民工共达50余万人次。地方武装除坚持对敌斗争外，还积极进行护粮斗争，保护运输线的安全。第三次作战时，粮食困难突出，苏南地区党政机关又紧急动员3000多民工、300余匹牲畜，运送了16万斤大米支援前线。

顽军在浙西向我第三次进攻的同时，在浙东调集暂编第三十三师和浙保部队等七个团，分四路进攻我四明山根据地，我第二纵队除在战略上配合浙西主力与顽军决战外，于 6 月 29 日进行自卫反击，激战二日，将顽军全部击溃，取得了浙东第三次反顽自卫战的胜利。

大举反攻

第三次作战胜利后，面临着一个问题，就是要不要重占天目山？顽军惨败，退出临安及孝丰全境，其在天目山的部队也已大部后撤，仅留少数扼守要隘，也有逃窜模样。我如乘势挺进，唾手可得；如任其喘息休整，构成深沟高垒，那时再行攻占，就不是那么容易了。究竟如何为好？这是同整个形势密切关联的。当时国际形势已发生重大变化，德国法西斯已经投降，日寇也已危在旦夕；国内局势处在重大变动中。从当面局部来看，固然以迅速重占为有利，但从整个国际国内形势来看，则以不占为宜。不久前华中局指示我们，对江浙工作的方针是巩固深入苏南工作，开辟敌后之敌后，休整主力，掌握敌顽矛盾，避免陷于单纯顽我决战。随着形势发展，开辟敌后之敌后工作，深入巩固苏南、浙西根据地工作，休整主力以迎接新的变化，显得更为迫切。经过反复考虑，我们决定不再回占天目山，除以一部坚持浙西当面地区外，各纵队分向苏南、杭嘉湖、皖南敌后地区，一面休整，一面开展工作。7 月底，第四纵队部率第十、第十一两支队重渡富春江在第二纵队金萧支队和地方武装配合下，横扫金萧地区的伪军和地方游杂部队，挺进至浦江、金华附近。

反法西斯战争形势急转直下。8 月 8 日传来苏联对日宣战的消息。毛主席于 9 日发表《对日寇的最后一战》的声明，号召举行全国规模的反攻。10 日，日本发出乞降照会。同日，朱总司令命令我军向被我包围的敌人发出通牒限期投降。全国人民欢欣鼓舞，抗日战争经过八年艰苦奋战，终于迎来了胜利。可是蒋介石为抢夺抗战胜利果实，于 11 日发布反动命令，要国民党军向被我包围的城市和交通要道"积极推进，勿稍松懈"；要伪军"负责维持地方治安"；却要我军"原地驻防待命"。同日，中共中央致各战略区电指出：国民党积极准备向我解放区"收复失地"，夺取抗日胜利的果实，这一争夺战将是猛烈的。在此情况下，我党任务分为两个阶段，目前阶段应集中主要力量迫使日伪向我投降，不投降者，按具体情况发动进攻，逐一消灭之，猛力扩大解放区，占领一切可能与必须占领的大小城市与交通要道，夺取武器与资源，并放手武装基本群众，不应稍有犹豫；将来阶段国民党可能向我大举进攻，我党应准备调动兵力对付内战。

12日，军部来命令要我们立即行动，控制京沪杭要道，并占领上海、南京、杭州三大城市。号召解放区军民和沦陷区同胞迅速行动起来，为迫使日伪投降，收复华中全部国土而战。这时，我们正召开高干会议，总结前一段经验，便决定提前结束，我同大家共同勉励，立即行动起来，以百倍的努力去争取和完成总反攻的伟大胜利。但是，蒋介石在美帝国主义支持下利用海空优势抢运军队，抢占大城市和交通要道。中央和华中局原来的破敌、收京、入沪、配合盟军登陆的部署，已同这种形势不相适应。同日中央来电改变华中部署，指示"江南力量就现地向四周发展，夺取广大乡村及许多县城，准备内战战场，江南各大城市不作占领打算"。

15日，日本帝国主义被迫正式宣布无条件投降。同日，朱总司令命令日侵华派遣军总司令冈村宁次下令他所指挥的一切部队向八路军、新四军和华南抗日纵队投降。我们当即发出《新四军苏浙军区对日本驻军通牒》、《新四军苏浙军区对伪军伪警及一切伪组织的紧急通告》，命令在我军区范围内的京沪杭甬沿线各地日军立即向我投降，伪军立即反正。但是蒋介石却不准我军受降，命令日伪军拒绝向我军投降。形势逼人，瞬息万变，争取先机，稍纵即逝。我们考虑到无论今后局势如何发展，无论是为了夺取抗战的最后胜利或准备应付内战，解决日伪，扩大我占领区是首要任务，因此决定迅速尽一切可能，尽一切力量，尽一切方法，力求在半个月到一个月内占领尽可能占领的城镇，对敢于抗拒的日伪军坚决予以消灭。我苏浙部队当即全力出击，从 8 月 16 日起在浙东、浙西、皖南、苏南，从日伪手中先后收复南汇、长兴、溧阳、金坛、溧水、句容、安吉、广德、郎溪、高淳、宜兴等县城和大小集镇一百余处及广大乡村。

根据形势的新发展，中央于 9 月 19 日提出"向北发展，向南防御"的战略方针，并指示我们撤出江南。我苏浙军区部队挟天目山战役胜利之余威，自 9 月下旬至 10 月中旬有计划地渡江北撤。北撤前，我们在宜兴张渚召开会议，对留守工作做了具体布置。在苏浙皖边地区组建了苏浙皖特委，下设茅山、太滆、郎广、浙西等工委和若干特派员，配备精干武工队掩护活动，保卫地方党组织，保卫新四军伤病员和抗日部队的军烈属，保卫抗日人民的利益。北撤时向广大群众做了宣传工作，发表了《江南新四军北移告别民众书》，成立了各地新四军留守处。在浙东也留下了一批党员干部，领导坚持原地斗争，发表了《忍痛告别浙东父老兄弟姐妹书》，成立了新四军浙东纵队留守处。各地留守处留下的干部在极端艰苦险恶的环境下坚持斗争直到苏浙全境获得解放。我率苏浙军区第一、第三纵队和部分地方武装，在国共"双十协定"签字前，即安渡长江到达江北。第二纵队自杭州湾北渡后在海盐、澉浦冲破顽军四个师和伪军一部的拦截北上。第四纵队自富春江东赶回苏南后北渡，其一部在 10 月 15 日夜渡长江时发生轮船沉没事件，纵队政委韦一平等 800 余同志不幸遇难。至 11 月中旬，苏南、浙西、浙东的主力部队、地方干部共 6 万 5 千余人，分别到达苏北和山东与兄弟部队会师，共同担负起新的战斗任务。

从南进到北撤，历时十个月，我们以劣势兵力，在错综复杂的形势和艰苦的条件下，打开了局面，胜利地贯彻执行了中央赋予的发展东南的任务，扩大了我军在江南的抗日阵地。毛泽东同志对天目山战役，一方面，表扬我们打得不错；另一方面，只是歼灭性还少了一点。天目山战役的胜利，还为以后北撤创造了有利条件：政治上使我党同国民党的谈判更为有理，为了停止内战，我们让出了大片民主根据地；军事上锻炼了部队，改善了装备，提前实现了由分散游击战争向大兵团运动战的战略转变，为以后组成华中野战军，遂行更艰巨、更光荣的战略、战役任务打下了坚实的基础。

第十章

苏中战役

苏中战役，是我华中野战军的部分主力为执行解放战争初期的作战任务，在苏中解放区前部地区进行的一次重要战役。

1946 年 6 月底，国民党反动派发动全面内战。中原我军突围后，位于我国解放区东南前哨，与蒋管区心脏宁沪地区隔江对峙的苏中根据地，成为国民党军进攻的主要方向之一。7 月中旬，盘踞在南通的国民党第一绥区的汤恩伯（以后为李默庵接替），指挥五个整编师共十五个旅十二万

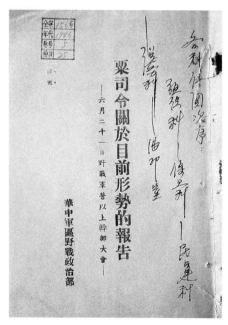

1946 年 6 月 21 日，粟裕在华中野战军营以上干部大会作关于目前形势的报告。

人，向苏中解放区大举进犯。我华中野战军三万余人，奋起迎战，举行了苏中战役。从 7 月 13 日至 8 月 31 日，在一个半月内，连续作战七次，均获胜利，歼敌五万余人。这七次战斗是：7 月 13 日至 15 日的宣家堡、泰兴战斗；7 月 18 日至 23 日的如（皋）南战斗；7 月 30 日至 8 月 3 日的海安战斗；8 月 10 日至 11 日的李堡战斗；8 月 21 日至 22 日的丁堰、林梓战斗；8 月 23 日至 26 日的邵伯战斗；8 月 25 日至 31 日的如（皋）黄（桥）路战斗。

这七次战斗并不是事先规划好的，但每次战斗都由同一战役指导思想联系着，那就是遵照中央军委"先在内线打几个胜仗"的指示，着眼于战争初期的作战要求，从当面的实际情况出发，灵活用兵，哪里好消灭敌人就在哪里打仗，什么时候好消灭敌人就在什么时候打仗，什么敌人好消灭就打什么敌人。这次战役，既沉重地打击了进攻的敌人，掩护了华中解放区完成对付敌人大规模进攻的全面准备，又初步探索了解放战争一些带规律性的东西，完成了战略侦察任务。

回忆这个战役，对于研究中央军委、毛泽东同志在解放战争初期的战略方针形成和作战指导，对于研究我军传统战法在解放战争中的运用，以及研究战役组织指挥方面的某些问题，可以提供一些参考。

为了把情况交代清楚一些，本文还是从战前的斗争形势写起。

山雨欲来

1945 年 8 月日本宣布投降的时候，我正在浙西集结新四军苏浙军区主力部队，总结同国民党顽固派军队打运动战的经验。这年的上半年，我们在天目山反顽战役中，集中十来个团打运动战，给予进犯的国民党顽固派顾祝同部以沉重打击，取得了胜利，得到了锻炼，可以说国民党顽固派对浙西抗日根据地的多次进犯，不仅没有消灭我们，反而使我们在抗日战争后期提前实行了由游击战到运动战的转变。1945 年 9 月，为了迎接抗日战争胜利后的新的斗争，中央确定了"向北发展，向南防御"的战略方针，我们奉命从江南北撤。此时，新四军第三师已奉命向东北进军，新四军第二师、第四师、第七师主力和从江南北撤的苏浙军区叶飞纵队奉命北调山东，接替由山东开往东北各部队的防务。这是党中央的一着高棋，不仅在政治上争取了各阶层群众的支持，而且支持了发展东北，缩短了南方战线，实现了全面战争爆发前的战略集结。

10 月，华中局及新四军军部北移山东，华中局改组为华东局，统一领导华中、山东两个战略区的工作，新四军军部兼山东军区，统一指挥山东和华中部队。另在华中（原苏中、苏北、淮南、淮北地区）组成华中分局、华中军区和苏皖边区政府。11 月正式组成华中野战军，下辖第六、第七、第八、第九四个纵队。

为了准备内线歼敌战场，我们建议主力不置于津浦路，于 12 月发起高邮战役，在南面攻取了高邮城，收复了高邮以南至邵伯镇的运河沿线地区。为保障华中解放区首府两淮（淮阴、淮安）扫除了一个心腹之患，为加强苏中与淮南的联系也起了重要作用。在北面，控制了陇海铁路徐（州）海（州）段，第一次使华中与山东两大战略区联成一片，并使华中解放区有了坚强的依托。

1945 年 10 月 10 日，国共两党签订了《双十协定》。停战协定生效后，我们遵照党中央关于开展减租、生产、练兵三项工作的指示，部队展开了百日军政大练兵，并积极扩充主力，调整部署。将第八纵队扩充成为新四军第一师，第六纵队扩充为第六师，并将华中第五军分区部队和一部分投诚部队编为第十纵队。

1946 年 5 月，我们经中央军委、新四军军部批准，为了确保沿江财源区域，扩大政治影响，集中第一、第六师及第七纵队（下辖四个团）于苏中地区。

6 月 6 日，中央指示："目前我们的方针是力争和平，但你们的工作必须是一切都准备打。"

要准备打，整个根据地都动员起来了。"我军必胜，蒋军必败"的政治思想教育进行得相当生动有力和深入，部队积极练兵，地方动员参军，在扩大和加强地方武装的基础上，动员部分地方武装上升为主力，建立支前司令部和组织民兵参战团、伤员转运站、粮草供应站等等，搞得轰轰烈烈。具有重大战略意义的又一项战备，是我们坚决执行党中央 1946 年 5 月 4 日发布的关于土地改革的指示。四月间，邓子恢同志飞往延安，5 月飞回，在淮安召开了分局及地委书记联席会议，确定从 6 月开始在华中全解放区进行土改。后来战争打响了，苏中解放区提出"一手拿枪，一手拿算盘"，"白天打仗，夜晚分田"，"前方打仗，后方分田"等口号，到 7 月底便基本完成。以后的事实证明：土改大大激发了贫苦农民和子弟兵的阶级觉悟，为支持解放战争打下了最坚实的基础。

先在内线打几个胜仗

1946 年 6 月中旬，中央判断："观察近日形势，蒋介石准备大打，恐难挽回。"对于大打以后的结局，当时中央作了这样的估计："六个月内外的时间，如我军大胜，必可议和；如胜负相当，亦可能议和；如蒋军大胜，则不能议和。"

党中央、毛泽东同志鉴于敌人大举进攻在即，迫切需要制订我军的战略方针，于 6 月 22 日设想了一个南线作战的战略计划，请刘伯承、邓小平、陈毅等同志考虑。这个计划，是在全局破裂，国民党军向我大举进攻时，我山东、太行两区主力实行外线出击，向南作战。要求我太行区的部队以豫东地区为主要作战方向，集中主力尽可能攻取陇海路沿线南北十几个县城，着重在野战中消灭敌军有生力量，相机占领开封；山东野战军则以徐州地区为主要作战方向，集中主力配合苏皖北部的部队攻取津浦路徐蚌间以及陇海路黄口、徐州段的各点，着重调动徐州之敌在野战中歼灭之，相机占领徐州。而我华中主力须对付江北之敌，予以配合。还考虑在形势有利时，两区主力南渡淮河，向大别山、安庆、浦口前进。

这个战略计划，同后来我军实施的内线歼敌的防御方针是不同的。其战略意图是在外线出击中大量歼灭敌人有生力量，建立和扩大新解放区，保卫老解放区，并保障中原新四军第五师的安全。

中央为了实施太行、山东主力向南出击的计划，6月26日指示华中分局，应以一部在苏中吸引并牵制（南）通扬（州）线上之敌，要我和谭震林同志率领不少于十五个团之主力部队，兵出淮南，与山东野战军主力配合，一举占领蚌埠、浦口间铁路，彻底破路，歼灭该地区之敌，恢复淮南（三、四分区）准备打大仗，歼灭由浦口北进之敌；并限于7月10日以前完成一切准备，待命攻击。新四军军部根据这个指示，于27日命令我华中野战军主力西进，集中于六合、天长之间整训。

以上筹划的一场大战，对未来战局的发展关系至大。接此命令时我正在海

1946年6月29日，粟裕、张鼎丞、邓子恢、谭震林联名发给中央的电报《华中主力不能调到淮南》。

安。我从实际情况出发，对可能产生的各种情况进行了认真的分析研究，于6月27日向中央军委和陈毅军长发电建议，在苏中先打一仗再西移，并立即赶回淮安，同华中分局的子恢、鼎丞、震林诸同志共商，他们同意我的意见。当时，我们考虑了以下几个方面的问题：

第一，淮南地区人口仅一百三十余万，抗日战争后期，该区环境比较安定，转入战时状况需有一个过程。战争初期，我华中野战军主力如在淮南作战，不仅粮草需由苏中供给，就连支前民工也需由苏中补给。主力部队开到，加上民工、干部、每天至少需要粮食十万斤，两三个月的粮食将达数百万斤，其他军需供应也相当繁重，将给初期作战带来很大困难。

第二，苏中当面有敌军九个旅，如我华中主力西进，留守部队难以担任钳制任务，该区有被敌迅速占领之极大可能。苏中地富人稠，人口九百万，占华中总人口的五分之二，粮食亦占华中总产量的五分之二，沿江商业繁盛，税收占华中的一半，这些都是支援战争的巨大力量，一旦沦入敌手，就为敌人所用。而且苏中地近京沪，如不战而弃，政治影响也不利。

第三，淮南之敌有第五军，整编第七十四师一个旅也在淮南（另两个旅在南京，一打起来势必北渡淮南）。这两支部队均属蒋军五大主力，加上淮南其他敌军，兵力较强。相对说来，苏中之敌较弱。

于是，我们联名于6月29日再次上报中央和新四军军部，建议在第一阶段中，华中野战军第一师和第六师仍留苏中解决当面之敌，改善苏中形势与钳制敌人；在山东及太行完成第一阶段任务后，华中野战军第一、第六师再加入蚌埠、浦口线作战，完成第二阶段任务。

军委对此建议极其重视，次日复示华中：部队继续隐蔽于待机位置，听候安排。

情况在急剧变化。7月初，中央从各方侦悉：胶济、徐州、豫北、豫东、苏北的国民党军队可能同时向我进攻。指示我们："先在内线打几个胜仗，再转至外线，在政治上更为有利。"

确定先在内线打几个胜仗，再转至外线，这是战争初期中央军委对原定战略计划的一次重要调整，对于解放战争的胜利发展起着重要的作用。苏中战役，就是在中央调整了的战略计划指导下发起的。在苏中战役的实施过程中，中央军委密切关注战局的发展，多次就战略方针有关的问题征询新四军军部和华中的意见。苏中战役在战争初期起着战略侦察作用，并对中央调整战略方针起着实践检验作用，这个情况将在叙述战役过程中逐步提到。

7月13日，军委电示："苏北（注：指长江以北的江苏北部）大战即将开始，蒋军将由徐州向南，由津浦向东，由江边向北，三方面同时动作，先求解决苏北，然后打通津浦、平汉，在此情况下，待敌向我苏中、苏北展开进攻，我苏中、苏北各部先后在内线打起来，最好先打几个胜仗，看出敌人弱点，然后我鲁南、豫北主力加入战斗，最为有利。"军委还提醒我们："一切作长期打算，争取最后胜利。"这使我们感到，大战将从苏中开始。苏中战役实际上具有解放战争战略初战的性质。军委要我们"先打几个胜仗，看出敌人弱点"，实际上赋予了我们的作战以战略侦察的任务。

选择苏中解放区前部地区作战

敌人进犯苏中解放区的企图，看来是首先攻占我苏中南部地区，然后在淮南及徐州之敌的配合下，进占两淮，速战速决，一举占领我苏中、苏北。当时我苏中有第一师（两个旅六个团）、第六师（两个旅六个团）和地方武装上升的第七纵队（四个团）、第十纵队（三个团），共十九个团，约3万余人，敌人兵力为12万，敌我兵力对比悬殊。

但是，敌人有两大致命弱点，就是他丧失人心和骄傲狂妄。

对于敌人的骄狂，可以举一个例子来说。这年的3月2日，"三人小组"检查停战协定执行情况时，我和谭震林同志随陈毅军长飞徐州向周恩来同志汇报，并向"三人小组"控告蒋军违反停战令，侵占我解放区若干城镇。我返回的那天，在徐州的国民党军队负责人到机场送行。当时，一批美制 P-51 型蒋机在机场起飞、降落，啸声刺耳，有意要弄"威风"。国民党军徐州绥靖公署的副参谋长站在我的身边，趾高气扬地笑指天空说："现代的空军，威力真是伟大啊！"这显然是欺负我军还没有空军。我也冷冷地笑着说："可惜它有个缺点，目前还不能下到地面上来抓俘虏。"敌人以为我新四军江南主力北撤是打了"败仗"，同时停战期间他又侵占了我一些地区，更以我为可欺，加之受其高级将领的欺骗宣传，以致盲目地以为我军不堪一击。"骄兵必败"，这是蒋军的一个致命弱点。

对于敌人的大举进攻，我们选择了江都至如皋一线，也就是把苏中解放区的前部地区作为初战的作战地域。选择在根据地前部地区作战，似乎不符合我军在敌强我弱的形势下通常实行的诱敌深入的传统战法。其实，诱敌深入并不是目的，而是歼灭敌人的一种手段。诱敌深入也不是贯彻执行积极防御的战略方针的唯一打法。传统战法的运用，须在总的战略方针指导下，从当面的实际情况出发，着眼于特点，着眼于发展。选择解放区前部地区作战，是从战争初期的作战任务出发的，又是分析了敌我双方的条件的。苏中战役选择解放区前部作战，是基于下列考虑：

第一，华中解放区是抗日战争中广大军民浴血奋战的结晶。经过日寇无数次的"扫荡"、"清乡"，我们都坚持下来了。面对蒋介石的进攻，如果不打几个胜仗就放弃大块土地，这对党政军民都是不好交代的，对士气民心将产生十分严重的影响。这是战争的指导者所必须充分考虑到的。

第二，总的说来，华中对于迎击蒋军的全面进攻是有准备的。但是不能不注意到，停战协定签订后，华中出现了为时半年的相对和平局面，和平麻痹思想在某些地区有所滋长，战争的准备工作并不平衡，需要一个时间以完成各项转变。而且在战争还没有大打时，我们的准备只能是战略性的和部分的，如练兵、减租和发展生产等，大量具体的工作，如坚壁清野，从城市向农村转移，民工的进一步动员组织等等，要到敌情大体明了、作战任务大体确定之后，才能根据具体情况进行。当时土地改革开始不久，为了保证这项具有重大战略意义的工作的进行，也需要在苏中根据地前部地区作战来掩护。

第三，苏中战役对于战争全局应起战略侦察的作用。国民党气势汹汹地向我们打来了。他的战略意图和部署，作战行动和手段，以及战斗实力等等究竟怎么样，都需要摸一摸。在前部打仗，可以迫使蒋军提早实行战略展开，从而便于我进行战略侦察。

当然，战争不是一厢情愿的事，问题的关键还在于有没有条件。我们认为，战争初期在苏中解放区的前部作战又是完全有取胜的条件的：

第一，苏中解放区前部是抗日战争时期我军同日、伪、顽长期争夺的主要地域，日寇投降后，又遭到蒋军的不断进攻和蚕食。这一地区的广大群众经过长期战争环境的锻炼，具有顽强战斗的传统和丰富的作战经验。同时，这个地区物产丰富，粮棉丰足，人力众多（如上文所述，人口、粮食均占全华中的五分之二，税收则占一半），水运便捷，支前工作也很健全。这些都是初期作战良好的战场条件。反之，苏中纵深地区狭小，海安以北就是水网，海安东北人口稀少，土地贫瘠，地形条件，支前力量，都不如前部地区。

第二，华中主力部队第一、第六师在这一带打仗时间较长，对民情风俗、地形道路十分熟悉，第七纵队更是这个地区的地方武装上升的，对在河港交错、村落密布的平原（水网、半水网）地区打仗，积累了丰富的经验，在长期坚持抗日战争的艰苦环境中建立了十分密切的军政、军民关系，同地方武装、民兵在作战、侦察、保密以及战勤保障等方面的配合更是非常协调。

第三，从战役上来说，强和弱是辩证的，强敌而未展开，虽强犹弱。

战争初期，我以大块解放区为依托，乘敌人正在实施战略展开之际，在前部地区予以打击，可以打乱其部署，暴露其弱点。何况战争初期，敌人恃强，以大军向我进攻，以为我必不敢撄其锋，我军恰恰在此时此地主动向其反击，必可收到出其不意的效果。

毛泽东同志有这样一段精辟、正确的论述："这里有时机、地点、部队三个关节。不得其时，不得其地，不得于部队之情况，都将不能取胜。"现在天时、地利、人和都对我有利，先在苏中解放区前部地区打几个胜仗，是必要的，也是具备了条件的。于是，我们迅速定下决心，在苏中前部地区作战。

首战宣泰

作战地区选定之后，就是选择打击目标和确定反击时机了。

敌军即将向我大举进攻，我军在海安、如皋一线严阵以待。7月10日，我们已确悉敌军将在三四天内分四路向如皋、海安大举进攻。整编第四十九师从南通北犯如皋；整编第八十三师从泰兴、宣家堡，整编第九十九旅从靖江，两路合击黄桥，然后配合第四十九师会攻如皋；整编第二十五师的第一四八旅从泰州东犯姜堰，得手后，这几路敌人将会攻海安。整编第二十五师的另外两个旅在扬州待机。如我初战失利，他们可能沿运河线北犯邵伯、高邮。敌军还有两个整编师（第二十一师和第六十五师）在江南沿岸当第二梯队，准备随时加入战斗。

这时，我军究竟是等待当面的敌人向我发起进攻后再打，还是先机制敌，进攻敌人的出发地为有利？我们考虑：

第一，敌军四路人马向我分进合击，他们在各个进攻出发地的时候，彼此间隔还比较大，越接近如皋和海安就越靠拢，相互策应越便捷，在敌我兵力悬殊的情况下，我军就很难将他们分割、包围，歼灭其一路，就会

1946 年，粟裕、楚青在淮安。

在西北、西南、东南三面临战，甚至陷入腹背受敌的被动局面。我主动进攻敌人的出发地，可以打乱其部署，寻歼其一路，造成有利于我机动之局面。

第二，在敌我兵力悬殊的情况下，必须准备在短期内连续作战，第一次战斗要为后来的作战创造条件。这一地区在停战期间，不断遭到敌人的蚕食，战场已比较狭窄，先在适当地区打一仗，歼敌一部，可以为后来的作战开拓战场。

主动进攻敌人的出发地，是否在政治上处于被动？否！5月下半月，敌军已侵占我东北的四平、长春、永吉；6月下旬，敌人集中三十万大军对我中原解放区发动围攻，已经打响了全面内战的第一枪。而在华中方面，自从停战令生效以来，国民党军一天也没有停止过对我解放区的蚕食，宣家堡、白蒲等大片地区，都是停战令发布之后国民党军违约侵占去的，衅自彼开。"来而不往非礼也"，我们给予敌人以反击是顺理成章的。

对于敌人的几个进攻出发地，我们做了如下的分析和比较：

泰州之敌，离我海安较近，踞我侧背，对我威胁较大。但泰州是中等城市，难以迅速攻克。若围攻其前出据点，求歼援敌，这一带地形又不利，从泰州直到海安，是水网地区，河川纵横如棋盘，有些地方没有桥梁难以通行，南面是较宽的运粮河，大兵团很难行动，而且每个村庄都有水圩子，易守难攻。打这一路如不能速决，南通、靖江方向的敌人将乘虚而入，占我如皋、海安。

东南方向的南通、白蒲一路，距离较远，如我远出寻歼该敌，泰州、泰兴、靖江的敌人必然会三路并进，可能很快突破我阻击阵地，威胁我海安、如皋。

只有打宣家堡、泰兴这一路最为有利。如前文所述，宣家堡是停战令生效后敌人违反停战协议侵占的，而泰兴城是停战协议即将签署时被敌人强占的，反击这两点我在政治上更为有理。而且，敌人占据不久，民心不顺，情况不熟，虽然临时赶修了一些工事，但远非南通、泰州可比，实际上是临时驻止之敌。打掉了这一路，西北路泰州之敌和东南路南通之敌的间隔就扩大了，我军可以转用兵力，连续作战，打开局面。这一路敌人是整编第八十三师的前出部队，只有两个团，比较孤立、分散，利于我同时分别歼灭。

整编第八十三师原番号是第一百军，是蒋介石嫡系部队、第二绥靖区司令王耀武的基本部队之一，美械装备，美国教官训练，抗日战争后期曾作为远征军到过缅甸作战，战斗力较强。首战打这个强敌是否没有根据？不，这个部队有一个很大的弱点就是骄傲，他们做梦也不会想到我军敢于主动向他们攻击，并且到他们的进攻出发地去打。我们定将收到出其不意，攻其不备的奇效。

7月10日，我们定下决心，集中第一师、第六师、第七纵队于宣泰地区，只用第一军分区的部队监视和阻击可能由白蒲北犯之敌和由泰州东犯之敌。宣家堡、泰兴两地各驻敌军一个团，我们各用一个师（两个旅六个团）的兵力去打，形成了我们跟敌人是六比一的优势，而且这两个师都是久经战斗锻炼的，官兵之间，上下级之间，各部队之间都是互相信任的，第七纵队（四个团）是新由地方武装升级编成的纵队，士气很高，求战心切，我们将其使用于次要方向，攻击佴家庄之敌。

战斗进程基本上和预期的一致，我军做到了出敌不意。正如毛泽东同志所说：造成敌人的错觉和出以不意的攻击，"先决条件是优越的民众组织"。由于在老根据地行军作战，群众性的消息封锁做得很好，敌人事先毫无所知。战斗打响后，宣、泰之敌慌乱失措，刚到南通接任的敌第一绥区司令李默庵也莫测我军虚实。李默庵急令已开抵白蒲准备北犯的第四十九师主力于14日缩回平潮，以保南通。至15日，一绥区才判明我军主力确在宣、泰，又急令第四十九师再次北进。这一缩一伸，白送给我军两天时间。而15日晨，我第一师经一夜激战，已全歼宣家堡之敌第五十六团及山炮营，第六师也已基本上歼灭了泰兴之敌，敌人只剩下一个营部率少量残部负隅抵抗。各阻援部队都打击了援敌。鉴于我军已获得转移兵力的主动权，宣泰战斗遂告胜利结束。但留下第六师少数部队继续围攻泰兴城内少数残敌，给敌人以为我军主力仍在泰兴的假象，以作为下一次战斗的钓饵。这一仗，我攻城与打援部队歼敌整编第八十三师第十九旅的两个团和旅属山炮营及第六十三旅一个营，共三千余人。

这是苏中战役的首战，也是华中我军在解放战争迎击蒋军大举进攻的第一个胜利的战斗。我们的作战对象是由美国教官训练的、经过整编的美械化蒋军。对于这样的敌人能否战而胜之、攻而歼之，这在当时还是一个未经实践证明的问题，中央军委和毛泽东同志对此极为关注。战斗结束后，毛泽东同志便亲拟电文询问：打的是否即整编第八十三师？该师被消灭了多少？尚存多少？……我们在清查了战果之后，一一做了汇报。

再胜如南

宣泰战斗结束的当天，中央军委、毛泽东同志来电指示我军在南线须准备连续作战。对于连续作战，我们是有准备的。在宣泰战斗的进程中，我们就分析了敌人可能的动向，筹划着下一步转用兵力的方向。此时，敌人虽遭到我军之打击，但他恃其兵力雄厚，又估计我军经宣泰一仗伤亡必大，便急调江南沿岸的整编第六十五师火速北渡长江，会同靖江的第九十九旅增援泰兴，并进犯黄桥，以拖住我军的主力；同时又令第四十九师星夜疾进，企图乘虚夺我如皋城；然后，第四十九师从如皋，第六十五师从黄桥，第八十三师从泰州，三面夹击我军。

这时候，我军有两个作战方向可供选择：

第一个方案是打前来增援宣、泰的第六十五师和第九十九旅。这个方案的优点是就近转用兵力，部队不会太疲劳，时间也比较充裕。缺点是这批敌人是来增援的，警觉性必高，很可能一打就退，不易合围；或者打得相持不下，第四十九师得以乘机攻占如皋，使我军的侧后和后方受到很大的威胁。

第二个方案是迅速转移兵力，以主力做远距离机动，直插进犯如皋的第四十九师侧后攻击之。此案的缺点是要强行军一百几十华里（第六师的距离更远些），两夜激战之后继以疾走，将减弱战斗力。但优点是明显的，主要是这一行动必然大出敌人的意料。此时，敌人以为我主力在西边，第四十九师将放心大胆地向我如皋挺进，我军来一个长途奔袭，创造歼敌于运动中之良机，将陷敌于被动混乱的境地。当然，要做到这一点，我军必须打得、饿得、跑得，能够连续地打仗、行军、打仗，而这正是我军的特长。

我们决心采取第二方案，选敌第四十九师为歼击目标。7月15日晚，即令第一师全部和第六师大部转兵东指；并用汽艇急运第七纵队一个团先期赶回如皋，协同第一军分区部队扼守该城。同时设置疑兵，继续围歼泰兴城内残敌，给敌人以我主力确实还在西边的错觉，引诱如东之敌放胆向如皋进犯。我第一军分区部队连日英勇阻击，为主力的长途东进争取了宝贵的时间。我主力在连续两昼夜激战之后，又急行军一百几十里，表现了高度英勇顽强的气概，一路上受到人民群众的热情支援，夜过黄桥，群众以烧饼和西瓜争相慰劳。在群众的封锁、掩护下，敌人还蒙在鼓里。

16日上午，敌第四十九师分左右两路北犯。17日，敌右路到达如皋以东之鬼头街、田肚里；左路到达如皋以南之宋家桥、杨花桥，准备次日会攻如皋。我东移之主力则已抵达黄桥、如皋之间的分界、加力地区。我军做了如下的歼敌部署：以第一师主力抢占鬼头街东南公路上之林梓，断敌退路，尔后从右路之敌第二十六旅的侧后向北攻击；以第六师主力抢占杨花桥西南的贺家坝，尔后从左路之敌第七十九旅的侧后向东北攻击；第七纵队主力则由如皋城及其东北地区向东南出击；三路协力，歼敌于如皋东南地区。另以第一师、第七纵队各一个团阻击向姜堰进犯之敌，以第六师之两个团阻击向黄桥进犯之敌。

7月18日晚战斗发起，敌人果然仓皇失措。我第一师一部与第七纵队南北配合，攻击如皋东南鬼头街一带的敌第四十九师师部和二十六旅，19日，除了敌第四十九师师长王铁汉率几个人逃至宋家桥外，全部被歼。第六师主力和第七纵队一部经19、20两夜的攻击，也歼灭了杨花桥、宋家桥之敌第七十九旅大部。但是，杨花桥、宋家桥两点的少数敌人，仍在继续顽抗。这时我军已连续行军作战十天，相当疲劳，而由靖江、泰兴和泰州来援之敌趁机向我如皋和海安进攻，如继续与当面之敌纠缠，对我不利。为保持主动，我军于23日主动撤离如皋城，准备再战。

如南战斗共歼灭敌整编第四十九师一个半旅，连同在阻击中消灭的敌人，共歼敌一万余人，达到了预期的歼敌目的。

7月21日，中央军委、毛泽东同志来电报："庆祝你们打了大胜仗。"并指示我们："敌情尚严重，望将参战主力集中休息，补充缺额，恢复疲劳，以利再战。"

三 战 海 安

经过宣泰、如南两仗，敌人被我歼灭了两个半旅。但他还有第二梯队，立即又集中六个旅的兵力，分路由如皋、姜堰合击我苏中重镇海安。

海安是苏中的战略要点和交通枢纽，（南）通（赣）榆公路、（南）通扬（州）公路，以及从海安向东延伸到黄海边的公路都联结于此；贯穿南北的串场河，沟通东西的运粮河也在此交汇。记得1940年10月5日黄桥战役胜利发展到追击阶段时，我们曾向部队提出一个口号："占领海安就是胜利！"部队控制海安后，立即斩断了韩德勤与南通、如皋、海门、启东地区的联系，使我军迅速控制了富饶的江海一角。但是，如果我兵力处于劣势，则海安这个苏中的战略要地势难固守。此时，敌人正垂涎海安，以为只要占领了海安，则从泰州经由姜堰、海安、李堡直达海边的封锁线就可以形成，苏中南部的占领区就可巩固，长江下游的通道就可确保。同时敌人还判断，海安战略地位重要，我军势在必争，企图依仗其优势兵力，在海安寻我决战，一举消灭我主力，进而配合其北线的行动，解决苏北问题。

在此形势下，我军的决策是大家最关心的事。当时我认为，中央早已明确指示我们，一切要做长期打算，当前的战争是一场持久的战争。中央要求我们不轻易放弃要地，中央更要求我们保持有生力量，以掌握战争的主动权。现在敌人以六个旅的优势兵力集中在狭小正面向我海安进攻，如我固守海安，在海安与敌人决战，正中敌人的毒计。因为敌人有强大的第二梯队，我军与之决战，势将付出很大的代价，战胜了，敌人仍可继续调集兵力，保持其进攻的态势；战斗如不顺利，势必仍要撤出来，那就被动了。如我先以小部队实施运动防御，杀伤和消耗敌人，并赢得时间，保证主力部队休整，然后撤出海安，给予敌人以我军被迫放弃战略要地的错觉，使敌人重新骄傲起来，就将造成有利于我歼敌的战机。

但是，当时还处在战争初期，中央军委、毛泽东同志关于以歼灭敌人有生力量为主要目标，不以保守或夺取城市和地方为主要目标的战略方针，还没有为大多数干部所掌握。有的同志认为敌人没有什么了不起，我军已经打了两个胜仗，为什么不敢在海安同敌人决战？打了两个胜仗还要放弃海安，前两仗岂不是白打了！我远离华中分局和华中军区，不敢单独决定，就日夜兼程从海安赶赴淮安，从海安到淮安约150余公里的路程，须经东台穿过水网地区，我开始骑摩托车，以后乘了一段黄包车（人力车），接着又骑自行车，乘船，当时能够搞到的交通工具全部用上了，一天一夜赶到淮安。华中分局召开了常委会议，郑重地讨论了这个问题，决定在海安实施运动防御，尔后主动撤离，创造新的战机；对于同志们的疑虑，除进行必要的思想工作外，主要靠打胜仗的实践来解决。华中分局把这一决定上报中央、华东局、新四军军部，得到了同意。

7月30日，中央军委又来电指示："在我军主力未获充分补充休息恢复疲劳以前，及敌未进至有利于我之地形条件以前，宁可丧失一些地方，不可举行勉强的无把握的作战。""总以打胜仗为原则。敌以十万大军向我进攻，我损失若干地方是不可免的，你们应有应付恶劣环境之精神准备与组织准备。"这个指示进一步提高了我们对中央战略方针和作战思想的理解。

其实，中央的这一精神早在 7 月 20 日毛泽东同志为中央起草的《以自卫战争粉碎蒋介石的进攻》电文中，就有过明确的指示，其中指出："战胜蒋介石的作战方法，一般地是运动战。因此，若干地方、若干城市的暂时放弃，不但是不可避免的，而且是必要的。暂时放弃若干地方若干城市，是为了取得最后胜利，否则就不能取得最后胜利。此点，应使全党和全解放区人民都能明白，都有精神准备。"但是对于中央的指示，只有同当面的实际相结合，体会才更深刻。

这时，我们的部署是：第一师、第六师集中在海安东北地区休整补充，待机歼敌；第七纵队在海安外围打运动防御战。

海安运动防御战从 7 月 30 日打到 8 月 3 日。第七纵队从苏中地方武装上升主力不久，补充了大量的解放战士，所属四个团只有一个团打过大仗。但是四天多的战斗，他们只用了三千多兵力，英勇抗击了五万多敌人的轮番猛攻。敌人兵力集中，炮火浓密，但第七纵队作风顽强，指挥灵活，奋战四天多，伤亡仅两百余人，杀伤敌军三千余人，创造了敌我伤亡 15：1 的新纪录。仅 7 月 31 日夜对敌人的巧妙袭扰，就使敌军消耗了炮弹万余发。8 月 3 日，海安运动防御战胜利完成任务，第七纵队主动撤出海安。

奇袭李堡

我军撤出海安后，敌军第六十五师、第一○五旅、第七旅争先拥进海安。由于敌军进入我解放区后已处于瞎子、聋子的状况，加上敌军官纷纷报捷，极度夸张地吹嘘"战果"，其第一绥区竟未发觉我主力第一师、第六师已经转移，得出我军的伤亡数字竟达"二三万人"，因而宣告"苏北共军大势已去"。

敌人侵占了海安，认为他们第一步作战目标已经达到，因而调整部署，把原来驻在如皋城的陆空联络组撤回常州，守备部队准备分散"清剿"其后方。据此，我们估计敌人必将分兵东进，占领李堡、角斜，完成其东西封锁线，然后再北攻东台。骄兵轻进，必然有隙可乘。我们把主力集结在海安东北，无论敌人向北、向东，我军都可随机出击。我们发动民兵群众严密封锁消息；同时，加强侦察情报工作，掌握敌人动向。

这时，我在苏中地区作战的有利条件充分发挥了作用。人员、物资很快得到补给，伤员很快得到治疗，加上大批解放战士和缴获的补充，每个连队都比战前充实，武器也加强了。特别是民兵群众封锁消息、查缉敌探之严，更是难得。华中野战军机关及第一师、第六师三万人集结休整两星期之久，驻地距海安近者仅一二十华里，在那里出操上课，开会唱歌，本地出身的侦察员庄庄有熟人，天天上公路，敌人却毫无所知。

8月6日，敌第六十五师及第一〇五旅果然由海安东进，连占西场、丁家所，将继续东犯。我立即于7日晨电报华中分局、军部和中央军委：歼敌良机即将成熟。

次日即获军委复示："歼敌良机已至，甚好甚慰"，"预备队或钳制部队如有可调者，张（鼎丞）邓（子恢）谭（震林）尽可能满足粟之要求，集中最大兵力于主要方向"。华中军区根据这一指示，在报告新四军军部后，决定将淮南第五旅和华中军区特务团调来。这些指示和决定，增强了我们歼敌的信心和决心。

敌人果然进一步暴露了"骄兵"的弱点，7日占李堡，8日占角斜。我们又密悉李默庵决定调其整编第六十五师于9日经海安去泰州、黄桥接替第二十五师和第九十九旅的防务，10日又令新七旅从海安东开接替第一〇五旅在李堡一线的防务。敌军频繁的调动，给了我军以趁其运动或立足未稳加以歼灭的大好时机。

我们当机立断，决心集中兵力，首先寻歼李堡之敌于运动中。我们做了如下的部署：以第一师攻歼李堡、角斜之敌第一○五旅主力；以第六师之第十六旅攻歼丁家所守敌第一○五旅一部，以第七纵队及第十八旅分别位于贾家巷东南和西场南北地区，合力求歼可能由海安东援之敌新七旅，并阻击可能由如皋东援之敌。此时，原在淮南的第五旅（三个团）和华中军区特务团前来参战，我们将他们部署在贾家巷以北作为预备队。

战斗于 8 月 10 日 20 时发起。我第一师乘敌人混乱之际，猛扑李堡，奋勇攻击。此时的李堡，正有敌人的两个旅部各率一个团在交接防务，兵力虽多，但队伍混杂，工事也未筑好，我军一击，建制大乱。至 11 日晨，我军完全攻占李堡，中午又克蒋庄、杨庄，全歼守敌。由于我攻势突然迅猛，敌人正在交接的两支部队都很混乱，交防之敌的电台、电话刚才拆除，接防之敌的电台、电话尚未架好，双方都无法向海安告急。11 日晨，敌新七旅旅长仍按原计划带领一个团由海安踽踽东行，我军部署在海安以东打援的第六师与第七纵队，立即利用高粱、玉米地做好伏击布置，第七纵队一部断敌退路，会同第六师一部出击，在运动中将该敌全部歼灭，其中一个营缴械投降。

李堡之战，前后二十个小时，歼敌一个半旅共九千余人，又赢得了一个胜利。

进一步明确了作战方针

随着战局的发展，中央军委、新四军军部对于外线出击方针和内线歼敌方针的得失利弊，以及与之相联系的华中野战军主力使用的方向，不断进行着研究。

为执行南下作战计划，6 月 27 日，陈毅同志决定亲率山东野战军主力第二纵队、第七和第八师等部，于 7 月 10 日以前南下，并指挥华中野战军第九纵队，共约五万余人，担任徐蚌段之作战。7 月 14 日，陈毅同志鉴于敌人即将大举进攻苏皖，就山野主力南下作战的时机向中央军委提议：敌人的这次进攻，"是分区蚕食的狡计，苏皖现有力量难于胜任应付，必须友邻区暂时出动配合才足以挽救"。因此主张立即执行中央军委 6 月 22 日提出的作战计划，"截断津浦南段陇海徐西段，造成山东、太行主力在淮北之会合，准备渡淮作战"。以全面大打的办法来制服蒋军分区蚕食的狡计。当时宣泰战斗已经打响，中央军委、毛泽东同志复电陈毅同志：最近几天看一看泰兴战斗结果如何。7 月 15 日，宣泰战斗刚结束，我们接到中央军委来电，指示："结束战斗后，立即整理部队，准备再战；即使打了大胜仗，也要如此，因敌会继续进攻。我军在南线须准备打四五个大仗，方能解决问题。"这两个指示，表明了中央军委、毛泽东同志密切观察战局，研究战略方针的严肃态度和近期内还须内线歼敌的意向。

宣泰和如南两战胜利后，蒋军的有生力量虽受到我一定的打击，但进攻之势尚未减弱，继续增调兵力，向苏中重镇海安推进；而淮南解放区则已被敌人突破，华中形势日趋紧张。此时，陈毅同志再次从执行外线出击的方针考虑，认为淮南在全局上比苏中更为重要，向中央建议：粟部迅速西调，仍以切断津浦、陇海，开展淮上新区，夺取徐州为目的。军委和毛泽东同志对这个建议，态度极为慎重，回复陈毅同志："粟裕集团应否于此时调动，各有利害，待考虑再告。"不日，中央军委给我来电："对苏中目前即取防御方针，由你率主力与陈军长会合，集中力量打开淮北局面；或出淮南，切断蚌浦线，直接配合陈宋、刘邓之作战，这是一个方案"；"八月内在苏中再打一仗，然后西移，这是又一方案"。要我就以上两案表示意见。

中央军委的来电，使我充分体会到华中主力使用的方向对全局的影响，问题的中心在于此时究竟是外线出击有利还是内线歼敌有利。我认真地学习研究了战争开始以来中央军委和军部的有关指示，从战争全局出发，结合当时的实际情况，做了反复考虑，认为：

第一，蒋介石在美帝支持下向我发动全面进攻，在力量对比上暂时具有很大的优势，这场战争势必是长期的，根本的问题在于消灭敌人的有生力量。经过八年抗日战争和日本投降后保卫抗战胜利果实的斗争，我党已建立了大块的巩固的根据地，在内线同敌人作战有很大的回旋余地，这与第二次国内革命战争时期有很大的不同。中央军委7月30日曾有电报指示："总以打胜仗为原则。"从这个原则出发，我军在战略防御阶段以执行内线歼敌方针，推迟外线出击时间为有利。充分利用内线作战的有利条件，多打些胜仗，以大量歼灭敌人。

第二，战争初期，各主要作战方向，应充分利用内线歼敌的有利条件，哪里好消灭敌人就在哪里打仗，各战区之间有战略性的配合，不宜过早作战役性的配合；如果急于作战役性的配合，我军兵力作更大的集中，则敌人的兵力也将随之作更大的集中，对各个歼敌不利。在兵力对比敌优我劣的情况下，过早地进行大会战，我们是难以有胜利的把握的。在战争初期，我军兵力应该随着敌我力量的消长，我军指挥艺术的提高和战局向我解放区纵深发展而逐步集中，由一次歼敌一个旅，逐步集中兵力发展到一次歼敌几个旅，这样比较有利。

第三，从当面实际情况看，在苏中打歼灭战的条件较淮南更为有利：（一）苏中敌军已遭我几次打击，与淮南之敌比较是弱军，有利于我继续歼击。（二）由于淮南解放区已被敌人突破，如主力向西，必须首先打下盱眙、天长，以开辟战场，需付出一定的代价；如舍盱眙、天长不打而直趋铁路线，则战场狭小，不利于我军机动，后方亦不安全。（三）淮南正值雨季，大雨滂沱，平地积水甚深，部队运动及粮弹运输供应都比苏中困难。

当时李堡战斗正在进行中，谭震林同志已来到前方，我们共同商讨，意见一致。李堡战斗后，于8月14日向中央军委呈报了主张在苏中再打几仗的意见。在此前后，张鼎丞、邓子恢同志也表示了主张再在苏中打几仗的意见。15日，中央军委、毛泽东同志批准了我们的建议："所见很对。望利用苏中各种有利条件，继续在那里作战，如你们今后一个月内再打二三个胜仗，继续歼敌二三个旅，则对整个战局助益极大。"陈毅同志也来电指示："宜就地开展局面，不必忙于西调，军委有此指示，望照办。部队宜争取数日休息，再求新的机动，反较西调为更有力配合各方。"经过战争的实践和反复讨论，战争初期的作战方针问题，得到了进一步的明确。

此后，中央军委鉴于战争的规模日益扩大和内线歼敌的优越性日益显著，再次推迟了外线出击的时间，直到 1947 年 3 月，中央军委进一步明确："考虑行动应以便利歼敌为标准。不论什么地方，只要能大量歼敌，即是对于敌人之威胁与对于友军之配合"，"转入外线之时间，现亦不必顾虑"。这样，先在内线打几个胜仗然后转到外线作战的计划，已经发展成实行内线的持久的防御作战的战略方针了。回忆这段历史，使我更加深刻地体会到毛泽东同志高瞻远瞩，审时度势，依据战争的客观规律来指导战争的军事思想和指挥艺术。

钻到敌人肚子里去打

李堡战斗打破了敌人迅速解决苏中问题的美梦。国民党军经过我继续四次打击，已被歼灭三万余人，在苏中的机动兵力已经不多，除非从别的战区抽调部队来增援，再难向我全面进攻。敌人不得不重新调整部署，把重点放在扼守南通、丁堰、如皋、海安这条公路干线，加强海安、泰州之线以南的"清剿"和海、如、泰之间的防御，以求确保其占领区。同时积极准备以其整编第二十五师由扬州、仙女庙地区乘虚北攻邵伯、高邮，威胁我两淮。

我军经过连续作战，抓紧休整和补充解放战士，加上打胜仗的鼓舞，士气高昂，越战越强。李堡战斗我军伤亡很少，而华中军区增调来的生力军第五旅和军区特务团也已于李堡战斗时到达，我军兵力增强，敌我态势已出现了有利于我的明显变化。8月13日，中央军委发来指示："苏中分散之敌利于我各个击破，望再布置几次作战，即如交通总队凡有歼灭者一概歼灭之。你们能彻底粉碎苏中蒋军之进攻，对全局将有极大影响。"

当时，可以设想两个作战方案，一个方案是从正面进攻海安和如皋，另一方案是避开正面，攻其侧翼或后方，吸引敌人来援，寻歼敌人于运动中。从当时敌人的部署来看，南通、如皋一线是其暴露的侧翼，兵力比较薄弱。驻守在这一带的敌军除已受我严重打击之第二十六旅残剩的一个营外，是新从上海调来的整编第二十一师和交通警察总队。敌第二十一师系川军，战斗力不强。交通总队则是由抗日战争时期顽"忠义救国军"改编的，以"恢复交通"为名专门进行对公路沿线解放区的"清剿"，虽全部配备美械自动火器，但重装备很少，缺乏正规作战经验。我们设想如果从这里打开缺口，钻到敌人肚子里去打，必将严重威胁敌人的后方基地，打乱敌人的部署，造成歼敌之良机。

此时获悉蒋介石正筹备于25日在庐山开会，我们初拟进攻南通市，吸引如皋、海安之敌南下增援，歼灭它一二个旅，给予敌人以沉重打击，扩大我军影响。8月19日上报中央军委和陈毅同志后，次日毛泽东同志亲拟电报指示："同意你们南下作战，但不必强攻城市"，"在攻占通如线后，敌人也有固守原地、不敢南下的可能。在敌人不敢增援的情况下，可以西进如（皋）黄（桥）公路，相机进占黄桥，来调动或逼退海安之敌，在运动中歼灭之"。中央军委、毛泽东同志的指示十分正确，十分中肯，当时进攻南通，条件不成熟。我们当即以黄桥为进攻方向，缩小进攻正面，不攻白蒲，从丁堰、林梓打开缺口，钻到敌人肚子里去。估计那时敌人必将调兵回援，我则于运动中歼灭之。

8月20日晚上，谭震林同志和我率主力第一师、第六师、第五旅、特务团向南开进，插入敌人侧后。这"敌后"实际上是我的老根据地，老马熟路，军民都习以为常。十六个团三万多人夜行军，连家犬惊吠之声也难听见，敌人当然更无从知晓。

8月21日夜11时，丁堰、林梓战斗打响。又是一次出敌不意的攻击，进展甚快。22日上午，丁堰敌交警第十一总队被我第一师围歼大部。我第六师围攻林梓，全歼守敌。东陈之敌在我第五旅围攻下，大部逃入如皋，东陈被我攻占。

不出军委所料，各据点里的敌人都未敢出援。

丁、林战斗歼敌交通警察五个大队及第二十六旅一个营，共三千余人，缴获甚多（其中有一批敌人拟用以残害根据地军民的各种刑具），打开了西进的门户。这是苏中战役的第五个战斗。

攻黄救邵，七战七捷

当我军在丁、林歼敌，打开西进门户的时候，淮北方向由宿县地区东进的敌人已占领我睢宁，正准备向我淮阴进犯。扬州之敌第二十五师为了配合这一行动，也全部于8月23日开始沿运河北上攻我江都县的邵伯镇。我着眼于歼灭敌人的有生力量，决定以刚从地方武装升级组成的第十纵队（三个团）及第二军分区两个团在邵伯防御，主力部队按原定计划，来一个"攻黄（桥）救邵（伯）"，用攻其必救的办法来调动敌人，寻歼敌人于运动中，并解邵伯之围。我们除以第七纵队在姜堰、海安之间发动钳制性进攻外，第一师、第六师、第五旅、特务团继续大踏步机动作战，于8月23日夜间向敌人封锁圈的中心挺进。

这是一着奇兵，也是一步险棋。这个地区，南是长江，东、北、西三面都有敌人许多点连成的封锁线。封锁圈东西百余里，南北仅数十里。由于老区组织严密，敌人得不到情报，反应迟钝多误，我军由丁堰、林梓越通榆公路西进，敌一绥区并未意识到我军将挺进黄桥，却根据我丁、林战斗的态势判断我将攻击如皋，急令黄桥守敌第九十九旅沿如黄公路增

林梓战斗阻击。

泰兴、宣家堡战斗前动员。

援如皋。8月24日，我军截获敌人这一行动的情报，即令部队在行进中严密注意敌情，准备在如黄路与敌第九十九旅打一场预期遭遇战。25日，敌第九十九旅进至黄桥东北之分界，与我第六师遭遇，当即被第六师包围，展开激战。这时，敌人才发觉我主力已西进，乃令已南下到如皋的第一八七旅，加上第七十九旅一个团和第九十九旅的一营，急向西南增援第九十九旅，该敌又被我第一师在分界、如皋之间的加力、谢家甸截住，将其包围。当夜，分界、加力两地之敌均集团固守，因为敌人实有的兵力远比我原先侦察的要多，经一夜激战，都未能解决战斗。

这样，战局就可能变得不利于我军。西面运河线上邵伯、乔墅一线战斗十分激烈。乔墅阵地已被敌军突破。我主力若在如黄路拖延时日，邵伯一旦失守，战局将起剧变。

在毛泽东军事思想的长期熏陶下，我们总是集中优势兵力各个歼灭敌人的。就整个苏中战场来说，敌我兵力对比是3.5∶1，由于我们灵活用兵，在第一、二、四、五各次战斗中，我们都集中了三倍以上的兵力对付待歼之敌，有时为了保证全歼和速决，还集中了绝对优势的四倍、五倍、六倍于敌之兵力。但是我们手头兵力不多，更没有预备队，只能从战场上及时转用兵力。对于这个问题，如南战斗后在海安以东休整时，通过团以上干部的战斗总结会议，大家认识到，"几个打一个"决不意味着我部队战斗力量差；需要时增调兄弟部队加入作战，也决不"丢脸"；至于怕分了缴获的思想则是本位主义作怪。只要作战需要，战役指挥员也应毫不犹豫地转用部队。对这个问题，大家的思想认识已经取得了一致。

在当时紧急情况下，我们立即调整部署，采取断敌后路、隔断敌人东西两部联系的办法，使之无法靠拢和脱逃，然后选取较弱的第九十九旅两个团先行歼灭。8月26日，我们将第一师的第一旅由加力方向西调，转用于分界，配合第六师等部以十个团的兵力，5∶1的绝对优势，迅速围歼了第九十九旅的两个团。随即又将第六师和第一旅东调，会同第三旅、第五旅以十五个团的兵力围歼加力、谢家甸之敌三个团。26日晚，东调各部迅速开进。

此时，邵伯的战斗正在紧张地进行着。从8月23日起，敌军在炮艇、飞机配合下向我邵伯、丁沟、乔墅一线阵地猛攻。我第十纵队和第二军分区的部队虽然训练不多，弹药不足，但指挥员顽强灵活，动员工作做得深入，士气旺盛。他们依托工事和河流湖泊英勇抗击敌人。根据水网湖泊地区正面狭窄的特点，各团采取轮番守备的战法，以连续的反冲击和白刃格斗消灭敌人。敌第二十五师猛攻了四天，我军工事大部坍毁，许多部队的指战员坚持在齐腰的积水中作战，时常送不上饭，但战斗意志始终压倒敌人，虽然乔墅被突破，但主阵地始终屹立未动。这时，第九十九旅已在如黄路上就歼，第一八七旅等部也将不保。消息传来，敌全线震惊，深受威胁，且伤亡已达两千多人，再打下去，凶多吉少，终于在26日黄昏时候狼狈撤回扬州。进行了四昼夜的邵伯战斗遂胜利结束。这是第六次作战。

27日上午，我围攻加力、谢家甸之敌的十五个团全部到达了预定位置并投入了战斗。敌人又从如皋拼凑了一个多团的兵力，在飞机的掩护下西出接应，加力、谢家甸之敌以营为单位分路突围。我各部全线出击，将突围之敌一一歼灭，仅数百人逃回如皋。如皋出援的一个多团，也被我歼灭一半。第五旅及时插到如皋西南，正好截断敌人逃路，俘获尤多。我第五旅衣服为黄色，和苏中部队的灰蓝色不同，而与当时国民党军的黄绿色近似。该旅向敌迅猛出击时，敌军误以为援兵赶到，欢呼跳跃，随即成了俘虏。继而第五旅乘胜利余威于31日攻克黄桥，黄桥守敌第一六〇旅五个连缴械投降。

如黄路战斗，我军共歼敌两个半旅，一万七千余人。这一仗打得干净利落，表明我们在指挥艺术和作战方法上都有了新的提高。在"攻黄救邵"的过程中，我军发挥了多种作战形式的威力，以部分兵力顽强阻击，坚守阵地，给主力以行动自由，阵地守备与野战围歼互相协同配合，达到了坚守阵地和寻歼敌军的双重效果。解放战争的主要作战形式是运动战，但是，并不排除以其他作战形式为必要辅助。在战争初期，为了迟滞敌人的进攻或者创造有利战机，在某些方面需要打些运动防御战，在不同的战争时期，不同的作战阶段，以至在不同的战役中注意作战形式的适时转换，互相配合，有主有从，相辅相成，是我军机动灵活的战略战术的一个方面。

苏中战役是中央军委在南下作战、外线出击转变为"先在内线打几个胜仗"的战略决策指导下进行的。苏中战役同后来华东战场的一些战役比较，其规模是比较小的，但它是解放战争初期在中原突围后的第一个战役，带有战略侦察任务，毛泽东同志亲自为军委起草的给各解放区的电报，指出苏中战役"每战集中绝对优势兵力打敌一部（例如 8 月 26 日集中十个团打敌两个团，8 月 27 日集中十五个团打敌三个团），故战无不胜，

1946 年 9 月，粟裕与妻儿在淮安。

题 江海风云

年千血篇去贤史前
廿余万烈士诗过先青向
争几绩壮怀忆汇民永
斗繁业可泣艕辛云
战雄歌可笔业海励
武转英可吾创江激

粟裕
一九八〇年五月

1980 年 5 月，粟裕为苏中地区《江海风云》一书题诗。

士气甚高；缴获甚多，故装备精良；凭借解放区作战，故补充便利。加上指挥正确，既灵活又勇敢，故取得伟大胜利。这一经验是很好的经验，希望各区仿照办理；并望转知所属一体注意"。

战役结束后，延安总部发言人就国民党军对苏中进攻惨败，对新华社记者发表谈话，称这个战役为"七战七捷"，并指出它对今后的战局发展是有重大影响的。9月3日至8日，晋冀鲁豫野战军胜利地进行了著名的定陶战役，歼敌四个旅一万七千余人，活捉敌整编第三师师长赵锡田。延安《解放日报》于9月12日发表《蒋军必败》的社论，指出中原突围、苏中战役和定陶战役"这三个胜利，对于整个解放区的南方战线起了扭转局面的重要作用。蒋军必败，我军必胜的局面定下来了"。

苏中战役已经过去几十年了。回忆全面内战爆发前，当我们看到这场战争已经不可避免的时候，我们在苏中面对即将进犯的敌人深感重担在肩，推动着我们对敌我双方情况进行调查研究，分析敌我双方互相对立着的许多特点；推动着我们反复思索，从中探寻战争的客观规律，特别是战争初期的规律，并努力使自己的行动适应客观存在的规律，以争取胜利。

也许今天有的同志会问：双方是老对手了，不但在十年内战中，就在八年抗战的反摩擦斗争中，也一直打交道的。"不打不相识"，双方都是老相识了，而且苏中的地理人情，你们又是熟悉的，为什么还要思索这个问题呢？

我们的回答是，日本投降后，蒋介石和我们都有了重要变化，我们必须着眼于战争的新的特点及其发展。蒋介石接收了日军的武器、装备和仓库物资，美国又将第二次世界大战中的大批飞机、大炮、坦克和各种武器交给了他，他的兵力发展到了他统治中国时期的最高峰——430万人。同时蒋介石掌握着全国性的政权，中国的地方派系中，再没有人敢于动用武力来打蒋介石了。因此，蒋介石要用全力进攻我们。

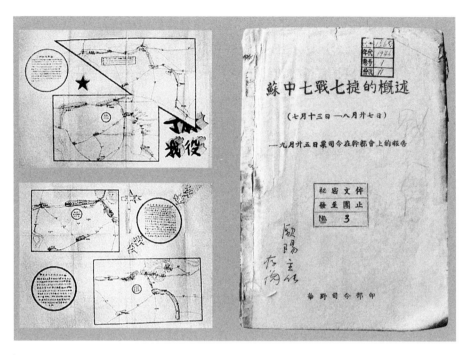

1946 年 9 月，华野司令部印制的《苏中七战七捷的概述——9 月 25 日粟司令在干部会上的报告》和其中的地图。

与此同时，我方的情况也发生了重要的变化。在停战协定生效时，解放区城市已有 506 个，超过过去中央苏区的 24 倍（中央苏区曾有过 21 个县城），解放区人口达 1.3 亿，超过过去中央苏区人口 52 倍（中央苏区最多时有人口 250 万）。并且建立了东北和热河、察哈尔根据地，从此打破了敌人对我根据地长期四面包围的态势。除新四军第五师地区外，各解放区已连成一片。我们在战争的初期，就有一个历史上空前广阔的内线作战战场。我军已发展到 127 万人，其中野战军、地方军各半。

尽管仍然是敌强我弱，但是，敌我力量的重大变化，已使国内战争的主要形式——"围剿"与反"围剿"的反复永远结束了，产生着新的规律。为了迅速准确地探明并掌握新的战争的特殊规律，以指导战争并赢得胜利，运筹帷幄的最高统帅部密切注视着战争初期的作战，并且用心组织和诱导战区指挥员对初期作战中若干问题进行反复深入的讨论。在苏中战役过程中对一系列重大问题的探讨和争议，正是积极探索新的战争特殊规律的求实精神的表现，也是高度的战争责任感的体现；然而，只有作战的实践才可以把不同的意见统一起来，得到一个正确的答案。随着时间的推移，苏中战役所提供的具体经验，有的将会失去它的作用。但是，这种从敌我双方的实际情况出发，研究战争的特殊规律以指导战争的经验，对我们学习和领会毛泽东军事思想，以及研究未来战争是长期有益的。这是苏中战役在歼敌数字以外的另一重要意义。

第十一章
苏中战役后的华中战局和宿北战役

从苏中战役结束后到宿北战役，即 1946 年 9 月到 12 月中旬的三个半月，是华中战事由前部转向纵深，我军进一步集中兵力，调整布局，把运动战、歼灭战推向更大规模的重要时期。

华中野战军主力由苏中北移

从 1946 年 7 月中旬起，华中野战军在苏中解放区前部机动作战的一个半月里，主动放弃了如皋、海安两城，取得了七战七捷。但是，敌人继续增加进攻我华中的兵力，为了进一步大量歼灭敌人，战局必然向华中纵深转移，这是可以预见到的。然而，转移的时机和方向的选择以及转移后的战略布局，则是带全局性的问题。当时并没有预案，我们必须很好地去体会中央的意图和结合战争的实际来解决。

苏中战役即将结束时，我和谭震林同志商讨这个问题。我们首先考虑军委 8 月 15 日来电指出的"利用苏中各种有利条件，继续在那里作战一个月"的要求。照此推算，我军在苏中作战的时间应延续到 9 月中旬。但是，经过四十多天的激战，部队急需休整和补充。实际上，我们已经几次推迟了休整时间。早在 7 月 20 日，我曾拟电请示军委：为"保持与巩固已得胜利，争取部队休整，争取主动，暴露敌人的弱点，制造敌人错误，拟即乘胜收兵"。中央复电"同意粟电乘胜收兵，休整两星期再战"。后因敌人的弱点很快暴露，一再出现战机，我们当然应该不顾疲劳，连续作战。现在战役目的即将完成，部队实在需要抓紧作一短暂的休整。因此，我们于8月27日报告中央、陈毅、张鼎丞、邓子恢："我军必须休整才能再战，故决定以包围如皋、海安形势，开展政治攻势，争取六十五军一六〇师。"8月29日我们又建议，以第五旅攻占黄桥，第一、第六师部署于如皋、海安之西部，一面休整，一面对海安采取进攻姿态，暂时围而不攻。如果敌人不能在十天之内向海安增援，我则攻占海安，以争取补充近万参军战士和解决部队的冬衣；如敌人在十日内增援海安，我则打援。我们的这一部署是过渡性的，我们预期只要实现其中一个设想，均有利于下一步转兵他去；即使军委仍命令我们在原地作战，也比较主动。8月31日军委复电指示："粟谭二十九日电悉，所见甚是。不管敌情变化如何，一、六师至少休整十天，加以补充，五旅攻占黄桥后，亦须休整，养精蓄锐，以备再战。"陈毅同志也批准了我们的部署。

这时，华中战场的敌我态势是：苏中之敌被我阻于海安、如皋以南，海安、如皋已成孤点；淮北之敌与我对峙在泗阳、众兴之线。8月底，驻守于徐州之敌有逐步向东打通陇海线，并有威胁我淮阴、临沂的模样。其企图当是切断我华中与山东的联系，进而围歼我华中的主力。这个变化，引起军委的关注。8月27日中央军委电示陈毅同志：在津浦线上，在陇海线上，或在两线之间，或在他处，寻机歼敌，以改变战局。并于8月29日发电询问我们，在东线作战一时期后，"西调攻击泰州、宜陵、仙女庙、扬州之线，有攻克把握否？假如攻击该线得手后，第二步开往淮南作战，以期恢复第三、第四两分区并相机切断蚌浦线，其便利与困难条件各如何？"我们上报了有关情况。8月31日第五旅攻克黄桥，苏中战役结束。9月4日军委指示："希望能于九月上半月完成东面作战任务；下半月休整。10月上旬攻取扬泰线，中旬休整，下旬进入淮南作战。"可以看出，军委的设想是，山东野战军主力先给徐州东犯之敌以相当的打击，然后集中山东、华中两个野战军，从淮北、淮南两面夹击敌人。陈毅同志十分关注华中与山东的联系，在军委 8 月 27 日电示后，于 9 月 4 日提出了山东野战军主力的三个作战方案，并权衡其利弊："第一案，北移沭阳，迎击东进之七十四师、六十九师，可保持鲁南的联系，但只能留九纵守泗阳、众兴，力量是不够的；第二案，就地出击攻洋河，估计要打桂系两个师，必拼消耗，不合算；第三案，留现地待机。"

我和震林同志接到华中分局转来的陈毅同志的电报后，反复研究，认为两淮（淮阴、淮安）是苏皖边区的首府，又是苏中前线的后方，苏中战役之能够顺利实施，得助于陈毅同志率数万大军作战于淮北，使我们的翼侧与后方有所保障。如山东野战军不先给对峙于泗阳、众兴之敌以打击即转至沭阳作战，有使该敌迅速乘隙占领两淮和运河线，迫使我军放弃华中的危险。因此，我们于 9 月 7 日和 8 日连电建议山野主力先在泗阳寻机歼敌；如必须北移作战，则苏中主力撤围海安，争取十天左右的休整后北移泗阳地区，以保障两淮的安全。9 月 9 日 5 时，军委复示："同意放弃（攻取）海安，休整十天，准备向北机动。"这是华中主力作战方向的一次重要调整，即：由原定向西机动，调整为向北机动。

这时，又出现了一个新的情况。9 月 8 日，刘伯承、邓小平同志率领的晋冀鲁豫野战军在定陶获得大捷，全国振奋。军委于当日发电指示陈（毅）张（云逸）黎（玉）张（鼎丞）邓（子恢）："我刘邓已大胜，对你们必有帮助。同意八师暂不北调，俟秋高水落，集中兵力在淮海歼敌，并与粟谭南北配合，巩固两淮开展局面。"我们接获此电很受鼓舞。为了使华中野战军主力在向北机动之前得到兵员及冬衣的补充，我便于 9 日发电给中央和陈毅同志，建议在打下海安后再北移。电报发出后，就接到陈毅同志于同日来电："淮北敌情正在变化中，如蒋军由宿迁东进，我军即时出击，或在宿迁、沭阳、新安之间歼敌，或西进攻睢宿地区，保证可以改变战局。如是沭阳、两淮、鲁南均不致引起突变。"要我们"仍以打下海安，争取休整，相机转移为好"。华中分局的鼎丞、子恢同志也发电主张先攻占海安,"以免功亏一篑"。这几个电报几乎同时发出,可谓所见略同。

但是,军委综观全局,于9日亥时来电指示:"粟谭部连战疲劳,亟待休整,目前各方敌情正在改变,无论将来向何方作战,似以放弃(攻取)海安,即时休整。"这时震林同志已赴华中分局,这一指示引起我的高度重视。虽然中央在10日又复电:"九日电悉。如你们以为攻占海安于大局有利,则可决心攻取海安。"但我体会到这是中央对战区指挥员意见的尊重,我们更应该认真领会军委9日亥电指示的精神,研究战局可能发生的变化。这时我们获悉敌汤恩伯将接替李默庵指挥苏北军事,并限于9月底完成一切准备,10月初开始第二期进攻。随即军委也向我们通报了这一情况。我分析攻占海安固然对坚持苏中和动员参军以及解决冬衣有所帮助,但预计要付出1500人左右的伤亡代价。从今后战局的发展来看,势须诱敌更深入一些,才便于大量歼敌,我如攻下海安,亦仍须放弃。不如放弃攻占海安的计划,将攻取海安所付代价,留作以后在运动中歼敌之用更为有利。我立即于9月10日将上述意见报告军委、陈毅同志和张鼎丞、邓子恢、谭震林同志。

此时,淮北敌情在急剧变化,敌第七军、整编第七十四师、第二十八军向泗阳和两淮发起了进攻。陈毅同志电称拟率第二、第七、第八师及九纵坚决歼灭进攻之敌。军委赞同这一建议,并根据这一情况,于11日8时指示我们:"主力即开两淮机动。"于是我们立即收拢队伍,兼程北上。

以上说明,华中主力北移的行动,是军委、毛泽东同志依据淮北和苏中两个战场的敌我形势的急剧变化,经过同战区指挥员的商讨后定下来的。从9月9日复示我们:"准备向北机动",到11日指示我们:"即开两淮"。前后仅三天时间,其中还有若干反复变化。有一种说法:军委早就确定了华中主力北移作战,由于华中战区指挥员有不同意见给延误了。这是不符合事实的。

主动放弃两淮

针对敌军的动向，军委的意图是调动山野、华野两大主力，歼灭进犯两淮之敌。毛泽东同志于 11 日亲自拟电指示陈毅同志和我们："（一）敌六个旅南下，两淮危急，粟率苏中主力（一、六师）立即开两淮，准备配合陈宋主力彻底歼灭该敌。但陈宋现应独立作战，务于粟谭到达前，歼灭南下之敌一至两个旅，顿挫敌之前进，争取时间以待苏中主力到达，协力歼灭全部；（二）同时张邓要注意邵伯、高邮、洪泽湖诸防务，严防敌偷渡进袭；（三）两淮工厂资材速迁安全地带。"

海安距两淮约 250 公里，一路水网，既少陆路，又少船只，且值天雨不断，预计先头部队于 9 月 18 日才能到达，大部队要 25 日才能到达。而两淮战局的发展不尽如人意，敌人的攻势未能受到顿挫。谭震林同志于 9 月 11 日由淮安向中央陈述："华中主力最快要到二十日才能赶到两淮，恐到达高（邮）、宝（应）时，两淮已失。"（高、宝分别距淮阴一百五十公里和七十五公里）陈毅同志也于 9 月 15 日致电中央："苏中主力已北调，要 25 日才能到达两淮地区，已来不及参战。"

9 月 19 日 18 时，我军在给敌人以一定杀伤后，为保存有生力量，主动撤出两淮。

两淮是华中的首府，放弃两淮是一件大事，当时正值伪国大召开前夕，敌人大吹大擂自不待言，即在我们内部也引起种种议论，有的同志认为是打了败仗。究竟应该怎样看待华东战局的发展呢？现在做些探讨是有益的。

首先，研究这个问题不能脱离我们的战略方针。经过七、八两个月的初期作战，我军分别在几个方向上迎击敌人，以暂时撤出部分土地和城市为代价，换取了歼灭敌十余万人的重大胜利。两淮并无死守之必要，为保存有生力量，主动撤出两淮是符合我军战略方针的。若因两淮是华中首府，便以保守这个城市为目标，同敌人进行战役决战，则是错误的。

其次，回想当时的战场实际情况，我军还不具备歼灭敌先头部队——国民党五大主力之一的整编第七十四师的条件。后来在孟良崮能够歼灭它是我军经过宿北、鲁南、莱芜三个大歼灭战，我军的装备、技术有了很大发展，积累了大歼灭战的经验，才以 5 倍于它的兵力，达到全歼该师的目的的。解放战争开始，敌强我弱的形势很明显，打歼灭战的规模必须有一个从小到大的发展过程。我一直认为，即使第一、第六师赶到淮阴，并在淮阴同敌人作战，不仅不会讨便宜，还会吃大亏。华中主力在苏中几仗打得比较顺利，没有吃过什么大亏，由小到大，逐步发展作战的规模，是一条很重要的经验。记得 1946 年 9 月 25 日我曾应新华社记者之约，谈了我军主动撤出两淮后之华中战局，其中说道，"我军的撤出两淮，绝对不是我们军事上的失败，而是对蒋军大规模歼灭战的开始"。这个分析是符合战争发展的实际的。

决心在淮海打一个大歼灭战

我军撤出两淮后，华中战局发生了重大变化。一方面是南北两线敌军，对我形成了半包围的态势，苏中已成为敌后；另一方面则是我华中、山东两野战军靠拢，兵力更加集中。于是 9 月 20 日我们华中分局的几个同志，联名向军委和新四军军部报告："华中形势起了基本变化，沿运河线之淮安、宝应、高邮一线，因地形关系很难求得歼灭，只能取得在战术上的胜利，整个运河线以东地区成长蛇形，不利主力作战。为了改变华中局势，我们建议，以集中华中、山东两个野战军攻下宿迁，得手后再向西扩张战果……"与此同时，我们对坚持苏中敌后斗争做了具体部署，使留在敌后坚持原地斗争的干部在思想上、组织上、军事上、工作上有所准备。

次日，陈毅同志复电："我同意华中分局 20 日建议，山野、华野集中由淮海区向西行动"的办法，并主张两个野指合成一个。

22 日，中央电示："同意集中两个野战军统一指挥，向淮海行动打开战局，望即按此方针坚决执行。"次日又来电指示："山野、华野两军集中行动，两个指挥部亦应合一，提议陈毅为司令兼政委，粟裕为副司令，谭震林为副政委，如同意请即公布（对内）执行。"

对于两个野战军会合后的作战方针和任务，毛泽东同志 9 月 28 日亲拟一份电文指示："两军会合第一仗必须打胜。我们意见：1. 不要打桂系，先打中央系；2. 不要分兵打两个敌人，必须集中打一个敌人。"

陈毅同志亲自来到华中分局，在他领导下，共同商定了以下各点：第一，集中山野、华野主力于宿迁与沭阳之间、六塘河以北地区。10 月 5 日前后集中完毕，如敌此时东进即歼敌于运河东岸；如敌不进，即西渡运河，恢复淮北。第二，在涟水、两淮、宝应地区设指挥所，作为钳制方向并掩护做冬衣。第三，部署盐阜、淮海、两淮，高（邮）、兴（化）、宝（应）各地之坚持斗争。重点是集中主力出击以及确保和坚持华中地区。10 月 1 日，陈毅同志将上述部署报告了中央。中央随即复电："部署甚好，望坚决执行。"

但是，敌情又起变化，鲁南之敌进占峄县、枣庄，威胁临沂。陈毅同志提出山野回鲁南，华野留淮海区作战；或者全军入鲁作战的主张。10 月 14 日，军委来电询问我们："你们觉得全军去鲁南歼敌把握如何？如确有歼敌把握，自以去鲁南打较在淮海打为有利。因鲁南敌歼灭后，即可出陇海、淮泗对华中局面并非不利，问题是歼敌究以在何地为宜。"

我对陈毅同志的建议和军委的来电进行了认真的考虑。在毛泽东、朱德同志的长期培育下，我对于积极防御，诱敌深入的战略方针是熟悉的。但是，诱敌深入到何地域，是战略性的问题，我作为战区指挥员，守土有责，首先考虑的还是在华中地区作战。10 月 11 日，我曾建议集中山野、华野主力，沿陇海路西进，在邳（县）睢（宁）铜（山）地区寻歼蒋军主力。这时，我对比了淮海与鲁南的战场条件。淮海地区地势平坦，交通发达，通道多，有利于敌人的调动和集中。战争初期敌人兵力、火力、机动能力都比我们强得多，而且淮南、淮北已失，西部已暴露于敌，我军要在这一地域达成战役优势相当困难。鲁南的地形条件很好，群众条件、供应条件也是很好的。从战略防御阶段来看，把鲁南作为诱敌深入的底线自然比淮海好。但是，我又考虑到：第一，当前蒋介石的进攻重点在华中，如我即刻全军入鲁，敌之进攻重点也将立即由华中进至山东，而华中将过早地丧失，对于长期作战不利。第二，两淮失守后，敌已对我形成半包围的态势，如果我不能在淮海打一个规模较大的歼灭战，则下一步转移作战将陷于腹背受敌的困境。第三，我军撤出两淮，群众中已引起了一定程度的思想波动，如不能再打一个胜仗就全军入鲁，对民心、军心不利。第四，为开展苏北地区的敌后游击战争，也需要再打一仗。几个月的战争经验表明，主力仗打得好，土地改革进行得彻底，干部下决心坚持是坚持敌后原地游击战争的三个必要条件。前一段的仗是在苏中地区打的，苏北地区还没有打过胜仗。所以我认为全军入鲁作战的设想是很好的。但似宜在入鲁之前争取在淮海打一个好仗。经过各方面的郑重商讨，10月15日子时再次决定暂缓去鲁南，先在淮海打一个较大规模的歼灭战，并将此意见立即报告军委。

同日12时，毛泽东同志来电："十五日子时电悉，决心在淮北打仗甚慰"。"陈（毅）张（鼎丞）邓（子恢）曾（山）粟（裕）谭（震林）团结协和极为必要。在陈（毅）领导下，大政方针共同决定（你们六人经常在一起，以免往复电商贻误戎机），战役指挥交粟负责"。在山东、华中两路野战军靠拢后，10月1日陈毅同志在向军委报告作战部署时即提出："华野、山野统一指挥"，"在军事上多由粟下决心"。我长期在陈毅同志领导下工作，对他十分尊敬和钦佩，在他领导下心情很舒畅。现在中央、陈毅同志要我担负这个重责，我决心竭尽全力地挑起这副担子，当好陈毅同志的助手，使陈毅同志用更多的力量抓全局。

从10月底到11月初，我们在涟水西北陈师庵等地召开多次干部会议。陈毅同志根据中央这一段指示和两个野战军统一作战的新情况，在会上讲解形势，总结初期作战的经验，号召全军进一步学习军委和毛泽东同志所制定的"集中优势兵力，各个歼灭敌人"的作战原则。树立高度集中统一的思想，同心协力克服暂时的困难，积极完成作战和建军等任务。这些会议，对于提高华东全军干部特别是高级干部对当时形势的认识，正确理解保存地方与歼敌有生力量的关系，以及增强军内外的团结等，都起了极为重要的作用。与此同时，广大群众继续进行土地改革，开展节约运动和大生产运动，检查和总结了前一段的支前工作，成立了华中北线支前司令部，统一调度苏北地区的人力、物力支援前线，并将华中后方机关和物资逐渐向山东转移。

集中兵力，打敌一路

我军撤出两淮，敌人十分骄狂。11月底12月初，蒋介石为配合伪国大召开后的声势，拟定了一个以12个整编师（军）28个旅，分四路向华中解放区进攻的计划，妄想切断我山东与华中的联系，聚歼我华中主力，在年底以前"结束苏北战事"。到12月上旬，我们逐渐侦知和判明敌四路进攻的部署是：（一）以五大主力之一的整编第十一师协同整编第六十九师共六个半旅，由徐州绥署副主任吴奇伟指挥，以整编第十一师师长胡琏为前线指挥，由宿迁向新安镇（现新沂县）、沭阳进攻；（二）以另一五大主力之一的整编第七十四师协同整编第二十八师、第七军（同整编师）共七个旅，由徐州绥署副主任李延年指挥，由淮阴、淮安向涟水进攻，尔后继续北犯阿湖，配合宿迁北犯之敌打通陇海路东段交通，并策应该地阴谋叛变之原起义伪军郝鹏举部的所谓"反正"；（三）以第一绥区李默庵部之整编第六十五师、第八十三师、第二十五师共六个旅，由东台向盐城、阜宁进攻；（四）以整编第二十六师（附第一快速纵队）、第五十一师、第五十九师、第七十七师共九个旅，由峄县、枣庄、台儿庄地区向临沂、郯城进攻。各路敌军进攻的时间，统限于 12 月 13 日开始。

面对敌人四路进攻的形势，我军打不打？何时打？怎么打？要求战役指挥员从错综复杂的情况中迅速作出抉择。这时陈毅同志在鲁南，正密切注视着战局的发展，运筹着我军的作战行动。他从 12 月 3 日到 7 日曾提出五个作战方案上报中央并征询我们的意见。这五个作战方案是：第一，我军部署不变，分别在盐城、涟水、沭阳、鲁南地区迎击四路进犯之敌。第二，华中野战军担任歼击进攻盐城、涟水两路敌人，山东野战军负责歼击进攻鲁南、沭阳两路敌人。在各自担任歼击的两路敌人中，先打哪一路，由野战军领导视情而定。第三，华中野战军首先集中兵力歼击进攻涟水或盐城之敌，尔后协同山东野战军全力夹击进攻沭阳之敌。第四，集中山东、华中两野战军主力歼灭进攻沭阳之敌，以部分兵力牵制其他三路敌人。第五，不怕敌人进占沭阳，我军均在原地待机，待进一步判明敌之具体行动后再作处置。陈毅同志认为，上述五个方案各有利弊，但以集中力量歼灭进攻沭阳一路敌人为最好。为此，华中野战军主力，应集结在涟水附近适当的机动位置，山东野战军应集结在陇海路北沂河沿岸的机动位置，以便于三日行程内赶到进入战斗。

接到陈毅同志的五个作战方案时，我正在盐城以南指挥作战。我结合当时的敌我情况进行了认真的研究，认为在四路敌军中以进攻沭、新一路对我威胁最大。只有集中主力歼灭这路敌人，才能取得主动。但目前我军阻击该路敌人的兵力比较单薄。为此，我与谭震林同志商量联名建议陈毅同志率山东野战军主力迅速南下，至少进到陇海路边的机动位置上，以便决心打进攻沭阳一路敌人时，能在约二日内赶到参战。

12 月 9 日，陈毅同志复示，决定亲率山东野战军第一纵队和第八师于当夜移到郯城西北的码头镇以西地区，兼顾打击鲁南之敌，如需南下歼击宿沭地区之敌，两夜即可赶到。这样，集中兵力，先打宿沭一路敌人的决心，基本上定下来了。

军委对宿沭这个方向极为关注。12月9日，军委来电要我待盐城作战结束，敌情完全明了后，考虑部署，提出计划，电报军委。12月11日下午，军委来电"庆祝盐城大胜"，并指示我"即日北返部署沭阳作战"。我立即由盐城兼程出发，于12日到达陈毅同志处。13日，毛泽东同志认为我尚未赶到陈总处，又再次给我和震林同志发电指示：整编第十一师到达宿迁后，必配合整编第六十九师向沭阳进攻，只有歼灭该敌方能保持沭阳在我手中。如沭阳失守，华中野战军主力即难以在苏北连续作战，有被迫转至鲁南的可能，对此点的严重性必须估计到，并要我们将处理意见及作战部署报告军委。

我们进一步调整了部署：（一）华中第九纵队位于叶海子、五花顶地区（均宿迁以北），监视宿迁的敌人。（二）第六师、华中第十纵队的第六旅、第七师的第十九旅，位于涟水地区，监视淮阴的敌人。（三）华中第七纵队的第三十一旅、第十纵队的第十三旅和第三十旅，位于盐城地区，监视东台的敌人，鲁南第十师、滨海警备旅位于峄县以东地区，监视台（儿庄）、峄（县）、枣（庄）之敌。（四）第一纵队、第八师集结于郯城西南地区。（五）第二纵队与第七师的第五旅集结于沭阳南北地区，执行机动作战任务。（六）第一师由盐城向涟水地区转移。这是一个以寻歼宿、沭之敌为重点，兼顾苏鲁两个方向的部署。在这里我要补叙一下。我放弃两淮后，自10月中旬至12月初，山东野战军和华中野战军分别在鲁南、涟（水）南、盐（城）南抗击来犯之敌。其中战斗规模较大的有：（一）东台防御战，自10月14日至26日，我苏中第七纵队杀伤自海安北犯东台之敌两千余人。（二）涟水保卫战，自10月19日至11月1日，歼敌七十四师八千余人。（三）峄县以东傅山口之战，自10月27日至30日，反击峄县东犯之敌，给敌七十七师两个团以歼灭性打击。（四）台（儿庄）枣（庄）反击战，自11月10日至11日歼敌七十七师一部。（五）淮（阴）沭（阳）路反击战，自11月19日至22日，歼敌四千余人。（六）

盐南反击战，自11月26日至12月8日反击由东台北犯之敌，歼敌五千余人。以上六次战斗共歼敌约三万人。其中涟水作战，虽然基本上是一个消耗战，但保住了涟水城，掩护了华中领导机关北移山东，是六仗中坚持时间最长，杀伤敌人数字最多的一仗，把敌人五大主力之一的第七十四师打伤了。有人认为，既然已经决定集中山东、华中两个野战军在淮海地区打一个歼灭战，这几仗就不应该打。这个看法是片面的。当时敌人对我形成半包围态势，敌军下一步的动向尚不明朗，我军集中兵力，寻歼敌一路的战机尚未出现，而华中解放区仅剩下四城（盐城、阜宁、涟水、沭阳），南线之敌向涟水、盐城等城推进，企图夺取上述四城，进一步迂回、压缩我们。我们必须打破敌人这一计划，开拓战场。在作战指导中要注意处理好第一仗与第二仗、第三仗的关系，打第一仗要为第二仗、第三仗创造条件。须知我们兵力集中了，敌人兵力也更加集中，如果战场被压缩得太狭窄，到敌人向我们全面进攻时，我军缺乏回旋余地，就更被动了。如果不打这几仗，放敌人长驱直入，后来集中兵力先打宿沭一路敌人的决心就不那样好下了。

整编第六十九师全军覆没

我协助陈毅同志指挥宿北战役深感责任重大，心情紧张。这是因为即将开始的这一仗，是山东、华中两野战军合并后共同作战的第一仗。由于我军这一段战事进展不算顺利，部分同志产生了一些埋怨和怀疑情绪，虽然做了许多工作，思想认识有所提高，但是真正解决问题还是要靠打胜仗。何况敌人已对我形成了半包围的态势，我们处于敌人四个方向的进攻之中，这一仗是我摆脱被动夺取战场主动权的关键一仗，只能打胜，不能打败。但是，从战役指挥来说，我对情况却比较生疏。这次直接参战的部队基本上都是山东野战军。叶飞同志指挥的第一纵队，在抗日战争时期，

1946 年，粟裕与饶漱石（左一）、陈毅（左二）、谭震林（左三）、刘瑞龙（左四）在山东临沂。

我是了解的，但日本投降后他们北上山东，已一年多了。对其他部队就更不了解。同时，两个野战军合并后，指挥机关尚未统一，我只身前来，对司令部工作的同志也是生疏的。我对淮海地区的民情、地形诸情况也远不如对苏中地区熟悉。至于作战对象，许多部队都是新交手。这些都使我感到心中无底。宿北战役和鲁南战役指挥的特点都是慎重，而就我个人的心情来说，宿北战役时更为紧张一些。

　　我们密切注视着敌情的变化。13 日，宿迁之敌分左右两个纵队沿宿（迁）新（安镇）、宿（迁）沭（阳）公路发起进攻，其左纵队先头部队占领晓店子、嶂山镇（宿迁以北），其右纵队先头占领曹家集、高圩（宿迁以北）等地。只是整编第十一师是否参战，仍未得到证实。我们的作战方案有两个：第一方案是首先歼灭向新安镇进攻之敌左纵队于五华顶地区，尔后再歼灭进攻沭阳之敌。第二方案是如敌左纵队迟迟不进，而敌右纵队发起进攻，则首先集中兵力歼灭该敌于耿圩以西、颜集以南（宿迁以东）地区。为了保证不失时机地发起战役，令第一纵队、第八师于当晚向新安镇西南的新店子以北地区隐蔽开进。

12月14日，敌继续向我军进攻。中午，查明：由曹家集向来龙庵进攻之敌右纵队确系整编第十一师；向五华顶、邵店方向进攻之敌为整编第六十九师。我们又根据这一情况，进一步的分析判断：第一，向华东进攻之四路敌人中，东台、两淮、峄枣三路敌人因遭到我军打击，顾虑较多，进攻速度不会太快。而宿迁之敌，见我主力分别部署于盐城、涟水和陇海路以北地区，可能集中兵力乘虚进犯沭阳和新安镇。第二，敌整编第十一师（还附属炮兵第十五团及第二十五团一个营），装备精良，兵多将骄，可能冒进。整编第六十九师新任师长戴之奇是三青团中央委员，反共的死硬分子，该师曾受我歼灭性打击（曾歼其两个旅），这次必图邀功请赏，冒险的劲头可能比整编第十一师还大。第三，整编第六十九师是由三个不同建制单位的旅（整编第五十七师的预备第三旅，整编第二十六师的第四十一旅，整编第六十九师的第六十旅和第九十二旅各一个团）重新组成的，内部矛盾较多，战斗力弱；整编第十一师是刚由他区调来，对苏北地形民情不熟。第四，宿迁以北公路两侧有几个小高地，宿迁东北地形开阔，村落小而密，房屋不坚固，运河、六塘河、沭河横贯其间，不能徒涉，有利于我分割包围、各个歼敌。此时，我山东野战军主力和华中野战军一部已进入机动位置，可在两天内抵达进攻出发地域，向敌两翼实施突然攻击，造成战役优势，在运动中歼灭敌人。这一仗如能打好，我们就可变被动为主动，南下可以围歼进攻涟水之敌，北上可以歼灭鲁南之敌，西进可以配合晋冀鲁豫野战军威胁徐州，调动敌人寻歼回援之敌。

我们于当日定下决心，即以二十四个团的兵力，除以一部割裂敌整编第六十九师与整编第十一师的联系，并阻击整编第十一师外，集中三倍于敌的兵力，首先围歼立足未稳之整编第六十九师于宿迁、沭阳、新安镇三角地区，尔后视战况发展，如有可能，再转移兵力会同北上的第一师（八个团）歼灭整编第十一师。我们命令各部队于当夜隐蔽开进：第一纵队、第八师按原计划于15日拂晓前进到新安镇西南新店子以北地区集结；第七师第五旅于15日拂晓前进至西鲍圩（宿迁北），并准备西渡沭河，控制宿新公路峒峿镇地区；第二纵队于15日拂晓前进到韩集、泰山集地区；第九纵队坚守五华顶、叶海子、来龙庵等既设阵地，迟滞敌前进，掩护主力开进；第一师昼夜兼程北上，准备参战。

为策应宿、沭、新方向作战，我们以二十八个团的兵力分别监视和阻击其他三路敌人：（一）以第六师、第十纵队的第六旅、第七师的第十九旅共十三个团的兵力，在涟水一带监视和阻击自淮阴出犯之敌整编第七十四师和整编第二十五师，以保障主力在宿北的翼侧的安全。（二）以第七纵队的第三十一旅、第十纵队的第三十旅及第十三旅共十个团的兵力，监视和阻击自东台、兴化向盐城进犯之敌。以上两个方向，由谭震林同志率一个指挥所在涟水城北郊负责指挥。（三）鲁南方面则以第十师及滨海警备旅共五个团的兵力，位于峄县以东，协同鲁南地方武装，坚决阻击由台儿庄、峄县、枣庄东犯之敌，确保临沂、郯城地区。我们立即于14日午时将此决心与部署上报中央军委，并报告我已按军委指示北返，与陈毅同志在一起指挥宿沭方向的作战。15日军委复示："决心与部署甚好，战况望随时电告。"

12月14日全天，敌整编第六十九师预备第三旅一部沿公路北犯五华顶以南阵地，遭我第九纵队一部反击后，缩回嶂山镇。敌第六十旅进至罗庄、傅家湖地区。敌第四十一旅进至邵店，并以一部兵力东犯叶海子，为我第九纵队一部所阻。敌整编第六十九师师部率第二六七团(属九十二旅)进抵人和圩。与此同时，敌整编第十一师之第一一八旅攻我小牌坊、来龙庵阵地，被我第九纵队一部击退，敌师部率第十八旅进至曹家集地区。至

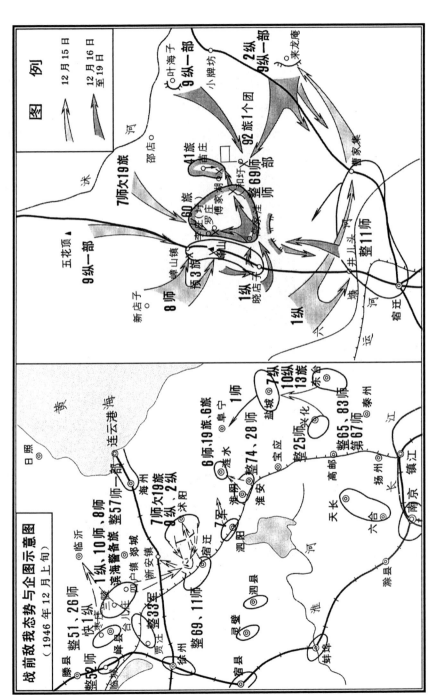

宿北战役经过要图
（1946年12月15日—19日）

此，敌第一梯队整编第六十九师全部及整编第十二师主力，已呈扇形展开，正面、纵深约为25公里左右，其后方补给仅宿迁一点。

敌人这一冒进态势的出现，说明敌人对我军主力的行动尚未发觉，急于按预定的时间抢占沭阳和新安镇，这正是我军割裂其战斗队形、各个予以歼灭的大好时机。我们为使主攻部队的战前准备工作更加充分，保持战役发起的最大突然性，给敌以出其不意的攻击，又将战役发起时间推迟到15日晚。为先求歼较弱的整编第六十九师左翼的预备第三旅，再歼该师主力，我们对作战部署又做了调整，并进一步明确了各部队的任务：（一）以第九纵队主力继续坚守五华顶、叶海子、来龙庵阵地，吸住敌人，保障我军主力对敌达成合围，尔后协同主力向敌整编第六十九师出击；（二）以第八师、第一纵队一部及第七师的第五旅，分别围歼峰山、晓店子、嶂山镇地区之敌预备第三旅，任务完成后，由西向东攻击，协同友邻聚歼整编第六十九师主力；（三）以第一纵队主力自晓店子、井儿头之间揳入敌之纵深，切断整编第六十九师向宿迁的退路和与整编第十一师的联系；（四）以第二纵队由东向西突击，与第一纵队协同割裂整编第六十九师与整编第十一师的联系，并参加歼灭被围之敌。这一部署，一是先打弱敌，矛头首先指向战斗力较弱的整编第六十九师。二是秘密接敌，突然攻击，乘敌在运动中和立足未稳之际予以歼灭。三是四面包围，两面夹击，穿插分割，各个歼灭。

15日拂晓，我第一纵队、第八师已越过新店子进至晓店子、嶂山镇西北地区；第二纵队进至韩集、泰山集之间；第七师的第五旅进至峒峿镇以南之乔北镇。当日上午，敌继续向我进犯，整编第十一师之第一一八旅占领了来龙庵；整编第六十九师之第四十一旅再攻叶海子，被我第九纵队一部击退。

黄昏，我军乘敌翼侧暴露，各师旅之间出现较大间隙之际，秘密而突然地向敌整编第六十九师发起攻击，主要突击方向指向该师左侧后。当夜，我第一纵队一部包围了晓店子之敌，主力以勇猛迅速的动作，由晓店子、井儿头之间揳入井儿头、曹家集之间，其先头第三旅两个团曾一度攻至敌整编第十一师师部驻地曹家集以西之马庄、张庄地区，这一攻击完全出敌意料，仅战斗一小时，即歼敌整编第十一师工兵营和骑兵营大部，并一度攻至曹家集土围，距敌师部仅二三百公尺，把敌打得惶惶不安，不知所措。我第八师以两个团与敌第六十九师彻夜激战，向峰山守敌连续进行了四次猛烈冲击，终于在拂晓前突破了敌三道阵地和两道副防御工事，占领了峰山，歼灭第六十九师预备第三旅一个加强营，在敌整个部署中打开了一个缺口。我第七师第五旅及第九纵队一部占领了嶂山镇以北及以东阵地。

此时战场形势对敌极为不利。敌第六十九师为保障其右翼及后方的安全，改变不利态势，一面将第四十一旅向苗庄、蔡庄，第一一八旅向高圩、李圩、曹家集收缩，一面组织预备第三旅和第六十旅实施反击，企图夺回峰山。

峰山是战场制高点，是进攻或防御的重要依托，此处得失对战役全局影响甚大，我遂令第八师不惜任何代价守住峰山。16日全天，敌预备第三旅和第六十旅以约两个团的兵力，在飞机和炮兵火力的支援下，向我峰山阵地多次猛烈反扑，我第八师一部顽强坚守和积极反击将敌击退。此时，嶂山镇之敌预备第三旅一部见势不妙，即绕道窜入晓店子。我全歼敌整编第六十九师，又令第八师接替第一纵队第二旅围歼晓店子守敌预备第三旅的任务；第一纵队全力由峰山、晓店子之间向东，往敌之纵深猛插，割裂敌整编第六十九师与整编第十一师的联系；第二纵队向高圩、李圩攻击。当晚我第一纵队即果敢勇猛地揳入敌纵深，占领了高家洼、傅家湖一线，一部插入晓店子以南，占领三台山，切断了整编第六十九师的退路，并对整编第十一师构成了阻击正面；我第七师的第五旅及第九纵队一部，趁邵店之敌第四十一旅西窜之机，抢占了李庄、高庄等地，切断了该旅与其师部的联系。此时，敌整编第六十九师已陷入重围，不断向整编第十一师师长胡琏呼救。

17日，敌整编第十一师之第十一旅、第十八旅，在飞机、炮兵火力掩护下，由井儿头、曹家集等地向我蔡林、张林、高家洼一线阻击阵地进行了连续猛烈攻击，企图解整编第六十九师之围，但在我第一纵队一部兵力的顽强阻击下，激战终日，敌伤亡很大，未能得逞。接着我军又从傅家湖以南迂回其右翼，援敌则惊慌失措，立即回窜。当日18时，我第八师对晓店子守敌发起攻击，在炮兵火力急袭后，仅用25分钟即突破敌防御阵地，并在5个小时内全歼了预备第三旅。敌整编第六十九师余部在我强大攻势下，继续收缩兵力，企图固守待援。我不给敌喘息，即令第一、第二、第九纵队及第七师的第五旅等部主力，向被分割包围于人和圩、苗庄、罗庄等地之敌整编第六十九师师部及第四十一旅、第六十旅展开逐点攻击。各部虽给敌以重大杀伤，但当日进展不大。

18日，敌整编第十一师再次全力北援，又被我第一纵队和第八师各一部所击退。此时，敌见增援无望，即以飞机掩护李庄、罗庄之第六十旅仓皇突围，我军立即勇猛出击，将其全歼。人和圩之敌突围未成更加动摇，我第二纵队和第九纵队经充分准备后，于黄昏发起总攻，迅速突入圩内，战至午夜，全歼守敌整编第六十九师师部及第二六七团，师长戴之奇自杀，副师长饶少伟就擒。

19日上午，困守苗庄之敌第四十一旅分两股向南北突围，除三百余人逃跑外，全被我歼灭。至此，敌整编第六十九师全军覆没，我歼敌两万一千余人，战役遂告结束。军委、毛泽东同志18日就来电，"庆祝宿沭前线大胜利，望对一切有功将士传令嘉奖"，20日又来电指出，"歼敌二万以上，于大局有利，甚好甚慰"。

在此期间，在鲁南、涟水、盐城方向作战之我军，均积极地打击了敌人，有力地牵制、策应和保障了宿沭地区的作战。其中涟水之战打得很艰苦。涟水城距宿迁130公里，距沭阳80公里，处于淮阴至沭阳公路的东侧，如淮阴之敌向沭阳北上，涟水我军随时可攻击敌人的侧后，这就使敌非首先攻下涟水城才能北进。这一路进攻的敌人是蒋介石王牌军整编第七十四师。敌于12月3日开始向我进攻，我军浴血奋战，坚守了13天。因我方战场指挥判断一时失误，被敌人钻了我防御部署上的空子。16日敌攻入了涟水城，我军随即撤出。这一仗我毙伤敌四千余人，我军亦伤亡四千人，而且失去了涟水城。因此有人说，这是一个败仗。这不对，它是一个消耗仗。涟水作战并没有死守的任务，而是运动防御，迟滞敌人前进，消耗敌人的有生力量。结果是整编第七十四师被我军阻住在六塘河以南，无法救出整编第六十九师，从南线保障了宿北战役的进行。军委、毛泽东同志曾有电指出："关系全局的宿沭前线……取得大胜，涟水暂失，不足为患。"由于战前用"第二次涟水保卫战"来激励部队，人们就以涟水城的得失来衡量这一仗的胜负，这是动员口号的失误。对这一仗的估价应同宿北战役的胜利联系起来看。当然，涟水战场指挥上的教训也是应当记取的。

也有的同志认为，宿北战役中打援部队太多，影响战役结束后的扩大战果。这些同志不了解当时敌人对我已形成半包围的态势，如让任何一路敌人的计划实现，战场局势必趋险恶。何况宿北战役12月19日结束，1月2日即开始鲁南战役，中间仅相隔12天，部队由苏北转移鲁南，实际上是连续行军作战，谈不上什么打援部队过多，影响扩大战果问题。

三个月的战局表明，正确的战略意图，必须通过战役的胜利来实现。自我军放弃两淮之后，敌我双方都在重新布局，酝酿着新的更大的较量，当时敌人分四路向我压来，在战场上我处于被动地位。宿北战役的胜利，打垮了敌人四路中对我威胁最大的一路，从而使敌人不仅未能实现其切断我山东、华中两野战军的联系，实行各个击破"迅速结束苏北战事"的企图，反而被我军切断了南北联系，分割成山东、苏北两坨，暴露了翼侧，处于受我军攻击的威胁之中。当时国民党的伪国大尚未闭幕，宿北战役给了吹嘘所谓"胜利"的蒋介石一记响亮的耳光。

华东战区的一个转折

有一位同志问我，宿北战役和鲁南战役为什么不那么出名？

我的回答是，那是被其他更大的战役挡着了，其实这两仗是很重要的，打得很出色的。华中野战军主力北上与山东野战军会师苏北，初期作战告一段落，战场由前部转入纵深，这可以说是华东战区第一个转折的开端。宿北战役是胜利实现这一转折的标志，鲁南战役是宿北战役的继续。从宿北战役开始到鲁南战役结束，经过一个月零五天，我们胜利地实现了我军的战略意图。以后进行的莱芜等战役则是它们的发展。

这里，我对"转折"这个概念做一点说明。人们往往注意战争全局性的转折，例如解放战争由战略防御转入战略反攻和战略进攻，却不大注意一个战区和一个战役的转折。关于战役转折点问题，我在《豫东之战》一文中说过，就不再赘述了。这里我要着重说明的是，在战争全局的转折和战役的转折这两个高低不同层次之间，还存在着一个层次，就是战区的转折。因为中国是一个大国，在全国性的战争中，必须划定几个战区，拿华东战区来说，人口、面积相当一个中等国家，华东我军兵力也相当于一个中等国家战时兵力，在中央的总的战略方针下，有相对独立自主的一个方面。在这个战区内，依据敌我双方的变化，又形成若干段落。在这一个段落与下一个段落之间，形成了战区的转折。这时，战争的许多方面，如作战对象、作战地域、作战规模、作战方法会发生变化，各方面的关系表现得错综复杂。作为一个战区的指挥员，要注意各个段落之间的转折，这是在战区指挥上，最不容易掌握的时节。

我为什么说宿北战役是胜利实现华东战区第一个转折的标志呢？

第一，华中野战军主力已撤离苏中战场，随着战局的发展，还可能再撤出苏北（军委已向我们提出入鲁作战的问题）。这样，整个华中将处于敌后，华中将以游击战和部分的运动战来配合正面战场。这是一个大变化。我们要充分估计到这个变化对士气、民心所产生的影响，打一个大胜仗，以利于转好思想弯子。

第二，我军撤出两淮后，华中野战军主力到达苏北，山东野战军也从运河线上撤到运河以东的苏北地区。两军会师，这就改变了过去各自在淮北、苏中作战这一情况，两军由战略上的配合，转变为集中在一起进行战役上的协同。两支野战军领导机构，也合并为一个。两军会合后在哪里作战，设想过三个方案：一是消灭自运河线东犯之敌以后，兵出运河以西淮北地区；二是北撤山东，消灭鲁南之敌；三是山野回鲁南应敌，华（中）野留淮海区作战。以后决定了先在苏北淮海地区打一仗后再看，并且具体选择了在宿北地区打一仗。这一选择是否正确，需待实践检验。

第三，这次作战是两支野战军会师后在战役上初次协同作战，这也是一种初战。这仗打胜了，兄弟部队之间就产生了彼此的信任，两支野战军合并后的新的领导机构和所属部队也就产生了上下之间彼此信任。这一切，都是无价之宝。相反，如果这一仗我们被打败了，上下之间和兄弟部队之间就容易相互埋怨，就要花上一个相当长的时期和相当大的努力，才能弥补过来。"慎重初战"的道理也适合宿北战役。因此，军委、毛泽东同志来电严令我们："只许打胜，不许打败。"这次战役胜利，对以后作战的影响将是很大的。

第四，还有一个化被动为主动的问题。继淮南、淮北被敌人占领以后，华中首府两淮又失守，敌人对我们形成半圆形包围的态势，敌人兵力又处于很大优势，蒋家王朝的五大主力中的两个——整编第七十四师和整编第十一师也调到苏北战场上来了，我们处于被动状态。毛泽东同志说过："主动和胜利，是可以根据真实的情况，经过主观能力的活跃，取得一定条件，而由劣势和被动者从优势和主动者手里夺取过来的。"这次战役将决定我们能否经过主观能力的活跃，将战役的主动权夺取到手中。

第五，从学习大规模歼灭战角度来说，华东战场从前沿逐步转入纵深，正面战线逐步收缩，兵力也随之集中，歼灭战的规模将逐步扩大，中央、军委要求我们打大规模的歼灭战，这需要积累经验。苏中战役歼敌五万余人是七仗的总和，最后的也是最大的如黄路一仗，也仅歼敌两个半旅，一万七千余人。宿北战役比如黄路这一仗规模大得多，这一仗打胜了，就可以成为两支野战军集中后战役规模越来越大的一个良好开端，成为歼敌由小到大的一块中间阶石，踏上了这块阶石，再上一步去踩更高的阶石，就比较好办了。

以上各点都说明了在华东战区转折时期，宿北战役所具有的关键性作用。我以为这是在评论宿北战役和华东战局时应予重视的。

第十二章
鲁南大捷

　　1947年1月的鲁南战役，是继宿北战役之后，山东野战军与华中野战军会合进行的第二个大歼灭战。这次战役，经过两个阶段连续作战，全歼国民党军美械装备的整编第二十六师、整编第五十一师和第一快速纵队，共五万三千余人，俘虏敌整编第二十六师中将师长马励武、整编第五十一师中将师长周毓英，缴获了一大批武器装备，其中有坦克24辆，

1947年1月，新成立的华东野战军部分指挥员合影。右起：谭震林、陈士榘、粟裕、唐亮、陈毅、邓子恢、韦国清、丁秋生、叶飞。

榴弹炮、野炮、山炮及其他火炮 217 门，汽车 474 辆。随后，以缴获的这批装备为主，华东野战军组建了自己的特种兵纵队。

宿北和鲁南两个战役，是解放战争初期华东我军由解放区前沿作战转向纵深作战，为实现我之战略意图的两个关键性战役。由于我军这两仗都打得很好，获取了重大胜利，从而完成了战区的第一个转折。从此，我华中、山东两个战区在胜利声中实现了统一，我军进一步集中兵力，实行大踏步前进和大踏步后退，把运动战、歼灭战推向了更大规模。

有同志问我："作为战役指挥员，你认为在鲁南战役的指挥上，最特殊之处是什么？"我回答道："是慎重。"为什么这样说呢？这是由当时整个战场形势和敌我双方情况决定的。这次鲁南作战有以下特点：一是敌人阵势摆得很长，从卞庄（今苍山县）、枣庄一直摆到徐州附近，成为犄角之势，易于相互策应；二是作战对象生疏，不仅有美械装备的蒋介石嫡系主力部队，还有多兵种组成的快速纵队，这是过去未打过的；三是山东、华中两个野战军会合作战，战役指挥员与半数参战部队之间初次接触，互不熟悉，不大摸底。这些都使我在协助陈毅同志指挥这次战役的过程中更加兢兢业业，格外慎重。苏中战役是初战，宿北和鲁南战役在另一意义上也是初战，是华中、山东两个战区合起来打的初战。慎重初战，这对战役指挥员来说是一条具有丰富内容的原则。从下定战役决心到组织战役实施的全过程，甚至在某些指挥细节上，都必须贯彻慎重的原则，以确保关键性战役的胜利。慎重初战和初战必胜，可以说实质上是一回事情。

以新的作战胜利实现战略意图

1946 年 6 月底，蒋介石对我解放区悍然发动全面进攻。战争初期，我人民解放军与敌军相比较，在数量上和装备上均处于劣势，战争是在敌强我弱的条件下进行的。到同年 12 月，经过近半年作战，蒋介石以被我歼灭正规军 34 万余人的代价，占领了解放区的承德、张家口、淮阴等110 余座城市。敌人曾经气势汹汹，嚣张一时。

面对敌人的全面进攻，我解放区军民奋起反击。在华中战场，我军在解放区前沿，运用集中优势兵力，各个歼灭敌人的传统战法，打了苏中战役等胜仗，给予国民党军以沉重的打击，并在淮阴、淮安、睢宁、涟水等地胜利地进行了运动防御作战。在山东战场，我军也在胶济线上和鲁南地区连续胜利地反击了敌人的进攻。半年中间，华东我军歼灭国民党军十六万六千余人。这些胜利，大大地鼓舞了解放区军民的斗志，增强了必胜的信心。但同时，我淮南、淮北解放区被敌人突破，我军侧翼暴露，华中部分主力被压缩于苏北一隅，鲁南局面也尚未很好打开，战争正向解放区纵深发展。在这种形势下，我军的战略意图是要实现华中、山东两个战区的统一作战，进一步集中兵力，开辟战场，调整布局，以便把运动战、歼灭战推向更大规模。

与此同时，蒋介石正为大量侵占解放区城镇的表面胜利冲昏头脑，继续对我大举进攻，并将主要战场放在华东的山东和苏北。他在华东战场调集了二十五个整编师六十八个旅的兵力，并以其中二十五个半旅和一个快速纵队，由东台、淮阴、宿迁、峄（县）枣（庄）分四路向我大举进攻，以峄县、枣庄、台儿庄一路（四个整编师、八个旅和一个快速纵队）进逼我鲁南重镇临沂，企图迅速揳入沂河平原，深入鲁南解放区腹地，切断我苏北解放区与山东解放区的联系，进而围歼苏北我军主力，或逼迫苏北我军退到陇海路以北，以期首先解决苏北，再攻山东。此时，四路敌军从南、西、北对我形成了半包围的态势。

为了改变敌我态势，我军于 12 月 15 日发起宿北战役，实施中间突破，迎击由宿迁向沭阳、新安镇（今新沂县）进犯的一路敌人，一举全歼了敌整编第六十九师师部和三个半旅，并重创敌五大主力之一的整编第十一师，迫使其退缩至宿迁、曹家集一线转入防御。其他三路敌人也因而放慢进攻速度，或暂时停止进攻。其中由峄县、枣庄、台儿庄进攻临沂的这路敌人，其先头在进至临沂西南30余公里之卞庄、向城、尚岩一线后，暂时就地转入防御。

宿北战役的胜利，给敌人的一路以歼灭性打击，迟滞了另外三路敌人的进攻。但就总的态势看，还只是把敌人的半包围圈打开了一个缺口。这个缺口并不很大，只要敌人做些调整，仍可恢复对我军的半包围态势。当时，敌徐州绥署主任薛岳认为，向我鲁南腹地深入的这一路军队有铁甲利器，我军对它无可奈何，因而对部署未做调整。敌整编第二十六师师长马励武，虽已感到孤军突出，但也自恃手中有坦克战车，天上有飞机掩护，可保无虞，只令部队就地构筑工事，沿公路两侧控制了一些山地要点，以坦克不断往返巡逻，防我攻击，并仍保持进攻姿态，企图伺机继续向临沂方向进犯。由此可见，敌人虽经宿北战役的打击，攻势顿挫，但并未改变其进攻企图。

战略态势的改变，有时不是一个战役所能实现的。从当时的形势看，宿北战役只是开始扭转战局，我军尚未能完全摆脱被动局面，还必须经过新的作战胜利，才能实现我军战略意图，取得完全主动。

选择打击目标

当宿北战役还在进行中，我们就酝酿着组织一次新的战役。我们对新的战役决心的确定，反复进行了十分慎重的考虑。面对当时的战场形势，着眼于战略全局，究竟从哪里打开局面？这是中央军委和战区指挥员都在缜密思考的问题。大家密切地注视着形势的发展，曾经设想过多种方案，以求选择下一步有利的作战方向和打击目标。

还在九十月间，陈毅同志就曾经和华中分局的同志多次酝酿过西渡运河，恢复淮北，逼近津浦路及徐州，以调动敌人，寻机歼敌于运动中。在宿北战役结束前一天,我们把这一设想进一步具体化,上报中央军委。恰在此时,军委来电指示:宿北战役结束以后的第二步作战,宜集中主力歼灭鲁南之敌,并相机收复枣庄、峄县、台儿庄,使鲁南获得巩固,然后无顾虑地向南发展。但中央对战区指挥员的意见很尊重,在接到我们建议进入淮北作战的电报后,即复电同意。此时我们亦正在认真地研究领会中央关于在鲁南作战、使鲁南获得巩固的指示精神。

12月19日中午,宿北战役已接近尾声。这时获悉,薛岳令整编第七十四师及桂系第七军之第一七一师(同整编旅),由涟水向北进攻,限23日攻占沭阳。当时我们认为,如该敌果然按此令北进,势必孤军冒进,有利于我就近转移兵力将其在运动中歼灭。据此,我们决定,除以一部兵力北上攻歼邳县地区之敌外,主力先南下歼灭运动中的敌整编第七十四师。但直到23日,该师仍在原地未动,并与第七军、整编第二十八师相衔接,企图等待欧震兵团到齐后,再继续北犯。鉴于敌人密集不易分割,我们立即放弃了歼灭敌整编第七十四师的计划,决定按中央军委的意图,主力回师鲁南,并即报告了中央军委。中央军委迅即再次来电指示,如放弃打整编第七十四师的计划,似宜集中二十五个团的兵力,歼灭鲁南之敌。

经过这样一个反复酝酿的过程,加深了我们对于在鲁南作战重要性的认识。我们认为,中央军委、毛泽东同志一再指示,要在鲁南作战,使鲁南获得巩固,实际上是指出了在今后的一定时期,山东将是华东的主要战场。如果继宿北战役之后再在鲁南打一个大歼灭战,不仅能打破敌人的包围圈,使山东、华中两路野战军完全会合,而且能为今后在山东作战创造良好的战场条件。鲁南巩固了,以后南下、北上或西进,我军都会取得行动的自由。如果分兵进入淮北,远离后方,不仅需要作好充分准备才能行动,而且不一定能调动进攻鲁南和苏北之敌回援。在这里,我想顺便提一下,当解放战争刚开始时,中央军委曾经设想过南下外线出击的作战方案，但没有付诸实施。在解放战争的第一阶段，我们执行的是中央军委确定的内线歼敌的作战方针。在战争进程中，我军统帅部及高级指挥员，对战局的变化发展往往是作出多种设想，从中选取最优方案，这是很必要的。在解放战争中，中央军委和毛泽东同志始终纵观全局，经常征求和听取战区指挥员的意见，力求从实际情况出发，及时准确地作出决断，把我军的高度集中统一和充分发挥战区指挥员的主观能动作用，最好地结合起来。这是我军得以克敌制胜的一个重要原因，也是我军指挥关系的优良传统，是我们党领导的人民军队本质的生动体现。

当时，向我鲁南解放区进犯之敌，仍停留于临沂西南地区。这一路敌人的部署是：整编第二十六师之第一六九旅配置于卞庄地区，第四十四旅配置于太子堂地区，师部及第一快速纵队（由第八十旅、中央直属榴弹炮兵第五团及第四团一个营、战车第一团第一营、搜索营、工兵营和汽车团组成）位于两旅之间的马家庄、陈家桥、贾头地区；整编第五十一师主力位于枣庄、齐村及其附近地区，与整编第二十六师相距30余公里；整编第三十三军之整编第七十七师和整编第五十九师，分别位于四户镇和邳县及其附近地区，与整编第二十六师相距也有30余公里。此外，兰陵、洪山和长城一带，有敌地方部队驻守。

针对上述敌情，如何选择打击目标，是定下战役决心的重要问题。选弱敌打，这是我军常用的一条原则。但有时为了迅速改变态势，扭转战局，我们也在有把握或既有一定把握又有一定风险的情况下先打强敌。这样的决心也并不少见。这次战役我们就是先拟打弱敌冯治安部之整编第五十九师，后来又改为打强敌整编第二十六师和快速纵队。为什么要确定先打这个强敌呢？正如中央军委在电报中所指示的，整编第二十六师系敌鲁南主力，该师被歼，全局好转；若先打冯治安部，则恐一时不能解决鲁南问题。

依照上述意图，我们对鲁南战区的地形、民情以及敌我双方兵力兵器对比和战斗力等情况，进行了全面分析研究，一致认为，我军虽有不利因素，但有利条件更多，优势在我军方面。特别是战役一开始即可集中二十七个主力团，打敌整编第二十六师和快速纵队6个团，兵力四倍半于敌，是绝对优势，可以实现战役上的以多胜少。同时，敌整编第二十六师和快速纵队虽是强敌，但它孤军突出，态势不利，而且它与冯治安部有矛盾，在它受攻击时，冯部很大可能不会来援。因此，我军有把握取胜。12月23日，我们定下了集中兵力歼灭鲁南之敌的决心，并随即命令第一纵队、第八师、第一师秘密兼程北上，会同已由鲁中到达鲁南之第九师、第四师一个团，及原在鲁南方向作战之第十师、滨海警备旅和鲁南军区特务团，准备首先歼灭敌整编第二十六师及第一快速纵队，作为战役的第一阶段；而后再乘胜扩大战果，直下峄县、台儿庄，歼敌整编第三十三军一部或全部。另决定以第二纵队、第六师、第七师、第九纵队及第十三旅，由谭震林同志指挥，在沭阳东西地区进行防御，迟滞敌人北犯，并相机歼其一部。这一决心上报后，立即得到中央军委和毛泽东同志的批准。他们在复电中还强调指出："鲁南战役关系全局，此战胜利，即使苏北各城全失，亦有办法恢复。"期望我们"打一个比宿北更大的歼灭战"。军委和毛泽东同志的指示明确具体，言简意赅，更加坚定了我们对此战必胜的决心。野战军迅速下达了政治工作指示和战役动员口号，对部队进行深入的政治动员。使全体指战员了解此次战役的重大意义及取得胜利的有利条件，号召大家发扬革命英雄主义精神，克服困难，不怕牺牲，加强团结，协同作战，为干脆彻底消灭敌整编第二十六师和第一快速纵队，为保卫华东解放区而英勇奋战！在强有力的政治工作推动下，中央军委、毛泽东同志的指示精神和野战军的战役决心，化成了广大指战员自觉争取胜利的战斗行动。

紧张的战前准备

鲁南战役从定下战役决心到战役发起，只有八九天时间，战前准备工作十分紧张。

战役第一阶段的兵力部署，是在北上途中完成的。在部队接近集结地域前，由陈毅同志主持，召开了各师和纵队负责同志参加的野战军作战会议。会上介绍了敌情，传达了中央军委关于鲁南战役的指示，宣布了野战军的战役决心，进行了具体的作战部署。抗日战争时期，我各主力部队分散坚持抗日游击战争，建立抗日民主根据地，带有地方性。随着从抗日战争向解放战争、从游击战向运动战的过渡，我军已逐步发展成为强大的野

粟裕（右二）、谭震林（右一）在研究阻击方案。

战兵团，这是我军发展史上的重要一页。陈毅同志在这次会议上的讲话中特别强调了集中统一指挥的重要性，要求山东野战军和华中野战军加强团结，互相学习，密切协同，主动支援。陈毅同志的讲话，对提高认识，统一思想，加强两个野战军的战斗团结，共同夺取胜利，起了重要作用。

在解放战争期间，几乎在每次大的战役之前都要召开这样的战前会议。会上，分析战争形势和敌我态势，研究战役决心，探讨作战方法，部署后勤保障等等，充分发扬军事民主，统一思想和行动。实践证明，这样做确实好处很大。后来的南麻、临朐一仗没有打好，固然有多方面的原因，战前没有来得及开会研究是重要原因之一。

为便于指挥，我们决定将参战部队编成左右两个纵队。右纵队以第八师、第九师、第十师、第四师之第十团、滨海警备旅及鲁南军区特务团组成，由鲁中军区司令员王建安、政委向明、鲁南军区政委傅秋涛、副司令员郭化若统一指挥，其任务是攻占敌防御地区左翼诸山地要点，切断敌向峄县、枣庄的退路，并阻击峄县、枣庄之敌的增援。得手后再攻向城，割裂敌第一六九旅与第四十四旅的联系，歼灭傅山口、太子堂地区之第四十四旅。上述任务达成后，再配合左纵队围歼敌整编第二十六师师部及第一快速纵队。左纵队由陶勇同志所部第一师和叶飞同志所部第一纵队组成，归野战军直接指挥，担负歼灭第一六九旅及第一快速纵队的任务，首先围歼卞庄之敌，同时切断整编第二十六师与整编第三十三军的联系，在右纵队配合下攻歼敌第一六九旅和第一快速纵队。鲁南第三军分区武装，在马头、新村段沿沂河东岸进行防御，保证野战军翼侧安全，维护华中与山东的交通，并以一部兵力和精干民兵，挺进至兰陵、邳县间及兰陵、峄县、台儿庄间，开展游击活动，破坏交通，监视当面敌人的活动。野战军的作战命令规定，各部均应于1947年1月1日拂晓前进入指定集结地域，战役发起时间为1月2日24时。

参战部队迅速隐蔽北上。各部队一律夜行晓宿，行军途中，地方武装、民兵和人民群众主动协助我军侦察敌情，封锁消息，为我军当向导，运粮弹……充分发挥了内线作战的优越性，有力地保障了部队的行动。所有参战部队，都利用行军的间隙进行临战训练，着重研究打坦克的方法。1947年1月1日拂晓前，各部队都按时到达了指定的地域隐蔽集结，在紧张的战前准备中度过了元旦节日。

中央军委和毛泽东同志对两个野战军统一作战非常关心，在战役发起前几小时，还来电询问我和第一师是否已到鲁南与陈毅等同志率领的山东野战军在一起（因我和第一师走在北上部队的最后），勉励我们要以宿北战役为例，力争打大歼灭战，即每战全部彻底歼灭敌三至四个旅。中央的电报使我们倍觉亲切和深受鼓舞。陈毅同志和我立即联名向中央军委和毛泽东同志报告，说明我们已于12月29日会合在一起，共同指挥这次作战，第一师已经参战。

歼敌第二十六师和快速纵队

鲁南战役第一阶段的任务，是围歼敌整编第二十六师及配属于它的第一快速纵队。这次作战，敌人便于相互策应，我军则被几路敌人逼得很紧。因此我们在作战方法上特别强调了要突然发起进攻，迅速包围分割和各个歼灭敌人。作战计划规定，战役发起后，战役合围同战术分割要同时进行，在实施战役合围、构成对外正面的同时，要向敌纵深猛烈突击，迅速将敌各旅、团分割包围，各个歼灭，务使敌人无法组织协同和互相支援作战。

1月2日22时，我军提前两小时突然对敌发起全线攻击。敌人在我解放区军民的严密封锁监视下，犹如瞎子，对我军的这一重大作战行动毫无觉察。敌师长马励武在元旦那天离开指挥位置去峄县过年未归。战斗一打响，敌军就失去了统一指挥。我军动作迅猛，以排山倒海之势冲向敌

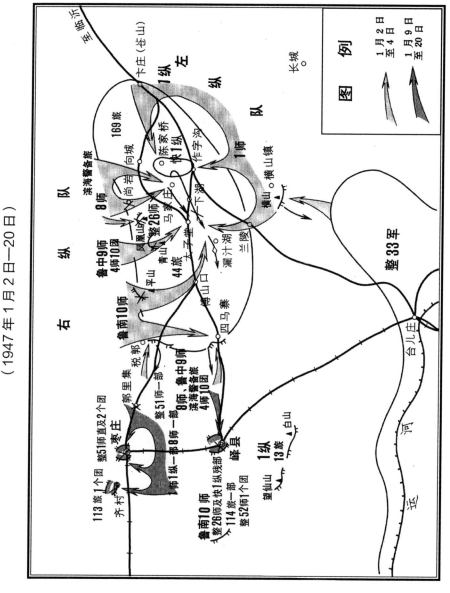

鲁南战役经过要图
（1947 年 1 月 2 日—20 日）

鲁南战役经过要图。

人各守备要点，打得敌人晕头转向，仓皇应战。右纵队激战至1月3日拂晓，除石龙山守敌一个营逃向杨桥外，四马寨、平山、石城崮、青山、凤凰山、尚岩、石龙山均为我攻克，歼敌第四十四旅大部，切断了敌整编第二十六师的退路，控制了阻止峄县、枣庄敌人东援的阵地，并使马家庄敌师部直接处于我军攻击矛头之下。我左纵队于当夜包围了卞庄守敌一个团，占领了大官庄、南北小庄及洪山、横山、兰陵及其以北地区，歼敌一部，切断了整编第二十六师与整编第三十三军的联系，并与由四马寨地区向南攻击的右纵队的部队会合。至此，我已完成了对敌的战役合围与部分的战术分割，并歼敌一部。敌军在我多路攻击下，虽匆忙组织兵力反击，炮火拦阻，坦克增援，但均未能阻遏我军的勇猛攻势。3日晚，我右纵队向傅山口、太子堂、马家庄、杨桥等地之敌猛攻，左纵队向马家渔沟、张桥、小锅里、秋湖等地之敌猛攻。经彻夜激战，至4日晨，以上各地均为我攻占。到此时为止，我军已歼灭整编第二十六师师部及其两个旅大部。敌残部及第一快速纵队被我紧紧包围于陈家桥、贾头、作字沟狭小地区。

第一快速纵队号称"国军精华"，现在说起来也不过就是几十辆坦克，几百辆汽车，但在当时它是不可一世的。敌人是靠着它吓人的。我参战部队多数基本上还是用的抗日战争结束时的杂式武器，敌我技术装备水平相差悬殊。我军绝大部分干部战士不但没有打过坦克，而且没有见过坦克，虽然部队在集结行动途中抓了一下打坦克的训练，但时间很短，又没有实物可供演练。在实战中我军靠的是战士们的勇敢和智慧，靠的是人民战争的强大威力，至于火器，除少量战防炮外，主要还是靠手榴弹、手雷和炸药包。

说起来也是凑巧，4日上午，正当我们要发起对敌快速纵队的进攻时，天气由阴转雨，雨中夹雪，寒风刺骨。参谋人员来问我：计划有无改变？我说：不变！这是天老爷在帮我们的忙。雨雪交加，道路难行，会把重型装备陷在那里，敌人就更难逃脱了。这时，虽然云层很低，但敌人还是设法派飞机来支援它的地面部队。当时我军前线指挥所掌握有缴获到的报话机，侦听到了敌军规定的空投联络标志，我立即告诉部队选定地点，布置起假的地空联络标志，敌人的一部分援救物资果然投送到了我们的手上。

4日上午10时左右，敌见空中和地面增援无望，开始脱离阵地落荒突围。我左右纵队各部队立即发起攻击，将快速纵队之第八十旅大部歼灭于陈家桥以西地区。此时，敌坦克、汽车、炮兵与步兵混杂一起，溃乱地向西涌去，沿下湖、漏汁湖之线朝峄县方向夺路窜逃。现代化的装备是要有现代化的战场为其服务的，敌人西逃的主要道路和桥梁已被我解放区军民破坏，并布设了地雷，挖掘了反坦克沟，加上洼地泥泞，许多汽车和火炮陷下去动弹不得。我军对敌实施猛烈追击、侧击、堵击。突围之敌虽陷入混乱，仍以坦克和大炮向我射击。我指战员冒着寒风雨雪，穿着湿透的棉衣，不顾敌人火力拦阻，奋勇地冲入敌阵，与敌短兵相接，近战格斗，用炸药包、手雷、集束手榴弹炸坦克，用燃烧手榴弹和秫秸烧坦克，有些战士则干脆爬上坦克用铁锹、洋镐砸电台天线，仅几个小时，就把美蒋合建、由美军装备训练、蒋纬国苦心经营的这个坦克部队打成了瞎子、聋子、瘫子。到下午3时，敌军除七辆坦克钻隙逃往峄县外，整编第二十六师和第一快速纵队，共三万余人全部覆灭。在我围歼这批敌军的过程中，枣庄和峄县之敌曾各出动部分兵力东援，均被我击退，并歼其一部。敌整编第三十三军也以一部兵力至横山一带略作骚扰即南撤。第一阶段作战胜利结束。

我军指战员的英勇无畏，把敌军头目吓得目瞪口呆。敌整编第二十六师师长马励武后来在被俘时说："当本师配属快速纵队东进时，可谓声势浩大，未料四日一战，即四面楚歌。"一些被俘的敌坦克兵也说："我们在印缅战场作战三年，一直是向前冲，美国人对我们也很看得起，想不到今天会败得这样惨。"是的，我人民子弟兵在高度革命英雄主义精神鼓舞下所发挥出来的巨大物质力量，是我们的敌人永远也无法估量的。

围歼整编第二十六师和快速纵队的战斗刚结束，我同司令部的几位同志就赶赴现场察看。只见坦克、大炮和汽车漫坡遍野横七竖八地停在那里，各种枪支、弹药以及通信、工兵器材累积成堆，美国造的生活用具、食品、药物、被服遍地皆是。一批批全身沾满泥污的俘虏被我英雄战士、民兵押下战场。我军指战员忘记了连续几昼夜与敌人冲杀的极度疲劳，在凛冽的寒风中打扫战场，有的在指挥俘虏兵把坦克和汽车开出战场，有的在推拉大炮，有的在搜集武器弹药。不少干部战士站在泥泞中用冻僵了的双手比划着向我讲述打坦克、缴大炮、捉俘虏的经过和体会。他们那双眼红肿、布满汗垢的脸庞上，露出自豪和胜利的笑容，这些忠诚无畏的勇士们，是多么可敬可爱啊！

歼敌第五十一师

第二阶段的作战任务，按预定方案是乘胜寻歼敌整编第三十三军，并相机收复台儿庄、峄县。1月3日中央军委也来电指示，歼灭整编第二十六师后，应彻底消灭整编第三十三军军部及其所属整编第七十七师，然后看情况再将整编第五十九师歼灭或招降。但此时情况发生变化，敌整编第三十三军见整编第二十六师及第一快速纵队被歼，已于5日全部退缩到运河以南，背靠徐州，依托原有工事防御。峄县、枣庄守敌也调整了部署，增加了兵力，加强了防御设施。此外，整编第六十四师一部已进抵韩庄，整编第二十师已接防临城（今薛城），整编第十一师正由宿迁向徐州东北转运中。战场敌情的变化，要求我军的作战计划也必须立即变更。

在战争中，一个战役指挥员当作战方案初步确定后，仍要继续反复思考，设想可能出现的新情况和需要采取的相应处置方案，以便在情况突变时可以不失时机地进行新的选择。在第一阶段作战中，我曾反复思考怎样才能更好地实现中央关于巩固鲁南的指示，认为枣庄是敌在鲁南的重要据点之一，有较强的工事，在我出击方向的翼侧，如果不打下来，我们一出击，敌人就会依托那个据点从侧后打我们，对我很不利。为了打开鲁南的局面，创造较好的战场条件，只打下峄县不行，还须攻克枣庄。攻打枣庄，尽管付出的代价会更大些，但对打开鲁南局面极为重要。战役第一阶段结束，发现寻歼敌第三十三军之战机已失，我便向陈毅同志提出在战役第二阶段同时攻取峄县、枣庄的建议。陈毅同志立即同意这个建议。我们对下一步作战部署拟出了具体方案：除以第八师、第九师、第四师第十团及滨海警备旅按原计划攻取峄县外，调第一师迅速北上攻取枣庄、齐村；调第一纵队及新由苏北赶来之第十三旅，在峄县西南之文峰山、望仙山、白山一线，阻击可能由韩庄、台儿庄出援之敌。另以第十师位于临城、齐村之间，阻击可能由临城东援之敌；鲁南第一军分区一个团进至临城、沙沟之间，开展游击活动，破坏铁路公路，断绝敌人交通。为掌握较大的机动力量，又从南线部队中抽调第二纵队、第六师至沂河以西、兰陵至台儿庄公路以东地区，隐蔽集结，待机参战；留第七师、第九纵队，由谭震林同志指挥，牵制由沭阳北犯之敌。我们的这一作战方案迅速得到中央军委的批准。

为了及时、准确地掌握战场情况和指挥部队作战，经与陈毅同志商量，我率部分人员组成的轻便指挥所，于1月9日拂晓到达峄县、枣庄前线指挥作战。

攻打峄县的战斗进展顺利。1月9日晚发起攻击，经彻夜战斗，即攻占了南关、邵家楼、檀山及东关大部，由南面和东面直逼城垣。10日白天进行攻城准备，当日下午黄昏前开始总攻。经炮火急袭后，第八师以连续爆破首先突破南门，打退了敌人数次反击，缴获了前一阶段逃到峄县的七辆坦克，巩固了突破口，后续部队紧跟突击部队入城，投入巷战。当夜我第九师及第四师第十团，在城内部队策应下，也由东门及东北角突入城内。至 11 日凌晨 1 时，全歼守敌。整编第二十六师师长马励武，也在这里被俘了。第二天他被送到野战军指挥部，陈毅同志接见了他。

鲁南地区有较多的工矿企业，部队中工矿工人较多，他们擅长爆破。所以峄县战斗一结束，我就进城，主要是去学习研究攻城爆破技术。在城南门遇到第八师的同志正把俘虏和缴获的坦克押送出城，我要求他们在现地介绍突破南门的战斗情况。他们详细讲述了突破南门时火力、爆破、突击的结合运用，以及在城内进行巷战的经过。我们马上把他们的经验通报了正在攻击枣庄的第一师。宿北战役把第一纵队英勇顽强的野战作风传开了，鲁南战役则向第八师学习了攻坚、爆破技术。在战争中我们的部队就是这样不断地进行经验交流，提高战术技术水平和培养优良战斗作风的。

在围攻峄县的同时，我第一师主力对枣庄之敌发起攻击，并以一部兵力监视齐村、郭里集之敌，保障攻枣主力两翼的安全。11 日和 12 日两天，消灭了从郭里集向枣庄收缩之敌两个营，肃清了枣庄、齐村外围之敌。13 日，为使第一师集中全力攻克枣庄，我们调第一纵队第一旅替换第一师的部队围攻齐村。16 日攻克齐村，全歼守敌第一一三旅旅部及一个团。

攻打枣庄之第一师，素以擅长野战、灵活机智、作风顽强著称，对于城市攻坚尚缺乏经验。枣庄系工矿市镇，建筑物较坚固，工事较强，部队虽打得英勇顽强，但因不会爆破，到 14 日仅攻占敌大部分前沿据点，进展迟缓。这时，敌整编第十一师及整编第六十四师已全部进至台儿庄、韩庄一线，整编第七十四师正向新安镇前进中。为争取时间，在敌援兵到达之前迅速攻下枣庄，我分别与陶勇、叶飞、何以祥同志商量，由第一纵队派两个团，第八师派一个团协助第一师攻打枣庄。叶飞、何以祥同志立即选派了减员较少、战斗力较强的部队前往参战。他们冒着大雪行军，按时到达攻击位置。各部经充分准备后，于 19 日下午对枣庄守敌发起总攻。在我炮兵火力支援下，各部进行连续爆破，共打开五个突破口，突入市区，与敌展开逐屋逐堡争夺。战斗到 20 日 13 时，守敌整编第五十一师师部及两个团被我全歼，俘敌师长周毓英。在我军围攻枣庄时，各路援敌慑于我军威势，均迟迟不敢前进，仅临城东援之敌与我第十师稍有接触。战斗结束不久，第一师把周毓英送到了野战军指挥部，在受到我们的宽待后，周很感动，他谴责了国民党打内战的罪行和歧视、消灭原东北军的行径。

攻打枣庄是一场城市攻坚战。在战斗过程中一度比较紧张。当时攻枣进展缓慢，而敌欧震集团的三个整编师已推进到新安镇两侧，其中两个师距枣庄仅 15 至 20 公里。我在分析战场情况之后，决定增加兵力，首先攻克枣庄，尔后全力对付欧震集团，以避免两面作战造成两头皆失。恰在此时，军委来电指示我们以一部兵力打枣庄，主力立即准备打欧震集团。根据当时情况，如这样变更部署，不但难以迅速攻克枣庄，而且也无足够的兵力歼灭欧震集团。我正在准备把上述想法上报军委时，又接到军委新的指示，明确提出推迟两周后再打欧震集团。这又一次表明中央军委和毛泽东同志对战场形势的了解是非常及时和准确的。于是我们按原定决心和部署，仅用了 20 小时就攻克了枣庄，全歼守敌。打下枣庄，使我军获得较大的自由。打，可以全力以赴；休息，可以从容不迫。我军休整了半个月后，战局开始向山东解放区纵深发展。根据敌情新的变化，我们放弃了南打欧震集团的计划，实施大踏步后退，主力北上，胜利地进行了莱芜战役。

鲁南大捷，是遵照中央军委和毛泽东同志的英明决策，在陈毅同志指挥下，山东、华中广大军民英勇奋战的结果。这次战役，创造了解放战争以来华东我军在一次战役中歼敌 5 万余人的新纪录。特别是干脆、彻底、迅速歼灭了全副美械装备的敌主力师和机械化部队，对国民党反动派及其军队是个极其沉重的打击，对华东以至全国人民是个很大的鼓

　　陈毅（中）、张云逸（右）、张鼎丞（左）在鲁南缴获的坦克上。

舞。宿北、鲁南两个战役的胜利，使我军实现了自己的战略意图，夺取了战场的主动权。在以后作战中，进行莱芜、泰安、孟良崮等战役时，就主动得多了。

　　鲁南战役和宿北战役的胜利，对华东我军的建设，亦有其特殊的意义。一方面那时随着战局的发展，华中部队由苏北转到鲁南，再由鲁南转到鲁中，指战员思想问题较多。宿北、鲁南两战役全胜，使部队顺利地实现了思想转弯，进一步坚定了战胜国民党军队的信心。另一方面，我军由分散作战到集中作战，由打小仗到打大仗，既打敌人步兵又打敌机械化部队，既擅长野战又能城市攻坚，从战争中学习战争，全面提高了部队的战斗力。特别是使山东和华中两野战军在作战思想、指挥关系和组织编制等方面实现了统一，为尔后扩大胜利、进行更大规模的运动战和歼灭战奠定了基础。

第 十 三 章
示形于鲁南，决胜于鲁中

莱芜战役，是我华东野战军在解放战争战略防御阶段胜利进行的一次规模较大的运动战、歼灭战。

1947 年 1 月下旬，我华东部队在鲁南大捷歼敌五万余人之后，主力集结在山东临沂周围地区休整待机。这时，全国战局正继续以华东战场为中心展开着。国民党反动派自恃兵力雄厚，准备向山东解放区发动新的进攻。蒋介石、陈诚制定了一个"鲁南会战计划"，调集重兵集团，企图逼我主力决战于临沂地区。我军在南线之敌密集稳进、难以分割歼灭的情况下，果断决定放弃山东解放区首府临沂，以少量部队伪装主力在南线与敌周旋，主力迅速隐蔽地大踏步北上 150 多公里，出敌不意，于 2 月 20 日至 23 日，在北线莱芜地区打了一场大规模的歼灭战，一举全歼深入我鲁中解放区腹地之敌李仙洲集团，消灭了敌军一个绥靖区前方指挥所、两个军部、七个师共五万六千余人，活捉了敌第二绥靖区中将副司令李仙洲。此役，连同南线和胶济线东段的配合作战，共计歼敌 7 万余人。我军奏捷之速，歼敌之众，付出伤亡代价之小，都创造了解放战争以来华东战场上的空前纪录。

莱芜战役是华东战场上一次比较典型的运动战、歼灭战。当时，刚刚经过统一整编的我华东野战军，在以陈毅同志为书记的华野前委统率和指挥下，坚决贯彻执行党中央、中央军委的战略决策，从战役的实际情况出发，运用灵活机动的战略战术；充分利用内线作战的有利条件，依靠老解放区人民和党政机关的全力支援，发挥人民战争的巨大优势；在战役过程中，坚持以歼灭敌人有生力量为主要目标的作战指导方针和集中优势兵力、各个歼灭敌人并力求歼敌于运动中的作战原则和作战方法，从而取得了空前的胜利，特别是积累了大兵团打运动战的经验。战役结束后，陈毅同志在谈到此次作战经验时，曾经指出："华东自卫作战，以这次最为圆满，各方面更熟练、更提高了。"

在这篇回忆中，我侧重从战役指挥的角度，提供一些情况，谈一些个人的体会。

战前的敌我态势

从解放战争开始至 1947 年 1 月，我人民解放军在七个月的自卫作战中，以平均每月歼敌八个正规旅的速度，共歼灭敌军 56 个旅，占国民党进攻解放区总兵力 218 个旅的四分之一强。我军已经开始在几个战场上夺取了主动权，军事形势已向有利于人民的方向发展。2 月 1 日，毛泽东同志为党中央起草的关于《迎接中国革命的新高潮》的指示中指出：中国时局将要发展到一个全国范围的新的人民大革命的阶段，全党要为争取这一高潮的到来及胜利而斗争。指示强调："为着彻底粉碎蒋军的进攻，必须在今后几个月内，再歼蒋军四十至五十个旅，这是决定一切的关键。"

在华东战场，经过七个月的较量，军事形势较之国民党军开始向我全面进攻时也发生了很大变化。我华中、山东野战军经过苏中、宿北、鲁南和其他战役的一系列胜利，已经实现了中央军委、毛泽东同志关于在解放区前沿歼敌和适时转入内线纵深作战的战略意图。战争初期形成的苏中、两淮、鲁南和胶济线四个战场，在作战的胜利中不断调整，实现了新的战略布局，主战场已转入山东解放区境内。山东、华中两个野战军已经实现了胜利的会合和统一指挥，并正式组成华东野战军。我军兵力更加集中，武器装备也有相当改善，作战能力迅速提高。全体指战员在全国和华东我军大量歼敌的胜利形势鼓舞下，士气高昂，求战心切。这时，我们华野的几个领导同志正在着力研究分析敌情，考虑如何利用内线作战的有利条件，依托山东解放区，积极创造战机，打更多更大的歼灭战，完成中央军委赋予的争取在一个半月到两个月内再歼敌十个旅左右的作战任务，以推进战局的发展。

与此同时，国民党反动派继续对战场形势作出错误判断。他们认为，以损兵二十多万为代价，占领了我比较富庶的苏皖解放区，并把我军主力挤到山东境内，这是他们战略上的"胜利"。敌参谋总长陈诚当时在一个内部文件中就说："共军大势已去"，"国军部队虽略受损失，但就全盘战局而言，实属莫大之成功"。敌人还判断，我军经过连续作战，伤亡损失一定重大。而且部队刚刚集中，有不少原来是地方武装，战斗力不会强。临沂是山东解放区首府，我必竭力死守。这些便是蒋介石、陈诚制定"鲁南会战计划"的主观依据。蒋介石为迫我决战，派陈诚坐镇徐州，陈诚叫嚷："这次会战关系重大，党国前途，剿匪成败，全赖于此，只许成功，不许失败。"

1 月 27 日，原已被迫反正的伪军郝鹏举部叛变投蒋，被敌改编为第四十二集团军，郝被委任司令，所属四个师（相当整编旅）仍部署于海州外围的白塔埠、驼峰地区。

敌我双方的态势，预示着一场更大的较量即将开始。

抓住战役间隙进行休整

还在鲁南战役即将结束时，陈毅同志就和我们一起分析敌情，根据中央通报和当面敌军调整部署的情况，判断徐州之敌不久将会发动新的大攻势，决定争取两周时间休整部队，进行战前各项准备。然后依据情况发展，或在敌新攻势之前歼击欧震集团，或在其攻势形成后再寻机歼敌。

在此期间，我们抓紧办了几件重要的事情：

第一，根据形势的发展，将山东、华中的各野战兵团和地方主力部队统一整编为十一个步兵纵队和一个特种兵纵队，统一了部队的序列、番号和编成；各纵队调整充实基层组织，以提高战斗力特别是提高连续作战的能力。通过整编，使华东我军进一步实现了组织指挥上的集中统一。

第二，在临沂附近召开了干部会议，传达党中央关于当前形势和任务的指示。会上，在总结7个月作战经验的基础上，进一步提高了对毛泽东同志的积极防御战略方针和打运动战、歼灭战思想的认识，增强了全军的内部团结和作战指导思想的统一。陈毅同志在会上做了《一面打仗，一面建设》的报告，从坚持人民军队建军路线的高度，针对当时部队中存在的某些不良倾向，号召全军要加强军队内部和军政、军民之间的团结，强调要树立整体观念，统一意志，统一行动，统一组织，统一制度；为了消除今后进行大规模作战的障碍，一定要加强党的领导，加强政治工作，打破由于过去历史条件造成的山头主义、本位主义和游击主义；为了充分体现人民军队的本质和发挥内线作战的优势，一定要加强群众观念和群众工作，遵守纪律，支持和配合好农村的土改斗争；要以战教战，打一仗进一步，以战养战，夺取敌人装备武装自己，并且努力减轻群众负担。

第三，抓紧了各部队的思想政治教育和战术技术训练，特别是使中央、军委的指示和鲁南会议精神为广大干部、战士所掌握，大大鼓舞了全军的战斗情绪和必胜信念。

第四，在华东局主持下，合并苏、鲁地方机关，以全力部署、动员和组织各项支前工作，统一和健全支前组织和供应制度，筹集大量粮草、弹药和其他军需物资于临沂地区，为我军打更大规模歼灭战提供了物质保障。

此外，还进一步部署了苏北、苏中地区的敌后军事斗争，组织部队挺进淮北、淮南，广泛开展游击战争。

战役间隙的休整，包含着为了以利再战的很繁重而又复杂的工作内容。就当时的情况看，鲁南战役刚刚结束，山东、华中两军刚刚统一整编，敌人大举进攻在即，这个问题就显得更加突出。当时，作为统筹华东全局工作的陈毅同志，表现出高超的领导艺术和卓越的组织才能。他尊重集体领导，充分相信群众，严格要求而又大胆放手地使用干部，抓紧时机，抓住主要环节，着眼于组织新的更大的运动战、歼灭战，大刀阔斧地组织领导了以上几项主要工作，为尔后胜利作战打下了政治上、组织上和物质上的基础。

面对敌人的大举进攻，战役之间的空隙，通常都是很短暂的。作为战役指挥员，要十分重视抓紧和利用休整时间，在一定意义上说，要像对待创造和捕捉战机那样重视才行，这是我军得以连续胜利作战的重要保证。当时，中央军委、毛泽东同志曾电示我们要注意"利用敌人大举进攻前夜全军休整，多一天好一天。休整即是胜利"。我们原来准备休整两周，实际上敌人并没有给我们这样多的时间，鲁南战役在 1 月 20 日结束，敌人在 31 日就发动新的进攻了。

果断改变战役决心

蒋介石、陈诚拟定的"鲁南会战计划"的要点是：以十一个整编师（军）共二十九个整编旅（师）的兵力，组成两个突击集团。南线由欧震集团的八个整编师（二十个整编旅）组成主要突击集团。沿陇海路自台儿庄至城头一线，北攻临沂。北线由李仙洲指挥三个军九个师（未整编）组成辅助突击集团，分由明水（今章邱）、周村、博山南下。乘虚进占莱芜、新泰、蒙阴，袭扰我后方，进击我侧背，配合南线行动。此外，敌人还从冀南、豫北战场抽调王敬久集团（辖敌五大主力之一的第五军和三个整编师）至鲁西南地区，企图隔绝我晋冀鲁豫野战军与华东野战军的联系，并伺机转用于鲁南、鲁中战场。敌人吸取过去被歼教训，要求各部队实行"集中兵力，稳扎稳打，齐头并进，避免突出"的作战方针，以免遭我各个击破。

1月31日，南线敌军分三路开始北犯。2月3日进抵重坊、郯城、桃林一线。敌军的配置和行动计划是：左路为整编第十一师、第五十九师、第六十四师共八个旅，由运河集、邳县地区沿沂河西岸向临沂进攻；中路为整编第七十四师、第八十三师及第七军（同整编师）共七个旅，由新安镇（今新沂）沿沂河、沭河之间的郯城、华埠向临沂进攻；右路为整编第二十五师、第六十五师及第六十七师（同整编旅）共六个旅，由沭河以东的城头、阿湖地区向临沂进攻。敌军兵力密集，互为策应，每一路都分别有精锐主力部队作为骨干，战斗实力相当强。

依据当面敌情，我们于1月26日提出了集中五十个团的兵力，先打南线敌人右路的初步方案。军委于27日复电同意。1月28日，军委来电指示：陈诚直接指挥之进攻将于不久时间发动，我军似以待其进攻再打为有利。31日又电示，蒋军日内即将进攻，我军方针似宜诱敌深入，不宜行动过早。据此，我们决心放手诱敌北进至临沂外围地区予以各个歼灭，同时做了保卫临沂的准备。2月3日，我们向各部队下达了作战预备命令，拟定了在临沂及其以南地区作战的三个方案。第一方案，如敌右路前进较快，即首先集中兵力歼灭整编第二十五师及整编第六十五师一部于郯城以东、东海（今海州）以西地区。这一路敌人的战斗力较弱，侧翼暴露，易于歼灭。第二方案，如敌左路前进较快，则首先集中兵力歼灭整编第十一师于沂河以西的苍山地区。这一路敌人侧翼虽不暴露，但比较薄弱一些，容易打。第三方案，如敌左右两路均前进迟缓，而中路突出时，即首先集中兵力歼灭整编第七十四师于沂河、沭河之间，郯城以北地区，这一路敌人战斗力较强，两翼又有掩护，不易就歼，但当它沿郯（城）临（沂）公路冒进与其左右两路脱离较远时，也有可能予以歼灭。三个方案中，以第一方案为最好，这是基本方案，第二方案次之，第三方案可能较难实现。

在制定作战方案的当天，2月3日，我们即令第三纵队从正面坚决抗击中路之敌，目的是要诱使敌之左右两路突出，以利我寻歼其中的一路。但敌不中我计，在我第三纵队对敌中路施加压力后，左右两路敌人不仅没有突出冒进，反而就地构筑工事，且有向中路靠拢之势。而北线之敌李仙洲集团已于当天分由明水、博山南犯，次日进占我莱芜、颜庄。看来，敌人估计我军必定固守临沂，决定按照其会战计划规定的作战方针，稳扎稳打、齐头并进，待北线李仙洲集团和西线王敬久集团逼近后，再同我主力决战。

在此形势下，如何分割敌人，创造战机，成为突出问题。2月4日，中央军委来电指示，对南线之敌，要等候其进至郯城、临沂之中间地带（比较靠近临沂）时再打第一仗。电示强调：敌越深入越好打，我打得越迟越好，只要你们不求急效，并准备必要时放弃临沂，则此次我必能胜利。

中央军委关于必要时放弃临沂的这一方针性的指示，给我们以很大启示。敌人逼我在临沂地区决战，我们有了必要时放弃临沂的准备，作战的回旋余地就大得多了。

这时，陈毅同志提出了一个重要的设想：既然南线敌人重兵密集，战机难寻，而北线敌人孤军深入，威胁我后方，我们不如改变原定作战方针，置南线敌重兵集团于不顾，而以主力北上，以绝对优势兵力，歼灭北线之敌。陈毅同志要我就此设想熟思。

我觉得陈毅同志的设想十分高明，并做了进一步的分析。

从解放战争开始，在华东战场上，敌我双方都把作战重心放在南线。这次敌主要突击集团和我军主力也都集中于南线。中央军委的历次指示，都是要我们诱南线之敌北上，在临沂附近的适当地域寻机予以歼灭。我们也是这样部署作战的。但是，从战场的实际情况看，出现了值得研究的重要因素：第一，南线敌军麇集成堆，仅沂河、沭河之间宽约三四十里的正面上，就摆了二十多个团，而且行动谨慎，平推北上，不易各个击破。第二，从兵力对比看，整个南线，敌有五十多个团，加上守备陇海线和临城、韩庄地区之敌，共六十三个团，我虽亦集中约六十个团，但就敌我兵力、装备、物力诸条件综合比较，敌占优势，在不能给敌以大量消耗和实施分割包围的情况下，不宜过早地与其决战。第三，北线之敌乘虚南下，拊击我侧背，威胁我后方，不能忽视。同时，与南线敌军比较，北线敌军兵力少，战斗力也相对不强，内部派系矛盾多，且孤军深入。李仙洲本人军事上是外行，没有什么同我军作战的经验，我如将主力隐蔽北上，可对其形成绝对优势，有把握予以歼灭，敌既认定我必固守临沂，我军突然北上，定可出敌不意。这样，我就可以置敌南线强大兵团于无用之地，既可避免不利决战，又可歼敌一大坨，粉碎敌之南北夹击意图，解除敌对我后方的威胁，打通渤海、胶东和鲁中的联系。如果我能歼敌三分之二，将便于我今后集中更大兵力南下出击，向津浦线、向中原以至大别山发展。

打北线之敌的最大顾虑是，在它发现我主力北上时可能回缩，使我军扑空。但即使如此，我还可乘势进击胶济路，打通鲁中、胶东、渤海三区的联系，然后休整部队，以逸待劳，从容迎击南线之敌，仍属有利。而且，我军在行动中还可以采取种种佯动措施，示形于南，击敌于北，迷惑敌人，特别是如临沂不守，就可能造成敌严重错觉。只要能争取到几天时间，北线之敌就难逃被歼的命运。

我也考虑了南线之敌在我军主力北上后的可能动作。在北线解决李仙洲集团前，进占临沂之敌，很大可能会认为我军无力再战，即沿临（沂）蒙（阴）公路北上，加速南北对进，妄图夹击我军；另一可能为，由临沂西开往向城地区，经枣庄、临城，向北打通津浦路，以图与济南南下之敌会师；也有可能由临沂东进，打通临沂与海州的联系。但敌南线与北线相距 150 余公里，敌西线王敬久集团一时也难以逼近，我军仍有较大的回旋余地，而且敌军无论是北进、西进或东进，都会改变其密集态势，造成兵力分散，有利我尔后南下作战。

从我方考虑，将作战重心突然北移，可能遇到的最大问题是：第一，部队指战员对于大踏步远程北上作战没有思想准备。本来，大踏步进退是运动战的特点之一。一切的走都是为了打，都是为了歼灭敌人，夺取战场主动权；大踏步后退，实际上也是大踏步前进，是进到另一个方向去歼灭敌人。但是，这一作战指导思想当时还没有为广大指战员所完全理解。大家对于大踏步前进是乐于接受的，对于大踏步后退，特别是打了胜仗以后还要大踏步后退，不容易想通。过去，部队从苏中退到苏北，从苏北退到鲁南，都遇到过这个问题。当时，华中部队中就流传着一个发牢骚的顺口溜："反攻反攻，反到山东，手拿煎饼，口咬大葱，大好形势，思想不通，有啥意见，要回华中。"宿北、鲁南两个战役的胜利实践，提高了大家对大踏步进退的作战方针的认识，但是刚刚取得了鲁南大捷，又要远距离北退，估计思想问题又会回生。而为了隐蔽我军作战意图，对广大基层干部和战士，一开始又不能讲清北上歼敌的计划。这是需要重视的一个问题。但是，经验已经告诉我们，只要打个好仗，指战员们的思想问题是能迅速解决的。第二，为供应和保障我二十多万部队作战需要，粮草、弹药等大批物资已经从多方运集南线，一下子又要掉头随军远程北运，在山区道路不好，又只有挑担、小车的落后交通工具的条件下，会给后勤、支前带来巨大困难，任务是极其艰巨的。但是，在华东局的直接领导下，依靠老解放区人民的热情支援和严密而有力的组织工作是可以办到的。

我将上述具体分析向陈毅同志做了汇报，他听了很高兴。陈毅同志也征询了谭震林同志的意见，谭震林同志也立即赞同这个设想。前委其他同志也一致同意。

5 日，我们即将北上歼敌的作战预案急电向中央军委请示。当时，我们还考虑临沂是山东的首府，在撤出临沂之前，如能给敌人以一个打击，在政治上将更为有利，在军事上也可起隐蔽我军作战意图的作用。因此，我们提出了三个作战方案：第一，即以第二纵队进攻白塔埠、驼峰镇地区，发起讨伐叛军郝鹏举部的战斗，以振奋我军军威，打击敌人气焰，并乘势威胁海州，诱敌东援或北进（当时已估计到可能性不大），相机予以歼灭；第二，如第二纵队行动后未能吸引敌军东援或向临沂挺进，则除留一个纵队在临沂以南监视敌人外，主力集结于临沂以北休整以待敌之北进，再选歼敌机会；第三，在第二纵队行动后，主力即北上作战，以一个纵队留在临沂地区伪装华野主力与其纠缠，主力则兼程北上，彻底解决北线之敌，进击胶济线，威胁济南，吸引南线之敌进至临沂以北山区或增援胶济线，尔后我再全力反击，视机各个歼灭南线之敌。我们在电报中侧重讲了北上歼敌的好处，提请中央军委考虑。

电报发出的第二天，2月6日，中央军委和毛泽东同志即复电批准了我们的北上作战方案。指出："完全同意第三方案，这可使我完全立于主动地位，使蒋介石完全陷于被动。"并且提示我们，为了迷惑敌人，我军应先在原地集结休整，对外装作打南面模样，同时，我渤海地区部队应停止攻击，以便使北线敌军放手南进。复电强调指出："总之，先打弱敌，后打强敌，力争主动，避免被动。"

2月6日，我第二纵队发起讨郝战斗，至7日黄昏，全歼叛军郝鹏举总部及其两个师，生擒郝鹏举。

莱芜战役作战方针的形成，是统帅部与战区指挥员集体智慧的结合。中央军委和毛泽东同志关于必要时放弃临沂的指示，陈毅同志舍南就北的作战方针的设想，华东野战军前委的作战方案的制定和部署，上下结合，互相启发，互相补充，一个切合实际的作战方案就形成了。解放战争中不少战役的作战方案的形成，都有类似这样的过程，这是我军优良传统的体现，是我们在学习和研究我军战史时值得重视和仔细体察的。

迅速挥师北上

北线之敌李仙洲集团深入我鲁中山区，继进占莱芜、颜庄之后，于2月8日进占新泰。在当地党政机关的领导和组织下，我地方武装和民兵对敌进行抗击和袭扰，人民群众实行空舍清野，并且广泛破毁公路，断敌运输补给，使敌粮弹供应陷入很大困难，不得不作一线式的分散配置，把三个军沿博山、口镇（吐丝口）、莱芜、新泰一线分散摆开，抽出大量兵力来抢修边修边被破坏的交通线，以求接济。这就给了我军歼灭该敌的大好时机。

2月10日，我们下达了全军主力北上歼灭李仙洲集团的行军命令，决定留第二、第三纵队伪装华野全军，在临沂以南地区实施宽正面防御，节节阻击，以迷惑敌人。第一、第六纵队和第四、第七纵队在妥善交防后，立即隐蔽北上，在16日前分别进至羊流店（莱芜西南）南北地区和蒙阴及其东北地区集结；原在北线的第八纵队、第九和第十纵队主力于16日前分别西进或东进至大张庄（新泰东北）、南麻（今沂源）和莱芜以西的鲁西集地区集结。北线战役发起时间预计在18日以后，各部队的具体任务，待进一步查明敌情后再定。在此之前，我留守南线部队应力求不使敌占领临沂而过早察觉我军意图。为进一步迷惑敌人，我还令一部地方武装积极进逼兖州，并在运河上架设浮桥，在黄河边筹集渡船，使敌即使发觉我军主力已不在临沂附近，也会错误判断我军准备西进，渡运河、黄河与刘伯承、邓小平同志率领的晋冀鲁豫野战军会合，难以立即判明我军北上作战的真实意图。

各部队接到命令后，经过短暂准备，立即迅速向各自的预定集结地域隐蔽开进，广大指战员不畏艰苦，克服和忍受各种困难，冒着雨雪严寒，夜行晓宿，行进在道路崎岖的鲁中山区。在行军途中，各部队逐级传达野战军的战役决心，进行强有力的思想政治工作，进行运动战思想的教育和战前各项具体准备工作。与此同时，山东省支前委员会和华野后勤部队，则在进行着巨大的有力的组织工作，依据我军作战方向的改变，重新调整和部署各项支前和战勤工作，原已集中在临沂方向的民工支前大军和大量作战物资，迅速掉头随军北运。在从临沂至莱芜地区的150多公里的北进途中，几十万支前民工队伍，风餐露宿，爬山涉水，以对人民解放事业和对子弟兵的极大热情，用肩挑、畜驮和推独轮小车，把数达亿万斤的粮草、弹药及时地转运到北线。我北上部队得到了鲁中老区五百万人民的极为热情的关怀、支援和广大民兵的密切配合。他们在敌军南下时，空舍清野，不给敌留下一粮一柴，到处布雷，频繁破路，陷敌于极大困境。而当我军到时，他们愤怒地控诉蒋军和地主还乡团奸淫烧杀的凶残罪行，要求我军为他们报仇，同时积极配合我军的作战行动，夜以继日地为我军筹集粮草，赶制煎饼，昼夜站岗放哨，反奸防特，封锁消息，翻山越岭为我军带路。人民群众的全力支援，不仅使我北上部队的后勤供应得到保障，而且使干部、战士受到了十分深刻的教育和巨大鼓舞。

2月15日，我们依据进一步查明的敌情，研究确定了歼敌步骤，并于当日下达作战预备命令，区分了各部队的任务。这时，北线南下之敌的位置是：李仙洲指挥所率第七十三军军部及第十五师位于颜庄，第一九三、第七十七师分别位于和庄和张店（今淄博市）；第十二军军部率两个师位于莱芜、口镇地区，其新三十六师归第七十三军指挥，位于蒙阴寨；第四十六军位于新泰及其周围。我们考虑，李仙洲集团的这三个军九个师，进至博山以南的已有八个师，一下子吃掉它有困难，必须分批打，否则有可能打成僵局，如南线之敌来援就更麻烦了。第四十六军处于敌军南伸的最前沿，军长韩练成与我有秘密联系，当然比较好打，但该军不是王耀武的嫡系，如先打这个军，北面的第七十三、第十二军主力不会积极救援，而且可能回缩跑掉，这样就不能取得全胜。我们遂即定下了先歼灭第七十三、第十二军，再解决第四十六军的战役决心。并决定：以第一、第六纵队及独立师组成左路军，攻歼莱芜、口镇之敌；第四、第七纵队组成中路军，以一部监视敌第四十六军和新三十六师，主力攻歼颜庄之敌；以第八、第九纵队组成右路军，歼灭和庄之敌第一九三师和可能由博山南援之敌第七十七师。同时，令第十纵队主力抢占锦阳关（口镇北约 20 公里处），截断李仙洲集团北逃退路，并准备阻击和歼灭自明水南援之敌，另一个师负责破击明水、济南之间的铁路。为集中更多兵力，我们还决定调第二纵队（留第五师在临沂地区，会同第三纵队继续担任阻击任务）立即北上，在新泰、蒙阴寨以北和以西地区阻截第四十六军和新三十六师北援或西窜，尔后视战役进展，协同友邻部队围歼这批敌军。

从南线转到北线，中心是为了创造战机。在战役指挥中，有利战机能否出现，是由多方面因素决定的。从指挥员角度来要求，一切调度都要着眼于歼灭敌人有生力量这个基本的作战指导思想，善于多方位观察判断情况，尽可能地灵活用兵，充分发挥主观能动作用，而又不一厢情愿，这样才能创造和捕捉到有利战机。

敌变我变

我主力北上后，南线敌军继续密集向临沂进逼，在我钳制部队节节抗击下，于 2 月 15 日占领临沂。我军弃守临沂后，由于蒋介石、陈诚与济南第二绥区司令官王耀武对我军情况和行动意图判断不同，在作战决心和作战指导上产生矛盾，并由此引起了北线敌情的多次变化，敌李仙洲集团忽而北缩，忽而南伸，调动频繁。从 2 月 15 日我放弃临沂至 23 日我对李集团发起总攻，敌军较大的部署变动就有四次。在战役过程中，敌情变化是常有的，这往往成为指挥员能否很好地发挥主观能动性的考验。在此期间，我严密地监视着敌情变化，全面地分析敌军动向，鉴于敌军态势始终没有发生根本性的变化，所以我们原定的围歼李集团的作战决心也一直坚持未变，并且加速了战役合围部署。同时，又依据敌军的频繁调整，适时地相应变更和调整了我各纵队的具体部署和作战任务。

敌情的第一次变化也是最大的一次变化，是在南线之敌占领临沂后，北线敌军突然北缩。2月15日，我弃守临沂。当晚，王耀武发觉有我部队经费县向西北运动，同时，又得知南线敌军未经过激烈战斗迅速进入临沂，他即判断我军主力有改变作战方向的可能。次日晨，他即自行决定令李集团全线后撤：原驻新泰、颜庄之第四十六、第七十三军分别撤至颜庄、莱芜，新三十六师自蒙阴寨撤至口镇及其以北地区，第十二军军部率另两个师自莱芜、口镇撤至胶济路，担任张店、明水一线守备。

北线敌军突然后撤，曾使有的同志担心抓不住敌人，因而要求提前出击，截敌退路，并向莱芜挺进。这样，即使打不掉敌全部，也可切敌后尾。我们审慎研究后认为，我主力尚未全部到达预定集结位置，不能达成合围，仓促发起战役，无取胜把握，并且可能将敌人赶跑。相反，如我不过早惊动敌人，继续隐蔽集结主力，就可能使敌人一时还难以判断我之企图，举棋不定，徘徊失措，即使敌不再南来，我待主力到齐后再突然发起攻击，至少还可以在胶济路抓住敌人。因此，我们坚持了原定决心，没有采纳提前出击的建议，并督促各部加速隐蔽开进，完成对敌人的合围。

这时，蒋介石、陈诚轻信南线部队所谓在临沂外围"歼灭共军十六个旅"的虚构战绩，同时根据空军侦察的发现我军向西北运动并在运河架桥、在黄河筹集渡船的情报，错误判断我军可能撤离山东、退到黄河以北，与刘邓部队会合。在得悉王耀武将李仙洲集团北撤后，即予指责，并严令王必须确保新泰、莱芜，并派有力部队向大汶口方向截击我军；同时，令南线之敌以三个整编师迅速西开临城，沿津浦路北上兜堵我军。王耀武接到蒋陈电令，既怕贻误寻歼我军之战机，又怕自己的部队被我吃掉，更加徘徊犹豫。17日，他命令第四十六军重占新泰，第七十三军的军部率一个师折返颜庄。这是敌情的第二次变化。

敌军徘徊犹豫，重新南下，证明我之作战企图尚未暴露。我们的作战决心更加坚定了。同时，也针对敌人南下的新态势，于 18 日对原定作战部署做了新的调整，进一步明确区分了各纵队的任务，以第一、第八纵队攻莱芜，第四纵队攻颜庄，第七纵队切断敌第四十六军与第七十三军的联系，第六纵队攻口镇，第九纵队控制博山以南。战役原定 19 日发起，因时间仓促，准备未周，决定延至 20 日。

部署刚定，敌情又发生第三次变化。19 日，王耀武查明了我军主力北移准备攻歼新泰、莱芜的企图，随又令新泰、颜庄之敌星夜北撤，并令第七十三军之第七十七师迅速自张店经博山南下归建。我得此情况后，随即又对作战部署作了相应调整，并决定以第八纵队主力与第九纵队一起，以伏击手段，首歼南下归建之敌第七十七师于博山以南地区，战斗预计于 20 日 15 时发起，并定于当晚攻歼莱芜、颜庄之敌主力。这样，待李仙洲查明情况时，我总攻已开始，他想再要调整部署也来不及了。

但是，当日 13 时，我伏击敌第七十七师的部队见到敌军即将越出我设伏地域，不得不提前两个小时发起攻击。这样，又使王耀武、李仙洲获得了再次调整部署的时间，急令已后撤至颜庄的第四十六军立即再撤向莱芜与第七十三军会合。这是敌情的第四次变化。

这时，我在战役指挥上，一是要求尽快歼灭南下归建之敌第七十七师，二是要求迅速完成对以莱芜为中心的敌军的合围。20 日晚，第一、第六纵队分别对莱芜外围和口镇之敌发起了攻击，第十纵队抢占了锦阳关。至 21 日拂晓，第八、第九纵队已全歼敌第七十七师，击毙敌师长田君健。首战告捷，不仅大大增加了李仙洲的恐慌心理，而且我可以将第八、第九纵队转用于主要方向的作战了。至 21 日下午，第一纵队攻占了莱芜城以西、以南诸村落，并击退了由莱芜向北与我争夺城北各要点之敌；第六纵队突入口镇，并歼灭了由青石桥南援口镇之敌一部。

当时剩下两个问题：一是口镇尚未完全攻克；二是我第四、第七纵队因行军路线交叉，耽误了时间，使敌第四十六军进入了莱芜城，并分别与第七十三军各自占领了城北的几个阵地。但是，我军已全部展开，对敌人已基本形成了合围和兵力上的绝对优势。

对于敌军的下一步行动，我判断有两种可能：一是固守莱芜城；二是向口镇方向突围，我第六纵队几次强攻未克的口镇，这时却成了莱芜之敌向北突围的希望。我考虑，如敌固守莱芜城，两个军虽已会合一起，抵抗能力增强，但城小兵多，挤成一团，我可首先集中炮火予以大量杀伤，尔后再集中兵力攻歼；如敌突围，则对我更为有利，便于我于运动中消灭之。我们当即作出了适应两种打法的部署，如敌固守莱芜即于 23 日晚发起总攻，如敌突围，我则于运动中将其歼灭，相应也具体区分了各部队的任务。

敌情变化频繁，是莱芜战役的一个特点。战役指挥虽十分紧张，但由于我军在作出北上歼敌的决策后，战役目标明确，战场回旋余地大，兵力对敌占绝对优势，而且已经展开。敌人则始终徘徊犹豫，不论如何调整部署，基本上仍是一线式地摆在莱芜南北地区，无法摆脱被动挨打的架势。预期的战役目的，已经指日可待了。

战役获得全胜

在我军周密的部署下，李仙洲守逃两难，束手无策，王耀武明知已中我军之计，但无可奈何。王耀武原想要李仙洲据城固守，但又看到李军已处于孤立无援的绝境，危殆万分，不如索性孤注一掷，冒险突围。他指望李军如能突围至明水及其以南地区，则不仅可解口镇之围，而且可东援淄博，向西加强济南防卫，于是即令李仙洲率部经口镇向明水方向突围。与此同时，王耀武派其副参谋长罗辛理携信去南京当面向蒋介石报告战况和突围决定，蒋介石只好同意王耀武的突围撤退计划，并派其空军副司令王叔铭亲自驾机和指挥大批作战飞机轰炸、扫射我军，掩护李仙洲集团突围。

石湾莱芜战役指挥所旧址。

2 月 22 日下午，敌军一部作试探性突围。23 日晨，敌军大举突围。第四十六、第七十三军分两路平行北撤，将李总部及辎重车辆物资夹在中间，齐头并进，向北猛突。

这一段我在战役指挥上的注意重心是如何达成全歼。《孙子兵法》中曾有"围师必阙，穷寇勿迫"的用兵法则，其实需要具体分析和灵活运用。我着重处理了网开一面与四面包围的关系。第一，是如何纵敌出莱芜城。敌人放弃莱芜城，这对我们是最好的了，正便于我军在运动中予以歼灭。攻城需时费事，代价也会大些。为此，实行了"围三阙一、网开一面"的办法。开始时我还曾令正面阻击部队略向后缩，以诱敌主力出城，并令攻城部队不要截击敌后尾部队，一定要等待敌后尾部队完全脱离阵地后再去占城，否则，敌军主力见势不妙可能又会缩回城里。第二，当敌军全部突围进至我设伏地域时，又依据时机、地形、军心等诸多因素，不实行网开一面，而实行四面包围。为此，我曾严令北面攻打口镇的部队，一定要尽快予以占领，把口子卡死，坚决堵阻敌人北逃，并令南面已经占领莱芜的部队坚决守城并积极向北进击，防敌回窜夺城固守。这样，敌军就势必会在无阵地依托下，两头受堵，北进不动，南退不得，在我东西两大突击集团的猛烈夹击下，陷入绝境。

23 日中午 12 时许，敌后尾部队全部脱离莱芜、矿山（莱芜城北）阵地，我军不失时机地迅速予以占领；攻打口镇的部队虽仍强攻未下，但以主力一部坚决卡死了敌军北撤的咽喉要道。与此同时，我预伏在东西两翼的强大突击集团迅即对行进中的敌军发起猛攻。五万多敌军被包围在芹村、高家洼（均莱芜至口镇之间）东西仅三四公里、南北仅一二公里的狭小地域，人马车辆辎重挤成一团。这时，与我军有秘密联系的第四十六军军长韩练成，在我敌军工作干部的安排下，策应了我军行动，在突围一开始，他就离开了指挥位置，促使敌军陷入更大混乱。我即令各部队应不顾敌机轰炸扫射，尽力缩小包围圈，同时对敌实施密集的炮火突击，并以多路勇猛穿插，乘乱分割歼灭敌人。

这时，对敌军包围得越紧，包围圈越缩小，就越对我有利。一下子围住五六万敌军，确实是一大坨。怕不怕它们狗急跳墙？不怕。因为敌人虽多，它兵力展不开，首先就吃了亏，战斗力发挥不出来。敌人撤出莱芜，表明其军心已经动摇。我军在兵力上有四倍于敌的绝对优势，而且先于敌军展开，士气十分高昂，以此优势聚歼动摇混乱、孤立无援的劣势之敌，是完全有把握实现全歼、速决的。我们将敌人紧紧围死，并使包围圈越缩越小。最后，当敌军被我压缩至更小的一块地域时，它的战斗范围更小了，敌群密集，我军火力发挥出更大威力，一发炮弹就杀伤它很多人，甚至一颗子弹也杀伤它两三个人。在我火力杀伤和部队多路插入猛冲猛打下，敌军指挥失灵，建制混乱，溃不成军，迅速失去了有组织的抵抗能力。至下午 5 时，战场上枪声沉寂，敌军从全部撤出莱芜城起，仅五六个

华野部队从西门攻入莱芜城。

进占莱芜城。

小时就被我全部歼灭了，李仙洲也被活捉。当时，被围敌军只有第七十三军军长韩浚率千余人乘隙钻出，会同口镇残敌共五千余人向博山逃窜，但也被我第九纵队截获全歼，韩浚也被生俘。至此，莱芜战役即胜利结束。

　　莱芜战役，是华东我军转入纵深腹地后，在敌大军压境逼我决战的情况下打的一个大运动仗。敌我双方统帅部和战役指挥员都对战役计划作了精心筹划，并且都投入了各自可能集中的最大兵力。这次战役，出敌意料，仅三天时间，即以我军获得大胜、敌军惨遭失败而迅速结束，打得干净利落。战役后，我军乘胜扩张战果，几天之内，控制胶济铁路 250 多公里，解放县城 13 座和重镇几十个，使我鲁中、渤海、胶东、滨海四个解放区连成一片；与正面战场的胜利相呼应，我苏中、盐阜、淮北、淮海的敌后斗争也取得了进一步发展，从而大大改善了我军的战略态势。战役结束第二天，中央军委即发来贺电，嘉奖参战的全体将士，使华东军民倍受鼓舞。

　　经过莱芜战役，华东我军继续壮大，兵员增多，武器改善，士气更高，部队愈益团结和巩固，各部队的集中统一和整体观念，以及密

1947 年 2 月，粟裕在莱芜战役后。

切配合、协同作战的能力大为增强，司令部机关的建设，政治工作和各项战勤工作的建设，也都提高到一个新的水平。特别是这次作战，使我们进一步取得了大兵团打运动战的经验。当时，在以战教战的思想指导下，广大指战员从战争中学习战争，经过战争实践的亲身体验，对于党中央、毛泽东同志的战略指导思想和作战原则、方法，在认识上有了新的飞跃和深化，为尔后的继续胜利作战，打更大的运动战、歼灭战，奠定了很好的思想基础。

莱芜战役的胜利，给了国民党反动派以沉重打击，在敌人内部引起了很大的震撼，加深了敌人的政治和经济危机。战后，敌徐州绥靖公署即被撤销，薛岳被免职，由顾祝同率陆军总部移驻徐州，统一指挥徐州、郑州两绥署所辖部队。战役结束当天，蒋介石亲飞济南，大骂王耀武失职、李仙洲无能。王耀武则在给整编第八十三师师长李天霞的信中悲叹："莱芜战役，损失惨重，百年教训，刻骨铭心。"

我军在华东战场和全国其他各个战场的一系列胜利，迫使蒋介石不得不改变战略方针，把对我解放区的全面进攻改为重点进攻。我党我军的战略优势显现得更加明朗了，华东的战争形势也进入了一个新阶段。

第 十 四 章
英雄孟良崮

　　1947 年 5 月中旬，华东我军主力，在山东省蒙阴县东南地区举行的孟良崮战役，是一次大规模运动战和阵地战相结合的战役；是打破国民党军对山东解放区重点进攻和转变华东战局的关键性一仗；也是解放战争以来华东野战军第一次从正面摆开阵势同强敌进行大规模较量，打得很有气势的一仗。这一战役，开创了华东我军在敌重兵集团密集并进的态势下，从敌阵线中央割歼其进攻主力的范例。

　　这次战役的胜利，是在诱敌深入，持重待机，最大限度地集中兵力于机动位置，以应付各种可能情况的指导思想下取得的。战役的主要特色，是突破与反突破，包围与反包围。敌人凭借其兵力装备的优势，以数个重兵集团，采用密集队形，企图对我实施中央突破、两翼包围，把我军分割聚而歼之，以达其彻底解决山东之目的。我判明敌人的作战意图后，以两面开弓之势，阻击敌东西两翼之强大兵力，将敌实施中央突破的先锋、号称"五大主力之首"的整编第七十四师从重兵集团中央割裂出来，予以全部、干净、彻底地歼灭。这次战役既充分反映了我军英勇顽强，不怕牺牲，善打硬仗、恶仗的特点，也表明了我军战斗力已达到可以歼灭蒋介石军队任何精锐之师的水平。可以说，战争不单是物质力量的竞赛，也是指挥艺术和士气的竞赛。我在这篇回忆录中，不是全面叙述和讴歌这次战役，仅仅是从战役组织指挥的角度，谈一些体会。

1947年3月，在山东淄博大矿地召开华野高级干部会议，陈毅、粟裕、饶漱石、黎玉、张鼎丞参加。

强敌云集，发动重点进攻

　　1947 年 3 月，解放战争进行了八个月，敌军占领了解放区 105 座城市，但付出了 71 万人的代价，用于第一线作战的机动兵力，从原来的 117 个旅减为 85 个旅。面对这一形势，敌我双方对下一步方针各做研讨。中央、中央军委鉴于内线歼敌之有利，确定华东我军继续执行内线歼敌的方针，于 1947 年 3 月 6 日发电指示我们："考虑行动应以便利歼敌为标准"，原令你们提早转入外线之计划，"现可改变，大约本年全部时间均可用于内线作战"（注：因战争形势发展，我军于本年七月初转入外线）。并要求我们"在今后十个月内再歼敌四十个旅至五十个旅"。蒋介石则改变战略方针，由对我解放区实行全面进攻改变为重点进攻，即集中兵力对我解放区的两翼——陕北和山东实行重点进攻，而对其他解放区采取守势。

　　蒋介石的新的战略方针，固然反映了蒋军兵力不足的困境，但也是总结了前一段作战失利的教训后，在战争指导上的改变。陕北和山东是我解放区的两翼，把两翼作为其进攻重点，从军事上看，既可集中兵力，又可从东西两面，对我形成战略的钳形攻势，将西北我军歼灭或压到黄河以东，将华东我军歼灭或压到黄河以北，迫使我军大部局处于华北，便于进而解决华北和东北问题。陕北是中国革命的中心，解放区的心脏，那里的形势关系全局。华东则直接威胁敌人的政治、经济中心南京和上海，并扼制着连接东北的海上通道。解放战争一开始，蒋介石就把华东解放区作为其全面进攻的主要方向。华东野战军当时是全军兵力最大的集团，八个月中歼敌 24 个旅，连同地方武装共歼敌约 30 万人，特别是宿北、鲁南、莱芜三个相关联的战役共歼敌 12 万余人，对蒋介石的威胁无疑是严重的。蒋介石如能在陕北、山东这两个方向得手，其影响之大是可以想见的了。所以，蒋介石把这次战略方针的调整和重点进攻的成败，视为"关系党国存亡"的大事。

　　敌军统帅部对山东重点进攻的准备在莱芜战役后即已开始。从 3 月初至 4 月初，敌人的步骤是：（一）进行黄河归故，即在花园口合拢，使黄河回归故道，以限制晋冀鲁豫野战军南北机动，切断华东与晋冀鲁豫的联系；（二）将王敬久兵团自冀鲁豫战场调到山东战场；（三）撤销徐州、郑州两绥署，组成徐州指挥所，统一指挥原两绥署所属部队。此外整编第九师正由武汉向山东调动中。

　　在兵力上，敌人用于山东方向的已达 24 个师、60 个旅、45 万 5 千余人。占其进攻解放区总兵力的 27%，占其重点进攻兵力之 66%。"五大主力"中之"三大主力"，即整编第七十四师、整编第十一师和第五军均调集于山东战场。并以"三大主力"为骨干，分别编成三个机动兵团：汤恩伯第一兵团，辖整编第七十四、第八十三、第六十五、第二十五、第二十八、第五十七师；王敬久第二兵团，辖第五军、整编第八十五、第七十五、第七十二师；欧震第三兵团，辖整编第十一、第九、第二十、第六十四、第八十四师以及第七军、整编第四十八师（第七军、第四十八师后又划归一兵团指挥），共 17 个师(军)、43 个旅，约 25 万 5 千人，执行机动突击任务。另以 7 个整编师、17 个旅，约 20 万人，配置在各以徐州、济南为中心及鲁西南等地区担任守备和策应。

　　在作战方针上，蒋军亦做了新的研究、改变。解放战争开始，多采取长驱直入、分进合击、乘虚进袭等战法。鉴于屡遭我军各个歼灭之惨痛教训，鲁南战役后，蒋军统帅部即提出了"集中兵力，稳扎稳打，齐头并进，避免突出"的作战方针；又因莱芜战役采取南北夹击，致北线被我歼灭，遂进而提出了"密集靠拢、加强维系、稳扎稳打、逐步推进"的方针，妄图进一步加强兵力密度，成纵深梯次部署，作弧形一线式推进，使我无法分割和各个击破，而陷我于战略、战役布势上被动不利之地位。

　　为贯彻实施对山东重点进攻的方针，敌陆军总司令顾祝同进驻徐州统一指挥，蒋介石则坐镇南京统筹决策。敌情的确是严重的。

耍龙灯，创造战机

面对敌人大军压境，我华东军民无不义愤填膺。陈毅同志在一次会上说：为了全局的胜利，即使我们华东野战军全部牺牲，我们也会再建一个新的野战军去参加全国大反攻！陈总的讲话，充分表达了华东全军将士英勇奋战、不惧强敌、不怕牺牲的坚强意志。

在陈毅同志领导下，前指认真地研究形势，制定对策。我们的作战方针仍然是集中优势兵力，各个歼灭敌人，并决心与敌人做几次大的较量。但是，鉴于敌军兵力过分密集，准备充分，行动谨慎，估计有利战机比过去少得多。所以我们决定在敌军重点进攻之始，采取持重待机的方针，即以积极主动的作战行动吸引、调动、疲惫、迷惑敌人，审慎地观察战场形势的细微变化，分析掌握敌人的行动规律，能动地创造和捕捉有利的战机，条件具备了就坚决歼灭之；条件不具备，就改变和放弃原定计划，绝不轻躁作战。

从 3 月初起，我军抓紧战役间的空隙，在淄（川）博（山）地区和胶济线进行了一个月卓有成效的整训，并进行各项准备。

3 月底，敌军对我山东的重点进攻正式开始。到 4 月中旬，敌逐步推进，已打通了津浦铁路徐州至济南段和兖州至临沂的公路，并占领了我鲁西南地区。随即汤恩伯兵团主力共六个师，从临沂向蒙阴、沂水方向进犯。王敬久兵团在占领泰安后向莱芜方向进犯。欧震兵团从泗水向新泰方向进犯。敌军对我略呈弧形包围的态势。为吸引和调动敌人，我军从四月初结束整训，同敌军进行了以下几次接触和作战。

4 月初，我军分路南下，出击郯城、马头、新安镇等地，扰敌侧后，以寻歼汤恩伯主力为目标。但敌立即调集部队，加强防御，我即改变决心，北上另寻战机。

4 月 20 日，从汶上、宁阳地区北进占领泰安的敌整编第七十二师，位于敌之左翼，较为孤立。我们即定下围泰（安）打援的决心。以三个纵队包围泰安，吸引敌整编第七十五、八十五师北援，准备在运动中予以歼灭；以四个纵队待机歼灭可能自泗水、平邑北援之敌。虽然泰安守敌呼救数日，邻近泰安各路敌军恐惧我军打援，始终按兵不动。我军遂于26日攻克泰安，歼灭了七十二师主力，生俘师长杨文泉，连同南线共歼敌两万四千余人。我打援计划虽未实现，但歼灭了敌人有生力量，迟滞了敌人的进攻行动；接着我军一部乘胜南下，抄敌侧后，攻克宁阳城，歼敌两千余，主力则回师鲁中。

4月28日，汤恩伯兵团进占河阳、青驼寺、垛庄、桃墟、蒙阴等地。29日，我军以四个纵队向桃墟、青驼寺地段之敌出击，拟分割汤恩伯兵团，歼灭其一部。敌一经接触即后缩，退据蒙阴至临沂公路以西山区。我在歼敌整编第八十三师一个半团3000余人后，主动放弃继续打击该敌的计划。

5月3日，进占新泰之敌整编第十一师立足未稳，我军以四个纵队达成对新泰的包围。王敬久兵团主力急忙来援，根据当时情况，不易速决取胜，我即主动撤围。

在一个多月连续四次的作战行动中，我们始终处于主动，充分利用了在解放区腹地作战的有利条件，时南时北，或东或西，有进有退，既打又撤，用高度机动回旋的方法来调动和迷惑敌人。陈毅同志形容为同敌人"耍龙灯"，即我挥舞彩球，逗引敌军，像长龙一样左右回旋，上下翻滚。在这一阶段中，我军调引敌军往返行军的里程在一千公里以上。敌军哀叹进入山东一个月未与解放军主力发生战斗，只是每日行军，有时围绕着一个地方团团转。通过这些积极行动，我们削弱、调动、迷惑了敌人。尤其是进一步摸清了敌人的心理动向，即尽管蒋介石的战略意图是要与我决战，但从其战区指挥员的行动来看，实际上是尽量避免与我决战。他们想依恃其强大的兵力优势，压逼我军撤向黄河以北或退到胶东一隅，至少是等待我军疲惫之际再同我决战，以为这样可以拣到便宜，既可以保存实力，又可以邀功请赏。所以一经与我军接触，立即龟缩和靠拢，但求自保，甚至对非嫡系见死不救。这就暴露了敌军指挥上的一个大矛盾，即战略上速决的要求和战役指挥上的迟疑、犹豫的矛盾。这一矛盾反映到敌军各个指挥集团，从而在对我军作战的态度、决心和行动上，必然会产生差别。至于蒋军内部嫡系与非嫡系、主力与非主力、中央军与地方军、上级与下级之间的矛盾，更是不可克服的。因此，蒋介石设想达到指挥和行动上的集中统一是不可能的。敌人的这些矛盾必然还会表现出来并为我所用。

但是一个来月没有打上个痛快仗，不少指战员沉不住气了，顺口溜又唱起来了："陈司令的电报嗒嗒嗒，小兵的脚板扑扑扑。"我们的战士实在是令人喜爱的，他们渴望着以自己的英勇作战来换取战争的胜利。

为了进一步调动和分散敌人，5月初我们计划以两个纵队南下鲁南，以另一个纵队南下苏北，以威胁敌人后方，吸引敌军回师或分兵，以便于我在运动中歼敌。我们将此设想上报后，5月4日，中央军委、毛泽东同志即复电指示："敌军密集不好打，忍耐待机，处置甚妥。"同时指示："胶济线以南广大地区均可诱敌深入，让敌占领莱芜、沂水、莒县，陷于极端困境，然后歼击，并不为迟，惟（一）要有极大耐心；（二）要掌握最大兵力；（三）不要过早惊动敌人后方。"6日，中央军委指示"凡行动不可只估计一种可能性，而要估计两种可能性"。接着，中央军委又提出放开正面、北攻昌潍、诱敌来援、相机歼敌的意见。中央军委的指示极为重要，肯定了这一段持重待机的方针，指示我们不要分兵，进一步诱敌深入，集中兵力在山东腹地打大规模的歼灭战。至于告诫我们不要性急，则是给了战区指挥员更大的余地。

根据中央军委的指示，我们立即决定放弃以第七纵队南下苏北和第一纵队去鲁南的计划。命令已位于新泰以西的第六纵队就近南下至平邑以南地区，不再以牵制敌人为主要任务，不采取积极行动，隐伏于鲁南敌后待命。必要时即可作为一支奇兵使用。考虑昌潍之敌筑城较久，王敬久兵团和第二绥靖区增援较近，而鲁中之敌已向前推进，正可捕捉战机，因而暂缓北攻昌潍，主力与敌脱离接触，集结于莱芜、新泰、蒙阴以东地区摆开阵势待机歼敌。这个地区群众条件好，民兵组织强，能严密封锁消息，地形复杂，道路狭窄，不利于敌笨重装备的运动，但便于我部队隐蔽集结和寻隙穿插。中央军委同意我们的部署。

从4月初到5月初是一个创造战机的过程。我军放弃出击郯城、马头、新安镇；放弃打击进犯临蒙公路之敌；撤了对进占新泰之敌的包围；以及回师鲁中等一系列行动，不仅在一定程度上消耗了敌人，而且，大大迷惑了敌人，促成了敌人的错误判断。果然，蒋介石及其参谋总长陈诚误认为我军"攻势疲惫"，已向淄川、博山、南麻、坦埠、沂水、莒县之线退却。这样，5月中旬战机终于出现了。战机不是自然地出现的，而是通过我军的指挥得当，广泛机动，诱使敌人因应而动创造出来的。

这一段作战行动是非常必要的，不能同孟良崮战役割裂开来。孟良崮战机的出现，是这一段作战行动的结果，创造战机与出现战机是因果关系，没有前者则没有后者。两军相争，都力争主动，力避被动，以为有利战机是"守株待兔"可以得来的，那是违背战争指导规律的。

割歼强敌的决心和部署

歼灭敌整编第七十四师的决心，有一个形成的过程。当我军稍向东移后，敌人乘机前进，侵占了莱芜、蒙阴寨、河阳等地。5月10日，汤恩伯兵团的第七军和整编第四十八师从河阳出动，先头占了苗家区、界湖，有续犯沂水模样。该敌位于敌之右翼，比较暴露，我们打算首先歼灭该敌并视机打援。这路敌军是桂系部队，打仗很狡猾，又较顽强，和他们作战

陈毅、粟裕在孟良崮战场观察地形。

要拼消耗，很难有俘获，不是我们理想的打击对象。因此，作战命令下达后，我一面派专人给部队调配充足的弹药，打算以强大的火力保障我攻击部队将该部歼灭；一面继续密切注视着敌情的细微变化，寻找更合适的战机。

11 日，敌整编第七十四师由垛庄经孟良崮两麓向坦埠南之杨家寨、孤山我第九纵队进攻。这一行动引起我的高度重视，究竟是局部行动，还是新的全线进攻？我特别通知各有关情报单位，日夜密切注意搜集研究敌人的行动部署。当日晚，我们从密息材料中获得了敌汤恩伯兵团的具体作战部署：命令以整编第七十四师为中心，第二十五师、第八十三师分别为其左右翼。又以第六十五师保障第二十五师翼侧；第七军和第四十八师保障第八十三师翼侧，限于 12 日（后又改为 14 日）攻占坦埠。同时，我们又查明敌王敬久兵团之第五军、欧震兵团之第十一师等部，亦已由莱芜、新泰出动东犯。同日，中央军委也向我们通报了上述动态。

面对战场形势的这一急剧变化，我经过冷静的思索，认为尽管敌军行动尚未完全明朗，但据现掌握的情况已可判断敌人决定向我发动全线进攻。其部署显然是以整编第七十四师为主要突击力量，在两翼和后续强大兵团掩护下，对我实施中央突破。敌军把中央突破的矛头直指坦埠，因为敌人已经侦知坦埠是我指挥部所在地，并已于数日前以飞机对该地实施过轰炸。敌军对我取中央突破的战法，一是企图一举击中我指挥中心，陷我军于混乱与四面包围之中，便于其聚而歼之；二是敌人估计也许我不敢迎战，那就可将我逼压至胶东一隅或赶过黄河。我认为这一形势恰恰为我带来了有利的战机，因为在此以前，敌军密集靠拢，行动谨慎，一打就缩，很难捕捉。现在，敌军既已开始全线进攻，并对我实施中央突破，我应立即改变先打敌第七军和第四十八师的计划，以反突破来对付敌人的突破，即迅速就近调集几个强有力的纵队，以"猛虎掏心"的办法，从敌战斗队形的中央搜入，切断对我威胁最大的中路先锋敌第七十四师与其友邻的联系，并将其干净、全部消灭掉。这个设想，我依据的是以下分析：

第一，歼灭第七十四师，可立即挫败敌人的这次作战行动，迅速改变战场态势，获得最有利的战役效果；若仍打敌第七军和第四十八师，敌人很可能置该部于不顾，继续对我实施中央突破，反使我陷于两面作战之困境。整编第七十四师是蒋介石手中的"王牌"，它全部美械装备，经过美国军官训练，具有相当的指挥、战术、技术水平，是蒋介石嫡系中的精锐之师，曾被誉为"荣誉军"、"御林军"，把它歼灭了，将给敌人实力上、精神上以最沉重的打击，将宣示我既能歼灭第七十四师，还有什么敌人不能消灭呢？而且敌第七十四师是我军的死敌，解放战争以来，敌军对我华东的数次进攻，常常以第七十四师打头阵，曾先后抢占我淮阴和涟水，我军亦多次寻歼该敌，均因未遇有利战机而未能得手；此次如能将该师歼灭，对我军指战员必是一个极大的鼓舞。

第二，先打较为薄弱之敌或翼侧、孤立之敌，是我军的传统战法，华野作战历程中，亦多采用此种战法。宿北战役可算是一次我对敌军的中央突破，但当时四路敌人相隔甚远。这次要在敌人重兵集结又有充分准备的条件下，以中央突破对付敌人的中央突破，的确是无先例的。但是，我们不应局限于以往的经验，而应从战场实际情况出发。我军经过八个月作战，特别是转入内线纵深作战后，连续打了宿北、鲁南、莱芜等战役，战术、技术水平有很大提高；各级指挥员特别是高级指挥员，积累了大兵团运动战的作战经验；我军的武器装备有了很大改善，特种兵纵队已有相当基础，我军火力已大大加强，已经具备了围歼强敌的基本条件。而且，敌挟重兵采取中央突破的战法，估计我不是主动后撤就是被突破。我军针锋相对以中央突破反中央突破打最强之第七十四师，必出其不意，攻其不备，大奏奇效。

第三，从兵力对比上来看，敌军在其进攻山东解放区的总兵力二十四个整编师（军）中，集中十七个整编师（军）进攻鲁中山区。第一线从莱芜到河阳，只有一百二十多公里，敌军密密麻麻，一字长蛇阵摆了八个整编师（军）。位于敌军左翼的第五军、第十一师、第六十五师和右翼的第七军、第四十八师，多数与第七十四师相距仅一至二日行程，第二十五师、第八十三师则相距更近。我军只有九个主力纵队和一个特种兵纵队，敌军兵力占有很大优势。但是，第七十四师担负中央突破任务，已进入我主力集结位置的正面，我军部署不需作大的调整，即可在局部对该师形成5∶1之绝对优势。我们可以利用山区地形采取正面反击，分割两翼，断敌退路，坚决阻击各路援敌的战法对该师加以围歼，只要缜密部署，在战役指挥上没有失误，实现这个意图是完全可能的。

第四，强和弱是相对的，或强或弱，部队本身所具有的战斗力不是唯一的因素，而是诸多因素共同作用的结果。整编第七十四师是强敌，但也有其弱点。该敌是重装备部队，进入山区，地形对其不利，机动受到限制，重装备不能发挥威力，甚至成为拖累，其强的一面就相对削弱了。同时该师对其他敌军十分骄横，矛盾很深，在我围歼该敌、又坚决阻援的情况下，其他敌军不会奋力救援。

时间紧迫，我立即将上述种种想法向陈毅同志汇报。陈毅同志十分赞同，说："好！我们就是要有从百万军中取上将首级的气概！"并立即定下战役决心。

在战役指挥中，由于情况变化而临机改变决心并不少见。但是，这次临机改变决心时，不仅敌情严重，时间紧迫，而且作战对象的选择和作战方法的采用，都有其特殊之处。即使同上次莱芜战役相比，也不相同：

一是莱芜战役时敌军南北对进，南线与北线敌军相距一百五十公里以上，我军活动地区仍较广阔。这次敌军采取一线式推进，已深入我鲁中腹地，并逐步形成了对我之弧形包围态势，战场回旋余地已很狭窄了。二是莱芜战役时我军舍南就北，寻歼李仙洲集团，示形于鲁南，决胜于鲁中，带有远距离奔袭的性质。这次是在优势之敌已开始全线进攻，有准备地要与我决战之时，我军突然从敌军的正面中央进行强攻硬取。三是莱芜战役时我军舍强取弱，这次是舍弱取强。所以我们充分预计到，这次战役将是一次硬仗、恶仗。我们立即通知第一、第四、第八、第九纵队和特种兵纵队的领导同志，前来野司接受新的任务，同时命令正在向东、向南行动的各部就地停止待命。这时，谭震林同志已离开野司到南线，我们即派人前去向他传达，并请他就近向第二、第七纵队进行传达和部署。这一突然变化，开始引起了一些同志的惊异，但很快大家认识一致了。

我们决定：以五个纵队即第一、第四、第六、第八、第九纵队担任围歼任务；以第二、第三、第七、第十共四个纵队担任阻援任务。具体部署是：

以第一、第八纵队从敌整编第七十四师的左右两翼迂回穿插，抢占芦山，并会同由鲁南兼程北上的第六纵队断敌后路，封闭合围口；以第四、第九纵队正面出击。五个纵队协同围歼该敌。具体任务区分为：

第一纵队（附独立师）以一个师攻占蒙阴以东的曹庄，阻击敌第六十五师，主力从敌第七十四师与第二十五师的接合部搂入，割断该两师的联系，阻击敌第二十五师，并协同友邻第六、第八纵队攻占垛庄、芦山，断敌第七十四师退路，从敌左侧后攻歼该敌；第八纵队从敌第七十四师与第八十三师的接合部搂入，割断该两师的联系，以有力一部阻击第八十三师，主力迅速攻占万泉山、芦山，与一纵队沟通联系，协同友邻从敌右侧后攻歼敌第七十四师；第四纵队首先控制北楼以北山地，阻击敌人继续向坦埠进攻，尔后抢占孟良崮，协同友邻向芦山突击，从正面攻歼第七十四师；第九纵队首先控制坦埠及以南山地，坚决抗击第七十四师，尔后攻占雕窝，协同友邻向芦山突击，从正面攻歼第七十四师；隐伏在鲁南敌后的六纵队，取捷径兼程北上，在第一纵队协同下攻占垛庄，断敌退路，尔后协同友邻攻歼第七十四师。

以第十纵队钳制莱芜敌第五军，阻其南援；第三纵队进至新泰东南，阻击新泰敌第十一师南援；第七纵队配属特纵榴炮团，阻击河阳敌第七军和第四十八师北援；第二纵队进至界湖、张庄集地区，保障第八纵队左翼安全，并策应第七纵队作战。

特纵主力集结待命。鲁南军区地方武装加强在临沂及临泰公路沿线敌之后方的袭扰、破坏。

战役决定于13日黄昏发起。

5月11日、12日，中央军委两次来电指示说：敌人已进犯，可选择好打的，歼灭其一两个军。究打何路为好，由你们当机决策，立付实施，我们不遥制。这些指示，充分体现了中央军委、毛泽东同志对前线指挥员的信任。我们于13日发电上报军委并刘邓，报告了我们围歼敌七十四师的决心和计划："（一）七四师十一日开始向坦埠进攻，八三师在青驼以北

1947 年 5 月 13 日—16 日，粟裕把孟良崮战役前线指挥部设在山间石崖——老君洞中，直至全歼蒋军王牌七十四师，从此，当地百姓改称此洞为"将军洞"。

跟进，二五师在蒙阴东南为其左翼部队，桂顽则在临沂东北汤头、葛沟。（二）我们今晚集结一、四与八、九纵向七四师出击，于明晨完成包围。战斗约需两三天，待歼灭七四师后再视机扩张战果。"

在这里我想指出，在后来的若干材料中，把我军捕捉孟良崮战机，说成是敌整编第七十四师孤军冒进、送上门来的。这种说法是不符合战场实际的，既没有反映敌军的作战企图和动向，也没有反映我军的预见和战役决策。由于敌人拟对我实施中央突破，敌第七十四师的态势势必稍形突出，但在战役发起前敌两翼部队距第七十四师仅四至六公里。上述说法，可能是由于不了解我们创造和捕捉战机过程的缘故，从我军通常采用的传统战法出发来臆想战场情况，这未免是"削足适履"，而且也把敌人想得过于愚蠢。

喜见贼师精锐尽

要把敌第七十四师从重兵集团中挖出来予以歼灭是艰巨的。实现战役决心的第一个关键是隐蔽我军意图,达成对敌第七十四师的合围。我担任主攻的五个纵队,出色地完成了各自的任务。

5月12日晨,敌第七十四师由重山、艾山间渡过汶河,占领了黄鹿寨、佛山、三角山、马牧池等地,与我九纵一部激战于马山、迈逼山、大箭一线。13日下午4时,该敌攻占了马山等地,距其主要攻击目标坦埠尚有七至十公里,踌躇满志,准备于14日攻占该地。敌第二十五、第八十三师则分别进到旧寨、依汶庄地区。

面对敌军进攻,我第九、第四两纵队全力由正面抗击敌第七十四师。我第一纵队则利用敌军各求自保的心理,于13日晚,以小部对敌第二十五师发起进攻,使该敌误以为自己受攻击而无暇他顾。我主力则利用山区地形实行迂回,从该师与第七十四师的结合部向纵深猛插,并抢占制高点。第八纵队以相同的战术从第七十四师与第八十三师之结合部插入,并夺取制高点。我第六纵队则从鲁南之白彦地区兼程向垛庄急进,以断敌退路。到14日上午,我第一纵队一部逼近蒙阴城,构筑了阻击敌整编第六十五师之强固阵地,主力攻占了蛤蟆崮、天马山、界牌等要点;第八纵队攻占了桃花山、磊石山、鼻子山等要点;第六纵队于14日晨到达距垛庄西南二十余公里之观上、白埠地区。而正面第四、第九纵队,经过激战,已推进到黄鹿寨、佛山,并攻占了马牧池、隋家店。我军对敌第七十四师的包围态势已大体形成。15日拂晓,我第六纵队在第一纵队协同下攻占了垛庄,第八纵队则攻占了万泉山,三个纵队打通了联系,最后封闭了合围口;并构成了阻击第二十五、第八十三师的强有力的对外正面的坚强防线。

在这一个回合中,动用隐伏于鲁南的六纵队,是关键的一着。第六纵

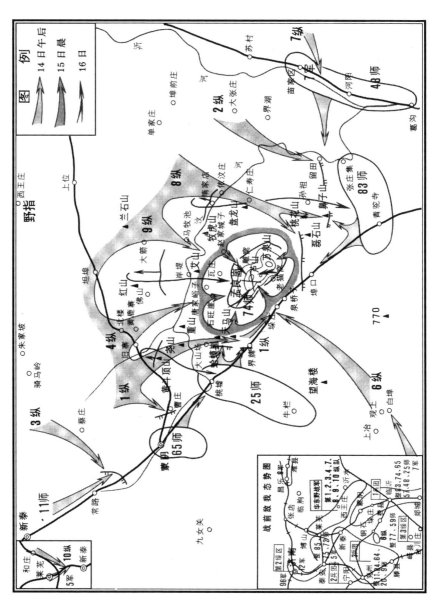

孟良崮战役经过要图
（1947年5月13日—16日）

孟良崮战役经过要图。

队同敌第七十四师是死对头。记得当时我们命令该纵留在鲁南隐伏待机时,纵队司令王必成同志很担心打第七十四师时没有他们的任务。我对他说,你放心,打敌七十四师一定少不了你们。当时第六纵队距垛庄约一百公里之遥,一路山区,他们 12 日接获命令后,立即收拢部队,急速开进,14 日即抵达垛庄附近。王必成同志后来曾以"飞兵激渡"来形容他们的这次行动,是不夸张的。这说明在战役指挥中设想可能出现的情况,走第一步就预想到第二步,有时要巧妙地预留伏笔,是灵活用兵的重要一着,此次我军诱敌深入,而又预伏第六纵队于鲁南待机,这着棋,一目动起来,全盘就活了。

到 14 日上午,敌第七十四师发现我军已迂回到他们的翼侧,有被包围的危险,便仓促收缩南撤,企图退向垛庄。但撤退中发觉垛庄已为我所占,只得退缩到孟良崮、芦山地区,并不得不把美式重炮和许多现代装备丢在山下,因而丧失了它现代化的"优势"。

在我军以往的战役中,一般只要对敌人达成了战役合围,胜利就算基本有把握了。但是,这次战场态势特殊。我军五个纵队包围着敌第七十四师,敌军却有十个整编师(军)包围着我军。第七十四师为敌"五大主力"之首,其战斗力不可低估,且该部所退守的孟良崮及其周围山地,山峰陡峭,主峰海拔在五百米以上,岩石累累,土质坚硬,易守难攻,因此,攻占垛庄后,陈总和我虽都松了一口气,但鹿死谁手,尚待决战。我立即带领少数参谋、机要人员,将指挥所向前推移,进入山沟,以便密切观察和指挥战事。

果然,当敌第七十四师被我包围后,蒋介石认为该师战斗力强,处于易守难攻的高地,临近有强大的增援兵力,正是与我华野决战的好时机,便一面命令第七十四师师长张灵甫坚决固守,以吸住我军,一面急令新泰之第十一师,蒙阴之第六十五师、桃墟之第二十五师、青驼寺之第八十三师、河阳之第七军和第四十八师火速向第七十四师靠拢;又急令莱芜之第五军南下，鲁南之第六十四师和第二十师赶向垜庄、青驼寺，楼德之第九师赶向蒙阴增援，企图内外夹击，与我军决战。张灵甫亦自恃建制完整，又处于战线中心，外有大量援军，要求空投弹药，依托山头高地固守。在蒋介石严令督促下，蒋军各路援兵，一齐向蒙阴东南急进。

这时的关键，一是围歼第七十四师能否迅速解决战斗；二是阻援力量能否挡住敌之援军。根据战场形势发展，陈毅同志当即发出了"歼灭七十四师，活捉张灵甫"的响亮口号。广大指战员立下"攻上孟良崮，活捉张灵甫"，"消灭七十四师立大功，红旗插上最高峰"的誓言。各级指挥员到第一线督战，作战形式主要转入了阵地战。

围歼战是一场剧烈的阵地攻坚战。我军于15日下午1时发起总攻，从四面八方多路展开突击。敌第七十四师和第八十三师十九旅五十七团麇集于孟良崮、芦山及附近山地。依托巨石，居高临下，不断对我发起反冲击。从战术上来说，依托阵地的反冲击，可以给对方以相当的杀伤，何况我军为了争夺每一个山头、高地，要从下向上仰攻，每克一点，往往经过数次、十数次的冲锋，反复争夺，直到刺刀见红，其激烈程度，为解放战争以来所少见。

我军发扬英勇顽强的战斗作风，逐次粉碎敌人的顽抗，缩小了包围圈。张灵甫在我军强大攻势的重压下，组织了大规模的反击，先向南，又向西，反向东寻隙冲击，试图突出重围，均被我军击退，并遭到惨重杀伤。15日晚，敌军已被压缩于东西3公里，南北2公里的狭窄山区。该地草木极少，水源奇缺，敌人空投的粮弹和水囊又大都落到我军阵地，数万敌军已处于极端饥渴难支的狼狈困境。

16日上午，我军再次发起攻击，首先集中强大的炮兵火力，向敌军密集的山头、高地猛烈轰击。在浓烟和火光中，敌人的血肉与岩石碎片齐飞，形成一片混乱，我步兵在强大炮火掩护下猛烈冲击，越战越勇，指战员不待上级命令，哪里有敌人就向哪里冲。16日下午，攻占了所有高

张灵甫丧命地。

地，敌军官兵纷纷就擒，猖狂一时的张灵甫及副师长蔡仁杰均被击毙，我担任突击的五个纵队的英勇健儿，会师于孟良崮、芦山顶峰，欢呼声惊天动地。

阻援战斗则是艰苦的阵地防御战。我军利用既设野战工事进行了顽强的阻击，像一座座坚固的堤坝，挡住了敌人一波又一波的冲击，敌第五军被我第十纵队钳制住；敌第十一师被我第三纵队抑留于蒙阴以北；敌第六十五师在我第一、第六纵队各一部阻击下，前进不到十公里；敌第七军第四十八师被我第二、第七纵队钳制住；敌第二十师、第六十四师被我鲁南军区地方武装牵制，未能及时赶到青驼寺。敌第二十五师、第八十三师虽逼近我军包围圈，与第七十四师相距仅五公里左右，并对我形成炮兵火力交叉，但仍无济于事。16日上午8时，蒋介石还抱侥幸心理，向各路增援部队亲下手令称："山东共匪主力今已向我军倾巢出犯，此为我军歼灭共匪完成革命唯一之良机，如有萎靡犹豫、逡巡不前或赴援不力、中途停顿……必以纵匪害国贻误战机论罪，决不宽容。"但到同日下午，汤恩伯已感到大势已去，发电报给所属各部称：张灵甫师"孤军苦战，处境艰危"，各部务须击破共军包围，"救胞泽于危困"，"不得见死不救"。但无论是蒋介石的严令，还是汤恩伯的乞求，在我阻援部队顽强抗击下，都无法挽救张灵甫全师被歼的命运。

在收拢部队、清点战果之时，我电台发现孟良崮地区仍有敌人电台活动，似有残部隐匿，我们立即严令各部清查毙伤俘敌实数。根据各部报告，我发现所报歼敌数与七十四师编制数相差甚大，即令各部继续进行战场搜索。当时山雨欲来，阴云密布，能见度很低。部队在严密搜索中又发现约有七千余敌隐藏在孟良崮、雕窝之间的山谷中，已开始集结，这说明我军搜索不严，同时也说明各部均能如实报告歼敌实数，不事浮夸，才得以发现这股残敌。于是我即令第四、第八、第九纵队立即出动兜剿。各部队不顾疲劳，复又投入战斗，16日下午5时全部肃清残敌。至此，我们的战役意图得到完全实现。蒋介石的精锐主力、嫡系中的嫡系、整编第七十四师，悉数就歼。我们取得了战役全胜。我立即打电话报告陈毅同志，陈总在电话中兴奋地说：我在电话里向全体将士们祝酒致贺！

这次战役，我歼敌三万二千余人，彻底粉碎了敌统帅部"鲁中决战"的计划，严重挫败了敌对山东的重点进攻，极大地震动了蒋军内部，有力地鼓舞了全国人民的胜利信心，配合了陕北及其他战场的胜利攻势。战役结束后，敌第一兵团司令汤恩伯被撤职，整编第二十五师师长黄百韬、第八十三师师长李天霞等也受到处分。

蒋介石多次痛心疾首地说："孟良崮的失败，是我军剿匪以来最可痛心最可惋惜的一件事"；"真是空前的大损失，能不令人哀痛"；"必须等到我们全军一番起死回生的改造之后，乃能作进一步的打算"。王耀武表示"对七十四师之失，有如丧父之痛"。蒋介石等的哀鸣，说明了此役给敌人打击之惨重，而所云"起死回生"，不过是一场幻梦。后来的事实证明，经过孟良崮战役，敌人虽仍未放弃对山东实施重点进攻的计划，但其进攻的势头已经被打掉了，并且从上到下真正地被我们打怕了。

孟良崮战役的胜利来之不易。

胜利归功于中央军委的英明领导和毛泽东军事思想。

胜利归功于以压倒一切敌人之气概冲锋陷阵的广大指战员。各纵队首长都冒着炮火到了作战前线，有的团长、政委亲率部队冲锋，还有七处负伤仍率领部队夺占敌人山头的英雄连长，近万名指战员负伤，更有两千多名干部战士把最后一滴血洒在围歼和阻击敌人的战场上。他们的牺牲精神，是永远值得后人景仰和铭记的。

胜利归功于广大人民的支援。鲁中人民群众战前实行空舍清野，给敌人造成很大困难，战役中有二十多万民工大力支前，对战役的胜利作出了巨大贡献。没有老解放区地方党和政府领导下的支援，胜利是不可能的。鲁南的地方兵团和各地广大民兵配合战役对取得胜利起了很好的作用。

孟良崮战役是解放战争以来，我军与蒋军在华东战场上一次正面的大规模较量，表明了我军的作战指导、指挥艺术、战术技术和军队士气都大大高于敌人。孟良崮战役还使我体会到，作为战区指挥员，应不断地研究、分析敌我力量的对比变化，发挥主观能动作用，敢于适时地把战局推向新的水平，而不能坐待条件完全成熟，从孟良崮战役到豫东战役，再到淮海战役，都使我体会到这一点。

现在，我想以1947年5月22日新华社的时评来结束这段回忆。时评写道："华东人民解放军和华东解放区的人民，在全国人民的爱国自卫战争中，担负的任务最严重，得到的成就也最荣耀。从去年七月到现在，华东人民解放军已经歼灭了蒋介石正规军五十个整旅（旅以下成团成营被歼灭的正规军及全部被歼的伪军、保安部队、交警、还乡团等均未计算在内）……蒋介石以近一百个旅使用于华东战场，欲以此决定两军胜负，这个主观幻想已接近于最后破灭。这次蒙阴胜利，在华东解放军的历史上更有特殊意义。因为：第一，这是打击了蒋介石今天最强大的和几乎唯一的进攻方向；第二，这是打击了蒋介石的最精锐部队（四五个精锐师之一个）；第三，这个打击是出现于全解放区全面反攻的前夜。和这个胜利同时，东北、豫北、晋南、正太等地，强大的反攻正在展开。"

第 十 五 章
华东野战军外线出击和沙土集战役

从华东野战军 1947 年 7 月分兵、外线出击到 9 月集中兵力进行沙土集战役，是华东战区在解放战争中的第二个转折。

我在《苏中战役后的华中战局和宿北战役》一文中提到，从华中野战军北上同山东野战军会师苏北，到宿北战役、鲁南战役胜利，是华东战区的第一个转折。那是华东战事由战区前部转到纵深，山东野战军同华中野战军由战略上配合到战役上协同，由各自分别歼灭当面之敌到集中作战的一个转折。华东野战军的第三个转折是 1948 年 6 月的豫东战役，那是由战略进攻向战略决战的转折。那次战役后不久，毛泽东同志形象地说解放战争好像爬山，现在我们已经过了山的坳子，最吃力的爬坡阶级已经过去了。

华东战区的第二个转折，是由集中兵力到兵分三路扯散敌人，再到集中兵力歼灭分散之敌，由内线歼敌到外线出击的转折，也是由战略防御到战略进攻的转折。1947 年 9 月，我军在鲁西南菏（泽）巨（野）公路上的沙土集地区，全歼国民党整编第五十七师，标志着这一次转折的胜利实现。从此，华东野战军不仅彻底粉碎了敌人对山东的重点进攻，而且取得了在外线作战的主动权，主力南下陇海路，挺进豫皖苏，与刘邓、陈谢胜利会师中原。

1947 年的"七月分兵"

1947 年 5 月举行的孟良崮战役给了敌人以沉重打击，顿挫了敌人的进攻，迫使敌人暂时转入守势。但是，蒋介石尚未放弃对山东重点进攻的方针，继续在第一线调集了九个整编师、二十五个整编旅，部署在莱芜至蒙阴不到50公里的战线上，准备发动新的进攻。5月8日，中央军委曾给我们发来电报，提出了刘邓大军南渡黄河，进击冀鲁豫、豫皖苏，进而进击中原的战略计划，要求华东我军在6月10日前集结全力（二十七个旅）寻求与创造歼敌机会，并准备于6月10日以后配合刘邓大军大举出击。孟良崮战役胜利后，军委于5月22日来电指出："歼灭七十四师付出代价较多，但意义极大，证明在现地区作战只要不性急、不分兵，是能够用各个歼击方法，打破敌人进攻，取得决定胜利。而在现地区作战，是于我最为有利，于敌最为不利。现在全国各战场除山东外均已采取攻势，但这一切攻势的意义，均是帮助主要战场山东打破敌人进攻，蒋管区日益扩大的人民斗争其作用也是如此，刘邓下月出击作用也是如此。而山东方面的作战方法，是集中全部主力于济南、临沂、海州之线以北地区，准备用六、七个月时间（5月起）六、七万人伤亡，各个歼灭该线之敌。该线击破之日，即是全面大胜之时，尔后一切作战均将较为顺利。"

为了贯彻军委这一重要指示，华野前委于5月底在沂水以北的坡庄召开了团以上干部会议。会议着重指出，敌整编第七十四师被歼后，山东战局已开始改变，但必须戒骄戒躁，彻底粉碎敌人正在酝酿的新的大举进攻，为转入反攻创造条件。

这时，蒋介石起用了日本战犯冈村宁次为顾问，召开了多次军事会议，提出"并进不如重叠，分进不如合进"。敌以三四个师（整编师）重叠交互前进的战法，摆成了方阵，加配了山地作战器材和炮兵、工兵，在各要点囤积了大批作战物资。6月19日，我们将上述情况报告军委，军委22日复示："据悉蒋以东北危急，令杜聿明坚守两月，俟山东解决即空运东北等情。山东战事仍为全局关键。你们作战方针仍以确有胜利把握然后出击为宜。只要有胜利把握，则不论打主要敌人或次要敌人均可，否则，宁可暂时忍耐，不要打无把握之仗。"

6月25日，敌军开始全力东犯，28日进至鲁村、南麻（今沂源县）、大张庄、朴里庄一线，妄图迫我在鲁中山区狭窄地带迎战。由于当面之敌十分密集，无论是寻歼侧翼之敌或直取中央之敌都缺乏条件。为避免无把握作战，我们打算以第六纵队向临（沂）蒙（阴）公路出击，以第四纵队奔袭费县，破坏敌人后方补给线，以第七纵队佯攻汤头，迫敌分兵回援，主力集结在沂水、东里店一线待机。这一计划即将实施之时，接到军委29日提出的三路分兵的指示，此电指出："蒋军毫无出路，被迫采取胡宗南在陕北之战术，集中六个师于不及百里之正面向我推进。此种战术除避免歼灭及骚扰居民外，毫无作用。而其缺点则是两翼及后路异常空虚，给我以放手歼击之机会。你们应以两个至三个纵队出鲁南，先攻费县，再攻邹（县）滕（县）临（城）枣（庄），纵横进击，完全机动，每次以歼敌一个旅为目的。以歼敌为主，不以断其接济为主。临蒙段无须控制，空费兵力。此外，你们还要以适当时机，以两个纵队经吐丝口攻占泰安，扫荡泰安以西、以南各地，亦以往来机动歼敌有生力量为目的。正面留四个纵队监视该敌，使外出两路易于得手。以上方针，是因为敌正面既然绝对集中兵力，我军便不应再继续采取集中兵力方针，而应改取分路出击其远后方之方针。其外出两路兵力，或以两个纵队出鲁南，以三个纵队出鲁西亦可。"

这个指示，改变了军委过去要求我们不分兵、坚持内线歼敌的方针。

我们立即对军委这一指示进行了研究，军委的电报虽只提到山东当面的敌情，但我们鉴于刘邓大军即将出击，战局必有重大发展，决定立即执行军委提出的三路分兵的方针。具体部署是：（一）由叶飞、陶勇率领第一、第四纵队越过临蒙公路向鲁南挺进；（二）由陈士榘、唐亮率领第三、第八、第十纵队向鲁西的泰安、大汶口方向挺进；（三）正面部队第二、第六、第七、第九纵队和特种兵纵队集结在沂水、悦庄公路两侧，各以少部兵力与东犯之敌接触，主力待机出击。这一部署在 6 月 30 日上报军委的同时，命令各部队立即于 7 月 1 日执行。这就是华野"七月分兵"的开始。

"七月分兵"是在未经充分准备的情况下开始的。在接到军委 6 月 29 日分兵指示以前，我们是按照军委 5 月 22 日指示，准备以七八个月时间，即在 1947 年底以前，集中全部主力在内线各个歼敌的。接到军委 6 月 29 日分兵指示，到全军开始行动仅有一天多时间。

由于"七月分兵"后有几仗打成消耗战，有的同志后来就怀疑"七月分兵"是否正确。有的同志问我，"七月分兵"是否太匆促了？如果在内线再坚持两个月，避开 7 月和 8 月雨季，经过充分准备再行出击是否更好？还有的同志认为，我们当年应该向军委提出继续集中兵力于内线作战的建议。

我的回答是，我们当年执行军委分兵的方针是必要的。如果我们将眼光局限于山东，在内线坚持几个月当然是可以的。因为当时山东还有五十多个县城在我手中，而且连成一片，胶东、渤海、滨海三个地区还可以回旋，在内线歼敌的条件还是存在的。但是，刘邓大军在 6 月底将南渡黄河，军委已经告知我们，我们必须以战斗行动来策应刘邓大军的战略行动。当然，策应刘邓大军南渡可以有另一种方式，如果我们在 7 月初能集中兵力打一个像孟良崮那样的大仗，将敌人牵制在鲁中，对刘邓大军的配合将是有力的。无奈当时难以肯定数日内必有战机出现，而刘邓大军按军委规定日期出动，我们不能以作战行动作有力的配合，这对全局是不利的。这就是我们立即执行军委分兵的指示的主要原因。同时，集中与分散是兵力运用上的一对矛盾。集中优势兵力，各个歼灭敌人是我军的作战原则，所以集中是这对矛盾的主要方面，但并不排除必要时的分散，分散也是对付敌人的一种手段。孟良崮战役发起前，1947 年 5 月上旬，军委曾指示我们不要分兵，我们遵照军委指示改变了计划，但当时我们也不是绝对不分兵，而是留下六纵隐伏于鲁南，后来这一着在孟良崮战役时起了重要作用。我们分路出击，就可以将敌人扯散，而我军则可以由分散转为集中，以歼灭孤立分散之敌。也就是先以分散对付集中，再以集中对付分散。后来战局的发展果然如此，沙土集战役就达到了我们预期的目的。

向鲁西南挺进

在华野兵分三路出动后，接到军委 7 月 2 日来电，除复我们 6 月 30 日电指出分兵部署甚好外，还要求陈士榘、唐亮率领的三个纵队打泰安得手后，"收复肥城、东阿、平阴、宁阳、汶上、济宁，与刘邓直接联系后，并应准备出鲁西与刘邓协同打陇海路，出淮河开展新局面"，"我军必须在七天或十天内，以神速的动作，攻取泰安南北及其西方、西南方地区，打开与刘邓会师之道路"。此后，军委又决定叶飞、陶勇率领的两个纵队也向鲁西南挺进。

1947 年 9 月，华东野战军挺进鲁西南。

这是重大的发展。让我们回顾一下军委对我们战略指导的演变：军委 5 月 22 日的指示，指出全国主要战场在山东，而刘邓六月出击则是为了帮助山东打破敌人进攻。6 月 29 日，军委指示我们三路分兵，仍然只提打破敌人对山东的进攻（我们决定立即于 7 月 1 日出动，是为了策应刘邓大军出击）。而 7 月 2 日即我分兵后之第二日，军委已经电令陈唐部队直接协同刘邓了。这样，就使这次分兵成为华野部队执行外线出击任务的开始。

到了 8 月 4 日，即华野五个纵队已进入运河以西的鲁西南，刘邓千里跃进大别山的前三天，军委进而指出，"刘邓南下作战能否胜利，一半取决于陈唐叶陶五个纵队是否能起大作用"。8 月 11 日军委又明确指出："总的意图，将战争引向国民党区域，使我内线获得喘息机会。以利持久。"显然，全国主要战场已由山东转移到了中原，战略重心已由内线转到了外线，解放战争已由战略防御转入了战略进攻。当此重要时刻，华东战区面临三重艰巨任务，既要打破敌人的重点进攻，又要支援刘邓大军进击中原，还要不失时机地转入战略进攻。

在军委 8 月 4 日的指示中，还提出："请考虑粟裕同志带炮兵主力迅去鲁西南统一指挥该五个纵队，积极策应刘邓作战"。

此时，我深感责任重大。自从华野执行分兵出击的新方针后，作战条件起了变化。7 月上旬打得比较顺手。向鲁南挺进的两个纵队攻占了费县、峄县、枣庄。向鲁西挺进的三个纵队，攻占了津浦路上的大汶口至万德段的一些据点，严重地威胁了敌人后方基地兖州、徐州。敌人从 7 月 13 日开始，以整编第五师等七个整编师分路西援，在鲁中山区留下整编第十一师等四个整编师固守要点。7 月中旬以后，雨季骤然到来，大雨滂沱，山洪暴发，河水陡涨，使我军机动、运输、作战遇到很大的困难，以致 7 月中下旬的几仗都打成了消耗仗。当时情况是：

（一）在山东内线，南麻、临朐两仗未能歼灭敌人，敌人占领了胶济线，胶东地区有被敌人占领的危险。胶东是我华东地区的重要后方物资基地，且有数万伤病员、家属安置在那里，如一旦被敌占领，对民心、士气、物资补给都将带来严重影响。

（二）进入鲁西南的五个纵队，离开根据地，经过一个月的连续行军作战，十分疲劳。部队在齐腰或齐膝的大水中和泥泞的道路上行动。作战、机动和补给都十分困难。非战斗减员也很严重。第一、第四纵队伤亡各约五千人，非战斗减员亦各约五千人。第三纵队第七、第九师都缩编为两个团，第一纵队所属三个师除第二师多辖一个地方团外，其余只辖一个团，第十纵队亦伤亡近两千人。这五个纵队的实力大减。

（三）部队思想比较混乱，对已经开始的全国大反攻形势产生怀疑。如有的说，"反攻是被迫的，是被敌人赶出了山东"。有的说，"反攻、反攻，丢掉山东"。部分指挥员对于无后方条件下作战缺乏信心。

仗没有打好，我作为战役指挥的主要负责人，引咎自责，于8月4日午时发电向军委做了检讨。对于下一步，我也做了冷静的分析，认为这一段的作战，我们的行动目标是明确的，而敌人为我们所迷惑，其行动却很盲目；我们并没有打败仗，只是打了几个消耗仗；我们达到了调动与扯散敌人的目的，打乱了敌人的部署；敌人对山东的重点进攻实际上被打破了，这是战略上的胜利。当前的关键是如何适应变化了的条件，在外线打好一两个歼灭战，以夺取战场的主动权。

我接到军委8月4日要我去鲁西南统一指挥的电示后，向陈毅同志提出下列意见：

（一）华野今后主要作战方向和指挥重心是在外线，请陈毅司令员和我们一同西去，以加强领导。（二）现在西线的五个纵队，实力有所下降，为进一步集中兵力，达成战役上的优势，建议增调第六纵队到西线。（三）留在山东内线的第二、第七、第九纵队，力量可以制敌，建议组成东兵团，由谭震林、许世友二同志指挥。陈司令同意我的意见，我们将上述意见联名上报了军委。

6日，中央复电同意我们的建议，决定陈毅同志和我率华野机关及第六纵队、特种兵纵队赴鲁西南，统一指挥第一、第三、第四、第六、第八、第十纵队、特种兵纵队及配合华野作战的晋冀鲁豫第十一纵队，统称西兵团。并批准组成东兵团。

同日军委复电："粟裕支（四日）午电悉，几仗未打好并不要紧，整个形势仍是好的，望安心工作，鼓励士气，以利再战。"并且指出："华东各部虽有几仗未打好，但完成了集中兵力，分散敌人之巨大任务。"

我们立即投入新的行动准备。我们选择的路线是，北渡黄河至山东惠民地区，从禹城附近越过津浦线，至阳谷、寿张地区。这一路都是老解放区，是我军的后方，没有敌人阻拦，由此南渡黄河至鲁西南前线。这样，既可以大大减少行动中的兵力消耗，又可以隐蔽我军动向。陈毅同志还亲赴渤海军区部署。对于西线兵团今后行动打算，我于8月18日发电报告中央军委和华东局，建议为更有力地支援刘邓，将西线兵团作战地域扩展到陇海路以南，破袭津浦，威胁徐州，并以运河西岸为中心。电文摘要如下：

"陈于前日去渤海未回，16日电所询，仅就个人意见，提出如下各点：

（一）依近日情况判断，敌有大部随刘邓南去可能。果如是，则刘邓很吃力，我们应尽一切努力多拖住一些敌人。因此，西兵团目前应在鲁西南及陇海线上行动，必要时以一部挺入路南，破袭津浦，威胁徐州，才能有效拖住敌人，并寻机歼灭薄弱之敌。此计划如能有效实施，不仅可拖住一部敌人不能南去，且可迫使鲁中、胶济线之敌抽一部分西来，如是，则又会减轻我鲁中及胶济线负担，并使敌人进犯胶东腹地及烟台之可能性更减少。

（二）依近日情况变化，陈唐部不致被迫随刘邓南下，拟再兜一两个圈子，即北返与我们会合于郓城、巨野、菏泽地区，斯时我们主力仍宜位于运河西岸，铁路北侧……

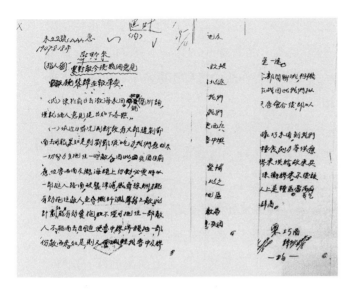

1947年8月18日，粟裕向军委报告西兵团今后对敌作战意见的"巧酉"电。

（三）建议东兵团于迅速完成整补后，第一步以数个战斗歼灭沂水南北之二十五或八十三师为目标，第二步向临蒙地区进击，与西兵团相呼应……

（四）……我们拟在泰西打开局面，并与陈唐会合后，即以运河西岸为中心。"

同日，华东野战军致电鲁中、鲁南、苏北、苏中、渤海、胶东等军区及饶漱石、黎玉、谭震林等同志，说明我华东野战军当于9月初开始大举反攻，命令各军区应立即集中兵力袭击敌

 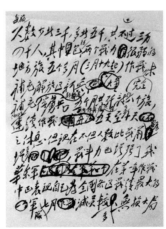

1947年8月24日，毛泽东电报手稿："粟裕同志巧酉电意见极为正确。""我华东军在第一年作战中正表现自己为全国各区战绩最大的军队。"

人后方机关及补给线，消灭还乡团及保安团。以便尔后配合主力之有力反攻。

8月24日，毛泽东同志来电答复："粟裕同志十八日酉电意见极为正确，西兵团作战范围规定为黄河以南，淮河以北，运河以西，平汉以东。"这样中央军委赋予华野西线兵团的作战范围又扩展了，恢复与扩大豫皖苏解放区，与刘邓、陈谢共同经略中原的战略任务便明确了。电报中并指出："我华东军在第一年作战中已表现自己为全国各地战绩最大的军队，七月减员较大，无损大局，希望你们尽速赶至鲁西南，统一指挥西兵团各纵，配合当地地方兵团完成中央付给我华东军的伟大任务，我相信你们必能完成此种任务。"

沙土集作战方案的预想

自军委来电要我赴鲁西南之后，我就不断地思考进入鲁西南后如何打好第一仗。

我军出击外线后，离开了老根据地，敌人调集优势兵力，紧紧尾追并与后方守敌相配合，企图夹击我军于立足未稳之际。如何在敌人统治区域内调动敌人，创造战机，比在根据地内要困难与复杂得多。但是，只要对敌情进行认真的分析研究，还是可以找出一些规律性东西。我军7月初进入鲁西南，一个多月以来，我们没有打过一个像样的仗，我第十纵队又被迫退到黄河以北休整，敌人就产生了错觉，误认为我军是不能打了。国民党中央社曾大肆喧嚷："山东共军已溃不成军，不堪再战。"还向我军广播劝降书说："鲁西南共军已陷入绝境，南有陇海路，东有津浦路，北面和西面有黄河，四面被围，无路可走。"解放战争开始后，敌军因连遭我军歼灭，行动一直很谨慎，现在骄狂起来了，一个团也敢成一路尾追我们。表面看来，我们活动的范围小了，实际上是敌人被我们歼灭的可能性增大了。而且敌人所处的地理、天气条件同我们是一样的，在大雨、泥泞中追了我们一两个月，也是疲劳不堪的，他们军队的素质则是同我们不能比拟的。这些都是创造战机的条件。特别是敌人满以为我们要"北逃"，而陈毅同志和我却率第六纵队、特种兵纵队突然南进，这是出乎敌人意料的。我设想了两个作战方案：

第一方案是：渡河后与陈唐会合，开个会，休息几天，补充弹药、物资，恢复部队体力，再打第一仗。这样，战役的布置可以周到一些，易于密切协同，这是好处。但敌在发现我第六、第十纵队渡河之后，可能谨慎靠拢，或进入据点固守，不便围歼，这样打开鲁西南的局面就将推迟一些时间，这是不利的。

第二方案是：在我们渡河之次日，由陈唐部将敌诱至距我渡河点以南三四十公里之适当地区，集中三个纵队，包围敌整编第五十七师或整编

1947 年，粟裕（左三）与谭震林（左一）、陈士榘（左二）等合影。

第六十八师，另以一个纵队钳制敌整编第五师；我们则急率第六纵队、第十纵队赶去参战。这可出敌不意，易于取胜，且能迅速打开鲁西南局面，及时南下豫皖苏配合刘邓大军。但战前来不及开会，不便取得密切协同，万一打不好对整个战局不利。

我向陈毅同志谈了这两个设想，他认为这一仗事关重大，为慎重起见，可先征求一下陈士榘、唐亮同志的意见。于是我立即拟电征询陈、唐的意见。

8 月 30 日，我们接到毛泽东同志来电："现在欧震、张淦、罗广文、张轸、王敬久、夏威各部，均向刘邓压迫甚紧，刘邓有不能在大别山立足之势，务望严令陈唐积极歼敌，你们立即渡河，并以全力贯注配合刘邓"。

接到这个电报后，陈毅同志和我认为应立即下定决心，采用第二方案，争取早打。至于协同问题，可在战役之前力求周密组织，在战役中再及时协调。于是当即给陈唐发电，要他们执行第二方案并于当日（30 日）下达了"西字第一号命令"：令第十纵队于 9 月 3 日晚由孙口（寿张南）、马庄（张秋镇西南）渡过黄河，4 日晚完成对郓城之包围而攻占之。第六纵队于 9 月 3 日晚在张秋镇东南渡过黄河，4 日晚进入梁山以南地区。野指于 3 日晚随第十纵队渡河，拟于 6 日进至郓城西南 15 公里之王家楼与西兵团会合。西兵团于 8 月 31 日以第一、第三纵队自成武、定陶地区北来，诱引敌整编第五师、整编第五十七师、整编第八十四师等部北犯；以第四、第八纵队及晋冀鲁豫第十一纵队，尾敌向北，拊敌之后。同时于 4 日晚以一个纵队进至巨野、郓城之间，以保障第十纵队攻郓城之安全。兵团主力 4 日晚进至龙堌集、沙土集之线以北地区集结。

9 月 3 日晚，我们率野直、第六、第十纵队渡河，4 日渡完，5 日在郓城及附近集结并与第一、第三纵队会合。至此，我华野第一、第三、第四、第六、第八、第十纵队、特纵及晋冀鲁豫之第十一纵队均已集结于沙土集南北地区，完成了集中兵力歼灭敌人的战役布局。

9月5日、6日，我找了西兵团一些同志谈话，对部队的思想情况做些调查。了解到多数同志对进入鲁西南，一直受敌人尾追，未能摆脱被动，憋了一肚子的气，求战心情甚切。有的干部发牢骚，编了一个顺口溜："运动战、运动战，只运不战。我走弧形，敌走直线，敌人走一，我们走三（指我军围绕曹县、单县打圈子，走的是圆周，敌人穿城而出，走的是直径），昼夜不停，疲劳不堪。"有的同志说："这样下去，只有拖死；与其拖死，不如打死。"还有的同志说："鲁西南水多，泥鳅成了龙。吴化文过去是我们手下败将，现在居然敢跟着我们屁股追。"

在指挥员中，多数同志主张打。有的同志说："我们和敌人所处的天候、气象、地形条件是一样的，敌人能打，我们为什么不能打！"有的说："曾几何时，我们在雨雪交加的鲁南，消灭了配属快速纵队的整编第二十六师，活捉了马励武；在沂蒙山区消灭了蒋军王牌军整编第七十四师，打死了张灵甫，如今反被我们手下的败将，追得东奔西跑，真是窝囊。"

同时，我也了解到有的高级指挥员，对在当时条件下能否在鲁西南打歼灭战，有很大的顾虑，认为敌人多路尾追，密集靠拢，战机难寻；时值雨季，积水甚深，不便我军机动；没有后方，伤员安置困难。特别是部队减员多，消耗大，未得补充，实力大减。因此，主张休整一下，作较多的补充后再战。

我对这些不同反映进行了对比与分析，认为我华东的这几个纵队，第一次脱离根据地作战，又逢大雨和洪水，确有不少的困难，休整一下再打，当然好一些。但刘邓大军告急，毛泽东同志电令我们迅速行动，积极歼敌，全力配合刘邓，这是全局。局部必须服从全局，我们再困难，也要自己克服，尽力争取早打。而且我们的困难只有在打了胜仗后才能解决。因为：

一、打好一个歼灭仗，就可以从敌人那里得到人员、弹药的补充。如果歼灭了敌整编第五十七师，根据过去作战的情况，敌我伤亡一般为

3：1。照此推算，歼灭这个师，我们大约要伤亡三千至四千人。在歼灭敌人的数目中，一般毙伤占三分之一到四分之一，俘虏占三分之二到四分之三，可以俘虏七千余人。我们可以从中选五千以上补充部队，加上我们的伤员有些还可以归队。这样补人的人数超过伤亡的人数，还可以得到大量武器、弹药、粮食和药品的补充。

二、关于后方问题。9月2日，毛泽东同志来电指出："从你们自己起，到全军一切将士，都应迅速建立无后方作战的思想，人员、粮食、被服、弹药，一切从敌军、敌区取给。"而且鲁西南是老根据地，因几次拉锯，群众顾虑大，只有我们打好仗，才可以迅速恢复和建立起巩固的根据地来。

三、关于战机问题。西兵团进入鲁西南后，被敌人追了一个多月，造成敌人骄狂失慎。这次我第一、第三纵队诱敌北犯，敌人很可能分兵轻进，这样就出现了战机。而我第六、第十纵队渡河南来，突然投入战斗，出敌不意，取胜的把握很大。

四、至于部队的思想问题，实践已多次证明，打胜仗是解决思想问题的最好方法。当前部队虽然疲劳，但求战心切；实力虽然下降，但我军已高度集中，完全可以对敌人造成战役优势。

我把这些想法当面向陈毅同志陈述。他赞同我的意见，要我在六日晚上召开纵队领导干部会议，统一思想。

在会议上，不主张打的同志说了他们的想法，我也反复说明了早打的好处和取胜的条件。明确指出：只有打，才能有力地配合刘邓；只有打，才能扭转现在的被动局面；只有打，才能得到补充；只有打，部队才能得到休整；打好了，鲁西南根据地就能重建起来。

这是一次军事民主会议，经过讨论，大家的思想统一了。并且一致同意首先歼灭敌整编第五十七师，然后视情况，再歼灭整编第五师之一部。我们预期着新的胜利即将来临。

战役经过及主要经验

鲁西南敌军的情况是：第四绥区刘汝明所辖之整编第六十八师、整编第五十五师（残部）在菏泽、鄄城地区；整编第八十四师在济宁、巨野地区；整编第五师、整编第五十七师正与我陈唐叶陶部在单县、曹县地区纠缠。此外整编第八十八师之新二十一旅，位于定陶、曹县地区，敌张岚峰残部位于城武，伞兵总队进抵单县，整编第二十师之一部进抵金乡。

在我第一、第三纵队的诱引下，9月初敌开始北犯，其部署是以整编第五师为中央，自刘官屯、龙堌集一带向北攻击，整编第五十七师为其左翼，整编第八十四师为其右翼，其余各部为策应，积极协同配合。9月5日，整编第五师进至郓城以南之雪家庄、富官电、王老虎一线。整编第五十七师之六十旅进至郓城西南贾敬屯、耿家庄、徐家垓一线；该师之一一七旅则位于第六十旅之右侧。

前面已经提到，我们决定首先歼灭整编第五十七师。这一选择是因为该师所处的位置便于我军分割，其战斗力又比整编第五师弱一些。该师原是第九十八军。1945年6月，我们在浙江天目山举行第三次反顽作战时，几乎将该军全部歼灭，是我们手下的败将。以后该军调苏北新（沂）海（州）地区，除原辖之预三、预四两师外，又编入迭遭歼灭后重新整补的第一一七师。整编为第五十七师后，原辖师改称旅。1946年11月，宿北战役中，预三旅被我全歼，预四旅改称六十旅，现在全师共辖两个旅，一万余人，武器装备均为日式，较陈旧。但在这一段作战中，已经骄狂失慎，贸然与整编第五师拉大了距离。

我们决定：以第八、第三、第六（欠十七师）纵队，担任攻歼整编第五十七师之任务；以第四、第十、第十一纵队及第六纵队之第十七师，担任阻击敌整编第五师及整编第六十八师增援之任务；以第一纵队为战役预备队。具体部署如下：

沙土集战役示意图

（1947年9月6日—9日）

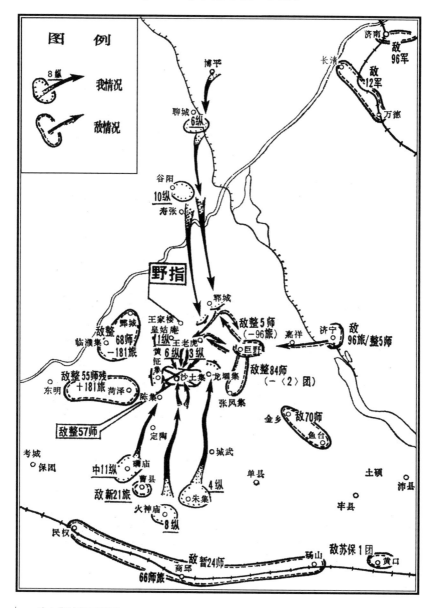

沙土集战役示意图。

1947 年 9 月，沙土集战役华野机枪阵地。

一、担任主攻的几个纵队：南线之第八纵队由黄镇集、沙土集、龙堌集之线由南向北攻击；北线第三纵队俟南线打响，除以一部钳制整编第五师，切断整编第五师与整编第五十七师之联系外，主力由东北向西南，向徐家垓、耿家庄、新兴集地区攻击前进；第六纵队于战斗开始后，即从第三纵队之右侧向徐家垓、贾屯、任家桥、新兴集地区攻击，以求夹击围歼整编第五十七师于新兴集及其以北地区。

二、担任阻击的几个纵队：第四纵队重点置于龙堌集，以求割裂整编第五师与整编第五十七师之联系，阻击整编第五师可能的西援；第十一纵队位于辛集、陈集地区，对整编第六十八师所在之菏泽方向进行警戒；第十纵队并指挥第六纵队之十七师全力控制郓城及其东南、西南之阵地，与第四纵队协同，坚决阻击敌整编第五师。

三、担任战役预备队的第一纵队，在战役发起后，由红船口向东南攻击，协助主攻各纵队围歼整编第五十七师，并防止该敌向菏泽方向逃窜。

这一部署的特点是，我们集中了三个纵队共八个师的兵力，攻歼整编第五十七师，形成了四倍于敌人的优势；同时我们又充分考虑到在敌占区作战，敌军机动便利，易于集中，故我用于阻击、打援、钳制的兵力超过用于主攻的兵力，以确保我军之必胜，并为下一步寻歼整编第五师一部作准备。

9月7日，敌整编第五十七师积极北犯，与整编第五师之间出现了二十公里的空隙，我们抓住时机，发起攻击。令第一、第三、第六纵队向沙土集、双庙攻击前进，令第四、第八纵队由南向北发起攻击，实施南北夹击。敌整编第五十七师发现我军这一行动，迅速向南撤退，龟缩于沙土集地区。

沙土集一带，地形平坦开阔，我军广大指战员在无隐蔽的开阔地上英勇奋战，冒着浓密的炮火，勇往直前，士气十分旺盛。当天晚上，我军达成对整编第五十七师的合围。这时我们考虑到有第三、第六、第八三个纵队围歼沙土集之敌已经够用了，乃于9月8日晨，令第一纵队撤出战斗向北转移至刘庄、皇姑庵一带，第四纵队转移至龙堌集地区，一面监视警戒，一面准备下一步攻歼整编第五师一部。

8日这一天，沙土集之敌组织反扑。经一日之激战，除大王庄、魏庄两点又被敌占领外，沙土集外围之敌被我全部肃清。

沙土集有一道坚固的围墙和一道外壕，村外为平坦的沙质土地，易守难攻，敌人凭借这一围墙固守待援。

9月8日晚6时，我们对沙土集之敌发起总攻。经过半小时的炮火准备，第三纵队首先从北面突破沙土集围寨，进入村内与敌展开巷战。9日凌晨2时，第八纵队从东南方向突入，第六纵队从西北角突入，三个纵队逐步缩小合围圈，敌数次反扑及企图突围，均被我击退。我军一面猛烈进攻，一面展开政治攻势，促敌放下武器。该师中将师长段霖茂率一百余人化装逃跑，出围寨不远，被我俘虏，其余敌人纷纷放下武器。至9日凌晨

3时，攻歼敌整编第五十七师之战胜利结束。

在攻歼整编第五十七师时，郓南阻击战打得十分激烈。我第十纵队及第六纵队之十七师，以野战阵地阻击敌整编第五师、第八十四师及第六十八师的进攻。当整编第五师进攻受挫后，曾一次出动三个团的兵力，在飞机、大炮、装甲汽车的支援下，向我八里河、侯庙一线阵地猛攻。我军英勇拼搏，予敌以重大杀伤，打退了敌人的进攻。八里河、侯庙一线阵地，始终保持在我军手中，保证了战役的胜利进行。在阻击战中，毙伤整编第五师一部，全歼其两个连。敌整编第五十七师被全歼后，整编第五师迅即收缩，向丁里长以南撤退，整编第八十四师则向巨野城撤逃。

我们原决定在敌整编第五十七师被全歼后，连续作战寻歼整编第五师。但由于在我攻歼整编第五十七师过程中，整编第五师已将工事普遍加固，且该地区地形开阔，又正在雨季，不便我军攻击。原在莱芜之整编第七十五师，此时亦已赶至济宁，正向巨野前进中，情况已经发生变化。同时，我部队前段体质下降，十分疲劳，不宜再打。我们遂决定胜利结束战役。

此仗打得干净利索。敌整编第五十七师师部及其所辖之两个旅全部被歼，并给援敌以相当的杀伤。计毙伤敌2000余人，生俘敌师长段霖茂以下7500余人，缴获榴弹炮、野炮、山炮20余门，轻重机枪数百挺，尚有大批弹药和其他军用物资。我军伤亡仅2300余人。战役后，我军人员、武器、弹药都得到了补充。

沙土集战役，是我军在外线敌人统治区内，在天候、地理不利的条件下，调动敌人，捕捉战机，集中兵力，打的一个歼灭战。从战役指挥的角度来说，它提供我们这样的经验：当战局出现被动时，战争的指导者应冷静、客观地分析敌我形势，充分发展有利于我、不利于敌的种种因素，并积极发现、捕捉和创造战机，及时定下决心，采取正确的部署，并坚决果断地予以实施，以迅速克服被动，夺取主动。沙土集战役前变被动为主动

1947 年 9 月，华东野战军挺进豫皖苏。

的关键是处理好打和走的关系。"打得赢就打，打不赢就走"，这是对我军
灵活机动的战略战术的高度概括，同时又是避免被动，保持主动的一条重
要原则。这个原则，运用起来颇不容易，打得赢就打，这还比较好办一
些，打不赢就走，却不那么容易，因为有个走得了走不了的问题。在中国
革命战争史中，敌强我弱，我军被逼到被动地位，常常有个走得了走不
了的问题，在走的过程中吃了大亏，也不罕见。走，一支小游击队还好
办，一个大兵团却不好办。好几个纵队，敌人天天咬住尾巴，被迫打掩护
战、撤退战、遭遇战，部队得不到休息，粮食得不到供应，弹药得不到补
充，伤病员得不到安置，士气也受影响。我五个纵队进入鲁西南的处境就
是这样。当时我们抓住了走和打互相关联着的这一对矛盾，认为要扭转被
动，关键是要打好一仗。根据我多年作战实践，在敌人统治区活动，不能
只走不打。当然不能盲目地打、硬打。但只有走，没有打这一手，那就走

1947 年 12 月，粟裕与陈赓在平汉战役中。

也走不好，走也走不了。至于战机问题，要作全面的分析，既要看到不利因素，又要看到有利条件，还要去创造有利的条件。一般说来，在敌区作战，敌人前堵后追，四面包围，易于对我实行分进合击。但我们要看到敌人的动作不可能那样整齐，距离的远近也不可能一样。我们可以逐步地把兵力向弱敌方向转移，集中优势兵力，坚决果断地打掉他一路。一路打掉了，敌人就不敢那样轻进了，间隙就大了，我们的自由就多些了。这时指挥员的分析、判断和决心起主导的作用。如果指挥得当，就可以从被动中夺取主动；反之，如指挥失当，不能恢复主动地位，接下去的就可能是失败。

沙土集战役的胜利，不仅从根本上扭转了我军在鲁西南的被动局面，为恢复和建设鲁西南根据地创造了条件，为向豫皖苏进军打开了道路，而且迫使敌人从大别山区和山东内线战场抽调四个师驰援鲁西南，有力地配合了刘邓大军和山东内线我军的行动。9月11日，中央来电鼓励全军，指出："郓城沙土集歼灭五十七师全部之大胜利，对于整个南线战局之发展有极大意义"，中央在电报中要求我们努力完成"在黄河、淮河、运河、平汉之间创造巩固根据地，协助刘邓、陈谢创造鄂豫皖与鄂豫陕两大根据地，协助饶黎谭保卫山东根据地，协助苏中苏北恢复根据地之伟大任务"，并且指出，"你们处在上述四大根据地之中间地带，你们的胜利有重大的战略意义"。中央的电报，使全军深受鼓舞。我们抓紧在战后休整期间，组织学习了中央9月1日《解放战争第二年的战略方针》的指示，经过整顿思想，整顿组织，进行了南下豫皖苏的动员准备工作。9月下旬，除以第十纵队、晋冀鲁豫第十一纵队继续留在鲁西南钳制敌人外，主力越过陇海路南下，进入了豫皖苏。这样，刘邓大军、陈谢兵团和华野外线主力部队，在中原形成了品字形的有利态势。10月8日，毛泽东同志为中共中央起草的电文中指出："我刘邓、陈粟、陈谢三军共四十八个旅，约四十万人，业已在长江、黄河间立住脚跟。"

| 1947 年 12 月，粟裕（左）与陈赓（右）、曾希圣（中）合影。

1947 年 7 月至 9 月，不仅是华东战区的一个转折点，也是整个战争的一个转折点。毛泽东同志在《目前形势和我们的任务》一文中指出，1947 年 7 月至 9 月，人民解放军即已转入全国规模的进攻，"这是一个历史的转折点。这是蒋介石的二十年反革命统治由发展到消灭的转折点。这是一百多年以来帝国主义在中国的统治由发展到消灭的转折点。这是一个伟大的事变"。华东野战军在这一伟大的事变中，胜利地实现了本身的转折，因此这一段战史意义很大，是值得一书的。

第 十 六 章
豫东之战

　　1948 年六七月间，遵照中央军委和毛泽东同志的战略决策，我华东野战军外线兵团[①] 和中原野战军一部，在河南省东部地区同国民党军队进行了一次重要的战役决战，即豫东战役，也叫开封、睢杞战役。这次战役，是一次包括攻坚战和运动战在内的规模较大、持续时间较长的大兵团作战，也是我亲身经历的最复杂、最剧烈、最艰苦的战役之一。

　　在这次战役中，敌我双方都投入了较大的兵力。除了战略上配合作战的部队外，我军直接参战的有华东野战军外线兵团的七个纵队和一个特种兵纵队，中原野战军两个纵队，以及冀鲁豫军区和豫皖苏军区的部分兵力，共约二十万人；敌军直接参战的有十二个整编师，三个快速纵队，以及特种兵部队和保安部队等，共约二十五万人。经过开封、睢杞两个阶段共 20 个昼夜的连续作战，我军全歼敌人一个兵团部、两个整编师部、四个正规旅、两个保安旅、一个正规团和三个保安团，并歼灭其他援敌一部，共九万余人。这是华东野战军主力转入外线作战后进行的第一个大歼灭战，也是在解放战争开始以后的整整两年中华东野战军进行的一次最大的歼灭战。在这次战役中，我军广大指战员不畏艰险，不怕困难，顽强奋战，表

---

　　① 华野外线兵团包括第一、第三、第四、第六、第八、第十纵队和两广纵队、特种兵纵队。1948 年 3 月，华野奉中央命令，将所属野战部队编组为四个兵团，即以外线兵团的第一、第四和第六纵队组成第一兵团，第三、第八和第十纵队组成第三兵团，以内线兵团的第七、第九和第十三纵队组成第二兵团（亦称山东兵团），第二纵队及华中第十一和第十二纵队组成第四兵团（亦称苏北兵团）。

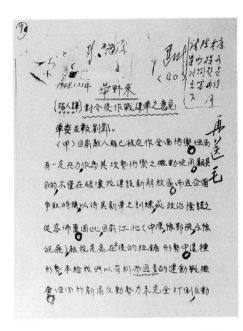

1948 年 1 月 22 日，粟裕发给中央军委和刘邓的"子养电"，斗胆直陈了自己对今后作战建军的意见。

1948 年 2 月 1 日，粟裕上报的渡江方案研究电报。

现了无比的勇敢和伟大的牺牲精神。我写这篇回忆录，首先是为了纪念在这次战役中英勇献身的烈士们；同时，也期望能为研究我军灵活机动的战略战术和大兵团作战的指挥问题提供一些情况，和同志们共同探讨。

集中兵力，大战中原

1947 年 6 月底和 7 月，晋冀鲁豫野战军（即后来的中原野战军）强渡黄河，发起鲁西南战役，揭开了我军战略进攻的序幕。随后，我军在全国各战场逐步展开战略进攻。到 1947 年底，解放战争的整个形势发生了有利于中国人民而不利于国民党反动派的重大变化。国民党军队在战略上已失去主动，"全面进攻"、"重点进攻"和"全面防御"均遭失败，而我军则在全国各战场进一步对敌人展开了进攻。

在这期间，在南线的中原战场，晋冀鲁豫野战军主力千里跃进到大别山地区，初步站稳了脚跟；太岳兵团在豫西和豫陕边境辗转破敌，开辟了豫陕鄂边区；华东野战军举行外线出击，挺进到豫皖苏地区。三路大军犹如三把钢刀插入敌人的腹部，乘胜完成战略展开，相互策应，纵横驰骋于江淮河汉之间，歼灭了大量敌人，打败了敌人三十三个旅对大别山区的全面围攻，击破了敌人在中原战场的全面防御体系，调动和吸引了国民党南线兵力一百六十个旅中约九十个旅在自己的周围。这些行动，对于迫使国民党军队在战略上陷入被动地位，起了决定性的作用。

蒋介石为了改变其战略上的被动地位，1948 年初，采取了尽可能坚守东北，力争华北，集中力量加强中原防御的战略部署，改"全面防御"为"分区防御"。当时，在中原战场，国民党军队仍占有一定的优势，计有三十四个整编师，共七十九个旅，除以相当兵力配属给各绥靖区（国民党在中原地区划分了八个绥靖区），担任重要点线的防御外，还能集中较大的机动兵力，在各要点之间往返驰援，并对我进行战役性进攻。其战略部署的重点仍放在大别山区，企图不让我军在此建立根据地；同时，加强其长江防线，防止我军南渡长江或西进，以确保南京和武汉的安全。大别山区横跨鄂豫皖三省，南濒长江，北有淮河，东临巢湖、合肥水网地带，西为平汉路，战略地位很重要，但不便于大兵团作战。在这个地区活动的晋冀鲁豫野战军主力，进行了艰苦卓绝的斗争，但因长期在无后方依托的条件下连续行军作战，处境相当困难。华东野战军及太岳兵团向外线出击后，同敌人形成拉锯状态，处境也较困难。

在这样的形势下，我军应当采取何种战略行动来改变中原战局，继续发展战略进攻呢？这是当时战略指导上亟待解决的一个十分重要的问题。

1948 年 1 月 27 日，中央军委给我发来电示，主要内容是：为迫使敌人改变战略部署，吸引敌人二十至三十个旅回防江南，确定华东野战军外线兵团的第一、第四和第六纵队（这三个纵队随即组成第一兵团），由我率领渡长江南进，在南方数省执行宽大机动作战任务。计划在湖北的宜昌至监利之间的几个地段渡江进入湘西，或从洪湖、沔阳（今沔城）地区渡江进入鄂南，先在湖南和江西两省周旋半年至一年，沿途兜圈子，以跃进方式分几个阶段到达闽浙赣边，使敌人防不胜防，完全处于被动应付的地位。渡江时间，可在2月，或5月，或秋季。中央并要我"熟筹见复"。

我看了这个指示，立即意识到，中央军委采取这一重大的战略决策，显然是为了进一步把战争引向敌人的深远后方，以配合正面战场，主要是配合中原战场我军作战，发展战略进攻。这一战略行动能否达到预期目的，不仅对中原战场和华东战场，而且对解放战争的全局都会有重大影响。为了更好地执行中央军委赋予的这一新的战略任务，经中央军委批准，我们带领三个纵队北渡黄河，于3月16日全部到达濮阳地区休整。在此期间，遵照中央军委指示，我们一方面抓紧整训部队，厉兵秣马，同时以多种手段对敌人进行侦察，向长江沿岸地区派出先遣小分队，积极做渡江的准备工作。一方面集中精力，进一步分析当时敌我双方的情况，认真研究如何贯彻中央军委的战略意图，主要是权衡分兵渡江作战有利，还是集中兵力在中原作战有利。经过一个多月的反复思考，我对这个问题逐步形成了一些看法。

我觉得，从全局来看，为了改变中原战局，进而协同全国其他各战场彻底打败蒋介石，中原和华东我军势必还要同国民党军进行几次大的较量，打几个大歼灭战，尽可能多地把敌人主力消灭在长江以北。从当时情况看，要打大歼灭战，三个纵队渡江南进是做不到的。在山东战场，由于敌人坚固设防地域较多，我作战地区比较狭窄，暂时也难以打大的歼灭战。而在中原黄淮地区，我军打大歼灭战的条件却正在成熟。这是因为：第一，中原地区广阔，有三条铁路干线和一些大中城市，敌人都需要防守，包袱背得很多很重。敌人虽然在这个地区集结了重兵，但需要较多的兵力担负防守任务，因而机动兵力就相对地少了。如果我军在这一地区积极行动，必能调动敌人，为我军歼敌于运动之中创造战机。第二，中原黄淮地区地势平坦，交通发达，固然便于敌人互相支援，但也有利于我军实施广泛的机动作战，尤其是在铁路和公路被我破坏的情况下，敌人重装备的机动将受到很大限制。我军则可以充分发挥徒步行军能力强的长处，迅速集中兵力，从四面八方分进合击敌人，实现战役上的速战速决。第三，中原黄淮地区虽属外线，但背靠山东和晋冀鲁豫老解放区，可以及时得到大批人力物力的支援，特别是可以较好地保障伤病员的安置和治疗。同时，我军挺进外线作战已有数月，已经渡过最困难的时期，并已逐渐适应和掌握了外线作战的规律。第四，经过我三路大军挺进中原后的艰苦斗争，新解放区党的工作和政权工作已有初步基础，军民关系逐渐密切，已有一定的支援战争的力量。所有这些，都是我军在中原黄淮地区打大歼灭战的有利条件。

至于我三个纵队渡江南进，到敌人战略后方进行宽大机动作战，这无疑会给敌人以相当的震惊、威胁和牵制。但是，也存在一些难以克服的不利因素。第一，我三个纵队，加上地方干部，近十万人。渡江后要在敌占区转战数省，行程几千里甚至上万里，敌人必然会利用其大后方的各种有利条件，对我军实施围追堵截。而我军则远离解放区，在无后方依托的条件下连续作战，兵员的补充，粮弹和其他物资的供应，伤病员的安置和治疗，都将遇到很大的困难。渡江后，将不得不在沿途的湘西（或鄂南）、湘南、湘赣边、赣南和赣东北等地区，依次留下一些部队，建立小的游击区，以收容伤病员和处理多余的武器。在这种情况下，我军不仅无力攻占大中城市，即使出现有利战机和可能打胜的仗，有时也不敢下决心打。对此，我是有过亲身体验的。1934年，红军北上抗日先遣队从瑞金出发，向敌人统治区挺进，行程二千五百多公里，沿途还有几个小的游击区，但

| 1948 年 4 月，陈毅（右）、粟裕（左）摄于濮阳。

| 1948 年 5 月，粟裕（右）到西柏坡时与陈毅（中）、李先念（左）合影。

由于长途跋涉，一路上要向敌人的围追堵截作斗争，战斗十分频繁，加以兵员补充、物资供应尤其是伤病员的安置和治疗非常困难，部队到达皖南时已减员二分之一。这次从中原出发向闽浙赣边挺进，虽然形势与当年大不相同，但要转战数省，路程比抗日先遣队走的远一倍，估计减员也不会少于二分之一。剩下的部队就难以对敌人形成大的威胁。第二，我三个纵队渡江南进后，可以调动江北部分敌军回防江南，但估计调动不了敌人在中原战场上的四个主力军（师）。整编第五军①和整编第十一师，都是蒋介石的嫡系主力，是半机械化部队，又是敌军在中原战场上的骨干，敌人是不会把它们调到江南跟我们打游击的。桂系的第七军（相当于整编师）和整编第四十八师，由于政治上的原因，蒋介石担心纵虎归山，当然也不会把它们调到江南。如果我军不能把敌人在中原战场的这几个主力军（师）调到江南，就达不到预期的行动目的。此外，我渡江南进的部队将再次面临一次大的思想转弯。这几个部队从苏中北撤到山东和由内线转到外线，有过两次大的思想转弯，都是经过艰苦细致的思想工作和作战胜利的鼓舞才逐渐解决的。如渡江南进，思想转弯也势必需要一个过程。由于存在这些不利因素，我三个纵队渡江南进，估计难以实现预定的战略意图。

再从战略角度来看兵力的运用问题。要在广阔的中原战场打大规模的歼灭战，我必须组成强大的野战兵团，在一个战役中，既要有足够数量的兵力担负突击任务，各个歼灭敌人，又要有相当数量的兵力担负阻援和牵制敌人的任务。当时，在中原战场上，中原野战军有四个主力纵队，华东野战军有六个主力纵队，共十个主力纵队，再加上两广纵队及地方武装，

---

① 敌整编第五军的番号在我解放战争时期曾几经变动。解放战争开始时称第五军，辖三个师（第四十五、第九十六和第二〇〇师），每师辖三个团；1947 年改称整编第五师，原各师改称旅，每旅辖三个团；1948 年春又以整编第五师为基础扩编成整编第五军，下辖整编第五师（辖第四十五旅和第二〇〇旅）和整编第七十师（辖第九十六旅和第一三九旅），军长为邱清泉。在豫东战役中，整编第七十五师和第八十三师，先后归该军指挥过，故亦称邱清泉兵团。

1948 年 5 月摄于西柏坡。左起：薄一波、蔡树藩、李先念、粟裕、彭真、朱德、陈毅、聂荣臻。

是有力量打大规模歼灭战的。如果我三个纵队渡江南进，而又调不走敌人在中原的四个主力军（师），则势将分散我军兵力，增加我军在中原战场打大歼灭战的困难。这样，就难以在短期内改变敌我兵力对比，打掉敌人的优势，进一步改善中原战局；而我进入江南的部队，由于作战环境的关系，也发挥不了他们善打野战的长处。再则，我三个纵队在渡江后转战过程中，预计会有约五万人的减员，如果留在中原地区作战，以同样的代价可以歼敌三至五个整编师。两者对比，我三个纵队还是留在中原作战更为有利。

虽然我有以上这些考虑，但要不要向中央提出建议，开始我是有顾虑的。主要是担心自己看问题有局限性，对中央如此重大的战略决策提出不同看法，会不会干扰统帅部的决心。但又想，作为一个战役指挥员，在即将执行上级赋予的作战任务时，应当结合战争的全局进行思考，从全局上考虑得失利弊，把局部和全局很好地联系起来。全局是由许多局部组成的，从局部看到的问题，也许会对中央观察全局、作出决策有参考价值。想到这些，我终于消除了顾虑，于4月18日把自己的看法和建议报告了中央。

在这个报告中，主要是根据上述看法，建议第一、第四和第六纵队暂不过江，集中中原野战军和华东野战军主力，争取在中原黄淮地区打几个大规模的歼灭战。同时还建议向淮河以南和长江以北派出几个以旅或团为单位的游击部队，配合正面战场作战；向长江以南敌人深远后方派出多路游击队，每路五六百人，消灭敌人的地方武装，摧毁其基层反动政权，破坏敌人的兵源、粮源和其他战争资源，宣传发动群众，以策应我军在中原地区的行动。

在这个建议上报中央时，陈毅同志已由河北省平山县的西柏坡来濮阳，对部队进行渡江南进的动员。中央在接到我的建议报告后，立即来电要陈毅同志和我一起到中央去当面汇报。我们到达西柏坡以后，随即前往阜平县的城南庄，毛泽东同志在那里召开会议听取我们的意见。我着重汇报了三个纵队暂不渡江南进、集中兵力在中原黄淮地区大量歼敌的方案，详细说明了提出这个方案的根据。毛泽东同志、刘少奇同志、周恩来同志、朱德同志、任弼时同志和其他领导同志听了之后，当即进行研究，并同意了这个方案。党中央领导同志这种处处从实际情况出发，十分重视前线指挥员意见的领导作风，使我深受教育和感动。

就在这次会议结束时，毛泽东同志对我说，陈毅同志不回华野去了，今后华野就由你来搞。这个消息对我真是太意外了，我非常着急，当即再三要求让陈毅同志仍回华野。毛泽东同志又说，中央已经决定了，陈毅同

1948 年 4 月，粟裕于濮阳。

志和邓子恢同志到中原军区、中原局工作。最后我又提出，陈毅同志在华野的司令员兼政委的职务要继续保留。毛泽东同志沉思了一下，然后说：那好吧，陈毅同志仍任华野司令员兼政委，但是那边工作很需要他，现在必须马上去。这时我想，陈毅同志去中原局和中原军区工作，责任重大。为了服从全局利益，我不能也不好再坚持自己的要求了。中央和毛泽东同志采纳了关于第一兵团暂缓渡江南进、集中兵力在中原打大仗的建议，陈毅同志又要暂时离开华野，我深感自己的担子沉重，觉得这次是向中央立下了"军令状"，一定要把仗打好，以战场上的胜利来回答党中央和毛泽东同志的殷切期望。

审时度势创战机

中央军委在作出华野三个纵队留在中原作战的决策后，5月5日下达了中原战场我军近期的作战任务，要求华野第一、第三、第四、第六和第八纵队及中原野战军第十一纵队共六个纵队，全部集结在中原黄淮地区打大仗，在陇海路开封至徐州段及其南北地区，以寻歼敌整编第五军等部为作战的主要目标，力争在四至八个月内歼敌五六个至十一二个旅。同时指示华野第二兵团向津浦路一线行动，相机歼灭并钳制敌整编第十二师和第七十二师等部；第四兵团在苏北发起进攻战役，以策应中原战场我军作战。

作战任务明确之后，朱德同志代表党中央和中央军委亲临濮阳视察和动员。陈毅同志和我也随同朱德同志回到濮阳。在朱德同志和陈毅同志的直接指导下，我们根据中央军委指示和当时敌我情况，着手制定作战计划，并筹划第一兵团渡黄河南下。5月14日，朱德同志向团以上干部讲话，分析了战争形势，对部队的任务和建设作了重要指示，并且动员大家努力学习战术，用"钓大鱼"的办法，寻机歼灭敌整编第五军等部。随后又向

1948 年 4 月，粟裕与朱德、陈毅在濮阳。

朱德与华野部队指挥部指挥员合影。前排左一刘先胜、左二钟期光、左三谭启龙、左四粟裕、左五朱德、左六陈毅、左七王集成、左八何克希、左九谢云晖，后排左一谢胜坤、左二梅嘉生、左三皮定均、左六张震、左七江渭清、右二刘文学、右三王必成、右六陶勇。

营以下干部和战士代表讲了话。朱总司令在华野广大指战员心中有崇高的威望，他老人家亲临视察和给予指示，对提高广大指战员的思想，鼓舞斗志，增强战斗力，起了极大的作用。不久，朱德同志和陈毅同志先后离开濮阳。

歼灭整编第五军，正是当时华野全体指战员的强烈愿望。因为自蒋介石发动内战以来，该军常在进攻华东解放区和在中原战场作战中打头阵，既骄横，又狡猾，与我军多次交手，虽未赚到便宜，但也未受到严重打击，气焰十分嚣张。我军指战员对它恨得咬牙切齿。因此，当领导上提出要打整编第五军时，部队群情振奋，摩拳擦掌，大有"灭此朝食"之概。的确，在当时的情况下，如果把敌人这个"王牌"军消灭了，就等于砍掉蒋介石伸向中原和华东战场的一只臂膀，形势对我军无疑将更加有利。

为了实现中央军委赋予的作战任务，我们必须全面掌握敌我情况，不断分析战场形势，在此基础上发挥主观能动作用，创造和捕捉战机。

当时已是 1948 年 5 月中旬，敌我双方处于以下态势：

敌人在中原战场上除保安部队外，有正规军二十五个整编师（五十七个旅）。其中十三个整编师（三十个旅）担任重要点线的守备；另外十二个整编师（二十七个旅）和四个快速纵队编成四个兵团，执行机动作战任务。其意图是控制陇海路东段、津浦路和平汉路南段的交通线，以郑州、信阳、蚌埠、开封、商丘和徐州等城市为据点，乘我华野部队整训分离之际，集中一切可能使用的机动兵力，寻找主力兵团决战，同时监视和堵击我在濮阳地区进行整训的华野第一兵团渡河南下。

我军方面，中原野战军主力及华东野战军第十纵队，在取得宛（即南阳）西战役胜利后，正向南阳、确山之间转移；华东野战军第三和第八纵队在完成宛西战役阻击任务后，于 5 月 10 日由象河关、春水地区北上，14 日袭占许昌，全歼敌独立第二十一旅，尔后即在许昌、襄城地区转入休整；华东野战军第一、第四和第六纵队以及两广纵队、特种兵纵队，在濮阳地区进行新式整军运动后，根据打整编第五军的作战要求开展军事训练；中原野战军第九纵队位于郑州西南地区；中原野战军第十一纵队位于豫皖苏地区。

5月23日，我们作出了在鲁西南歼敌整编第五军的作战部署。即先以第三和第八纵队由许昌地区向淮阳方向转移，吸引邱清泉兵团南下；然后以第一、第四、第六纵队和两广纵队、特种兵纵队乘机由张秋镇、范县（今旧范县）之间南渡黄河，进抵定陶、城武地区，力求歼灭鲁西南守敌一部，开辟战场，吸引邱兵团回转北上。在邱兵团向北转移时，立即以第三纵队、第八纵队和中野第十一纵队尾敌北进，协同我南渡黄河的各纵队夹击该敌于鲁西南地区。

在进行上述部署的同时，我反复考虑到，寻歼敌整编第五军虽具有一定的条件，但不利因素较多，主要是我军主力尚未集中，打援兵不足，地形对我不利。整编第五军是蒋介石在关内剩下的两大主力之一，辖两个整编师四个旅，并指挥一个快速纵队和一个骑兵旅，其战斗素质虽不如整编第七十四师和整编第十一师，但装备并不差，人数也比该两师多，炮兵火力的运用和步炮协同动作较好，又经常猬集一团，不贸然行动。我如打它，蒋介石必极力救援。那时，华野在外线作战的六个主力纵队，三个远在河南的许昌、南阳、确山之间，短时间难以集中，即使把其中的第三和第八纵队调过来，再加上中野第十一纵队和华野的两广纵队，我们手中掌握的全部兵力也不足六个纵队（因当时有些部队不满员）。而要歼灭整编第五军，突击集团至少需要用四至五个纵队。这样，就只剩下一两个纵队担任阻援。在平原地区无险可守的情况下，用一两个纵队是难以阻止敌人大量增援的。如果我突击集团三五天内解决不了战斗，敌人援兵赶到，我军就可能陷于被动。同时，鲁西南地区的主要点线在敌人控制之下，我作战地域比较狭窄，不便于大兵团机动作战，而且战场距黄河较近，我军处于背水作战的不利态势。基于上述考虑，我觉得在当时情况下寻歼整编第五军，并不是很有把握的。搞得不好，还会给我们自己造成不利局面。

当时，我还想到，中央军委作出三个纵队暂不渡江、集中力量在中原黄淮地区大量歼敌的决策，我第一个战役必须旗开得胜，只能打好，不能打坏。既然寻歼整编第五军不能稳操胜券，作为战役指挥员，就应当在部署寻歼整编第五军的同时，根据战场的实际情况，考虑其他更有把握取胜的作战方案。为此，我设想了一个"先打开封，后歼援敌"的作战腹案。

设想"先打开封，后歼援敌"这个腹案的主要依据是：第一，开封是当时国民党的河南省会，是中原重镇，在政治上和军事上都占有重要地位。我军如攻克开封，对中原和全国都将产生重大影响。蒋介石绝不会置开封于不顾，势必调兵增援。这样，就能打乱敌人企图在鲁西南与我决战的部署，为我军在运动中歼灭援敌创造战机。第二，开封守敌处境孤立，敌可能用于增援开封的主力集团当时都在一百公里以外，而我外线部队与中野一部相对靠拢，有强大的兵力和充裕的时间阻击援敌。第三，开封守敌虽有三万余人，但战斗部队中只有一个被歼后重建的正规旅，其余都是地方部队和特种兵部队，指挥不统一，或有矛盾，总的说来战斗力不强。我使用两个主力纵队近六万人攻城，在兵力数量上虽然优势不大，但论战斗力则占很大优势。第四，攻打开封这样一个有四十万人口，并经过日伪军和蒋军长期设防的城市，在华野来说虽是首次，但我军在两年来的解放战争中，曾先后攻克过敌重兵守备的枣庄、峄县（今峄城）、泰安、莱阳、许昌、洛阳、潍县（今潍坊市）等城市，积累了较丰富的中小城市攻坚战的经验，攻坚能力有了很大提高。部队熟练地掌握了炸药爆破技术。炮兵建设有了相当规模，华野有一个特种兵纵队，每个主力纵队有炮兵一个营至一个团，每个师有炮兵一个连至一个营，每团有一个炮兵连。炮兵的射击技能也有提高，不仅能进行抵近射击和直接瞄准射击，而且学会了间接瞄准射击。部队指挥员也初步懂得了炮兵运用的一些基本原则，能根据炮兵的特点赋予任务，发挥炮兵支援步兵作战的作用。同时，第三和第八纵队长于城市攻坚战。因此，攻克开封还是有把握的。

当时我虽未将这一作战腹案上报下达，但在作战部署上却是有准备的，即力求能适用于打整编第五军和打开封两个作战方案，而且侧重于后一个方案。这样做的好处是：第一，可以用寻歼整编第五军来激励我军士气，一旦寻歼整编第五军不成，就用打整编第五军的精神准备和物质准备去打比整编第五军弱的敌人，把握就更大。第二，能够造成敌人以为我军要在鲁西南地区同它决战的错觉，把敌人的注意力吸引到鲁西南，这样，我军就能给开封守敌以出其不意的攻击。第三，如果打整编第五军的条件成熟了，由于我们已经做了打它的准备，也不会丧失战机。

5月24日，我第三和第八纵队按野战军计划向淮阳方向前进。敌邱兵团果然被我军吸引南下。5月30日、31日，黄河以北我各纵队南渡黄河。我军的这一突然行动，使敌人大为震惊。敌急令邱兵团主力和整编第七十五师北返，迎击我渡河部队。同时，又向鲁西南增调整编第八十三师、第二十五师、第七十二师和第六十三师一个旅，企图与我渡河部队决战。这样，敌集中在鲁西南战场的兵力将达到九至十一个整编师，且队形密集，不易分割，我难以达到各个歼敌的目的。这时，我第三和第八纵队已到达通许、睢县、杞县之间，距开封只有一日行程，如就势转用于突然攻取开封，可打敌措手不及。战场情况的变化表明，打整编第五军的条件尚未具备，而实现先攻开封后歼援敌腹案的条件却已成熟。于是，我们当机立断，改变在鲁西南作战的计划，并于6月15日定下了转向豫东作战的决心。即首先以主力一部从敌侧后开刀，夺取敌守备兵力比较薄弱而又处于敌人防御要害部位的开封，待围歼开封守敌后，再集中兵力于运动中寻歼来援之敌的一路。

由于对这一作战方案预有准备，所以在定下决心的当天就能上报中央军委并报中原军区和中原野战军，同时给部队下达了作战命令，区分了战役第一阶段各部队的任务。以第三和第八纵队组成攻城集团，由陈士榘、

豫东战役经过要图

（1948年6月17日—7月6日）

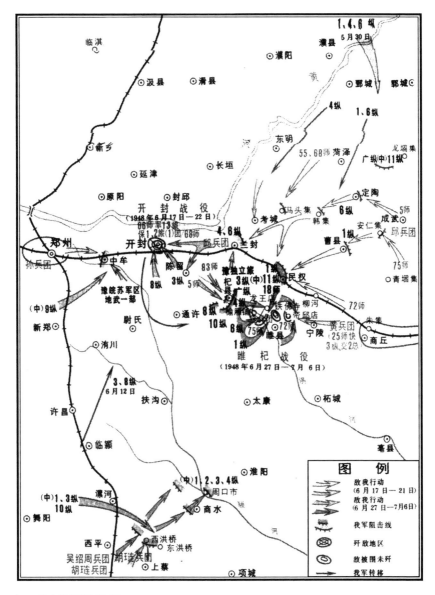

豫东战役经过要图。

唐亮同志指挥，先采取奔袭手段夺占城关，而后依托城关迅速攻城。为确保攻城作战的胜利，另用近三倍于攻城部队的兵力，由野战军直接指挥，担任阻援和牵制敌人的任务。其中以中野第九纵队插入郑州、开封之间，阻击郑州可能来援之敌；以中野第十一纵队并指挥冀鲁豫军区独立第一旅位于巨野地区，由北向南从侧后牵制邱兵团；以第一、第四和第六纵队迅速揳入定陶、曹县、民权、考城（今堌阳）地区，用运动防御坚决阻击邱兵团西援开封；以冀鲁豫军区和豫皖苏军区一部兵力相机攻占东明、兰封（今兰考县），并破袭陇海路兰封至野鸡岗段铁路。野战军政治部向攻城部队发出指示信，号召全体指战员认清形势，消除顾虑，防止轻敌，英勇战斗，一定要打下开封，并严格遵守战场纪律，执行城市政策。在战勤支前工作方面，由豫皖苏和冀鲁豫两大区全力予以保障。

6月17日晨，中央军委复电完全同意上述部署，并指出："这是目前情况下的正确方针"，"情况紧张时独立处置，不必请示"。同日，刘伯承、邓小平、陈毅同志也来电指出：豫东战役第一步应明确以攻开封为主，第二步打谁视情而定，决定以仍归中野指挥的华野第十纵队自舞阳进至上蔡地区，协同中野一部阻击胡琏兵团北援，嘱我围攻开封之部队对南面敌人可勿顾虑。中央军委和中野首长的指示，更加鼓舞和坚定了我们夺取这一战役胜利的信心。

为了在战略上配合这次作战，我们令华野第二兵团继续在津浦路徐、济段扩张攻势，包围兖州，调动敌整编第二十五师或整编第八十三师北援；令华野第四兵团在陇海路新安镇（今新沂县）至海州段发动攻势，以牵制敌人。

我军攻打开封的这一着棋，完全出敌人意料之外。当我们的兵力部署已经就绪，即将发起战役时，敌人还蒙在鼓里。开封守敌认为我军是吸引国民党军队主力至鲁西南决战，"在开封无真正战斗"。伪国防部和徐州"剿总"，虽曾觉察到我第三和第八纵队有围攻开封的征候，但见我军两大集团南北对进，即认定我军企图夹击邱兵团，因而十万火急地向鲁西南调集兵力，要与我军进行决战。尤其可笑的是敌华中"剿总"，还坚持说我第三和第八纵队尚在方城以东地区。然而，我军却在敌人重兵集团紧紧跟踪和严密监视的情况下，创造了歼敌的条件，捕捉到有利的战机，乘敌把注意力集中在鲁西南之际，突然对开封守敌发起了攻击。

取开封，攻敌必救

开封是一座历史名城，为我国著名古都之一。它位于河南东部平原，北濒黄河，南倚陇海铁路。城墙周长二十余公里，共有六门四关，即大南门、新南门、宋门、曹门、西门、北门和南关、宋关、曹关、西关。经敌长期经营，该城防御工事已形成半永久性防御体系。守敌以城关为外围支撑点、以城垣为主阵地，以龙亭、运动场、伪省政府为核心阵地。各阵地构筑有大量火力点、堑壕和交通壕，设有铁丝网。南关、宋关和曹关均挖有外壕，深度各丈余。敌整编第六十六师师部率第十三旅担任城区及曹关和西关的防御，师部位于龙亭。新调到开封的敌整编第六十八师第一一九旅一个团，位于城南区为预备队。河南省保安第一旅、第二旅以及另外三个保安团，除以一个团守卫伪省政府外，其余主要担任南关和宋关的防御。总指挥是伪河南省政府主席刘茂恩，实际上由整编第六十六师师长李仲辛指挥。

根据开封地形和敌人的防御情况，我军攻城的具体部署是：以第三纵队首先肃清南关东部及城东宋关、曹关守敌，然后依托宋关、曹关攻城，并以部分兵力在北门佯动，伺机由北门攻城。以第八纵队首先肃清南关西部及西关守敌，然后依托南关、西关攻城。

6月15日，我第三和第八纵队开始向开封急进，17日晨突然兵临城下，对四关守敌发起猛烈攻击。敌人被我军强大攻势打得惊慌失措，一面仓促应战，凭关顽抗，一面向蒋介石和徐州"剿总"紧急呼救。至 18 日黄昏，守关之敌一部被歼，大部在敌机对我疯狂轰炸扫射和投掷大量燃烧弹的掩护配合下，放火烧关后退入城内。四关遂为我军占领。

为不使敌人有喘息机会，我攻城部队在占领城关后组织力量灭火的同时，争分夺秒，加速进行攻城准备。第八纵队于当夜 22 时从南关开始攻城的火力准备，并在对敌防御设施进行连续爆破后发起冲击。24 时许，先头营突破了新南门，但因城门两侧敌人的地堡群未被我全部摧毁，突破口又被敌火力封锁，我后续部队未能跟进，已突入的部队即抢占城楼及其附近有利地形，抗击敌人的反冲击。19 日 1 时，第三纵队在宋关克服了因敌人的破坏而造成的种种困难后，开始对宋门实施火力准备。突击营以 23 人担任爆破任务，首先由一位爆破英雄率领 12 名优秀爆破员，在火力掩护下以 11 包炸药实施连续爆破，开辟了通路，炸毁了城门。突击分队利用炮火准备和爆破的成果，迅速突入宋门，并打退敌多次反冲击，巩固了突破口，后续部队紧随入城。该纵队攻曹门的部队因曹关火大，改由宋门突入城内，迅速向两侧和纵深发展。第八纵队突入新南门的先头部队，与疯狂反扑的优势敌人激战七八个小时，至 19 日 9 时许，将敌人反击部队击溃，并击毙其团长，巩固了已占领的阵地。与此同时，后续部队肃清了城门外敌地堡群，重新控制并扩大了突破口，乘胜相继突入城内，随后该纵队又突破大南门和西门。至此，敌城垣主阵地全部被我突破。我进入城内的各部队，随即分多路向敌纵深穿插，与敌展开激烈的巷战。

开封战役发起后，蒋介石焦急万分，慌忙调兵遣将，组织多路增援，并在我军攻入城区后，即令其空军不分昼夜对城区狂轰滥炸，投掷大量燃烧弹，同时令守敌发射燃烧弹，四处纵火，妄图使开封城成为一片火海，以阻止我军发展进攻。我突入城内的部队以压倒一切敌人的英雄气概，冒着熊熊烈火和炎热的天气，昼夜攻击，连续奋战，先后攻克敌人重兵防守的地方法院、河南大学、鼓楼、绥靖公署和省政府等要点，歼灭了大量敌人。至 20 日 23 时，除敌核心阵地龙亭和华北运动场外，市区均被我军攻占。

敌龙亭核心阵地，位于城区西北部，以龙亭为中心，由若干堑壕、交通壕、地堡群和炮兵阵地构成。龙亭坐落在一个大土墩上，能瞰制四周，上有工事密布的建筑物，下有巨大的地下室。龙亭以南为潘家湖和杨家湖，两湖之间仅有一条不宽的土马路与市区大街衔接。龙亭以东、以北和以西均为开阔地，仅东北角的华北运动场有部分建筑物。龙亭守敌虽已成为"瓮中之鳖"，但仍凭借易守难攻的有利地形进行顽抗。我突击部队为肃清残敌，于 20 日夜至 21 日晨，对龙亭敌核心阵地发动两次攻击，因组织准备不充分，协同动作不密切，未能奏效。21 日，攻击部队重新调整部署，加强了各部队之间、步炮之间的协同，从 17 时开始，再次对龙亭守敌发起攻击。首先以炮兵进行猛烈的火力急袭。有的将火炮推进至距龙亭几百米处，不顾敌火力封锁，进行抵近射击。经一小时炮击后，敌火力被我压制下去，工事大部被摧毁。我炮兵射击一停止，步兵即发起勇猛冲击。这时，狡猾的敌人又窜出地下室，抢占有利位置对我进行射击，我突击部队冒着敌炽烈火网，迅速通过开阔地，奋勇登上大土墩和龙亭，与敌进行近战肉搏，经五小时激战，至 23 时攻克龙亭，全歼守敌。龙亭被我军攻克后，华北运动场守敌混乱动摇。22 日晨，我对该敌发起多路攻击，敌一部投降，一部在突围时被我歼灭。至此，豫东战役第一阶段——开封战役胜利结束。

在我军围攻开封的过程中，敌邱兵团全力西援，在兰封以东遭我阻击集团的第一、第四和第六纵队迎头痛击，伤亡惨重，我军乘机攻占兰封。中野第九纵队及豫皖苏军区一部兵力袭占中牟，打退孙元良兵团在飞机和坦克支援下的多次进攻，阻止了该敌的东援。中野第一和第三纵队与华野第十纵队，在刘伯承同志、邓小平同志和陈毅同志直接指挥下，于上蔡以北地区阻击并重创了胡琏兵团，使该敌不敢轻举冒进。这些作战行动，都对攻克开封起了直接保障作用。在此期间，华野第二兵团围攻兖州，第四兵团攻克海州以西的墩尚、阿湖、房山等地，也有力地策应了开封作战。

在开封战役过程中，各部队都严格遵守三大纪律八项注意。担任攻城任务的部队，坚决执行中央军委和华野前委关于进入开封的城市政策，并大力抢救人民的生命财产。同时利用旧官员组织临时市政维持委员会，在我军的指导和监督下，维持城市秩序，进行社会救济工作。党的城市政策和我军遵纪爱民的行动，受到各阶层人士的欢迎，扩大了我党我军的政治影响。在我军撤离开封时，不少进步人士，包括教授、作家、音乐家和大中学生，不愿再受国民党的罪恶统治，有的到解放区参加工作，有的参加我军。担任阻援任务的部队也严格遵守群众纪律。有的冒着酷暑在李子树下做防御工事，树很矮，抬头张口就能咬到李子，但没有一个人去吃它。借群众的门板等物构筑工事时，都把房东的名字写在上面，以便战后归还原主。扫清射界时，不砍、不压倒群众的高粱，有的还把高粱连根带泥移植到别处去，我军纪律严明，群众交口称赞。开封战役，歼灭开封守敌三万余人，加上阻击援敌的战绩，共歼敌约四万人，敌整编第六十六师师长李仲辛被击毙，参谋长游凌云被活捉。伪河南省政府主席刘茂恩化装潜逃。曾几何时，蒋介石还在伪国大上吹嘘开封"绝可确保无虞"，而我军仅用五昼夜就攻占了。

开封战役不仅歼灭了大量敌人，更重要的是打乱了敌人的作战部署，调动和引诱援敌就我范围，使我军进一步取得了战场的主动权。6月23日，党中央给华东、中原我军全体指战员发来祝贺开封大捷的电报说："庆祝你们解放开封省城及歼敌三万余人的伟大胜利。尚望继续努力，为消灭更多蒋敌、解放全中原人民而战。"党中央的贺电，给全体指战员以极大的鼓舞，为我们再接再厉，继续歼灭更多的敌人增添了巨大的力量。

开封战役的实践再次表明，战役指挥的重心放在哪里，对能否掌握战场主动权关系极大。我从历次参加的战役指挥中体会到，每个战役都有一个转折点。这个转折点，就是在对战役有决定影响的环节上我们掌握了主动，打赢了敌人，从而使我军确有把握取得战役的全胜。因此，战役指挥员不仅要对整个战役有通盘的考虑，预见情况可能的发展变化，在打第一仗时就想打第二仗和第三仗的问题，而且要把自己注意的重心放在战役的转折点上，充分发挥主观能动作用，全力以赴，采取一切手段促使战役转折的实现。在敌人有强大兵力增援的情况下，转折出现得越早越好，要力争在全战役预计时间的二分之一以前，最好在三分之一甚至四分之一的时候到来。这样，作战就主动了。如果转折在全战役时间的二分之一以后到来，就会因时间紧迫而仓促作战，使部队伤亡增大，疲劳加重，士气受到影响，有时还会陷于被动，不得不撤出战斗，打成夹生仗。豫东战役，包括攻城和打援两个作战阶段，全战役有个转折点，两个阶段也有各自的转折点。我是把注意的重心放在实现全战役的转折上，就是尽快夺取开封和

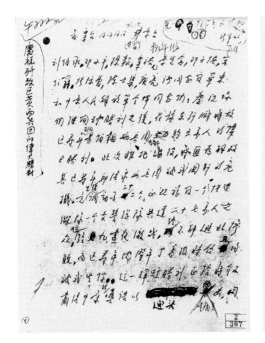
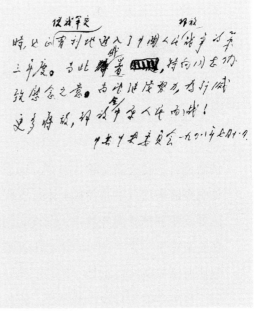

1948 年 7 月 11 日，周恩来起草中共中央给华东和中原野战军的电报《庆祝歼敌区黄两兵团的伟大胜利》。

及时掌握用于打援的兵力。战役一开始，我们就督促部队迅速突破敌城垣主阵地，尽快攻占开封，争取全战役的转折及早到来。战役从 17 日开始，至 20 日夜，攻城部队就突破了敌城垣主阵地，继而将城区之敌基本肃清。这时，虽然敌核心阵地龙亭尚未被我攻下，但战役第一阶段已胜利在握，我就和张震同志、钟期光同志立即到开封南郊第三兵团指挥所，督促第三和第八纵队不要留恋开封战场，除留足够的兵力攻击龙亭外，迅速从城内撤出其余部队，把兵力集中起来，准备再歼援敌。对于攻歼龙亭之敌，我对部队说，龙亭是要打下来的，但不要急，迟一点不要紧，有点残敌可以作为钓邱兵团这条"鱼"的大钩子，你马上打下龙亭，他来援就不积极了，主要是做好充分准备，确有把握后再打。豫东战役第一阶段的作战，从战役开始到第三和第八纵队主力撤出开封，历时五昼夜就完成了全战役的转折，掌握了战场的主动权。这时我的心才踏实下来，因为手中已经控制了足够的机动兵力，为下一步歼击援敌创造了有利条件，可以随时投入第二阶段的作战了。

再 歼 援 敌

我军攻占开封以后，国民党统治集团内部十分惊慌，一片混乱。6 月 24 日，伪立法院匆忙举行秘密会议，检讨中原战局，与会者惊怨交集，情绪低沉。蒋介石为挽回败局，除以进至徐州之整编第二十五师改援兖州外，令邱兵团（调出整编第七十五师，调进整编第八十三师）及第四绥靖区刘汝明部继续向开封攻击前进，同时以整编第七十五师、第七十二师和新编第二十一旅（该旅归第七十五师指挥）组成一个兵团，以区寿年任司令，由民权地区经睢县、杞县迂回开封，企图在开封地区与我决战。

我军实施开封战役的目的，除攻占城市全歼守敌外，更重要的是引诱敌人来援，以便在运动中各个歼灭敌人。现在敌军分两路向开封扑来，正好中了我们的"动敌"之计。但我部队已连续行军作战一个月，第三和第八纵队在开封战役及在这之前的宛东战役中，已伤亡近万人。其他各纵队虽然伤亡不大，也相当疲劳。究竟是连续作战，还是稍事休整，必须迅速地作出决断。我们鉴于这次战役关系全局，决心不怕疲劳，不怕牺牲，抓住有利战机连续作战，再歼援敌。于是，我们在攻占开封后的第三天，便毅然决定主动放弃该城。敌人既然想要开封，我们便将计就计，把开封暂时回让给它。这样既能使敌人背上包袱，分散兵力，又能使我军集中力量寻歼援敌于运动之中。

根据当时敌我情况，在两路援敌中，以围歼较弱的一路即区寿年兵团更有把握。但这时两路援敌相距较近，我必须先引诱其拉开距离，将两路援敌隔开，以创造攻歼区兵团的战机。为实现这一决心，我们以四个纵队，即第一、第四、第六纵队和中野第十一纵队，组成突击集团，由叶飞同志指挥，隐蔽集结于睢县、杞县、太康之间和民权地区，实施南北夹击，围歼区兵团。其余部队由野司直接指挥。以五个纵队担任阻援，即第三和第八纵队先由开封向通许方向行动，待邱兵团进入开封，与区兵团拉开距离后，立即掉头向东，会同由上蔡地区北上的第十纵队和位于杞县的两广纵队，组成阻援集团，在杞县以西构筑阻援阵地，隔离邱区两兵团，阻止邱兵团东援；中野第九纵队进至郑州东南地区，阻击郑州东援之敌，并从侧后牵制邱兵团。另以冀鲁豫军区和豫皖苏军区一部兵力破袭陇海路徐州至民权段，直接配合野战军作战。

根据敌情的可能变化，我们对突击集团歼灭区兵团提出了两个作战预案。第一方案是：如敌继续由睢县、杞县间向河阳镇、长岗集攻击前进，就将其合围歼灭于以马头集为中心的地区。第二方案是：如敌徘徊于睢县、杞县地区，我各纵队则分别跃进，将其分割包围于民权、睢县、杞县之间地区，予以歼灭。这样，不论区兵团是前进还是徘徊，都将难逃被歼的命运。

上述战役决心和部署，于24日、25日两次上报中央军委，并报中原军区和中原野战军，同时下达给各纵队预做准备。中央军委于25日10时和26日3时两次复示，指出："部署甚好"。"在睢县、杞县、通许之线（或此线以南），歼敌一路是很适当的。如能歼灭七十五、七十二两个师当然更好，否则能歼灭第七十五师也是很好的"。据此，我们在26日中午再次给部队下达命令，进一步区分了各纵队的任务，并规定了待机的位置和进入的时间。为配合这次作战，中野继续全力牵制平汉铁路南段的敌胡琏兵团和张轸集团；华野第二兵团继续包围兖州，吸引敌整编第二十五师北上；第四兵团以主力向淮海地区展开攻势。

我参战部队为了贯彻战役决心，积极创造和捕捉战机，歼灭援敌，高度发挥了不怕疲劳、连续作战的光荣传统，在撤出开封后只休整三天，即迅速南下，投入豫东战役第二阶段的作战。

6月26日晨，我第三和第八纵队按预定计划，由开封城郊向通许方向转移，诱邱兵团西进开封；第一、第四和第六纵队向杞县以南傅集东西地区隐蔽集结。这时，伪国防部又低估了我军连续作战的能力，误认为我军经过开封战役已被打伤，"似无积极企图"，"必向津浦路前进"，遂令邱区两兵团全力追堵我军。骄狂的邱清泉，除以先头部队一个旅配合刘汝明部占领开封外，主力直扑通许，妄图尾击我第三和第八纵队。多疑的区寿年却认为我军"有向平汉路进攻模样"，但也摸不清我军行动企图，因而在进抵睢杞地区后举棋不定。结果，两路援敌在我挥师南下的引诱和迷惑下，一路向西向南疾进，一路踌躇不前，从而很快拉开了距离，形成了四十公里的间隙。为了抓住这一有利战机歼灭敌人，我们不待查明区兵团的具体部署情况，即于27日下达了围歼区兵团的作战命令。当晚，突击集团各纵队即按预定的第二作战方案，乘敌犹豫徘徊、立足未稳之际，从四面八方向敌发起猛烈进攻，边打边查明敌情。在对敌进行大包围的同时，我军猛烈揳入敌人纵深，割裂敌人部署。至29日晨，已将区兵团部和整编第七十五师、新二十一旅包围于龙王店及其附近地区，并完成了对第七十五师各旅团的分割。同时，将敌整编第七十二师包围于铁佛寺周围地区。我阻援集团控制了被包围之敌以西二十公里之杞县至王堌集一线，隔绝了邱区两兵团。29日晚，我突击集团以一部兵力继续包围整编第七十二师，以主力对区兵团部和整编第七十五师、新二十一旅发起攻击，经两昼夜激战，至7月1日中午，将敌整编第七十五师的第六旅及新二十一旅全部歼灭。

7月1日下午，西线敌邱兵团在我节节阻击下，进至距区兵团约十公里的过庄、官庄、屈砦、张阁一线，与我阻援部队展开激战。在东线，敌又将北援兖州的整编第二十五师调回，与第三快速纵队和交警第二总队组成一个兵团，以黄百韬为司令，由东向西增援区兵团，并已抵达被包围的整编第七十二师所在地铁佛寺以东约十公里的帝丘店地区。战场形势发生了重大变化。当时，我歼击区兵团的战斗正激烈进行，一部兵力正在围歼区兵团部、整编第七十五师师部和第十六旅，一部兵力正包围着整编第七十二师，而东西两线援敌两个兵团又一齐压来。在这异常紧急的情况下，是坚持还是改变原定的战役决心，需要刻不容缓地作出决断。我们迅即对敌我情况重新进行了全面分析，认为从我突击、阻援两个集团的作战能力和可以争取的时间上看，仍然具备歼灭区兵团的条件。于是，我们当机立断，立即调整部署，增强阻击力量，同时加速攻歼被围之敌。当晚，我以三个师的绝对优势兵力围歼龙王店守敌，经一小时炮击后开始爆破突击。部队冒着敌人的火力，前赴后继，猛打猛冲，粉碎了敌在喷火器、坦克支援下的顽强抵抗和疯狂反扑，激战至2日凌晨3时，将区兵团部、整编第七十五师师部及第十六旅一个团全部歼灭，活捉了敌兵团司令区寿年、师长沈澄年。

在此期间，西线我阻援集团在杞县西南和以东地区对敌邱兵团进行了顽强的阵地防御战。6月30日，蒋介石携空军总司令周至柔乘飞机到杞县上空督战，并以杀头威逼邱清泉迅速攻击前进，与区兵团会合。邱清泉即倾其主力，在飞机、坦克和大炮的支援下，对我阻击部队疯狂进攻。敌整编第五师以优势兵力对我坚守的桃林岗、许岗每日发动三四次攻击，整编第八十三师也用三个团的兵力轮番攻击我官庄阵地。我阻击部队依托阵地，顽强抗击。敌人每突破我一个村庄和阵地，我军立即组织反击，同敌人短兵相接，反复冲杀，夺回阵地。终于挫败邱兵团的猖狂进攻，并大量杀伤了敌人，捉了不少俘虏。由突击集团抽出的中野第十一纵队及华野第一、第六纵队各一部，经过激烈战斗，也阻住了黄兵团的猛烈攻击，使其无法与相距不足五公里的整编第七十二师会合。我东西两线阻援部队的英勇阻击，有力地保障了歼击区兵团作战的胜利。

在这一阶段作战指挥中，值得提出的是，在多路援敌进逼，战场情况十分紧迫、复杂的形势下，战役指挥上要特别注意造成敌人的不利局面和我军的有利态势，并观照好战役的各个方面，以争取主动，歼灭敌人。睢杞战役开始时，如何吸引和调动邱区两个兵团拉开距离和怎样使开封战役阶段我攻城、阻援两个集团会合，用以在睢杞战役中围歼区兵团和阻击邱兵团，是当时战役指挥上必须解决好的重要问题。我们首先是采取行动，调动和分离敌人。增援开封之敌，原想乘我军尚未攻克开封之际，兵分两路在开封地区合击我军。但我军攻克开封后，很快由开封和兰封地区分两路南下。这一行动既利用了邱清泉急于西进开封捞取资本的心理，又造成了区寿年的错觉和犹豫。结果使邱区两兵团在一天时间内拉开了40公里的距离。我军两大集团则乘机立即靠拢，迅速揳入敌两个兵团之间，将其隔离，阻击一路，围歼一路，再次陷敌于被动挨打的境地。其次是根据各部队的特点和战场情况的发展变化，适时调整部署和转换各部队的作战任务。经过长期作战，我们对华野各部队和师以上主要指挥员比较熟悉。他们都乐于担负最艰巨的战斗任务。华野外线兵团的几个主力纵队，总的来说，都是能攻善守的部队，即使是蒋介石的王牌整编第五军和整编第十一师，对他们也望而生畏。但各纵队在攻坚、野战、阻击等方面又各有所长。第三和第八纵队在开封战役中伤亡较大，但因打了胜仗，士气旺盛，只要利用作战间隙把机关勤杂人员和解放战士补充进去，部队的战斗力会很快增强。第十纵队虽经长途跋涉，比较疲劳，但建制完整，实力坚强。第一、第四和第六纵队自渡黄河以后，只打了些阻击战，齐装满员，士气正旺。睢杞战役开始，我们就把第一、第四、第六纵队和中野第十一纵队由阻援集团改为突击集团，用以围歼立足未稳的区兵团。把减员较大的第三和第八纵队以及第十纵队、两广纵队组成阻援集团，用以阻击邱兵团。在围歼区兵团的过程中，我们又根据情况变化和作战需要，就近转用兵力，对突击和阻援两个集团的力量做了必要调整。由于及时地调整部署和

1948 年 7 月，粟裕在睢县浑水集的豫东战役指挥所。

转用兵力，充分发挥了各部队的长处，照顾了各部队的实际情况，结果既歼灭了区兵团部和整编第七十五师，又阻住并大量杀伤了敌人的援兵。第三是组织好突击和阻援两集团的协力作战。这次作战的情况与第一阶段不同，被围之敌和被阻之敌相距较近，我突击集团和阻援集团的任何一方如果作战不力，都将影响整个战役的顺利进行，甚至会使我军陷于困境。因此，在战役指挥上，对我军两条战线的作战都必须予以重视。对突击集团的指挥，就是要部队不停顿地连续突击，不给敌人以收缩和组织防御的时间，在大胆分割包围敌人的同时，把主要突击方向直指区兵团部和整编第七十五师师部所在地龙王店，以攻敌首脑，乱其部署，瓦解其斗志。7月2日晨，在我将区兵团部和整编第七十五师师部歼灭后，战场形势立刻发生了有利于我的重大变化，我除留少数部队继续歼灭整编第七十五师残部外，已可随时将主力转用于对其他敌人作战。对阻援集团的指挥，就是要部队顶住敌人在强大火力支援下的连续攻击，在敌增援部队战斗力较强、与被围之敌距离很近的情况下，阻击战已由第一阶段的运动防御转变为基本上是坚守防御。这就要求部队必须顽强坚守每一阵地，不经批准不允许放弃，如果丢失，应立即夺回。因此，尽管敌邱兵团在飞机和炮兵的猛烈火力支援下，对我进行连续的轮番攻击，但终于被我打退。邱兵团眼看相距仅约十公里的区兵团被我围歼而无可奈何。

胜 利 转 移

我军攻克开封，又在睢杞地区歼灭大量援敌，已经基本上达到了预期的战役目的。这时部队经过连续作战，减员较大，十分疲劳。我们下一步的任务，主要是组织部队胜利撤出战斗，转入休整。在战役指挥中，组织转移是一个值得深思熟虑的问题，它不仅关系到与下一步作战任务的衔接，而且直接影响战役本身的成果。战役打得很好，如果转移不当，也会转胜为败；反之，战役进行得不顺利，但转移得当，就可以减少损失，改变不利态势。为此，我们对当面敌情和如何组织部队顺利转移的问题再次做了分析研究：被包围的整编第七十二师是被歼后重建的部队，战斗力不强，已构筑较坚固的工事转入防御，我只用少数部队予以监视，该敌就不敢出动，对我军转移影响不大。援敌黄邱两个兵团遭我阻击后不甘失败，仍由东西两面向我对攻，胡兵团也正由南向北攻击前进，尤其是黄兵团，增援积极，已进抵帝丘店附近，对我军从战场东部撤出威胁较大，如不对该敌以有力打击，我军携带大批伤员，将难以顺利撤出战斗；即使撤出，各路敌人也会尾追而来，使我军陷于被动。于是，我们决心乘黄兵团经长途跋涉，尚未全部展开，战斗力相对减弱之机，先声夺人，给运动中的黄兵团以歼灭性打击，为我军顺利撤出战斗和进行休整创造条件；与此同时，迅速歼灭区兵团残部。这样，既能歼灭更多的敌人，又可对邱兵团起威慑作用，使其在我军撤出战斗时不敢紧跟尾击。7月2日，我们向部队下达战斗命令，区分了任务：以第三和第十纵队及第八纵队一部，继续阻击邱兵团；以第八纵队大部及第六纵队一个师围歼敌整编第七十五师第十六旅旅部及两个团；以第一和第四纵队以及第六纵队大部和两广纵队，东移攻歼黄兵团；以中野第十一纵队监视敌整编第七十二师，并作为战役预备队。

当时，我军处境异常艰苦。部队连续行军作战，伤亡消耗逐渐增大。加以战区久旱无雨，井河干涸，又值炎热的夏季，烈日曝晒，部队饮水奇缺，吃不下饭，昼夜苦战，体力渐弱。但广大指战员坚决响应野战军前委关于"咬紧牙关、坚持下去"、"为争取此次战役圆满胜利而战"的号召，在党的坚强领导和战时政治工作的有力保证下，发扬不怕疲劳、不怕伤亡、连续作战的光荣传统，以惊人的毅力克服和忍受各种困难，于7月2日晚又投入新的战斗。

按预定的作战计划，我突击集团以一部兵力迅速全歼了敌整编第七十五师第十六旅旅部及两个团，主力则在黄兵团正向我进攻时全线出击，对黄兵团实施合围。战至 4 日拂晓，黄兵团被我歼灭近两个团的兵力，并被我压缩于帝丘店及其外围十余个村庄内。5 日，敌步兵由坦克引导，在飞机和炮兵火力的支援下，由帝丘店附近向我进攻部队实施疯狂反扑。经七小时激战，我予敌大量杀伤，将敌打退，黄昏后，我再次对敌发起攻击，至 6 日晨，又歼敌一个多团。这时，黄百韬感到自身难保，惊恐地把部队收缩至以帝丘店为中心的狭小地区。

在我围攻黄兵团的过程中，西线援敌邱兵团在得到刘汝明部的加强后，主力避开我阻击正面，由我阻击集团右侧向尹店方向迂回前进；东线敌新编第七十四师已进到宁陵及其以西地区；张轸集团（临时组编为吴绍周兵团和杨干才兵团）、胡琏兵团，虽被我中野阻于淮阳、商水地区，但将介石仍严令其兼程北援，胡兵团先遣部队正向太康急进中。此时，我已给黄兵团以歼灭性打击，为保持主动，我们于 7 月 6 日命令部队于当晚撤出战斗，分别向睢杞以北及鲁西南转移。至此，豫东战役的第二阶段——睢杞战役胜利结束，我继开封战役之后，又歼敌五万余人。

睢杞战役的最后一仗，我军不仅把黄兵团打得焦头烂额，而且使邱清泉不寒而栗，起了一箭双雕的作用。在我军与敌脱离接触时，黄百韬仍惊魂未定，一动也不敢动。邱孙两兵团遭我回击后，也未敢再进。而我军却在多路援敌逼近的情况下，一下子跳了出来，进入预定地区休整。当敌人查明我军位置时，我军已休整一周了。

在战役过程中，中原野战军主力坚决牵制平汉路南段张轸集团和胡琏兵团，大量杀伤了敌人，其第九纵队牵制开封出援之敌刘汝明部，有力地保障了华野主力作战。华野第二兵团扫清津浦路济南至临城（今薛城）段敌人，包围了兖州，华野第四兵团攻克涟水、众兴（今泗阳县）、宿迁等城镇。这些作战行动对睢杞战役做了有力的策应。

睢杞战役结束后，7 月 11 日，党中央又给华东和中原人民解放军全体指战员发来贺电："庆祝你们继开封胜利之后，在豫东歼灭蒋敌区寿年兵团、黄百韬兵团等部约五万人的伟大胜利"。"这一辉煌胜利，正给蒋介石'肃清中原'的呓语以迎头痛击；同时，也正使我军更有利地进入了中国人民解放战争的第三年度。当此盛暑，特向同志们致慰问之意"。党中央的这一贺电，更加鼓舞了全体指战员夺取新胜利的信心，大家都以无比喜悦的心情来庆祝豫东战役的伟大胜利，迎接解放战争第三年度新的战斗任务的到来。

豫东之战，是我军在外线战场上进行的一次大规模的攻城打援战役。在这次战役中，我军大大发展了攻防作战能力，歼敌数量由过去一次战役歼灭一个整编师增加到两个整编师以上的集团，对被围歼的敌人已可形成火力优势，协同作战的范围和规模，持续作战的时间和能力，战斗剧烈的程度，都超过华野以往进行的各次战役，充分体现出强大野战兵团的威力。豫东战役又是一场大的硬仗、恶仗。这次战役的胜利得来不易。它是全体指战员坚决执行中央军委和毛泽东同志的英明决策，英勇奋战，以鲜血和生命换来的；是华东野战军和中原野战军主力，以及冀鲁豫军区和豫皖苏军区参战部队，在广大人民群众的全力支援下协力作战的结果；是毛泽东军事思想指引下的人民战争的伟大胜利！在战役中英勇牺牲的烈士们，为中国人民的解放事业立下了不朽的功绩，我们将永远尊敬和怀念他们。

豫东战役的胜利，改变了中原和华东战场的战略态势。从此，在中原战场，敌人已完全失去了对我发起战役性进攻的能力，并更加动摇了据守战略要点的信心。伪国防部在其《中原会战经过及检讨》中说，此次豫东会战，"共军表现特异"的有三点："敢集中主力作大规模之会战决战"；"敢攻袭大据点"；"对战场要点敢作顽强固守，反复争夺"。黄百韬在战后写的《豫东战役战斗要报》中，也认为我军士气高昂，实力雄厚，国民党军在中原的局面"遂进入最严重阶段"。在山东战场，因敌整编第二十五师回援豫东战场，我第二兵团趁机集中兵力于 7 月 13 日攻克兖州，全歼守敌整编第十二师，从而使济南守敌陷于孤立，为华野下一步集中兵力进行济南战役创造了条件。同时，我强大野战兵团的作战威力使敌人十分惊恐。当我军围攻济南时，徐州地区敌人有三个兵团十七万人之众，蒋介石三令五申要其速援济南，但该敌迟迟不动。可以说，敌人在豫东战役中惨败的教训，也是其不敢北援济南的重要原因之一。

豫东战役的胜利，以及当时全国其他战场上取得的胜利，大大发展了我军的战略进攻。这次战役结束后不久，即 1948 年 8 月，毛泽东同志在西柏坡接见华野特种兵纵队司令员陈锐霆同志和晋察冀军区炮兵旅长高存信同志时说：解放战争好像爬山，现在我们已经过了山的坳子，最吃力的爬坡阶段已经过去了。为了使被接见的同志理解这句话的意思，他还以左手握拳，手背向上，用右手食指沿着弧形手背越过拳头顶端比划过去，形象地表示解放战争好比爬山，现在已经越过山的顶端了。1948 年 11 月 14日，毛泽东同志在《中国军事形势的重大变化》一文中，更加令人鼓舞地指出："中国的军事形势现已进入一个新的转折点，即战争双方力量对比已经发生了根本的变化。人民解放军不但在质量上早已占有优势，而且在数量上现在也已经占有优势。"并说："这是由于四个月内人民解放军在全国各个战场英勇作战的结果，而特别是南线的睢杞战役、济南战役，北线的锦州、长春、辽西、沈阳诸战役的结果。"毛泽东同志预言："这样，就使我们原来预计的战争进程，大为缩短。原来预计，从 1946 年 7 月起，大约需要五年左右时间，便可能从根本上打倒国民党反动政府。现在看来，只需从现时起，再有一年左右的时间，就可能将国民党反动政府从根本上打倒了。"历史的事实，早已证实了毛泽东同志的这个科学预言。

第十七章
济南战役

济南战役是华东野战军对敌人重兵守备和具有坚固工事的大城市进行的大规模攻坚战。这次战役，标志着华东我军由不拘于一城一地的得失，转变为永久地占领大城市和统一大块解放区的新时期到来；也是华东我军在革命战争的道路上，进入最后夺取大城市阶段的开始。

这次战役发起前，1948 年 9 月，在攻济打援战场上，出现了我军在兵力上优于敌人的新局面。华野外线部队北上和山东兵团会合了，后来，又将苏北兵团的两个纵队和一个旅北调山东，我军在山东总兵力达十五个纵队共三十二万人，而敌人守城和可能增援兵力总共仅二十八万人。战役何时发起，我方完全掌握主动，对战役的筹划和准备，都不像以往那样紧迫，可以做到准备充分才动手。

然而，济南是山东省会，北靠黄河，南倚群山，地势险要。蒋军在日伪时期的原有工事基础上，大加扩建，筑成了支撑点式的永久和半永久性的城市防御体系，易守难攻。蒋介石命令第二绥区司令王耀武统率九个正规旅、五个保安旅和特种兵部队十万余人死守济南；同时，在徐州附近，集中了邱清泉、李弥、黄百韬三个兵团伺机北援，这三个兵团机动兵力约十七万余人。当时陈毅同志在中原军区工作未回，军委、毛泽东同志 9 月 11 日电示："全军指挥由粟裕担负"。

中央军委攻打济南的作战方针

我军战史上运用过"攻城阻援"的方法，即以攻城为目的，大部兵力用于攻城，小部兵力用于阻援，阻援是攻城的手段。我军战史上也运用过"围城打援"的战法，即以小部兵力围城，这是诱敌来援的手段，而以大部兵力用于歼灭来援之敌，这是目的。我对豫东之战的方案虽是既攻城又打援，但与济南战役不同，那是先攻城后打援，战役分为两个阶段，可伺机行事。这次"攻济打援"则是在新条件下的崭新战法，特点是在保证有足够的兵力攻下济南的前提下，以大部分兵力用于打援，求得在攻济的同时，歼敌援军一部，这是达到攻济目的的必要手段。

这一新的战法，是军委、毛泽东同志经过反复思考才确定的。

我先谈谈这一新的战法的形成过程。早在豫东战役期间，敌军原定北上增援兖州的第二十五军在黄百韬指挥下掉头南下增援豫东，为山东兵团攻克兖州创造了条件。1948 年 7 月 13 日兖州攻克，济南已成孤城。次日（14 日），军委给我来电："拟令许（世友）谭（震林）于攻克兖（州）济（宁）后，休息两星期，即向济南攻击，迫使邱（清泉）黄（百韬）两兵团分兵北援（敌非北援不可）。此时，你们则寻敌一部攻击，使敌既被迫分散，又首尾不能相顾，利于我之各个击破及尔后大休整。许谭攻济南，可先占领机场，以两三个星期时间完成攻城准备（包括恢复疲劳、补兵、练兵、侦察及部署等）。然后看敌援兵情况，决定先打援或先攻城。如攻城打援均无把握，则收兵休整。"

这时，我和野直机关尚在豫皖苏地区，经过考虑，我们于 7 月 16 日电复军委："以许谭现有主力攻济南与打援，势难兼顾"，"建议许谭与我们争取时间休整一个月，尔后协力攻打济南，并同时打援"。此时雨季已到。军委于 23 日批准了我们的建议，并要我们待休整完毕后，或转外线打几仗然后攻济南，或先攻济南并打援，提出作战计划。

我和陈士榘、唐亮、张震、钟期光同志讨论后，于 8 月 10 日联名向军委提出三个作战方案，第一个方案是"集中全力转到豫皖苏及淮北路东地区作战，截断徐蚌铁路，孤立徐州，将重点放在打援上，求得于运动中首先歼灭（新）五军，继而扩大战果，歼击其他兵团"。第二个方案是"集中主力首先攻占济南，对可能北援之敌，仅以必要之兵力阻击之"。第三个方案是"攻占济南与打援同时进行，但应有重点配备与使用兵力，即战役分为：第一阶段以两个纵队（全军以十三个纵队计算）抢占济南机场而巩固之后，在济敌反夺机场中，尽力歼灭其反击力量，以削弱其守备兵力；同时以其余十一个纵队打援，则兵力足够（敌援可能性很大，如敌不援则以攻济南为主）歼灭敌人援兵之一路（首先以歼五军为目的）或两路，只要援敌被歼，则攻济有保障。第二阶段则于歼灭敌之主要一路后，以一部任阻击，而将主力转到攻济南"。三个方案各有利弊，我们在报告中倾向于第三方案。关于打援问题，我们将打援战场选择在汶河以北，泰安以西，肥城以南地区或邹县、滕县间地区，阻援战场选择在鲁西南金乡、巨野、嘉祥地区。

军委和毛泽东同志于 8 月 12 日复电，同意攻济打援，并预计了可能出现的三种结果：第一，打一个极大的歼灭战，即既攻克济南，又歼灭大部分援敌；第二，打一个大的歼灭战，即既攻克济南，又歼灭一部分援敌；第三，济南既未攻克，援敌又不好打，形成僵局，只好另寻战机。同时又高瞻远瞩地指出我们第三方案"弱点是只以两纵占领飞机场，对于济南既不真打，而集中十一个纵队打援，则援敌势必谨慎集结缓缓推进，并不真援。邱清泉、区寿年兵团之所以真援开封，是因为我们真打开封。敌明确知道我是阻援，不是打援，故以十天时间到达了开封。如果你们此次计划不是真打济南，而是置重点于打援，则在区兵团被歼，邱黄两兵团重创之后，援敌必然会采取（不会不采取）这种谨慎集结缓缓推进方法。到了那时，我军势必中途改变计划，将重点放在真打济南。这种中途改变计划，虽然没有什么很大的不好，但丧失了一部分时间，并让敌人推进了一段路程，可能给于战局以影响"。并且指示："我们目前倾向于攻城打援分工协作，以达既攻克济南，又歼灭一部援敌之目的。"

接到军委上述复示后，又得悉敌人空运第十九旅至济南，增加防守兵力。这时，我已率野直机关及部分纵队干部到达曲阜与谭震林同志会合，我们商量后认为，为确保攻济必克，须加强兵力才能奏效。但是又感到不论打援与攻坚，手中兵力尚非绝对优势。于是，我们于8月23日联名报告军委，要求调苏北主力部队（除留一至两个旅在苏北坚持外）北上参战。次日，军委批准除第三十三旅、第三十四旅留在苏北外，苏北兵团的两个纵队和一个旅北上参战。这样，在攻济打援战场上敌我兵力对比，我们取得了优势。

军委对战役采取极其慎重的态度。根据山东战场敌我力量对比，8月26日指出，必须预先估计三种可能情况：（一）在援敌距离尚远之时攻克济南；（二）在援敌距离已近之时攻克济南；（三）在援敌已近之时尚未攻克济南。28日又指示我们："最重要者是一个月左右还不能攻克济南，必须大量歼灭援敌，例如六个旅、八个旅或更多些，根本停止了援敌前进，给我以所需要的一切攻城时间，例如一个半月，两个月，或更多些（打临汾曾费去七十二天）才能克城，你们的根本出发点应放在这种情况上。我们不是要求你们集中最大兵力，不顾一切硬攻济南，这样部署是非常危险的。我们要求你们的是以一部兵力真攻济南（不是佯攻，也不是只占飞机场），而集中最大兵力于阻援与打援。"

这就是军委"攻济打援"方针形成的过程。

军委着重提出集中最大兵力阻援打援和真攻济南，给我很大启示，在中国革命战争走农村包围城市的道路上，已发展到了最后夺取大城市的新时期，应以新的发展的观点来认识歼灭敌人有生力量和夺取大城市的辩证关系。以往，不论"攻城阻援"还是"围城打援"，都是为了歼灭敌人有生力量；济南战役则不仅为了歼敌有生力量，而且为了将大城市永久地巩固占领之。这样，我们无后顾之忧，可以集中更大兵力去争取前所未有的更大胜利。

华野前委一致拥护这一方针。根据战场的实际情况和军委的指示，我决定将参战兵力44%组成攻城集团，将参战兵力56%组成打援集团。攻城集团兵力为六个半纵队及特种兵纵队大部分，附地方武装共14万人，根据军委指示由许世友任攻城集团司令员、谭震林兼政治委员、王建安任副司令员。以山东兵团领导机关作为攻城集团的领导机关。打援集团兵力为八个半纵队及特种兵纵队一部分，附地方武装共18万人，由华东野战军司令部直接指挥。

毛泽东同志同意了我们的方案。9月10日，许世友同志到达攻城集团指挥所。次日，毛泽东同志发电给他，对攻济打援方针做了很好的说明，指出："此次作战部署是根据军委指示决定的，即目的与手段应当联系而又有区别。此次作战目的，主要是夺取济南，其次才是歼灭一部分援敌。但在手段上即兵力部署上，却不应以多数兵力打济南。如果以多数兵力打济南，以少数兵力打援敌，则因援敌甚多，势必阻不住，不能残其一部，因而不能取得攻济的必要时间，则攻济必不成功"。

在以往的战役中，我的指挥位置尽力向前推，以便及时了解情况，直接指挥主攻部队，这一次我的指挥位置在宁阳西北的大柏集，以便更好地观照全局。

也许有人会这样提问：是否当年把敌情估计得过于严重呢？这次战役并没有打两三个月，也没有打一个月或二十天，仅仅八天就解放济南了，敌人援兵也没有敢动手，这些岂不是说"攻济打援"方针显得顾虑太多了吗？

我看，不能这么说。虽然，在豫东战役中，我军一度攻克当时河南省会开封，但是，济南守城的兵力和构筑的工事，都比开封为强，打这样坚固设防的省会，我们还是第一次。毛泽东同志以攻打临汾费去七十二天的事实，告诫我们谨慎从事，这是正确的、必要的。尤其是战略决战即将到来的关键时刻，攻济能否成功，与战略决战关系很大。从一定意义上来说，这次是战略决战阶段的序幕，必须谨慎从事。在以往攻城失败战例中，有些是正当守敌已经精疲力竭，再经受不住最后一击之际，可是各路援敌已蜂拥而至，我军背后受敌，以致只得被迫撤围，这种"为山九仞、功亏一篑"的事情，决不允许在战略决战即将到来的时刻重演。必须谨慎从事，以最坏情况作根本的出发点。徐州地区的敌人正是慑于我军打援集团兵力强大，才不敢贸然进犯。敌人增援部队不敢前来，正说明军委、毛泽东同志攻济打援方针的正确。这种"攻济打援"的战法，后来用于淮海战役，在保证有足够兵力歼灭黄百韬兵团条件下，以大部兵力阻击邱清泉、李弥和孙元良兵团，其效果就更明显了。还需指出，在有些材料中把"攻济打援"的作战方针割裂开来，认为济南战役就是"攻济"；打援则是另一个未实现的战役计划。这种看法既不符合当年的实际情况，也缺乏对毛泽东军事思想的全面理解。

攻济打援的具体部署

济南敌人的防御阵地，由外围防御地带与基本防御地带构成。外围防御地带以齐河、长清、崮山、张夏、中宫、王舍人庄等为警戒阵地；沿鹊山、中店铺、峨眉山、大庙屯、兴隆山、砚池山、茂岭山、华山线构筑主要阵地，纵深达十余公里，由一百六十余个支撑点组成。基本防御地带由三线阵地组成：商埠为第一线阵地；外城为第二线阵地；内城为核心阵地。王耀武自恃工事坚固，认为外围能守半个月，市区至少能守一个月。

面对敌人的防御情况，我着重从兵力部署上分析敌人守城的重点。济南守城之敌，在王耀武统一指挥下，以泺口、马鞍山为界，分为东、西两个守备区，守备东线的是中央军，守备西线的是杂牌军吴化文部。国民党军历来有正规军和杂牌军、中央军和地方军之分，界限是很明显的。济南守敌既然将中央军置于东线，显然以东线为其重点。西线守敌九十六军军长吴化文，在战役前曾有弃暗投明的表示，可能在战场起义，这就可使敌防线出现缺口。同时敌人的机场在城西，攻下机场，可切断敌人空中的补给线，不但断绝敌人兵力和物资的来源，而且给敌人精神上以严重打击。为此，我决定将攻城兵力重点首先用在西线。这个问题涉及到集中兵力问题，毛泽东同志说集中兵力说起来容易做起来难，我的体会，如何判断和选择重点是关键。

我们将攻城集团也分为东、西两个兵团，由东、西两面向济南实施钳形夹击。西兵团以第三纵队、第十纵队、两广纵队、鲁中南纵队（四个团）及冀鲁豫军区一部兵力组成，由第十纵队司令员宋时轮、政治委员刘培善统一指挥；东兵团以第九纵队、渤海纵队（六个团）及渤海军区一部兵力组成，由第九纵队司令员聂凤智、政委刘浩天统一指挥。此外，以第十三纵队为攻城预备队。特种兵纵队组成两个炮兵群，分别配属给东西兵团。

至于打援集团，我们采取"夹运（河）而阵"的部署。在运河以西配置第四纵队、第八纵队和冀鲁豫军区的两个旅，依托水洼地带，构筑多道纵深的工事，坚决阻击由鲁西南北犯之敌；而将打援集团的大部配置在运河以东，由第一纵队、第二纵队、第六纵队、第七纵队、第十二纵队、中野第十一纵队及鲁中南纵队（四个团）组成，拟在邹县以南集中三十个团歼援敌三个旅，而以其余二十二个团钳制援敌的其余各部，尔后再依情况发展而定下一步作战。

济南战役定于9月16日开始。在开始前三天（即13日夜晚），我南线江淮军区和豫皖苏军区部队开始破击徐州至商丘、徐州至蚌埠、徐州至运河站的铁路线并威胁徐州，迫使敌人分兵以防徐州。同时，我们指示淮南部队破击蚌埠至浦口的铁路线，留在苏北的第三十三旅向运河线进袭，以配合济南战役。

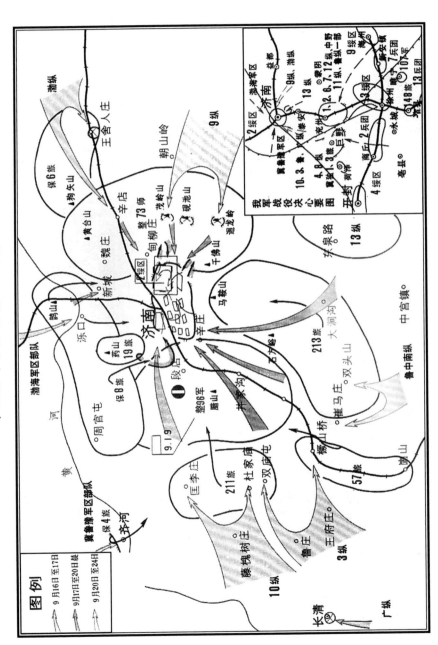

济南战役经过要图
（1948年9月16日—24日）

济南战役经过要图。

以上作战计划，得到军委批准。

9月9日，我在参加西兵团作战会议中，得知济南飞机场及其外围防守兵力已达五个旅，正日夜赶筑工事，第三、第十纵队进攻均感吃力，至少要拖长时间。当天我向许世友、谭震林同志提出："一、鲁中纵首先沿大沙河东北攻占大高山、双山头、羊洞顶、马林并转向党家庄、井家沟攻击前进。二、第一步作战，十三纵最好全部，如不能全部使用时，至少望抽一个师或更多兵力协同鲁中纵由南攻取飞机场。"同一天，攻城集团来电建议把西兵团的一个纵队调到铁路以东。10日我复电"攻济战役之能否成功，正如军委所示，在于时间的取得，而攻济之第一步要求似宜以迅速攻占机场断绝敌人空援为目标。……攻城第二步再以主力转向济城及商埠"，"总以能迅速攻占机场为第一步作战目标"。于是攻城仍按原定部署实施。并决定第十三纵队紧随鲁中南纵队跟进，于必要时加入攻击。

战役发起前，我军进行了充分的有针对性的准备工作。

在攻城方面，担任攻城的几个纵队，对济南的地形、敌人的工事构筑、兵力分布、活动规律及政治情况等都进行了详细的了解，编写了敌情资料，并派出一些干部前去现地侦察。同时，广泛开展战前大练兵活动。各部队根据自身受领的任务，布置沙盘作业，选择近似实战的地形，模拟敌人的工事，反复进行演练。炮兵部队统一指挥、集中使用，进行抵近射击为主的训练。

担任打援和阻援的部队，一面构筑多层的防御阵地，一面组织干部勘察战场，根据各自的任务和地形特点，制定作战预案，进行演习。

在这次战役准备工作中，还增加了一项新的内容，就是接管城市和对城市实行军事管制的准备工作。为此，成立了以谭震林为主任的"济南市军事管制委员会"，颁发了"约法七章"和"十项规定"，华东局配备了大量的接管干部，华东军区指派三个团担任城市警备，并对这些部队进行了城市政策的教育和卫戍勤务训练。这次对济南市的军管，又为以后对南京、上海等大城市的军管提供了经验。

在西兵团向济南开进之前，我特地到十纵给营以上干部讲话，鼓励他们英勇奋战，打进济南府，活捉王耀武。13日，我给许、谭、王（并报中央军委）去电："按原计划于铣（十六日）晚开始对济南攻击，三、十、两广纵及特纵均已按计划开进，可如期发起战斗，尔后请你们直接指挥他们。"

攻占济南外围防御地带

16日夜，天高气爽，月明星稀，我军在月光下向敌外围阵地展开全面攻击，我军根据敌外围防御地带支撑点虽多，但纵深长、空隙大的特点，不是正面平推，而是采用穿插迂回、大胆揳入、打开口子、突入纵深、分割围歼的战法，以肢解敌人的防御体系。激战至17日，我西兵团攻占长清、双山头等地，18日，占领古城、玉皇山、党家庄等地，迫近吴化文部所据守的阵地，并以炮火控制了机场，迫使敌人停止了空运。与此同时，东兵团攻占城东屏障茂岭山、砚池山、回龙岭等要点，17日又乘胜攻占窑头、甸柳庄，并继续向前发展。

我军的攻势如此迅猛，使敌人消耗我军主力于外围的计划，成为泡影，特别是我东兵团的攻势，进展迅速，王耀武自信可坚守半个月的济南东部屏障——茂岭山、砚池山等要点，竟被我军在一夜之间攻占，使他大为惊慌。他本来判断我军主攻方向在西线，曾将总预备队两个旅西调古城以西。这时，他错误地判断我军的主攻方向在东面，一面慌忙把总预备队两个旅调到东面，一面用第十五旅及刚空运到济南的新编第七十四师一部，向茂岭山、砚池山等处进行反击，企图恢复城东屏障；又将机场以西的第二一一旅调入商埠加强城防。这更给我西线的攻击造成有利的条件。说明局部战场指挥员的主观能动作用，常能对战役全局起很有利的影响。

此时，吴化文面临覆灭的命运，于18日晚派出代表，向我军接洽起义。为防止其中途生变，我一面命令他立即撤出阵地，一面命令西兵团积极向吴部进逼，乘胜扩大战果。

19 日晚，吴化文率三个旅约两万余人起义，将飞机场及周围防区移交我军。使王耀武的西部区防线出现了一个大缺口，我西兵团接替了吴化文的防区，乘机疾进，至 20 日拂晓，把商埠西面的外围阵地全部占领。我即电告宋时轮、刘培善同志："应乘机向商埠及城区猛攻，以扩大战果。"与此同时，东兵团攻克了燕翅山等要点，主力迫近外城之下，积极准备攻城。

至此，王耀武宣称可防守半个月的外围防御地带，仅经四天，就被我全部占领。

打到济南府，活捉王耀武

"打到济南府，活捉王耀武"这个口号是我和谭震林同志在战役动员令中提出的，并经总政治部复示同意。此时到了实现这个口号的时候了。

我军的神速进攻和吴化文部队的起义，引起敌人内部极大的震动，王耀武坚守济南的信心动摇了。他分别致电蒋介石和徐州"剿总"司令刘峙说："吴化文部投共，济南腹背受敌，情况恶化，可否一举向北突围。"蒋介石回电令其"将阵地缩短，坚守待援"。刘峙也电令"固守待援"。

20 日，我电告许世友、谭震林、宋时轮、刘培善："吴化文既已起义，且我军已完全控制商埠以西（包括机场）以南，西南及城东和东南阵地（仅千佛山、马鞍山、四里山等地仍有敌固守），则战局可能迅速发展，望令各部就现态势以三、十及十三纵并力迅速向商埠攻击，得手后，则全力攻城。"当晚 6 时，我西兵团使用第三、第十、第十三纵队及鲁中南纵队（四个团），从南、西、北三面对敌基本防御地带之第一线阵地——商埠展开猛烈攻击。敌稍加抵抗即向东后撤，据守坚固楼房，企图进行顽抗。我四个纵队并肩前进,与敌展开激烈的争夺楼房之战。战至 22 日中午,将商埠之敌两万余人全部歼灭,抵近外城西门。与此同时,东兵团已扫清了城外敌人的地堡群,准备攻城。

我占领商埠之后,王耀武判断我军至少需要三至四天的准备,才能攻城。于是又调整部署:仍以一部兵力坚守城外千佛山、马鞍山、齐鲁大学、花园庄四处要点;同时把第七十七旅、第二一三旅、保安第三旅及第六旅置于外城;把第十五旅、第十九旅、第五十七旅集中于内城,积极加修工事,准备顽抗。

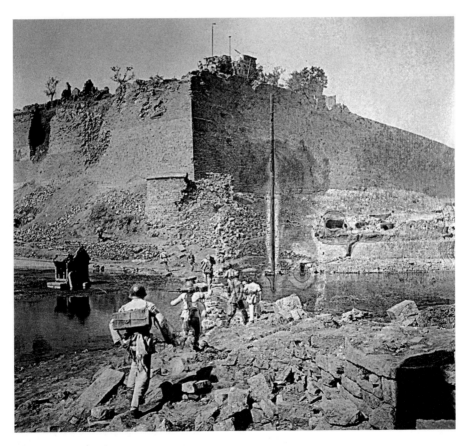

济南城东南角突破口。

为了不给敌调整部署和加修工事的时间，我军乘敌人惊慌和调动混乱之际，对外城发起攻击。此时，攻城以西线为重点的目的已经达到。适应这一情况，我在战役指挥上，强调充分发挥东、西兵团的钳形攻势的作用，实行东西对进。我东、西兵团 22 日 18 时 30 分，向外城发起总攻。经一小时激战，从多处攻入外城，与敌展开巷战，战至 23 日，我占领外城大部，逼近内城。

此时，王耀武认为我军经过七昼夜连续作战，"伤亡重大"，"疲惫不堪"，至少进行三至五天的休整，才能进攻内城。他打算利用这一空隙，调整内城的部署，加修巷战工事，并用炮火猛轰外城，破坏我军进攻内城的准备工作。蒋介石一面严令徐州集团加速北援，一面令空军出动大批飞机，对我占市区日夜进行轰炸，并投掷大量燃烧弹，炸毁和烧坏了大量民房。

为了乘胜迅速全歼敌人，并减轻敌人对城市的破坏，发挥我军特有的不怕伤亡，不怕疲劳，善于连续作战的特长，我们决心立即于当天（23日）晚上向内城发起总攻，彻底消灭顽抗之敌，结束济南战役。总攻的部署是：东兵团从东面突破城垣，消灭内城东半部守敌；西兵团从西面突破城垣，消灭内城西半部之敌；十纵队为总预备队；东、西兵团的山炮和野炮进入外城，直接支援突击部队作战；榴弹炮配置于外城之外，压制敌人炮火和杀伤其有生力量。

内城是济南敌人的核心阵地。城墙高 12 米，厚 10 至 12 米；护城河宽 5 至 30 米，水深 2 至 5 米。王耀武妄图依托这一核心阵地，做最后挣扎。

23 日晚 6 时，我各炮群一齐开火，经过一个小时猛烈射击，各突击部队在护城河上架桥，扑向城墙，守敌拼命抵抗，战斗异常激烈。我东兵团第九纵队第七十九团一部首先从东门南侧登上城墙与敌肉搏，但因架设在护城河上的桥被敌炮火打断，后续部队中断，已登上城墙的部队，经过一个多小时的激战，全部壮烈牺牲。西兵团十三纵队之第一〇九团，也于同时从西南角突破，两个营奋勇登上城头。与敌反击部队在突破口展开激战。经过两个多小时的拼搏，除第三连与第九连冲入城内，占领少数房屋抗击敌人外，其余部队大部伤亡，突破口又被敌人封住，第一次攻城受挫。

在此紧要关头，我攻城集团的指挥员冷静、沉着地分析了敌我情况。当时，敌人四道防线已失，内城之敌十分慌乱，我攻城集团许多团营建制尚为完整。于是毅然决定组织第二次攻击。各级指挥员和政工人员分别到主要突击方向，进行深入有力的政治动员，帮助基层干部调整战斗组织，对突破点的情况做了反复研究，并重新做了部署，更严密地组织了炮火、爆破、突击三者之间的协同和后续部队的跟进。

24日2时25分，东兵团九纵队之七十三团，首先突破成功，占领了城东南角，巩固了突破口，把"打到济南府，活捉王耀武"的旗帜插在城头东南角的气象台上。拂晓时，东兵团主力进入城内与敌展开激烈巷战。西兵团十三纵队第一一〇团，在一〇九团在城内坚持战斗的两个连的接应下，从城西南角再次突上城墙，控制了突破口，掩护西兵团主力源源进入城内。

我入城部队东西对进，直逼伪省政府。王耀武见失败已成定局，把指挥权交给参谋长罗辛理，自己化装潜逃。黄昏时，我攻占伪省政府，全歼内城守敌。济南战役胜利结束。

在攻城作战中，我军始终控制了强有力的预备队，采用轮番使用兵力，边打边准备，边打边补充，连续突击，猛打猛追，不给敌人喘息和整顿的机会，并使敌人判断错误，措手不及，指挥失调。

徐州北援之敌，虽经蒋介石一再严令督促，但他们察知我强大打援兵团严阵以待，又慑于豫东之战区寿年兵团被歼之命运，迟迟不敢推进与我打援集团交战，至我军攻克济南时，敌第二兵团方进至城武、曹县地区，第七、第十三兵团尚在集结中。我军担任打援的这八个纵队，便成为打下一个战役的生力军。由济南化装逃走的王耀武、绥区副司令牟中珩、国民党山东省党部主任委员庞镜塘，都被我地方武装及民兵捕获。

这次战役，共歼敌十万四千余人（包括起义两万人），活捉国民党将领 23 名，缴获各种炮 800 多门，坦克和装甲车 20 辆，汽车 238 辆。济南解放后，菏泽、临沂、烟台等地敌军便仓皇弃城而逃。山东境内除青岛及南部边沿少数据点尚为敌占领外，其余全获解放。

战役期间，华东解放区各级党政领导机关及支前委员会，共动员了五十万支前民工，一万四千副担架，一万八千辆大小车，筹粮一亿四千万斤，为战役提供了有力支援和雄厚的物资。参加支前的广大民兵和民工，在作战中表现了高度的组织性和革命热情，他们的实际行动，给我军士气以极大鼓舞，为战役胜利作出了巨大贡献。

争取更大胜利

在济南战役以前，我就考虑攻下济南后的行动方向。当时军委赋予我们的歼灭整编第五军的任务还没有完成，我预期在攻济打援中将该军歼灭，然后再遵军委指示实现渡江。我还反复思考，认为济南战役结束后，还是兵出徐蚌线以东为宜，因为：如回师与中野会合，寻战于徐州西南，则我军处于蒋军的武汉集团与徐州集团之间，战斗一开始便将和优势之敌决战。如兵出徐蚌线以东，攻占两淮（即淮阴、淮安）、高邮、宝应，则可暴露津浦线，并迫使敌人退守（至少要加强）津浦沿线与江边，以减少其机动兵力，便于我恢复江边工作，为将来渡江创造有利条件，也便于尔后华野全军进入陇海路以南作战时能得到华中人力、物力的更大支持和交通运输供应的方便。为此，济南战役前 8 月 23 日我们请示军委调苏北兵团北上打援时，就提出"两个月以后，我们即可举全力沿运河及津浦南下，以一个兵团攻占两淮及高邮、宝应，则苏北局势即可大大开展"。在

1948年，曲阜华野前委扩大会议时合影。左起：粟裕、钟期光、唐亮、张震、陶勇。

济南战役过程中，敌援兵未来，歼灭整编第五军的设想未能达到，我又进一步考虑到攻取两淮及高宝时，也采用攻济打援的战法，以苏北兵团并加强一个纵队担任攻城任务，全军主力应置于宿迁至运河车站沿运河两岸，以歼灭可能自徐（州）海（州）线来援之敌，如敌不援或被阻，则第二步以三个纵队攻占海州、新浦、连云港。9月24日早晨，济南城内巷战正烈之际，我将上述诸考虑向军委报告请示，并将下一步举行的战役定名为"淮海战役"。次日，在济南祝捷声中，接到军委复示："我们认为举行淮海战役，甚为必要。"刘伯承、陈毅、邓小平也来电赞同举行淮海战役。同时，军委估计济南战役胜利后敌情的变化，指出："黄百韬兵团将回至新安镇运河车站地区，你们第一个作战，应以歼灭黄兵团于新安、运河之线为目标"，"歼灭两淮高宝地区之敌为第二个作战"，"歼灭海州、连云港、灌云地区之敌，为第三个作战"。果然，济南战役结束后的第三天，即9月27日，蒋介石就命令黄百韬兵团仍回新安镇阻我南下。于是，我军在济南解

1948 年 10 月，粟裕、楚青、钟期光、饶漱石等在济南趵突泉。

放后，随即挥戈南下，开始了淮海战役的准备工作。

9月29日，中国共产党中央委员会给我们发来贺电："庆祝你们解放济南、歼敌十万的伟大胜利。你们这一勇猛、果敢、敏捷的行动，并争取了吴化文将军所率九十六军的起义，证明人民解放军的攻坚能力已大大提高。胜利影响动摇了蒋介石反动军队的内部。这是两年多革命战争发展中给予敌人的最严重的打击之一。尚望继续努力，为歼灭更多蒋军、解放全华东人民而战！解放济南战役中的烈士们永垂不朽！"

经刘少奇、周恩来同志修改，毛泽东同志最后审定的新华社社论《庆祝济南解放的伟大胜利》中指出："这是证明人民解放军强大的攻击能力，已经是国民党军队无法抵御的了，任何一个国民党城市已无法逃脱人民解放军的攻击了。"果然，此后锦州、长春、沈阳、徐州、天津、北平、南京、上海纷纷落入我手。在淮海战役后期，杜聿明手中虽有三个兵团，但不敢坚守设有坚固工事的徐州，他们害怕徐州成为第二个济南，是一个重要原因。

济南战役结束了，这仅仅是一个序幕，更大的胜利正在等待我们去争取。

第 十 八 章

第三野战军在渡江战役中

　　1949 年四五月，我第三野战军参加的渡江战役是在中央军委和总前委的领导和指挥下，按照《京沪杭战役实施纲要》规定的任务，在战略追击阶段所进行的一个大型战役。参加这次作战的有第二野战军、第三野战军和第四野战军一部及中原军区、华东军区部队共一百二十万人。战役从 4 月 20 日晚发起，至 6 月 2 日止，历时四十三天。整个战役可分为三个阶段：4 月 20 日至 23 日为第一阶段，我军以木帆船为主要运载工具，于张黄港至湖口段六百余公里的正面上一举突破国民党军之长江防线，解放南京；第二阶段，4 月 24 日至 5 月 11 日，我军合围歼灭南京、镇江、芜湖逃敌，占领浙赣铁路；第三阶段，5 月 12 日至 27 日，我军攻占上海，歼灭汤恩伯集团主力，6 月 2 日解放崇明岛。渡江战役粉碎了敌人妄图盘踞长江以南的半壁河山，重振军力，伺机反扑的阴谋，为我军迅速南进，解放东南、华南、西南地区创造了条件。

　　渡江战役是我军在长江以北歼灭国民党军主力以后的必然发展。解放上海是渡江战役的一个组成部分，但又可以相对独立为一个战役，它是我军历史上最大的一次城市攻坚战。同以往的战役相比较，这两个相关联的战役有这样几个特点：（一）作战地域之广、战役纵深之大、参战兵力之众为解放战争以来所未有。渡江战役，仅三野参战的部队就有六十五万人，担负的战役正面，从江苏南通以西的张黄港至安徽的枞阳宽约七百余公里，作战纵深最远达三百余公里。（二）战役发起时间与国共两党的北平谈判密切相关。以往战役，指挥员可以根据当面战场敌我双方的实际情况决定什么时候打和怎样打，只要消灭敌人就行；而渡江战役什么时候发起，不仅要看前线的准备、气象、水文的条件，还要看谈判的进展。上海之战则要看政策教育和接管城市的准备情况，才能确定发起时间。（三）根据战役的目的和战役面临的特殊地理条件，在战术、技术上提出了一系列新的要求，如组织航渡、水上作战、抢占滩头、二梯队跟进、大兵团多路分进、追击、兜歼等战术都有新的创造与提高。在攻取上海时，采取了以断敌退路，诱歼敌主力于城市外围和乘市内空虚时，适时发起多路攻击的战术，从而既歼灭了敌人，又尽量保护了城市工商企业和人民安全。（四）在战役过程中，准备对付帝国主义可能的武装干涉。

在这里，我主要谈谈自己在作战指导和战役指挥上的一些设想和体会。

渡江计划的演变

解放战争战略进攻序幕揭开以后，中央曾对华野渡江作战有过几次计划：

第一次是1947年7月23日，当刘邓大军挺进鲁西南之时，军委提出"叶、陶两纵队（指华野第一、第四纵队）出闽浙赣，创造闽浙赣根据地"的设想，并要两广纵队随同南下。在刘邓大军决定提前进入大别山，华野第一、第三、第四、第八、第十纵队转入鲁西南后，中央军委认为在鲁西南需要重兵钳制敌人，保障刘邓南下，分散南进，对全局不利，放弃了这一计划。

第二次是1948年1月27日，中央军委命我率第一、第四、第六纵队组成一个兵团，渡江南下。5月初，中央同意了我提出的关于三个纵队暂不过江在黄淮地区歼敌的建议。要求在4个月至8个月内，华野主力在汴徐线南北地区歼敌。豫东战役的胜利，证明了在黄淮之间确有大量歼敌的条件，军委于 7 月 13 日电示："粟兵团应在现地区作战至明年（一九四九年）春季或夏季，歼灭五军、十八军等部，开辟南进道路，然后南进（不歼灭五军、十八军不走）。"14 日提出华野"争取冬春夺取徐州"，9 月中央会议又决定解放战争第三年仍然全部在长江以北作战。这就又一次推迟了渡江时间。

第三次是 1948 年 10 月 11 日，军委改变了"冬春夺取徐州"的计划，提出：淮海战役（当时，战役目的仅是歼灭黄百韬和海州、两淮地区之敌）结束后，估计此时"邱李两兵团固守徐蚌一线及其周围，使我难于歼击"，华野"仍应分为东西两兵团，以大约五个纵队组成东兵团，在苏北、苏中作战，以其余主力为西兵团，出豫皖两省，协同刘邓攻取菏泽、开封、郑

1948 年 12 月 17 日，淮海战役总前委在华野指挥部蔡凹村第一次开会。左起：粟裕、邓小平、刘伯承、陈毅、谭震林。

州、确山、信阳、南阳、淮河流域及大别山各城"，并指示1949年1月休整，2月西兵团转移至中原，3月至7月协同刘邓开始上述作战，"秋季你们主力大约可以举行渡江作战"。

第四次是1948年12月12日，军委决定大约在1949年5月或6月渡江。当时淮海战役即将结束，杜聿明集团已被我紧紧包围，黄维兵团即将全部就歼，淮海战役胜利的大局已定。中央指示在淮海战役结束后，华野、中野两军休整两个月，大致准备好渡江作战所需诸件（雨衣、货币、炮弹、治疗药品、汽船等）及初步完成政治动员，占领长江以北、淮河以南、平汉以东、大海以西诸城镇，主要是安庆至南通一带诸城镇，控制长江北岸，然后再以相当时间最后地完成渡江的诸项准备工作，即举行渡江作战。并指示华野、中野两军协力经营东南，包括皖南、苏南、浙江、福建两全省、江西一部，并夺取芜湖、杭州、镇江、苏州、南京、上海、福州诸城而控制之。这次军委渡江决定与以前几次不同，这是在南线同敌人进行了战略决战，将南线敌人主力歼灭于长江以北之后渡江。

关于渡江问题，我作为一个战区指挥员，也经常在考虑。我是把它和未来的南线决战联系起来考虑的，这涉及到以什么样的战法、在江南还是在江北和在什么时机同敌人进行南线决战的问题。豫东战役的胜利证明，适时扩大战役规模，组成更为强大的野战兵团，以对付敌人的高度集中，比以较小的野战兵团，寻歼较小目标的敌人，对我更为有利，发展下去，势将成为我军同敌人主力的决战。济南战役，敌人南线三个兵团在我前沿徘徊，不敢北上交手，说明敌人是在避免不利条件下与我打大规模之仗，也说明我对敌进行决战的有利条件已逐渐成熟。同敌人进行大规模的决战，必须考虑战场条件和后勤保障条件。我认为在长江以北决战比在长江以南决战有利得多。而在长江以北又以在徐蚌地区决战为最有利，因为徐蚌地区不仅地形宽阔，通道多，适宜于大兵团运动；而且大部地区是老解放区，群众条件好；背靠山东和华中老根据地，距华北也不远，人力物力的支援将更为充裕和便利。但是，是否在江北决战，还要看全局形势的发展。中央决定中原野战军参加淮海战役和辽沈战役的胜利，把淮海战役发展为南线决战的这个现实性显示出来了。于是我们于 1948 年 11 月 8 日辰时电报中央军委，提出如果各老解放区尚能对战争做较大支持，以迫使敌人在江北与我决战为有利。我们于歼灭黄百韬后，不必以主力向两淮进攻，而以主力转向徐蚌线进击，抑留敌人于徐州及其周围，尔后分别削弱与逐渐歼灭之。我们的建议符合中央军委的意图。9 日毛泽东同志为军委起草的复电指出："齐（八日）辰电悉，应极力争取在徐州附近歼灭敌人主力，勿使南窜。华东、华北、中原三方面应用全力保证我军的供给"。中央军委、毛泽东同志将淮海战役发展为南线决战的重大决策将大大有利于我军尔后的渡江作战和在长江以南的作战。因此，当决战胜利即将到来之时，接到中央军委 12 月 12 日的来电，我不禁为中央军委、毛泽东同志决策的英明和战局发展的顺利而感到格外振奋。

总前委于 12 月 17 日开会对中央 12 日指示进行了讨论，由刘伯承、陈毅二同志亲赴西柏坡向中央汇报并参加了中央政治局会议。

战役前的形势

辽沈、淮海、平津三大战役，消灭了国民党军队的主力，从根本上动摇了国民党反动统治，国民党反动集团在军事上、政治上、经济上都已濒临总崩溃的境地。

国民党军在两年多的作战中，共损失 495 万人，蒋介石赖以发动反革命内战的精锐主力部队，已被我歼灭殆尽。残存的作战部队不足 150 万人，而且分布在从新疆到台湾的广大地区，在战略上已无法组织有效的防御。政治上国民党统治集团内部互相倾轧，愈演愈烈，逼迫蒋介石下野。一些高级将领公开要求蒋介石停战言和。经济上财政已山穷水尽，物价飞涨，工商企业纷纷倒闭，农村经济迅速破产，民怨沸腾，岌岌不可终日。总之，国民党当时的形势是军事上主力被歼，士气丧尽，政治上众叛亲离，人心失尽，经济上财政崩溃，力量耗尽。

我人民解放军，经过两年多的作战，已经由120多万人增加到400万，其中野战军已发展到218万人，装备进一步改善，士气高昂，大兵团作战经验更加丰富。南方各省游击队武装也有很大发展，总兵力达五万余人。两年来，我军已解放了东北全境、华北大部和长江中下游以北地区，各解放区已连成一片，总面积达260多万平方公里，总人口约有两亿。

我党所领导的统一战线迅速扩大，大批民主人士纷纷来到解放区，准备参加我党建议召开的新的政治协商会议，讨论成立人民民主联合政府，长江以南国民党的不少地方实力派也与我党进行联系。

蒋介石为了争取时间，编组训练部队，以便卷土重来，于1949年元旦发表求和声明，21日宣布下野，由李宗仁代理总统和我党实行谈判，但实际上蒋介石仍以国民党总裁的地位在幕后操纵一切，就在蒋介石下野的前后，先后召见、任命一些高级将领，并布置了长江防线。

在这种形势下，毛泽东主席于1949年元旦，发表了《将革命进行到底》的新年献词，指出，有了充分经验的中国人民及其总参谋部中国共产党，一定会像粉碎敌人的军事进攻一样，粉碎敌人的政治阴谋，把伟大的人民解放战争进行到底。1月14日，又发表了《关于时局的声明》，指出，虽然中国人民解放军具有充足的力量和充足的理由，确有把握在不要很久的时间内，全部地消灭国民党反动政府的残余军事力量；但是为了迅速结束战争，实现真正的和平，减少人民的痛苦，中国共产党愿意和南京国民党反动政府及其他任何国民党地方政府和军事集团，在八项条件的基础上进行和平谈判。

3月，具有伟大历史意义的中央七届二中全会胜利召开，毛泽东同志在会上做了重要讲话，提出"……今后解决这一百多万国民党军队的方式，不外天津、北平、绥远三种。用战斗去解决敌人，例如解决天津的敌人那样，仍然是我们首先必须注意和必须准备的"。还说，"从现在起，开始了由城市到乡村并由城市领导乡村的时期。党的工作重心由乡村移到了城市。在南方各地，人民解放军将是先占城市，后占乡村"。"从我们接管城市的第一天起，我们的眼睛就要向着这个城市的生产事业的恢复和发展"。

总之，我中国人民解放军在 1949 年是要向长江以南进军的，和平谈判成功了，我军即用和平的方式渡江，和平谈判不成功，即用战斗的方式渡江。所以党中央在准备与南京国民党政府进行和平谈判的同时，要求我军加紧进行以战斗方式渡江的准备。

面对上述总形势，我做了一些设想：从经营发展建设江南出发，渡江以和平的方式为最好，但从总体上来讲，我们又必须立足于天津方式，立足于以战斗去解决问题。在用战斗方式解决问题时，还要尽量降低战争的破坏程度，尽量减少战争对城市和重要建筑、工业设施的直接破坏，并尽量不使敌军流散，力争聚歼，以减少蒋军流散为匪的祸害。为此，在战役中应力争做到：在渡江前认真准备，周密部署，加强侦察和训练，尽量减少渡江的伤亡，保持突破江防后的锐气和实力；突破江防后，对江防之敌迅即采取兜歼战术，不使其逃窜或流散；设法减少或不给敌人以据城固守的可能，尽可能多地在野战中消灭敌人；在攻取大城市时，我们不能采取虽消灭了敌人，却打烂了城市的战法，把上海等大城市打烂了，对全国的经济建设影响就太大了。

打过长江去

从 1949 年 1 月起，国民党政府在和谈烟幕下，加紧修建长江防线，将京沪警备司令部扩大为京沪杭警备总司令部，任命汤恩伯为总司令，统一指挥苏、浙、皖及赣东的军事，会同驻在武汉的华中军政长官白崇禧共同负责长江防御。其作战方针是："以长江防线为外围，以京沪杭三角地带为重点，以淞沪为核心，采取持久防御方针，最后坚持淞沪，然后待机反攻。"敌人防御部署是：汤恩伯指挥的75个师，约45万人，布防于湖口至上海800公里的地段上（重点置于南京、上海之间），其中在江防第一线的有54个师，位于浙赣路上担任第二线防御的有21个师。白崇禧指挥的40个师，约25万人，布防于湖口至宜昌近1000公里地段上，其中在江防第一线的有27个师，在第二线上有13个师。另以江防舰队和第二舰队共130余艘舰艇，分别位于长江中、下游，以300余架飞机分置于南京、上海、武汉等地，协同陆军进行防御。敌人防御的明显特点是第一线兵力单薄，纵深空虚。

长江是我国的第一大江，下游江面宽处达十余公里，历来被称为天堑。对我来说，长江并不是陌生的，抗日战争时期，我曾率部往返三次渡过长江，当时敌强我弱，我们只能采取趋敌所不意，避实就虚的战法，选择敌人薄弱部位进行偷渡。这一次渡江形势已大为不同，我们可以采取大部队公开地、宽正面地以强渡的方式渡江，可以说是以实击实。我们选择这样的战法，是建立在我军强大优势条件下的，我军的炮火已空前强大，可以压制对岸敌人的火力，在一定范围内，还有能力对付敌人的兵舰和空军。而敌人兵力、火力不足，防守空隙甚大。我军宽正面渡江，敌防不胜防，使我渡江有绝对成功之把握。但是，水战不同于陆战，除了陆战所必需的准备外，还必须对沿岸的地形、水情、天候等进行仔细的调查；对渡江器材进行周密的计算；对部队和船工进行有力的政治动员和训练，把各项准备工作进行得更充分、更扎实、更科学、更严密。

我们渡江的准备工作，可以说从1948年初就开始了。那时为了执行中央军委要我率第一、第四、第六纵队渡江南进的任务，我派出一个加强营，带了四十挺轻机枪和全营武装，还带了两百余名干部前往皖南。另请中原局派出一批干部到皖江地区和含山、和县、巢湖地区工作，以后我们又派出十个营，组成以孙仲德为司令，谭启龙为政委的先遣纵队，并随带部分地方干部南下江边工作。在江边广泛发动群众，进行调查研究，对长江的渡口、水文以及相连的湖河港汊做了详细调查，绘制了地图。与此同时，我又请东北代为购置一些引擎，将民船改装汽船。这些工作对大部队顺利过江起了重要的作用。

淮海战役结束后，我华东野战军未立即开往江边，而是开赴徐州和海州地区整训，以免大军集结江边的时间过长，粮食供应困难，被迫大量北粮南调，浪费人力物力。在整训期间，我们全面部署了渡江的各项准备工作，并以兵团为单位组织军、师干部率侦察队先期赴江边侦察、了解情况。

在此期间，我们组织全军学习毛主席写的《将革命进行到底》和中央政治局会议1949年1月8日通过的《目前形势和党在一九四九年的任务》，广泛展开新区政策、城市政策的学习，进行纪律教育，为我军渡江南下打下了良好的思想基础。

各兵团于3月上旬先后到达渡江作战出发位置，进行深入具体的准备。至4月初，全军已收集到各种类型的木船八千余只，自制了一部分汽船和运送火炮、车辆、骡马的竹筏和木排；动员了近万名船工，从部队挑选和训练了数千名水手，满足了载运第一梯队渡江的需要。为了提高船工参战的积极性，召开了船工誓师大会，制定船只损坏赔偿办法和船工伤亡优抚条例。与此同时，军民共同进行渡江作战的战术和技术训练。为了顺利地航渡和成功地突破敌防线的滩头阵地，各部队利用湖泊及内河进行了游泳、划船、上下船、水上射击、打击敌舰、滩头爆破、登陆冲击等战术、技术演练。并利用黑夜在长江中组织试航。各军均派出侦察部队过江对南岸地形进行实地侦察，并在南岸建立隐蔽点线关系。

我们还遵照中央军委关于统一全军组织及部队番号指示，对部队进行了整编。华东野战军在淮海战役中毙伤俘敌军44.3万余人（内起义投诚4.4万多人），我方伤亡10.5万余人。由于我军执行在强大政治工作保证下的即俘即补政策，部队增补了大量解放战士，到1949年1月，我军已由淮海战役前的42万人发展为55万多人。经过整编，华东野战军改称第三野战军，陈毅任司令员兼政委，我和谭震林分任副司令、副政委，张震为参谋长，唐亮为政治部主任，钟期光为政治部副主任。辖第七、第八、第九、第十兵团。第七兵团司令员王建安、政委谭启龙，第八兵团司令员陈士榘、政委袁仲贤，第九兵团司令员宋时轮、政委郭化若，第十兵团司令员叶飞、政委韦国清。每个兵团下辖四个军，特种兵纵队直属野战军。通过整编统一了编制，充实了干部和兵员，进一步提高了战斗力。

2月上旬，总前委初步确定了渡江作战的部署：以第三野战军的四个兵团（第七、第八、第九、第十兵团）和第二野战军的一个兵团（第三兵团）为渡江第一梯队；第十兵团在江阴、扬州段；第八兵团在南京东西段；第九兵团在芜湖东西段；第七兵团在铜陵、贵池段；二野第三兵团在安庆东西段。以二野之第四、第五兵团的五个军为总预备队。同时，建议第四野战军派三个军十余万人迅速南下，进至武汉地区牵制白崇禧集团。

4月1日，总前委在邓小平同志的主持下制定了《京沪杭战役实施纲要》，并在4月3日得到军委批准。纲要指出：我军的战役目的是，以第二、第三两野战军全部，歼灭上海、镇江、南京、芜湖、安庆等地及浙赣线蒋军的全部或大部，占领苏皖南部及浙江全省，夺取京沪杭，彻底摧毁国民党反动政府的政治、经济中心。

纲要判断了我军渡江后，敌军可能产生的四种变化，并据此确定了我军的作战纲领和战役第一阶段渡江作战的部署。纲要指出：只要我军渡江成功，无论敌人采取何种处置，战局的发展均将发生于我有利之变化，并有可能演成敌人全部混乱的局面。

纲要还指出：在我军渡江成功后，三野之第七、第九兵团应与三野之第八、第十兵团迅速会合，达成割裂包围敌人之目的，此着为全战役之关键。

总前委统一部署：总前委书记邓小平和陈毅司令员在合肥附近统一指挥二野、三野，主持全局。二野刘伯承司令员、张际春副政委、李达参谋长指挥二野部队为西集团，在枞阳至望江段渡江作战。三野代司令员、代政委粟裕和参谋长张震率三野统率机构，直接指挥第八、第十两兵团为东集团，在张黄港至三江营段渡江作战。三野副政委谭震林指挥第七、第九两兵团为中集团，在枞阳至裕溪口段渡江作战。三野两路（四个兵团）归粟、张统一指挥。

我和张震同志于4月1日率三野机关，自蚌埠出发，冒着春雨东移，于4月5日到达泰州以南的白马庙。

为了实现总前委确定的战役意图，我把选择突破地段和向敌纵深发展联系起来研究，对三野负责的正面和任务进一步做了仔细的考虑。为达成迅速包围歼灭南京、镇江、芜湖地区之敌，东集团渡江后必须以主力挺入南京与上海之间，切断京沪铁路，这样可把汤恩伯的防御体系拦腰砍成两段。而长江的走向，在京沪间，以江阴为中心，有一个向南突出的弯道，我十兵团以选择江阴东西地段突破最为有利，突破之后，可以最近的距离，直插金坛、宜兴、吴兴地区，切断南京、镇江之敌退往上海及杭州的通路。中集团第七、第九兵团从裕溪口至铜陵段突破江防后，必须作远距离迂回，向宣城、广德、吴兴地区急进，争取在吴兴地区与东集团第八、第十兵团会合，封闭合围口，将芜湖、南京、镇江江防及守城之敌兜住，再图歼灭，如其弃城而逃，则可将其歼灭于郎溪、广德、长兴一带，不使其逃入杭州等城市。

为了更好地发挥各部队的特长，我们将熟悉苏南情况的第二十三军和第二十军由中集团第七、第九兵团分别调归东集团第十、第八兵团,将熟悉苏浙边区和皖南的第二十四军和第二十五军由东集团第八兵团分别调归中集团第七、第九兵团指挥。

4月6日,我们召集第八、第十两兵团军以上干部开会,传达了总前委的基本决心、战役指导思想,明确了东集团渡江作战的决心和部署,并对渡江后战役的发展变化进行了研究。我提出三种可能出现的情况和相应的对策:(一)敌以南京、芜湖地区的兵力,对付我中集团,阻止其向东发展,集中南京至上海之间的兵力,寻求在京沪之间与我决战。如出现这种情况,要求东集团在渡江成功之后,主力控制在江阴、武进、无锡三角地带,下决心在京沪线上打一个恶仗,打上三五天,打出一个好局面来。同时,要求中集团,在渡江成功之后,除留足够兵力歼灭沿江当面之敌外,主力迅速向东发展,和东集团打通联系。(二)南京、镇江等地区之

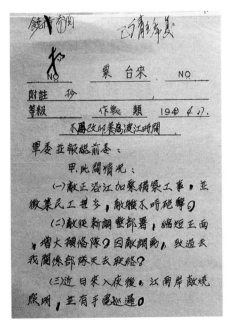

1949 年 4 月 17 日,上报军委、总前委的电文"总渡江时间不宜改"。

敌，向杭州、衢州撤退，在浙赣线上组织第二道防线；京沪线之敌向上海收缩，固守上海。如出现这种情况，则三野先集中兵力协同二野解决浙赣线上之敌，然后再围攻上海之敌，各个击破之。（三）我渡江一举成功并迅速突入敌人防区纵深，把南京、镇江的敌人退路切断，敌人全线溃退，一片混乱。如出现这种情况，要求东集团只用一部兵力监视上海之敌，主力迅速向吴兴急进，配合中集团，将逃敌围歼于郎溪、广德地区。同时，也要求中集团渡江成功后迅猛东进，到达吴兴地区与东集团会师，围歼逃敌。在这三种可能的情况中，我们力争第三种情况的出现，同时，也为第一种情况出现做好准备。

通过研究讨论，大家统一了认识，战役预定 4 月 15 日发起。

4 月 8 日下午，我与张震同志联名下达了对东集团渡江作战部署的指示。规定："我八、十兵团主力决于扬中至护漕港（江阴东南段）强渡，为求主攻方向强渡顺利，决定八兵团以积极动作钳制镇江、扬中段之敌，而以十兵团附二十三军、特纵主力，于江阴东西地区强渡（前头部队采取偷渡），力求南渡三个军或四个军之大部，务须当晚控制江阴、武进、无锡三角地区，坚决打击敌之反击，尔后乘胜扩展，开辟镇江段南北地区广大战场，以利野战军主力尔后作战。"这一指示在下达东集团的同时，还通报了谭震林同志和中集团，并要求东集团拟制具体实施计划上报。

4 月 10 日，军委给总前委并刘（伯承）张（际春）李（达）粟（裕）发来电报说："和南京代表团的谈判已有进展，可能签订一个全面和平协定，签字时间大约在四月十五日左右，如果此项协定签订成功，则原先准备的战斗渡江，即改变为和平渡江，因此渡江时间势必推迟半个月或一个月。关于江水情形究竟如何，推迟渡江时间有何不利，望即告，以便决策"。我当即召集前委讨论，并于当日复电军委，报告了长江下游水情——如延长一月，则江水上涨，又临雨季，现我方小船占三分之二在江水上涨情况下难于在江中行驶，并提出了我们的看法："我不知道李（宗仁）签字后能否统率蒋军，其内部会起何种变化，如协定不成再行渡江，则镇江下游较为困难……如仍需强渡，则依原定（时间）为好，或将渡江重点置安庆、南京段，江阴下游实施佯渡，但如此不易截断敌向沪杭退路。"同日，二野也向军委建议按原定时间渡江为宜。总前委则提出"先打过江，然后争取和平接收"的建议。军委在考虑了总前委及二、三野的意见后，根据与国民党谈判的情况，于 11 日复电总前委并告粟张、刘张李："决定推迟一星期渡江，即由十五日渡江推迟至二十二日渡江"。4 月 12 日，我向军委和总前委建议，为渡江便利计，不要再推迟至 22 日以后，"以二十日前后为最好"。4 月 18 日军委指示总前委及二、三野于 4 月 20 日开始攻击，22 日实行总攻。当日总前委给二、三野发电提出："整个战役从二十日晚开始后就一直打下去，能先过江就应该先过江，不必等齐。"总前委还估计，东集团在渡江后可能遇到严重的战斗，因此决定中集团较

英国"紫石英"号军舰。

东、西两集团提前一天渡江，以便能有力地支援东集团作战。

4月20日晚，国民党政府最后拒绝在国内和平协定上签字。当晚20时，我中集团，在枞阳至裕溪口段，首先发起突击。第一梯队四个军（第七兵团之第二十一、第二十四军，第九兵团之第二十五、第二十七军）在我强大炮火掩护下，21时许，攻占了黑沙洲、鲫鱼洲、闻新洲、紫沙洲等江心洲，并逼近南岸，突破敌人长江防线，建立了滩头阵地，继续向纵深发展。敌人在一片混乱中，仓皇南逃。21日，我军攻占了铜陵、顺安、繁昌等城镇。我中集团突破江防后，汤恩伯即派机动部队第九十九军前往增援，增援部队甫抵宣城，敌江防部队已放弃阵地，第九十九军即向杭州逃窜。22日中午，中集团突入敌人防御纵深已达五十公里。23日，中集团第二梯队的各军也全部渡到南岸。

21日夜晚，东集团在三江营至张黄港段，西集团在枞阳至望江段，同时发起了强大的突击。我第十兵团第一梯队之第二十三、第二十八、第二十九军首先在天生港、王师塘、长山等地突破敌江防阵地，登上南岸，连续打退了敌人多次反击之后，于22日中午进抵百丈镇、南闸镇、秦皇山、香山之线。建立了正面宽五十公里，纵深十公里的滩头阵地，并继续向纵深进击。当日，江阴要塞守敌在我秘密党员内应下宣布起义，我第二十九军占领要塞，控制了所有的炮台。我特纵炮兵封锁了长江，断绝了敌舰东逃的航道。23日，占领常州、丹阳等城，切断了京沪铁路。

我第八兵团之第二十军，在龙窝口至永安洲段向扬中岛发起突击。22日占领扬中岛，23日渡过夹江，登上南岸，并乘胜向纵深发展。该兵团位于南京、镇江正面的第三十四、第三十五两军，于23日晨占领镇江和浦口、浦镇，当晚占领了国民党政府的首都——南京。国民党留在南京的部分政府机构，在李宗仁率领下，已仓皇撤向广州。

西集团（第二野战军），由马当至贵池段强渡成功，占领了贵池、彭泽等地，主力直趋浙赣线，迅速割裂敌汤恩伯、白崇禧两集团的联系。

国民党的海军除第二舰队在南京附近江面起义外，一部分在镇江附近江面向我投降，另一部分逃往上海。

在我军渡江之际，英帝国主义悍然派出军舰于20、21两日两次驶入我东集团渡江地段，炮击我军阵地。我军强大炮兵予以有力回击，将其"紫石英"号击伤，搁浅于镇江附近（后于7月30日午夜逃跑），其余舰只被迫缩回上海。

南京是国民党统治中国人民达二十二年之久的政治中心。南京解放的伟大意义，正如中共中央的贺电所指出的那样："国民党反动统治从此宣告灭亡，江南千百万人民迅即重见天日，全国欢腾，环球鼓舞。"

围歼逃敌于郎溪、广德地区

我军神猛迅速，一举突破江防。敌人的长江防线，土崩瓦解。此时，关键是能否达成对敌人的割裂和围歼。21日19时，我与张震同志联名向军委、总前委建议：鉴于第七、第九兵团渡江后，敌尚无全盘部署，抵抗甚微，我应乘登陆胜利之威，迅速展开插向敌之纵深，使敌无暇调整部署，促成敌之更大混乱，达成分割包围。并建议第九兵团渡江后，除以第三十军监视芜湖之敌待交二野第四兵团外，主力应不为小敌所阻，向东北挺进，控制溧阳，截断"京杭国道"（即南京至杭州的公路），截断南京之敌向杭州的退路，以孤立分割敌人，有效地协同东集团作战，该兵团先头部队力求于26日前进至郎溪及其东北地区。第七兵团攻歼当面之敌后，尾九兵团之后，力求27日前后进至广德地区待命。

次日，接到中集团22日11时对第七、第九兵团的作战部署电，指示第九兵团第二十五、第二十七军于24日占领南陵、青弋江、湾址镇，并包围宣城后，25日集结休整一天，以便骤马赶上，26日继续东进，于28

日 10 时至郎溪附近。第七兵团则于 29 日进至广德附近。这时，我们判断敌人主力将向杭州撤退。为迅速切断"京杭国道"这条公路，不使敌人主力退向杭州，并达成对敌人之围歼，我与张震同志认为必须加速第七、第九兵团的行动，立即于 22 日 17 时发电给第七、第九兵团，令第九兵团率第二十五、第二十七两军全部，以急行军经青弋江、宣城向郎溪、溧阳挺进，不为小敌所阻惑。令第七兵团迅速将攻击箭头转向南陵以东宣城方向，在第九兵团右侧后成梯次队形前进。这个电报同时发给了谭震林同志并报告了总前委，请追认批准。23 日总前委复电同意。

22 日夜，南京、镇江、芜湖地区之敌开始向杭州撤退，芜湖以西至湖口地区之敌向浙赣线撤退，常州以东之敌向上海收缩，出现了我们估计的第三种情况。这时，我把指挥的重点，转到追歼逃敌上来，全神贯注指挥东集团和中集团的部队在广德、长兴、吴兴一带会师，封闭合围口，将向杭州及浙赣线溃退之敌围歼于郎溪、广德及长兴地区。

我在地图上反复测算敌我双方到达长兴和广德地区的距离和行程。从南京到长兴、广德约 140 公里，其中一部分是山区，而且敌军在撤退的路上，还要受到我追击部队的攻击与阻拦，其速度必受影响，故估计需四至五天才能到达。我东集团从江边直插太湖，到达宜兴地区约 50 至 80 公里，如果发展顺利，仅用二至三天的时间，就可以在这里切断南京至上海的通路。再用一至二天的时间，就可以在长兴地区切断南京至杭州的通路。我中集团从渡江地区向东到广德、长兴地区约 150 至 200 公里，这是我们过去活动过的地区，干部熟悉那里的山山水水和道路情况，我军善于吃苦耐劳，猛打猛追，故有四至五天的时间，也可以到达那里切断南京到杭州的通路。

23 日晚至 24 日晨，我连续几次电促各兵团加速向指定的合围地区前进。命令第十兵团除以第二十九军沿京沪路向苏州进逼，监视上海方向之敌外，以第二十八军、第三十一军沿太湖西侧以吴兴、长兴为目标兼程急进，首先占领宜兴，再继续向长兴挺进，以求与第九兵团在此地区会师。以第二十三军从长荡湖东西地区向南急进，切断溧阳、宜兴之间的通路。第八兵团之第二十军、第二十六军归第十兵团指挥，沿丹阳、金坛以西一线南下，配合各部歼灭逃敌。第九兵团之第二十五、第二十七军到达宣城后即向广德、长兴、吴兴急进，务于25、26日赶到广德以东之天平桥、梅溪之线以东，与第二十八军取得联系。第八兵团部率第三十四、第三十五军在南京、镇江地区担任警备任务。

为及时指挥追歼战，我率领指挥机关于26日进驻常州。

追击战要求"快速"。我广大指战员在胜利的鼓舞下，高度发扬了连续作战的优良作风，不怕疲劳，不怕饥饿，不顾春雨连绵，踩着泥泞的道路，跋山涉水，快速行军。我军所过之处，群众以极大的热情夹道欢迎自己的子弟兵。他们把稻草铺在泥路上，以防战士滑倒，用木板和小船加固破烂的小桥，以便我军顺利通过，群众的这种热情，又给我们的部队以极大的鼓舞。所以经过长途跋涉的战士

粟裕在上海。

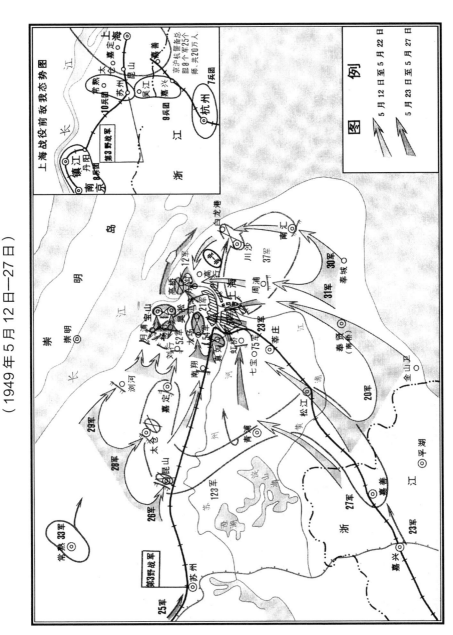

上海战役经过要图
（1949年5月12日—27日）

上海战役经过要图。

们，虽然脚底下已起了大大小小的泡，但仍然满怀豪情，一脚泥、一脚水地追赶敌人。当时上上下下的思想都集中在一个字上，就是"快"。

25日下午，第二十八军占领了宜兴，第二十三军于同日黄昏占领溧阳，南京至杭州公路遂被我切断。敌人不敢再沿京杭公路退却，改由宜兴以西的山区直向郎溪、广德方向逃窜，妄想突出重围。26日，我中集团的先头部队已进至郎、广地区；同日我第二十八军进占长兴。27日，中集团之第二十七军在吴兴附近与东集团第二十八军打通了联系，这样，就封闭了合围口，把南逃之敌第四军、第二十八军、第四十五军、第六十六军及第五十一军的一部，逼入郎溪、广德之间的山区。敌军十万之众，乱作一团，东奔西突，妄图逃命，但却四处碰壁。我追击各军机动灵活，猛插猛打，战至29日上午，将敌全部歼灭。

这是一大胜利，因为如果不将这十万敌军歼灭，让它进入杭州，这座名闻中外的秀丽古城将遭受一场浩劫。当时我还很担心我国当年最长的现代化的钱塘江大桥受到破坏，所以再三嘱咐要抢占钱塘江大桥。我先头部队到达时，敌人来不及爆炸大桥就被我消灭了。三野在郎广围歼战中加上在长江南岸边及追击途中歼灭的敌人共十三万九千余人。江防之敌仅第五十四军及第五十一军之一部，在我追击部队到达之前逃到上海。

在我围歼郎广地区之敌的同时，我第七兵团在谭震林同志指挥下加速向杭州挺进。28日占领宁国，5月1日占领孝丰，5月2日占领余杭，5月3日进占浙江省会杭州。5月4日至7日，第二野战军占领了上饶、贵溪、横峰、金华、衢县等地，控制了浙赣线，切断了汤恩伯集团和白崇禧集团之间的联系。在此期间，第四野战军一部和中原军区部队先后占领了孝感、黄陂，逼近武汉地区，完成了牵制白崇禧集团的任务。渡江作战第二阶段胜利结束。

粟裕在布置上海战役。

钳击吴淞，解放上海

郎广围歼战结束之后，我就把指挥的重点转到攻占上海这方面来了。

5月初，总前委移驻京沪线上的丹阳城，我和张震同志率领三野机关自常州东移苏州，指挥上海战役。

中央军委和总前委考虑，由于接管上海的准备工作尚未完成，要求我第三野战军暂不要进攻上海，而且也不要靠近上海，不要惊动敌人，不使其过早地退出上海，以免仓促进去，陷于混乱，同时令第二野战军主力集结于浙赣线休整，随时准备支援我三野作战，并准备应付美帝国主义可能的武装干涉。

这时敌军退守上海的部队，有八个军，二十五个师，加上军舰三十余艘，飞机一百二十余架，共约二十万人。

守备上海的敌军妄图采取陆海空联合作战，实行固守防御。敌人的防御阵地，分为警戒阵地、主阵地、中心要点工事。主阵地有：月浦、杨行、大场、真如和浦东的高桥、高行等地。主阵地的前沿，距市区三至六公里。中心要点工事包括国际饭店、四行仓库、百老汇大楼（即现在的上海大厦）等三十二座建筑物。整个上海，仅钢骨水泥的碉堡，就有四千余个。这些工事是全面抗日战争爆发前国民党请美国人、德国人修的，后来日本人、国民党军又加修过。

敌军将上海划分为沪西北、沪西南、浦东三个守备区。具体配置是：第一二三军及暂编第八师驻守太仓、昆山、青浦、嘉兴、平湖、金山卫之线；第五十二军驻守月浦、刘行、吴淞、宝山等地；第五十四军驻守真如、大场；第二十一军及第九十九师驻守江湾等地；第七十五军驻守虹桥、龙华；第三十七军驻守周浦及浦东市区和南汇之线；第十二军驻守高桥、高行地区；第五十一军残部及五个交警总队驻守

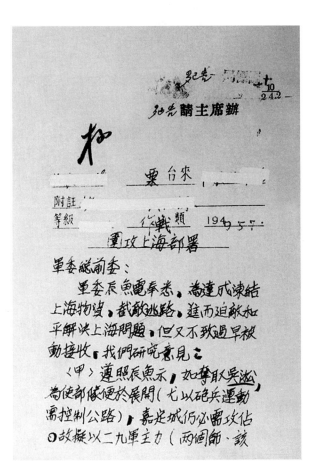

1949年5月7日，粟裕向军委上报《围攻上海部署》，提出"为达成冻结上海物资、截敌逃路、进而迫敌和平解决上海问题，但又不致过早被动接受……"

市区。从敌人兵力部署上来看，其防御的重点是浦西市郊之吴淞、月浦、刘行、大场和浦东区之高桥、高行地区，借以保障吴淞和市区，维护其出海通路。在这些地区以钢骨水泥的碉堡为骨干，结合大量的土木结构的工事和蜘蛛网式的堑壕，外设多层障碍物，构成纵深达到三公里的防御地带。为了扫清射界，平毁了距阵地一公里以内的房屋和树木。这些地区，靠近长江，可以得到舰炮的直接火力支援。而市区和沪西南则是敌人防御的薄弱部分。

我们打上海的指导思想是：既要打一场城市攻坚战，而又不能把城市打烂了，要争取把上海基本上完整地接管过来。我们的一切作战部署及战法，都是围绕这一指导思想的。

从当时的情况看，打上海有三种方法可选择：第一，围困战法。解放战争后期，我军对内地的若干城市采用了此种战法。但是上海情况特殊，上海有六百万居民，生活资料依靠外地运入，尤其是粮食和煤，所需数量很大，长期围困，人民不仅没有吃的，由于没有煤，不但机器不能运转，连自来水都没得喝，人民的生活将陷入绝境。而敌军因有海上通道，我们围不死。而且我军渡江以后，应力争迅速解放全中国，所以，长期围困的战法不可取。第二，选择敌人防御薄弱的苏州河以南实施突击。这一战法，虽避开了敌人设防的重点吴淞，伤亡也可能减少，但主战场将在市区，城市会被打烂。所以，这一战法也不可取。第三，把攻击的重点放在吴淞，钳击吴淞，暂不攻击市区。这样可以封锁敌人海上退路，并迅速切断敌人抢运上海物资的通道。如果敌人要坚守下去，必将为保护其唯一的海上退路而集中兵力在吴淞周围与我军决战。如出现这一情况，就可避免在市区进行大规模的战斗，使城市少受破坏，达到完整接管的目的。吴淞周围是敌防御的强点，因此，这种战法，将是硬碰硬的一场艰巨的攻坚战，一场激烈的反复争夺战，我军要付出较大的代价。但我们是人民的军队，为了保存城市的完整，保护上海人民的生命财产，付出一定的代价是必要的、值得的。为此，此案是我设想的最佳方案。

为了不打烂城市，当时我们还规定进入市区作战，应尽可能不使用重炮轰击。

由于接管上海的准备尚未做好，我们不得不推迟了攻占上海的时间，敌人却利用时间在上海大肆抢劫物资从海上运走。5月6日，中央军委指示，为了阻止敌人劫运物资，可先占领吴淞、嘉兴两点，以切断敌劫运物资和退逃之路。但不改变推迟占领上海的计划，要我们部署进行。

军委的这一指示，与我们设想的第三种打法不谋而合。我们于5月7日巳时上报了作战方案：以第二十九军并配属两个炮兵团攻占吴淞、宝山，以第二十八军主力控制太仓、嘉定，以第三十军攻占嘉兴、嘉善、平湖、乍浦、金山卫线，为防敌向南汇、川沙撤退，以第三十、第三十一军进入浦东截敌退路。并预定12日、13日发起攻击。5月8日，军委给我和张震同志的复电说："（一）同意七日巳时电部署，请即照此执行；（二）和攻占吴淞、嘉兴等处之同时，派足够兵力占领川沙、南汇、奉贤，将敌一切退路封闭是很必要的。"军委此电同时发给了总前委。

根据军委指示，我于5月10日下达了淞沪战役作战命令。战役预定分为两个阶段：第一阶段，从12日起，钳击吴淞，断敌海上通路；第二阶段，待接管上海工作就绪后，向市区发起总攻，解放全上海。兵力部署是：以第九、第十两个兵团指挥八个军（以后又增调第二十三、第二十五军配属给第九、第十兵团）及特纵炮兵一部，从上海两翼迂回，钳击吴淞；第十兵团之第二十八、第二十九两个军攻占宝山、吴淞；第二十六军攻占昆山、安亭；第三十三军集结常熟地区，为兵团预备队。该兵团的后续任务是待命由上海西北地区协同第九兵团围攻上海。第九兵团之第二十军攻占平湖、金山卫，打开向浦东前进的通路；第三十军、第三十一军向浦东挺进，协同第十兵团钳击吴淞；第二十七军集结嘉善地区。该兵团的后续任务是待命由东、南、西三面协同第十兵团围攻上海。

5月12日，第二十九军占领浏河，当晚向月浦进击；第二十八军占领太仓、罗店等地，继续向杨行、刘行进击；第二十六军攻占昆山。13、14两日，我军连续向月浦、杨行、刘行之敌猛烈攻击。但敌钢骨水泥碉堡林立，构成了许多子母堡群，并配以众多的副防御障碍。以这些子母堡群为核心，筑成多道阵地，依托阵地进行顽抗。我军攻克一个地堡群，往往要付出重大代价。而且敌在海军舰炮、空军飞机的支援下，以坦克、装甲车为掩护，频繁对我军发起反冲击，因此争夺十分激烈。15日，敌又调第二十一军及第九十九师增援。经几天激战，虽然我军付出较大的代价，但没有大的进展，仍对峙在月浦、杨行、刘行一带。

我仔细地考虑了这种情况，觉得要加快战斗进程，就必须以锥形队形力求打开几个口子，由缺口透入敌之纵深。因此，16日我们调整了部署，并且下达了战术指示，指出：对敌永久性设防阵地的进攻，必须周密组织，选择敌突出、薄弱部与接合部，揳入其纵深，从敌侧背或由内向外打；集中火力轰击其一点，挖交通壕接近碉堡，以小群动作，轮番攻击；充分发挥炸药的作用，以炸药包开路；发挥孤胆精神，纠正集团进攻的方式。我进攻吴淞外围的部队，研究了这一指示，总结了前一段的经验教训，改变了进攻方式，收到了一定的效果。第二十八军以小的伤亡，攻占了刘行等要点；第二十九军攻占了月浦街区。

第九兵团之第二十军于12日攻占平湖、金山卫后，进至松江地区，第二十七军进攻青浦以东地区。第三十军、第三十一军于14日攻占奉贤、南汇，15日攻占川沙，16日攻占周浦，18日逼近高桥。19日后，敌调其七十五军增援高桥，在飞机及舰炮支援下，对我军频繁地进行反击。因这一地区河流多，桥梁多被敌人破坏，我炮兵跟不上去，仅靠轻火器与敌反复冲杀，部队伤亡较大。23日，我炮兵赶到，对高桥以东海面之敌舰猛烈轰击，击中七艘，余舰远逸，我控制了东翼的海面。

自我钳击吴淞以来，敌采用拆东墙补西墙的办法，陆续从市区调来吴

关于"上海军管会奉命成立"的报道。

三野部队在上海街头露宿不扰民宅。

淞及高桥三个军,市区更加空虚了。这对吸引敌人在郊区作战,保持城市的完整是很有利的,完全符合我们在战前的设想。但吴淞两侧濒江临海,正面狭窄,河流纵横,我兵力展不开,优势难以发挥出来。所以每攻克一点,伤亡消耗很大,战役时间拖长,而市区虽然已经空虚,因受接管准备时间的限制,不能乘虚攻占。

有鉴于此,5月18日辰时,我与张震同志联名向军委、总前委建议:如对沪攻击已不受时间地区限制,我们意见四面八方向市区发起攻击,北线力求揳入吴淞,而以第九兵团主力先解决苏州河南与南市之敌,尔后会攻苏州河北,如此实施,则我揳入敌之纵深不致被动。"惟不知接管准备与其他方面是否已准备完毕"。

当日,总前委复示:"进入上海的政治准备业已初步完成,攻占上海的时间不受限制。"19日,军委致电总前委并告粟张:

"在上海已被我军包围后，攻城时间似不宜拖得太长，你们接收准备工作已做到何种程度，是否可于 5 月 25 日前后开始攻城。攻城似应照粟张意见"。于是我们于 21 日午时上报了总攻部署。将总攻分为三步：第一步全歼浦东之敌；第二步夺取吴淞、宝山及其外围阵地，完成对苏州河以北地区敌军之包围，攻占苏州河以南并沪西区及南市区全部；第三步聚歼可能溃缩在苏州河以北、吴淞、宝山以南的江湾地区之敌，达成全部攻占淞、沪全区之目的。这个部署上报后，军委于 22 日复示：同意 21 日午电所述之攻沪部署，望即照此执行。

　　23 日，我侦悉汤恩伯已率其一部兵力逃到吴淞口外的军舰上，苏州河以南仅剩下五个交警总队。根据这一情况，我们判断敌将撤离上海，便决定当晚发起总攻，第一步和第二步攻击计划，同时进行。

　　24 日，第二十军攻占浦东市区；第二十七军攻占虹桥及徐家汇车站；

1949 年 9 月，粟裕、楚青和儿子戎生、寒生在上海。

第二十九军攻占月浦南郊之小高地。敌为保住海上的逃路,以四个营的兵力在八辆坦克支援下,向我月浦南郊之小高地反扑,并将已调至高桥的第七十五军一个师,调回月浦增援,但未能阻止我军之攻势。

24日夜,第二十七军由徐家汇、梵皇渡之线攻入市区,第二十三军由龙华附近攻入市区,第二十军主力从高昌庙西渡黄浦江攻入市区。25日晨,我军攻占了苏州河以南的市区。当晚第三十、第三十一军攻克高桥。敌殿后部队指挥官派员与我接洽投降。我一面派人与其接洽,一面令各部迅速向各攻击点猛插。

26日,各部攻占吴淞、杨行、宝山、江湾、大场及苏州河以北之市区。当日,残留在杨树浦等地之敌人,在敌淞沪警备司令部副司令刘昌义率领下向我投降。27日肃清了在市区的残敌。至此,上海战役胜利结束,共歼敌十五万三千余人。总前委在《京、沪、杭战役实施纲要》中,赋予我第三野战军的任务全部完成。

这次战役,在上海外围特别是吴淞口地区,打得十分激烈,用的时间也较长。但在市区打得并不激烈,用的时间也较短,这样既歼灭了大量的敌人,而市区也没有遭受大的破坏。这正是战前我们期望的最佳结局。

在这里我要特别提一下上海党组织的作用,上海党有悠久的斗争历史和坚强的群众基础。在抗日战争和解放战争中,他们为解放区输送了大批干部,帮助采购、转运了大量物资、药品,有力地支援了解放区军民的斗争。在上海的解放中,他们更做了大量艰苦扎实的工作,是我军解放上海的坚强内应。战斗发起前,他们对上海敌人的兵力部署、工事构筑、火力分布做了周密的调查,绘制成图,送给了我军。攻城战斗发起后,他们组织了工人护厂,学生护校,保护公共财物,维护社会治安,积极支援上海的解放斗争,使上海在攻城战斗中没有停过电,没有停过自来水,电话局照常工作,成为战争史上的奇迹。

战上海的枪声刚停,我们接管的工作人员即随部队进入上海市区,在地方党和群众配合下，按系统有秩序地展开了接管工作。参战部队，除担负警备任务者外，立即撤离了市区。进入市区的机关和部队，严格遵守城市政策纪律，坚决执行约法八章，并把后方置于15公里路之外。当时正值梅雨季节，部队露宿于阴雨连绵的街道上，吃的是从15公里路外送来的冷饭。在币制未有明确规定之前，不购买物品。同时积极维护社会秩序，制止不法行为，打击敌特破坏活动，收容散兵游勇；保护公共财产，保护民族工商业，保护外国侨民等。我军的这些行为，得到上海市各阶层人民的拥护、爱戴和赞扬，扩大了我军的政治影响。所以说上海战役我军不单在军事上取得了伟大的胜利，同时在政治上也取得了伟大的胜利。

上海解放是继南京解放后又一件轰动国内外的大事。它的意义，正如当时新华社时评所指出的：上海解放，表示了中国人民无论在军事上、政治上和经济上都已打倒了国民党反动派，结束了国民党二十余年的反动统治；也表示了中国人民已经确立了民族独立的基础，结束了百年来帝国主义侵略奴役中国人民的历史。因此，上海的解放，在中国人民解放事业中具有特殊重要的意义。

渡长江、战上海，已经过去几十年了，战争的硝烟早已消失。但这个重大战役，导致了旧中国的结束，新中国的诞生，已永远载入史册，供后人研究和思考。

第 十 九 章
真正的铜墙铁壁

　　山东临沂地区的同志，约我写一篇解放战争时期在他们那个地区作战的回忆录。在回顾中，我不禁想起山东人民群众对解放战争的全力支援。那些可亲可敬的父老乡亲，那些可歌可泣的英雄事迹，那些军民相依、鱼水情谊的动人情景，至今仍历历在目，激荡胸怀。

　　有着光荣革命传统和高度政治觉悟的山东人民，在中国共产党的领导下，对解放战争的胜利作出了巨大的贡献。我对山东人民一直怀着崇高的敬意和深深的感激。

人民是父母

　　1946 年 6 月底，蒋介石在美帝国主义的支持下，撕毁了《停战协定》，发动了全国规模的反革命战争，妄图在三至六个月内，侵吞解放区，消灭解放军。华东地区，南连京沪，北近平津，战略地位十分重要。我华中野战军的部分主力为执行解放战争初期的作战任务，于同年 7 月中旬至 8 月底，在华东解放区前沿的江苏泰兴、如皋、海安、邵伯等地区，胜利地进行了苏中战役，歼敌五万余人。之后，与山东野战军在苏北会师，组成了华东野战军。1947 年 1 月，北撤山东。

　　华东野战军北撤山东，是为了进一步集中优势兵力，在解放区内大踏步前进、大踏步后退地机动作战，以更多地歼灭敌人有生力量。这时，不少同志对这一发展的重大意义，一时还不能完全理解。而且，原华中野战

军的指战员多数是苏中子弟兵，要他们在刚刚打了胜仗之后，就撤离自己
用生命和鲜血保卫过的土地，使养育自己的人民群众遭受国民党军队带来
的可以想见的灾难，思想上的弯子一时也不容易完全转过来。加之由苏中
到山东，环境和生活习惯的变化，使许多同志思想情绪上有所动荡。所
以，解决普遍存在着的这些问题，是巩固和提高战斗力的关键，是部队政
治思想工作的一个中心任务。当时，部队各级党组织和全体干部，进行了
大量的耐心、细致的说服教育工作，取得了很好的成效。同时，山东的
党、各级政府和人民群众，特别是原华中部队进入山东后驻扎的临沂地区
的人民群众，在天寒地冻的严冬季节，给部队以热烈的欢迎和无微不至的
亲切关怀、照顾，那种深情厚谊、鱼水之情，使全体指战员感到无比的
温暖。临沂地区的人民，宁肯自己吃糠、吃地瓜叶，甚至以树叶、野菜

充饥，也要把用小麦、玉米、小米、高粱做的煎饼送给部队；宿营时，有的群众把刚结婚的新房也腾给我们住，妇救会、"识字班"的妇女到各班去问寒问暖，抢着缝洗衣服、鞋袜；许多老大娘把自己赖以换取油盐的鸡蛋拿出来，甚至杀了老母鸡，送给部队的伤病员。山东人民在战争中组成浩浩荡荡的支前大军，车轮滚滚，担架如林，前送粮弹，后运伤员，放哨带路，看押俘虏……他们

1947 年 9 月，沙土集战役中粟裕给刘瑞龙参谋长要求紧急调运炮弹的信。

是那样地坚强勇敢，不怕困难，奋不顾身，竭尽全力地支援人民子弟兵。但是，对蒋介石他们又有着刻骨的阶级仇恨，要求部队多打胜仗，多消灭敌人，保卫解放区，扩大解放区，解放还在苦难火海中的人民。他们这种坚定鲜明的阶级立场，崇高炽烈的革命感情，使原华中野战军的同志受到了生动而实际的教育。对部队的思想转弯，起到了有力的促进作用。人民对子弟兵的热爱、关怀，始终是鼓舞部队前进的巨大力量。

一切为了前线

1947 年 1 月，陈毅同志主持召开了鲁南会议，遵照中央的指示，华东野战军进行了统一整编。

这时，山东已成为敌人进攻的主要方向之一，华东战区一系列重大战役大都是在山东境内进行的。当时，全国解放区处于被分割的状态。各解放区必须独立自主、自力更生地解决战争的一切需要。除了武器弹药主要取之于敌外，其他一切都要依靠人民群众。当时华东野战军，连同地方党政机关共约三十多万人。山东人民不仅要担负这三十多万人衣食住用的物资供应，还要担负起战争的巨大消耗。而那时山东解放区只有十二万六千平方公里的面积，二千六百多万人口，大部分城镇和铁路交通线又被敌人占领。抗日战争期间惨遭日本侵略军破坏的经济，还没有得到恢复，广大农民少吃缺穿，生活极为贫困。在这样艰难的情况下，英雄的山东人民始终以无私无畏的革命气概，勇敢地承担起了支援连续进行的、大规模战争的重担。

在中共中央华东局的直接领导下，山东的党和人民政府，贯彻执行"一面打仗，一面建设"的方针，积极发展战时经济，把解放区的人力、物力、财力科学地调动和组织起来，既照顾到军队的需要，又注意到人民负担的可能性，实行"耕战互助"、"以战养战"，把土改、生产、支前紧紧地结合在一起，特别是较好地解决了解放区经济的主要支柱——粮食问题，为支援战争付出了巨大的努力。

山东的党、政府和人民，在蒋介石发动军事进攻的前夕，就积极贯彻执行中央的指示，把抗日战争时期实行的"减租减息"政策，改为没收地主阶级的土地分配给农民的政策，进行了轰轰烈烈的土地改革运动。土改运动是一场解决广大农民根本利益的伟大革命，反映了中国农民千百年来的愿望。几百万亩土地回到了农民手中，大大地调动了他们的革命积极性和生产热情。他们第一次在自己分到的土地上，精耕细作，努力生产。虽然还是分散落后的小农经济，但是摆脱了封建生产关系的桎梏，生产就得到了迅速的发展。土改的胜利为战争提供了坚实的物质基础，前线战争的胜利，又保卫了土改的胜利果实。翻身农民是战争重担的主要承担者。蒋介石的疯狂进攻，使千百万翻身农民从切身利害中更深刻地体验到解放战争的正义性质。他们把自己的命运和战争的胜负紧紧地联系在一起，把对战争的支援看作是义不容辞的光荣责任。"一切为了前线，一切为了战争胜利"，是他们发自内心的响亮口号。尽管是在遭受敌人摧残，自然灾害严重，食不果腹，衣不蔽体，生活极端艰苦的情况下，山东广大翻身农民却自觉自愿地为革命节衣缩食、茹苦含辛，甚至不惜破产毁家，承担着战争对人力、物力、财力的巨大消耗，全心全意地爱护军队，支援前线，把自己的一切献给了神圣的人民解放战争。

不竭之源

华东野战军经过一年的内线作战，连续打了宿北、鲁南、莱芜、孟良崮等战役，歼灭了敌人大量有生力量。战争进入到第二年，为彻底粉碎蒋介石妄图将战争继续引向解放区，以进一步破坏和消耗解放区人力物力的反革命战略方针，我军坚决执行中央军委的指示，以主力打到外线，将战争引向国民党统治区，在外线大量歼敌；同时，以一部主力和广大地方部队继续留在内线作战，歼灭内线敌人，收复失地。华东战场上的战争越打越大，而且打的大都是硬仗、恶仗，我军有了较大的伤亡、减员。因此，补充兵员的任务十分繁重、艰巨。

为保证华东野战军有充足的兵员，山东解放区的党和政府，在领导人民进行土改、复查、反霸斗争的基础上，结合蒋介石疯狂进攻解放区残酷杀害人民的现实，深入开展反蒋诉苦、庆祝翻身和土地还家等活动，号召人民群众"到前线去，到主力去"。千百万翻身农民把参军当作一项最光荣的任务，争先恐后，积极报名，涌现出许许多多"父母送子"、"妻子送郎"、"兄弟相争"、"村干带头"的动人事例。他们说："穷人挨冻受饿，就是因为没有土地，有地没人保，还是不牢靠。"有家农民两个儿子争着参军，互不相让，只得开家庭会解决。他们在参军大会上说："国民党害了咱，共产党救了咱，没有解放军上哪捞胜利，咱不参军谁参军。"有个农民，战争开始时，送大儿子参了军，后来又送来了二儿子，为打败蒋介石，他还要把三儿子送来。胶东莱阳县赤山区，一千名民兵集体参军，编为一个营，加入了主力，成为当时闻名胶东的"赤山营"。淄川县当时只有四十余万人。土改复查后，一次扩大一个团，两千余人补进了主力。仅 1947 年 1 年间，就有二十九万五千余名翻身农民的优秀子弟光荣入伍。在战争中，我军补充了大量解放战士。翻身农民的优秀子弟，作为人民军队的主体和骨干，对把解放战士教育改造成为人民而战的革命军人，起了十分关键的作用。

在三年解放战争中，山东人民共发动了四次大的参军运动，送出了五十八万九千余名优秀子弟参军。他们像千百条小溪流渠，汇成了奔腾万里的大江长河，源远流长，滚滚向前，使华东野战军越打越多，越战越强。有这样的人民，还有什么敌人不可战胜呢？

英雄的山东民兵

在解放战争中，山东的民兵和地方武装，发扬了他们在抗日战争时期的光荣传统，积极配合主力部队作战，谱写了野战军、地方军和广大民兵三结合武装力量体制巨大威力的新篇章。1946 年底，我军进行鲁南战役前夕，鲁南第三军分区地方武装在郯城县码头、新村一线，沿沂河东岸进行防御，保证了北上主力侧翼安全，维护了华中至山东的交通线。一支支民兵爆炸队，深入到兰陵、邳县、峄县、台儿庄等边沿区，在敌人经常出没的河边、路旁，直至据点周围，大摆地雷阵，袭扰、杀伤敌人，迟滞敌人的行动。鲁中沂南县高、金飞行爆炸队，从博山调至鲁南后，转战于锄头林、兰陵、洪山等地，四次用地雷阻击了二十六倍于自己的敌人，圆满完成了任务。在广大民兵、地方武装的积极配合下，我军于 1947 年 1 月，取得了鲁南战役的重大胜利，歼敌五万三千人。

鲁南战役后，蒋介石判断我华东野战军在苏北、鲁南连续作战，"伤亡重大，不堪再战"，临沂又是山东解放区首府，我必固守。遂集结了十一个整编师（军）于第一线，企图在鲁南与我决战。我华东野战军根据敌我情况，遵照中央军委指示，果断改变诱歼南线之敌的方案，出敌不意，挥戈北上，先打莱芜的李仙洲。此时，地方武装进逼兖州，大造欲攻兖州的声势，并在运河上架桥，在黄河岸边筹集渡船，制造西渡黄河与晋冀鲁豫野战军会合的假象，迷惑欺骗敌人，使其判断错误，保证了我主力部队隐蔽开进。战役打响后，山东的党和政府组织了一百二十个子弟兵团，村村布雷，节节阻击，日夜袭敌，积极配合主力作战，发挥了人民战争的巨大威力。胶济线两侧的广大民兵和地方武装，一夜之间将坊子至兰村一百余公里的铁路完全破坏。莱芜县委组织十万余民兵，连续七夜大破袭，敌人白天修，他们夜间扒，完全切断了敌人的交通线，使敌人前进不得，后退无路，联络中断，咫尺不能相援，成了瓮中之鳖，为主力部队分割歼敌创造了条件，为保证战役胜利赢得了时间。

民兵，虽然不能像野战军那样进行大规模的运动战和阵地战，但是，他们却是野战军的得力助手。有了这个得力助手，就使野战军如虎添翼，要打就打，要走就走，在运动中选定有利战机和战场，集中优势兵力，歼敌有生力量。孟良崮战役后，敌人经过四十天的休整，再次调集了十一个整编师，向鲁中山区进攻。为配合主力转入外线作战，鲁中军区监护营一连，在蒙阴县方圆只有一千多平方米的岱崮山顶上，凭借着险要的地形，依靠人民的支援和民兵的积极配合，坚持了四十二个昼夜。他们在弹尽粮绝的情况下，忍受着疾病和伤口溃烂的折磨，以惊人的革命毅力，主动派小股部队下崮打击敌人，炸毁了敌人的弹药库和车辆，烧毁了敌人的粮食和被服，搞掉了敌人的一个师供给所，有力地牵制了敌人。这个连队，战后被鲁中军区授予"岱崮英雄连"的光荣称号。

1947年秋，华东野战军大部主力挺进中原转入外线作战，国民党军加紧了对胶东解放区的进攻。胶东有三百多个民兵爆炸营、队，配合坚持内线作战的第二、第七、第九纵队开展阵前爆炸，同主力部队一起，迫使敌人付出惨重代价，费了近一个月的时间，才爬行似的到达烟台，占领了几座空城。当时，整个鲁南地区坚持敌后斗争的都是地方武装和广大民兵。他们有时分散作战，有时集中作战，担负着围困、打击敌人孤立据点，歼灭匪特、土顽、还乡团，保卫生产和巩固后方的重大任务。英雄的鲁南赵博县民兵和地方武装，在我军主力撤出后，坚持斗争十个月，粉碎了敌人多次"清剿"、"扫荡"，与敌作战千余次，消灭瓦解残匪、土顽四千五百余人，1947年底便收复了失陷的全部地区。沂南县委组织几十个村的民兵进行联防作战，在沂河一线五十公里长的边沿区，开展"万雷区"活动，阻止了土顽及还乡团的进犯，保证了秋收秋种顺利进行。鲁中区民兵和地方武装，全力以赴地围剿残匪，七天之内收复了临朐、蒙阴、沂源、莱芜之间纵横一百五十余公里的敌伪统治区，打通了蒙山区和沂山区的联系。我主力部队回来后，如同走进了温暖的家门。为部队休整，准备再战，提供了良好的条件。除此之外，他们还担负了警卫桥梁、看守公路、电线、仓库，以及站岗、放哨、守护战利品、押送俘虏、打扫战场、捕捉逃敌等繁重的战勤任务。1948 年秋，我军攻克济南后，国民党第二绥靖区司令王耀武、副司令牟中珩、伪山东省党部主任委员庞镜塘等人，化装潜逃。但是，不久我们就接到报告，这三个国民党高级将领和要员虽然侥幸逃出济南，还是分别在寿光县、胶县和滕县被勇敢机智的民兵捉住了。人民战争是陷敌于灭顶之灾的汪洋大海，这是一条真理。

　　三年解放战争中，我山东民兵和地方武装直接歼灭敌匪即达六十九万余人。在野战军获取的巨大战绩中，也都包含着山东以及华东解放区其他地区的民兵、武装力量和全体人民群众的不可磨灭的功勋。

浩浩荡荡的支前大军

　　我国革命战争发展到解放战争时期，已经是大兵团作战。战场范围广，参战兵力多，战役规模大，机动性强。要取得胜利，需要有雄厚的后勤支援力量。当时华东野战军本身的后勤力量有限，衣食住用及许多战勤工作几乎全靠人民群众来承担。在三年解放战争中，山东人民有七百多万人参加了支前行列。将四亿二千五百万公斤粮食及巨量的作战物资运达前方，保证了"兵马未动，粮草先行"，使我数十万华东野战军，在大兵团运动作战中，有了可靠的物资保障。鲁南战役后，我军原拟在南线继续歼敌，庞大数量的支前物资都已运往南线。由于敌情变化，我军为抓住有利战机，大量歼敌，决定改变作战部署，主力部队突然迅速北上围歼李仙洲。当时，我们最为担心的是粮草、弹药等能否及时转移。在这个长达170 余公里的战场上，几乎全靠人挑、畜驮、独轮小车装，要把数以亿万公斤计算的弹药物资运往前线，困难是很大的。但是，英雄的山东支前群众，毅然掉转方向，随军北上，以顽强的意志，高度的智慧和艰苦卓绝的行动，长途跋涉，翻山越岭，风餐露宿，昼夜不停，将急需的粮弹和各种物资及时转运到北线，从而有力地保证了莱芜战役的胜利。1947年秋天，为解决我转入外线作战部队的冬装，华东野战军领导同志要后勤部门，在10月前务使前方战士都穿上棉衣。但原在滨海地区做好的棉衣，无法运去，后勤部门的同志带着这一紧急任务，来到惠民地区。那里的地方党、政府和人民群众听说要为子弟兵赶做棉衣，全力以赴组织布匹、棉花和生产工具，日夜赶制，有的群众甚至把自己棉衣、棉被中的棉花取出来，絮在指战员的棉军装里边。在物质条件极为困难的情况下，他们只用了不到两个月的时间，就提前完成了赶做棉衣的任务。

1947年11月7日，第一次破击陇海路时，粟裕亲笔写给六纵的电报文稿。

山东人民对战争的伟大支援，在淮海战役中，表现得更为突出。淮海战役是华东野战军同中原野战军的联合作战。参战兵力约六十万人。作战地域，东起海州，西止商丘，北起临城，南达淮河。参战部队加支前民工等每日需粮数百万公斤。加之气候寒冷，供应线长，运输不便。因此，粮食的供应，就成为淮海战役能否取胜的一个重要关键。为此，毛泽东同志一再指示我们，必须统筹解决全军连同民工一百三十万人三至五个月的口粮，以及弹药、草料和伤员的治疗等问题。华东局发出了"全力以赴，支援前线"的指示，提出了"解放军打到哪里，就支援到哪里"的口号，组成了华东支前委员会，进一步加强了对支前工作的统一领导。山东人民积极响应党的号召，省吃俭用，保证了部队用粮。鲁中有个区，预征 100 万公斤粮食，群众却提前两天征粮 615 万公斤，超出原计划六倍。解放不久的济南市宝丰面粉厂全体职工，以主人翁的姿态积极抢修机器，夜以继日地生产，产量提高一倍，为前方突击生产面粉六百万公斤。在整个淮海战役期间，山东解放区每天平均运出原粮一百五十万公斤，在各解放区支援前线的二亿二千五百万公斤粮食中，山东就占一亿一千五百万公斤。淮海战役后期，敌人在我军重重围困中，因断粮而互相殴斗、火并，甚至掘地挖坟，以棺木死尸为柴，烤烧战马充饥。我军阵地上，却是粮足饭香，兵强马壮。待战役结束时，前方尚存余粮两千多万公斤。

山东人民不仅无私地献出大量的粮食，而且及时克服种种困难，将粮、弹、草料源源送往前线，表现了高度的自我牺牲精神。运送中，有的民工遇到雨雪，就把自己随身携带的蓑衣、狗皮，甚至脱下棉衣盖在粮弹上。遇到山高坡陡，道路泥泞，不便推车，就卸下粮弹，改用肩扛。遇到敌机轰炸扫射，自己的同伴不幸牺牲了，就把他们车上的粮弹装到自己车上，继续前进。有的民工在自己带的粮食吃完的情况下，宁肯饿着肚子，也不动用车上一粒粮。淮海战役的第三阶段，我军在河南永城东北陈官庄地区围歼杜聿明集团时，北风刺骨，地冻天寒。鲁中一分区为给前线送粮，从泰安经兖州、济宁、韩庄、徐州、肖县，到随军粮站，最后运到部队炊事单位，共用了小车、火车、木船、汽车、小挑等五种运输工具，经过七道手续，征途千里，辗转换载，保证了前线的粮食供应。胶东有位农民，为给前线送粮，涉冰河、顶风雪，日夜奔波，鞋子磨烂了，就光着脚推车子。他带了一根在旧社会讨饭用的小竹棍，每到一地就在上面刻上地名，支前结束时，上面刻满了山东、江苏、安徽三个省八十八个城镇和乡村的名字。这不是普通的里程记录，而是千百万英雄民工所走过的艰苦光荣的战斗历程的缩影，是山东人民英勇支前的有力见证。

大兵团作战，部队总会有伤亡，能否把伤员及时抢救下来，直接关系到伤员的安危，影响着部队的士气。在炮火纷飞的战斗中，在敌我厮杀的阵地上，担架队员们拼着生命抢救伤员，有时在敌人火力底下不能抬也不能背，就趴在地上，再把伤员背到自己身上，驮着往前爬行。为了减少伤员的痛苦，天冷时，许多民工把自己的被子、狗皮给伤员垫在身下，把棉衣盖在伤员身上，天热时，在担架上搭棚给伤员遮阴凉。不少民工用嘴给伤员吸痰，用自己的吃饭小瓢给伤员接屎接尿；遇到敌机轰炸扫射，就争相掩护伤员，宁愿自己牺牲，也不使伤员再次负伤。原藏马县子弟兵团，冒着炮火抢救伤员，冲破敌人数道封锁线，一次行军千余里，把伤员安全送到后方，荣获"陈毅子弟兵团"的称号。渤海一分区某担架团，在淮海战役中，得了六十多面奖旗，荣获"模范担架团"的称号。该团有位特等功臣，将自己棉袍中的棉花撕下来给伤员擦污物、血迹，一件长袍竟撕去了半截。华东野战军的指战员们都深深感谢山东人民。他们说：有这样的担架队随军救护，打起仗来心里踏实，负了伤准能被抢救下来，从而更加鼓舞起战斗的勇气和信心。

山东解放区的广大妇女和儿童，在男青壮年大部出工支前的情况下，积极参加生产，为前线多做贡献。她们日夜赶做军鞋，家家碾米磨面，在柴草缺乏的时候，她们甚至拆掉自己的草房当柴，烙出煎饼支援前线。伤员从村里转运时，她们精心服侍，洗衣烧水送鸡蛋；部队行军从村里通过时，她们在路两旁摆设茶水站，将一碗碗深情的大枣水、绿豆汤送到每个战士的面前；部队道路不熟时，她们就主动当向导，带路走在前；部队住下时，她们又带上针线，补补连连，挨班慰问。指战员们亲身体会到，解放区处处有亲人，村村都温暖。

山东人民还在我军前进时，修桥补路，使部队行军作战，畅通无阻。有的农民将自己的大车推到河水中，给部队架桥；有的甚至拆了自己的房子，用木料作桥梁。淮海战役前，敌人将徐州北边茅村铁桥炸毁，妄图阻止我军前进，要修复需半月时间。我军为能迅速前进，围歼敌人，必须尽快将桥修好。为此我们要求鲁中南区党委想尽一切办法，三天之内将桥修通。鲁中南区党委派专人负责，发动群众，结果只用两天半就把桥修通了。当我们在指挥所里接到这个报告时，都被山东人民这种英勇顽强，战胜困难，坚决完成任务的精神所感动。

每当回忆山东人民对解放战争的全力支援，我就仿佛又回到了当年的华东战场，听到了那隆隆的炮声和千万辆支前小车发出的有节奏的鸣响；也仿佛看到了英雄的山东民兵和浩浩荡荡的支前民工，随军转战，奋勇支前的情景。我不由得想起了陈毅同志在《记淮海前线见闻》中的诗句：

几十万，民工走不通。
骏马高车送粮食，
随军旋转逐西东，
前线争立功。
担架队，几夜不曾睡，
稳步轻行问伤病：
同志带花最高贵，
疼痛可减退？

这就是对当时民工支前的真实写照。淮海战役胜利结束后，山东人民又"推起小车下江南"，同其他解放区的人民一起，参加了渡江战役，解放南京、上海，一直随军打到浙江、福建等地。山东人民支援解放战争的英雄业绩，将永垂史册，永放光辉。

早在1934年1月，毛泽东同志就曾经说过："真正的铜墙铁壁是什么？是群众，是千百万真心实意地拥护革命的群众。"今天，当我们回忆山东人民对解放战争的巨大支援的时候，重温毛泽东同志的这段话，仍然感到十分亲切，完全正确。现代科学技术的发展，已经引起了作战方法的变革，未来的反侵略战争必将极大地不同于过去的革命战争。但是，人民战争的根本性质，是不会改变的。我们要赢得战争的胜利，仍然必须坚持人民战争的思想。真正的铜墙铁壁，仍然是千百万真心实意地拥护革命的人民群众，这是肯定无疑的。

编后记

粟裕同志的遗著《粟裕战争回忆录》即将付排，面对这一摞摞的稿纸，我的心情难以言喻。

粟裕同志决心写战争回忆录是在"四人帮"最后一跳的 1976 年夏。早在五十年代末六十年代初，他对出现在军事领域内的形而上学、唯心主义等倾向即有不满。他说，毛泽东军事思想的灵魂是唯物辩证法，把毛泽东军事思想归结为几条固定的公式，把错综复杂的战争进程表述为高明的指挥者早就规划好的，并以这些观点来教育下一代，打起仗来是会害死人的。当时他处于逆境。1958 年，在所谓"反教条主义"中，他受到错误的批判，由总参谋长调任军事科学院副院长。他不计个人得失，顾全大局，坚韧不拔，积极协助叶剑英元帅开拓军事学术研究。我的头脑很简单，有一次我对他说，你既对现有的一些材料不满意，何不把自己亲身经历的战争体会写出来。以后我又几次说起，每次他都默默不答。

十年动乱期间，他一直受周恩来总理的保护，在周总理的直接领导下做点工作。1969 年冬的一个夜晚，他回到家中激动地对我说，总理找我个别谈话。总理说："你现在已回不了部队，就在我身边、在国务院做点工作吧！"我说："我打了一辈子的仗，不会做地方工作。"总理说："不会做，可以学嘛！"我请求总理替我向毛主席报告，一旦打起仗来，我还要上前线！总理立即答应我，并说："那当然"。1970 年 4 月，周总理给了他一次沿我国北部边界视察的机会。他在五十天内，乘坐吉普车，沿边界荒漠地区，行程五千余公里。他亲自察看地形、工事、哨所、兵营，找各级指战员交谈，召开座谈会。他亲眼见到我军的军事思想、国防建设受到形而上学、唯心主义、极左思潮的破坏，同时也了解到许多指战员的心声。回京后，他向周总理做了口头汇报。周总理说："我同意你的观点。"

1971年9月，林彪反革命集团垮台了，他迫不及待地把自己对未来战争的一些想法报告中央、中央军委。由于他的不少观点同当时占统治的观点相对立，执笔的同志出于好意，迟迟不敢落笔。他得知后决定自己动手，他口述，要我作记录。我心情紧张，拖后腿说："你这是何苦，难道你为直言而吃的苦头还不够么！"他严肃而又激动地责备我说："战争是要死人的！我是一个革命几十年、打了一辈子仗的老兵，如果面对新的形势，看不出问题；或者不敢把看出来的问题讲出来，一旦打起仗来，就会多死多少人，多付多少代价。而我们这些老兵就会成为历史的罪人。"我为他的革命精神所教育，再也没有干扰他。以后他还陆续写过一些报告。然而，当时"四人帮"仍占统治，他的报告不可能有任何结果。

1975年10月，他在多次发作心脏病的基础上突患心包炎、胸膜炎、肺炎。脱险后，1976年1月，又一次发作心肌梗塞。夏季，重病初愈，对当时的形势极度忧虑和悲愤。有一天，他对我说："你多次希望我把自己亲身经历过的战役、战斗写出来，但我从来不准备写。现在，我郑重地考虑了，决心写。这也许是现情况下我能够为党做的一点工作了。"他说："我也考虑到了，即使写成了，不一定能出版。那不要紧，留给家人、儿孙们当故事看看也是好的。"他又说："我将主要地写战役、战斗的背景，作战方针的形成，战场形势的演变以及我个人在当时形势下所作的若干考虑，以求能如实地反映一个战役指挥员是怎样去认识和掌握战争规律以夺取胜利或者导致失败的。我这样写，可能会受到有些人的非议，但我没有别的办法，因为离开战争指挥者的种种思考去写战役、战斗，就是死的；最多也只能算是战斗详报，而我没有办法去写其他指挥者们的具体思考。"他为我们规定整理材料的指导思想说：要写，就要坚持实事求是，按历史的真实来写。时间隔得很久了，你们要对我的回忆找有关材料核实。至于观点，我欢迎你们参加讨论，提出意见，但是最后还要按我所认识的程度来写。这就是实事求是和文责自负。

我们开始工作。他讲述，我们记录整理。不久，"四人帮"被粉碎了。他欢欣鼓舞，积极投入到拨乱反正的斗争中。他说，写回忆录的事，现在不急了。我也把希望寄托在待他工作稍稍轻松，身体进一步康复的时候。虽然讲述和整理工作一直在进行着，但进展很慢。不料，1981 年 2 月 1 日，他突发脑溢血。我悔恨欲绝，责备自己未能抓紧时间请他多谈一些。两个月后，他的病情竟然得到稳定和好转。我小心翼翼地试探他的记忆和思考能力，发现他的记忆力衰退了，但分析、思考能力仍如既往。一天，我问他，还想完成那本回忆录吗？他说："当然想的。"再如过去那样由他作系统的回忆和讲述是不可能了。我在保护他的健康的情况下，以闲谈的方式向他提问。每次，他都能简明扼要地答复我。少数时间，他精神好时，还能就某一战役作比较系统的回忆和讲述。就这样，我们一点一滴地继续积累了若干材料。在他重病之后，由组织上指派帮助整理材料的几位同志陆续回到其他工作岗位。整理回忆录的工作基本上停顿下来。但我想只要能把他的回忆材料留下来，将来总可以再想办法整理出来的。

不幸接踵而来。数月后，他又发作脑血栓，此后便反复发作。他的语言、思维逐渐地迟钝了。但在每次病情好转后，我仍不放弃一点一滴地问问他。有一次，对一个重要问题，必需听取他的观点，我几天内多次向他提问，希望他谈一谈。不料，他每次都默默地望着我而不答言。我心急如焚，悔恨交加，掉转头泪如雨下。我觉得这项工作实在不应该再继续下去了，如果再进行，对病人来说就太残忍了。几天后，他忽然对我说：你不要着急，你问我的问题我心里是明白的，只是我现在表达能力很差，慢慢地我会讲给你听的。就这样，我们又坚持工作了下去。

1984 年 1 月 25 日，他的病情急剧恶化。2 月 5 日下午 4 时，粟裕同志终于离开我们而去。当时我立在他的身边,在极度悲痛的心情下对他立下誓言:你安心地去吧!我一定要完成你交付给我的任务。

1984年2月13日,中央军委杨尚昆副主席由外地赶回北京为粟裕同志治丧。他代表中共中央、中央军委接见并慰问我。他问我有什么困难。我向杨副主席报告:"我和子女都没有什么困难。只有一件事,就是粟裕同志的战争回忆录还没有完成,他留下不少口述材料和文字材料,我请求组织上批准我把这项工作继续下去,直到完成。"杨副主席立即批准了我的请求,并批准粟裕同志原秘书朱楹同志作为专职干部参加这项工作。后来,杨副主席又为本书题了词。这对我真是最大的安慰了。

这时,不少粟裕同志的老战友、老部下以至一些青年同志,也在关切这本回忆录。当他们得知中央军委已经批准继续进行时,无不感到欣慰。有几位同志主动地表示愿意和我共同承担这项工作。就这样,写作力量得到解决。

我们的工作无疑困难得多了。但我们兢兢业业、一丝不苟,力求使整理的材料符合粟裕同志的原意。我们深切地体会到,有多少重要的思想、观点、材料已经随粟裕同志的离去而失去了。

以上种种情况,不能不使这本《粟裕战争回忆录》在思想、内容、文笔、风格等各方面带有明显的特色和不可弥补的缺憾。这是我要写这篇编后记的主要原因。

在困难的情况下,主动协助整理材料的有:姚旭、周乐亭、周蔚昌、徐充、徐玉田、秦叔瑾诸同志;曾在不同程度上协助整理过材料的有:奚原、王希先、胡石言、吴克斌、郭树元、项明、张卫明、白艾、陈佐、熊铮彦、李圭、刘立勤诸同志;协助参加过文字修订工作的有:金子谷、张剑、张志学、严振衡诸同志。刘祥顺、鞠开同志以及更多的同志曾参加了技术、资料、图片等各方面的工作。解放军出版社对本书的出版给予了积极而热情的支持。

　　让我用粟裕同志的一段话来结束这篇编后记。粟裕同志曾不止一次地对协助整理材料的同志说："回忆录中记述的一切成功和失败，经验和教训，是参与革命斗争的所有人们，特别是无数革命烈士的鲜血和生命换来的。至于这本回忆录的能够成文，则是我与同志们的合作。"

　　谨向参加《粟裕战争回忆录》的整理、出版等各项工作的所有同志致衷心的感谢。

楚　青

一九八七年七月

附录 粟裕谈淮海战役

编者按：淮海战役是解放战争三大战役中最大的一个战役。粟裕同志是淮海战役的组织者和指挥者之一，他生前没有系统地谈过淮海战役，只是即席回答过有关同志的一些提问。粟裕同志的夫人楚青同志应中央党史办（文献研究室）特别约稿，将这些谈话整理成文，发表在《党的文献》1989 年第 6 期上。

一、关于淮海战役

淮海战役是在中央军委和总前委直接领导和指挥下取得胜利的。毛主席对淮海战役有一句精辟的概括：一锅夹生饭，硬是被你们一口一口地吃下去了。我的理解，是指淮海战役发展成为南线战略决战并取得胜利的条件，不是一开始就成熟的，形势的发展变化多端，中央军委、总前委审时度势，统一筹划，集中集体的智慧，正确指导了战役全过程，充分发挥了主观能动性，还乘敌之隙，充分利用了敌人的错误，终于取得了伟大的胜利。所以，必须从战局变化中，从发展阶段中，来研究淮海战役，这是应该注意的。

二、关于向中央军委提出举行淮海战役建议时的考虑

谈这个问题要从豫东战役说起。在豫东战役之前，1947 年第 4 季度，

我三支大军已经在中原成"品"字形，完成了战略展开。但蒋介石在中原还能集中较大的机动兵力。敌人利用优越的运输条件，又常临机变动建制，采取避实击虚的战法，以集中或分散对付我军。我兵力分散时则集中进犯，我兵力集中时则后缩，敌我兵力相当时则与我纠缠。一段时间里敌我形成拉锯状态。为改变中原战局，发展战略进攻，我反复考虑了我军的作战方针，认为面对敌人的新情况，我军必须把歼灭战发展到更大规模。如果我军不能集中更大兵力，打更大规模的歼灭战，而是打中、小规模的歼灭战，战机就很难寻找。当时三支大军各自对付当面敌人均显不足。从华野外线兵团的兵力来看，彻底歼灭敌人一路的力量是够的，但必须邻区协助打援或钳制。我估计，只要我军能打两三个大歼灭战，形势必将改观。为此，我于1948 年 1 月 22 日向中央军委建议，三支大军采取忽集忽分的作战方针，以集中更大兵力，寻歼敌人重兵集团，兼顾开辟新区工作。4月 18 日我向中央建议华野一、四、六纵队暂不渡江，会同三、八、十等纵队，并在中原野战军配合下，集中于黄淮地区打大歼灭战，也是基于上述考虑出发的。

豫东战役歼敌 9 万多

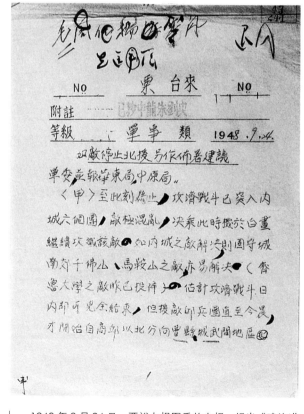

1948 年 9 月 24 日，粟裕上报军委的电报，提出"建议进行淮海战役"。

人，证明打大歼灭战的想法符合实际。解放战争以来，随着敌我力量的消长和战略战术的变化，我军歼灭战不断向更大规模发展是个客观规律。这种大歼灭战发展下去，势将成为同敌人的战略决战。而要进行这种大规模的决战，必须考虑时机；还要考虑战场条件和后勤供应条件。对于战场和后勤供应条件，我考虑在长江以北决战比在长江以南决战有利得多，而在长江以北决战，又以在徐蚌地区为最有利。因为徐蚌地区不仅地形宽阔，通道多，适宜于大兵团运动；而且大部地区是老解放区和半老解放区，群众条件好，背靠山东和冀鲁豫老根据地，地处华东、中原接合部，距华北也不远，能得到各方面的人力、物力支援。还可以利用蒋桂之间的矛盾，集中兵力打蒋系的徐州集团。如兵出中原，我军将处于白崇禧的武汉集团与刘峙的徐州集团之间，桂系可能参战。为此，在济南战役前，我就考虑到打下济南以后华野向何处出动？ 1948 年 8 月 23 日，我们在上报军委的一个电报中提出："两个月以后，我们即可举全力沿运河及津浦南下，以一个兵团攻占两淮及高邮、宝应，则苏北局势即可大大开展。"当时就是想以这一作战行动为下一个作战和渡江创造条件。济南战役敌人援兵没有来，我们有必要，也有足够的力量，同敌人在江北再作大的较量。所以，我在济南战役即将结束时，1948 年 9 月 24 日早晨向中央军委提出举行淮海战役的建议。

25 日，中央军委复示："我们认为举行淮海战役，甚为必要。"

所以说，提出举行淮海战役的建议，我是经过较长时间考虑的。

三、关于淮海战役演变为南线战略决战过程中个人的考虑

淮海战役演变为南线战略决战，是中央军委审时度势，不失时机作出的战略决策。

我于 9 月 24 日向中央军委的建议是：战役可分为两个阶段，攻占两

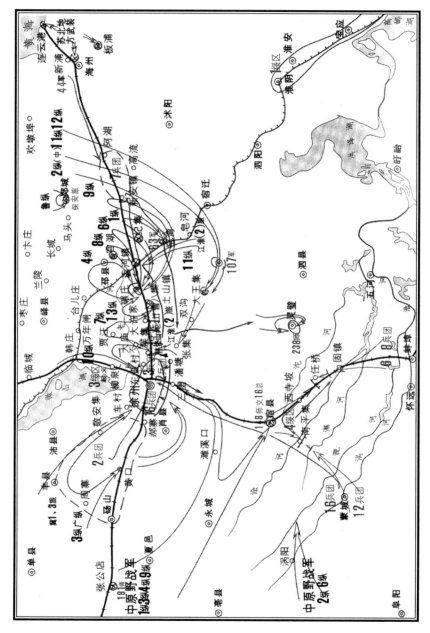

淮海战役第一阶段经过要图

（1948 年 11 月 7 日—22 日）

淮海战役第一阶段经过要图。

淮,并乘胜收复宝应、高邮,而以全军主力位于宿迁至运河车站沿线两岸,以歼灭可能来援之敌;如敌不援或被阻,即行战役第二步,以三个纵队攻占海州、连云港。中央军委在9月25日复电中指示:黄百韬兵团将回至新安镇、运河车站地区,你们第一个作战应以歼灭黄兵团于新安、运河之线为目标,歼灭两淮、高宝地区之敌为第二个作战,歼灭海州、连云港、灌云地区之敌为第三个作战。

先打黄百韬,加重了我们的任务,我们预计第一仗打黄百韬是个大仗、硬仗。

但是,这时的淮海战役计划,还只是由华野在中野的战略配合下来进行的。中央军委在10月11日指示中提到:孙元良三个师将东进,望刘伯承、陈毅、邓小平即速部署攻击郑徐线牵制孙兵团。这个指示,估计淮海战役结束"将是开辟了苏北战场,山东、苏北打成一片,邱、李两兵团固守徐蚌一线及其周围,使我难于歼击"。

这时,刘伯承同志率中野两个纵队在豫西作战,把敌人引向桐柏山区,陈毅、邓小平同志率中野主力于10月22日晚攻克郑州,24日收复开封。25日,陈毅、邓小平同志向中央军委建议所部下一步不去淮南,而是集结于永城、亳州地区,无论出宿蚌线或打孙元良都更方便。中央军委同意了他们的建议,并于30日指示陈、邓进至萧县地区,对徐宿(县)、徐砀(山)两线相机行动。这样,中野、华野便将在战役上协同作战了。

我于10月31日电报中央军委:"此次战役规模很大,请陈军长、邓政委统一指挥。"中央军委于11月1日复示:"整个战役统一受陈邓指挥。"这就从组织领导上明确了两大野战军在一个战场进行战役协同。这是淮海战役演变为南线决战的一个重要条件。

演变为南线决战的第二个重要条件是辽沈战役的胜利结束,没有辽沈战役的胜利,我们也不敢下那样的决心。11月2日辽沈战役胜利结束,

粟裕（左三）、张震、陈士榘等在淮海战役前线指挥所。

一个多月东北野战军歼敌四十五万人，全国敌我力量对比发生了根本变化，我军已在全国范围内，在数量上、质量上、技术上都占优势了。

这时，当面敌情也发生了重要变化。11月7日，我们得知敌四十四军已在6日撤离海州，向黄百韬兵团靠拢，我军立即进占海州、连云港。原定攻打海州已不需进行。当时东北之敌只剩下锦西葫芦岛一处。中央军委几次通知我们这处敌人的动向。海州、连云港被我攻占后，如蒋介石将该处敌人经海路南调徐州战场，也只能绕道上海、浦口，再转运到蚌埠，将失去及时支援的时机。同时，长期隐蔽在国民党军中的何基沣、张克侠两将军即将率部在台儿庄、贾汪地区起义，一旦起义成功，华野可以通过其防区迅速切断黄百韬的退路，全歼黄百韬兵团已更有把握。此外，我们又得到敌人有撤退徐州，以淮河为第一线防御之说。有了上述这些条件和情况，我觉得淮海战役发展为南线决战的时机已经成熟。于是我们对战役

淮海战役时的粟裕。

发起后及下一步作战形势做了估计，我和陈士榘、张震于 11 月 7 日午时联名发电谭震林、王建安，并报中央军委、陈邓，建议中野主力直出徐蚌段，切断徐敌退路，使邱、李不能南撤；华野主力于歼灭黄百韬后，协同中野攻击徐蚌段，孤立徐州；下一步或继歼黄维兵团，或歼灭孙元良兵团，或夺取徐州。当时我们认为，不论如何发展，孤立徐州、截断徐敌陆上退路，甚为必要。

11 月 7 日夜，陈士榘同志已赴前指，我进一步就争取在长江以北与敌人决战的问题与张震同志商谈。我们多方分析后于 11 月 8 日辰时发电报告中央军委、陈邓，并报华东局、中原局。在这份电报中，我们估计了蒋介石可能采取的两种方针：第一，以现在江北之部队再加上由葫芦岛撤退之部队，继续在江北与我周旋，以争取时间，加强其沿江及江南、华南防御。第二，立即放弃徐州、蚌埠、信阳、两淮等地，将江北部队撤守沿江，迅速巩固江防，防我南渡，并争取时间整理其部队，以图与我分江而治，俟机反攻。接着我们分析了蒋介石若采取这两种方针对我之利弊，认为蒋如采取第一方针，使我在江北仍有大量歼敌的机会。如能在江北大量歼敌，则造成今后渡江的更有利条件，且在我大军渡江后，在苏、浙、皖、赣、闽各省不致有大的战斗，也不致使上述各省受战争之更大破坏，使我军在解放后容易恢复。但如此对江北及华北各老解放区的负担仍将加重，又为不利。如果蒋采取第二方针，可以大大减轻我江北及华北各解放区的负担，使这些解放区迅速得到恢复，但我今后渡江要困难一些（当然困难是完全可以克服的），并且在渡江后，在苏、浙、皖、赣、闽各省尚须进行一些严重的战斗和部分的拉锯战，且在江南大量歼敌的条件比江北差，这又是不利的一面。我们建议如果各老解放区尚能对战争作较大支持，以迫使敌人采取第一方针为更有利。如果认为迫使敌人采取第一方针是对的，则我们在此次战役于歼灭黄百韬后，不必以主力向两淮进攻，即以主力向徐蚌线进击，抑留敌人于徐州及其周围，尔后分别削弱与逐渐歼灭之（或歼孙元良兵团，或歼黄维兵团）。

我们的建议电报发出后，先收到中央军委11月7日晚的指示：第一仗如能歼敌二十一个至二十二个师（整编旅），包括可能起义者在内，整个形势即将改变，你们及陈邓即有可能向徐蚌线迫近，那时蒋介石可能将徐州及其附近的兵力撤至蚌埠以南。如果敌人不撤，我们即可打第二仗歼灭黄维、孙元良，使徐州之敌完全孤立起来。

但是，如果徐州的敌人南撤，我们怎么办？这个电报还未明确。接着收到了军委8日电示："虞（七日）午电悉。估计及部署均很好。"随即又收到军委9日复示："齐（八日）辰电悉。应极力争取在徐州附近歼灭敌人主力，勿使南窜。华东、华北、中原三方面应用全力保证我军的供给。"这个电报虽短，真是字字千钧。中央已下定决心将徐州之敌就地歼灭，将淮海战役变成南线决战。

后来，刘伯承同志率中野两个纵队由豫西进入淮海战场。中央军委于11月16日决定由刘伯承、陈毅、邓小平、粟裕、谭震林组成总前委，以刘伯承、陈毅、邓小平为常委，邓小平为书记。

四、关于歼灭黄百韬兵团的作战

华野围歼黄百韬兵团是一个大仗、硬仗，是由运动战转为村落阵地攻坚战。打黄百韬有许多值得谈的问题，我只讲几个特点：

第一，黄百韬兵团辖四个军，后来敌四十四军从海州西撤也归他指挥。黄百韬兵团的战斗力虽不算一等强，但也不弱，在敌徐州集团中算中等偏上的。在作战中一定数量的增减有时反映了一定质量的变化。这次战役的第一个阶段就要歼灭敌人五个军，这样规模的仗我们过去没有打过。这一数量的增长必然带来兵力使用和战术、技术等一系列的新问题，增加指挥与作战过程中的难度。这是打黄百韬兵团的第一个特点。

第二，解放战争，我们打了一系列的运动战。随着战争规模的发展，在大兵团作战中，当我们以野战方式对敌人达成包围后，由于敌人有强大的后援力量，加之敌人积二十年作战经验，构筑工事的效率和守备技术已有大的提高，在被包围后，迅速构筑工事顽强抵抗，作战方式就转换为阵地战了。例如孟良崮战役就是先为运动战，后为阵地战。打黄百韬，这个特点表现得更为显著。孟良崮敌人是以山岩巨石为依托，居高临下，进行固守和反冲击，还不能算是一个完整的防御体系。碾庄一带的地形、工事情况与孟良崮不同。碾庄周围共有十几个村庄，每个村庄都有二三尺高的土围子，土围子周围为洼地、水塘，地形开阔。该地有原敌李弥兵团构筑的完整的防御阵地。黄百韬退守到这里后，利用这里的地形和原有阵地，构筑堑壕、交通壕，形成环形阵地，每个村庄都可以独立防守，村与村之间又可以火力互相支援。起初，我们力争在运动中急袭歼灭之，强调动作勇猛迅速，但也考虑到用野战急袭难以达到全歼的目的。所以，我们在11月9日致各兵团的电报中就指出，如敌已固守村落据点，我应完成包围，绵密组织火力，应将对运动之敌与驻止之敌的打法严格分开。但是，我们是从迅猛的追击状态转换为攻坚，许多攻坚准备难于在运动中完成。这一点又不同于打济南。打济南我们是在充分准备的条件下攻坚的。所以，完成对黄百韬的包围后，开始三天进展不快。我们即于11月14日晚召开担任主攻的六个纵队首长会议，调整部署，明确作战方式应由野战攻击转为近迫作业。要求利用暗夜把交通壕挖到敌占村庄附近，距敌前沿阵地50米至30米处。要逐个争夺敌人的火力点及所占村庄。在逐点争夺中，要集中炮火。在选择攻击村落时，要采取先打弱敌，后打强敌，攻其首脑，乱其部署的方法。同时增调炮弹、炸药，加强攻击力量。在战役指挥上重视和掌握作战方式的转换以及由之引起的战术、技术上的变化，是一条重要经验。

第三，从11月14日对黄百韬转入阵地攻坚战到22日将其全部歼灭，历时八天。在华野围歼黄百韬兵团的过程中，中野担负钳制、阻击，11月16日凌晨攻克宿县，以一部阻击由蚌埠北进的李延年、刘汝明兵团，另一部阻击黄维兵团。两大野战军的协同作战，使淮海战役第一阶段完成了全歼黄百韬兵团和切断徐蚌线，孤立徐州的任务，为同敌人决战于长江以北，夺取全战役的胜利奠定了很好的基础。这里就可以看出，如果不是两个野战军共同作战，是打不成淮海战役这样大仗的。在研究淮海战役和大兵团作战时，必须把主攻战场和钳制、阻击战场结合起来看，必须把战役的各个阶段联系起来看。

淮海战役第二阶段经过要图

（1948 年 11 月 25 日—12 月 15 日）

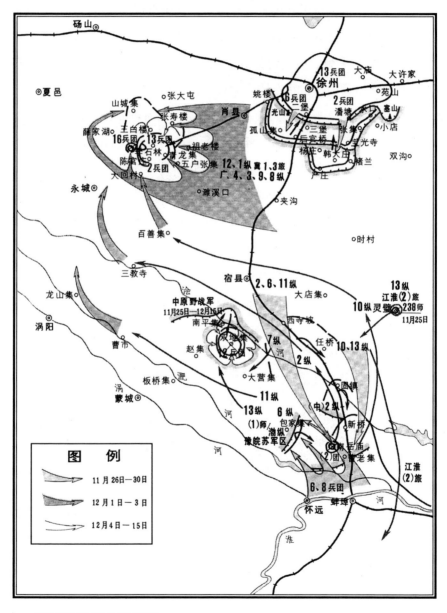

淮海战役第二阶段经过要图。

五、关于华野第二阶段的作战任务

中央军委随着战场形势的不断变化，对淮海战役第二阶段作战任务曾做过多次设想和调整。

我们于 11 月 8 日依据全国及当面形势建议淮海战役下一阶段不攻两淮（海州之敌已撤退），而以主力协同中野攻击徐蚌段，孤立徐州；下一步或歼黄维，或歼孙元良。

11 月 11 日，中央军委设想战役第二阶段歼灭邱、李，夺取徐州。鉴于情况多变，中央军委又于 11 月 15 日指出：下一步作战方针，待黄百韬兵团被歼后，依据邱清泉、李弥、黄维三部的情况最后决定，惟目前华野仍应争取在歼灭黄百韬后再打邱、李。我们根据军委的指示，部署在邱清泉、李弥兵团积极东援的情况下，首先分割包围歼其一部，然后再看形势。但是邱、李兵团惧我围歼，虽我军主动撤出部分阵地，东援仍不积极。这一情况我们在 11 月 15 日到 18 日的电报中做了反映。在碾庄即将被我攻克时，邱、李进一步调整部署，重点收缩至大许家以西加筑工事，

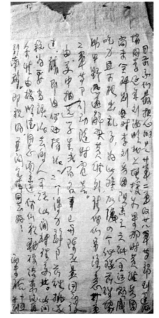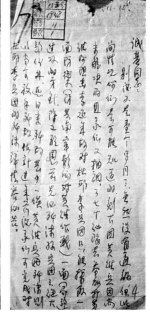

1948年11月15日，粟裕在淮海战役第二阶段写的亲笔信："目前我们最担心的是二十军、二军及二十八军等部……协同李延年刘汝明北上增援，如果那时黄维兵团尚未全歼，则……颇感吃力，且可能出乱子。为此，除加派四个纵队前往协助中野建速解决黄维……"

原设想的邱、李积极东援的情况并未出现。

11月19日，刘伯承、陈毅、邓小平同志于研究敌我双方情况后认为，华东野战军打黄百韬兵团已相当疲劳，完成歼灭黄百韬任务后，如不休整，接着又歼邱、李兵团，不易达成预期目的；同时中野以现有兵力阻击黄维及李延年、刘汝明兵团，困难较大。建议第二阶段华野以主力一部钳制徐州之敌，争取休整，以主力另一部协同中野歼击黄维兵团并担负阻击李延年、刘汝明兵团任务。我们在收到刘陈邓首长的电报后，立即于11月20日发电报告刘陈邓及军委：完全同意刘陈邓指示。华野可抽出四至五个纵队，必要时还可增加3个纵队，协同中野歼击黄维、李延年，建议首先求得彻底歼灭黄维兵团。同时建议对华野部署进行调整，以原负责歼灭邱、李的华野北线部队，大弧形包围徐州，继续监视钳制徐州之敌，阻其南援。如果徐州、蚌埠、蒙城的敌人，以宿县为中点对进，打通南北联系，我们负责阻击，以全力保证歼灭黄维的胜利。并且决定当晚派两个纵队南下。

这时我们收到中央军委11月19日19时的电示：刘陈邓主力歼击黄维，以一个纵队对付刘汝明，无力顾及李延年。在此种情况下，华野必须将对邱、李之作战，在目前短时期内只限制于四五个师的范围，以便抽出必要兵力对付李延年。21日5时军委再次电示："华野今后一个时期内的主要任务是歼灭李延年。"23日辰时刘陈邓首长也发来电报指出："战役第一步由中野全力对黄维，华野全力歼灭李延年、刘汝明（宿县城由华野控制），尔后再视战况发展，实行调整。"按照这时的设想，战役第二阶段，除阻击徐州杜聿明集团外，围歼的对象同时有两个，一是黄维兵团，一是李延年和刘汝明兵团。

情况仍在变化。11月23日刘陈邓首长来电指出，歼击黄维之时机甚好，李延年、刘汝明仍迟迟不进，要我们以两三个纵队对李、刘防御，至少以四个纵队参加歼击黄维的作战。11月24日15时中央军委电示："完全同意先打黄维。"这样，第二阶段歼击对象为黄维最后定下来了。华野第二阶段的作战任务也就变换为钳制、阻击徐州杜聿明集团及南线之李延年、刘汝明兵团；同时以必要兵力直接参加打黄维。后来杜聿明突围，钳制、阻击杜聿明的任务发展为追击、合围。

在第二阶段中，徐州敌人的动向一直是我最关注的问题。当时我特别关心围歼黄维兵团的时间。依据我们打黄百韬的体会，估计黄维被合围后，我军难于以野战手段迅速达成全歼，势将转入以近迫作业为主的阵地攻坚战。因此对围歼黄维兵团的时间要作足够的估计。我把这一点作为部署华野钳制、阻击作战的出发点。我分析杜集团下一步的动向有两个可能，一是固守徐州，一是突围。敌人突围对我并非不利，因为如敌人固守徐州，以坚固设防的大城市为依托，将加大我军歼击该敌时的难度。问题是如果敌人突围，我们必须把敌人围死在一定的地域，以求全歼。我们决定不把敌人堵死在徐州，而准备对付敌人突围。对于杜聿明突围的方向，分析有三个可能：一是沿陇海路向东，经连云港海运南逃，但要迅速解决装载三个兵团的船只、码头是困难的。二是直奔东南走两淮，经苏中转向京沪，但这一路河川纵横，要经过水网地区，不便于大兵团、重装备行动。三是沿津浦路西侧绕过山区南下，这一带地形开阔，道路平坦，距黄维兵团又近，可以同李延年、刘汝明两兵团呼应，南北对进，既解黄维之围，又可集中兵力防守淮河。敌人极大可能走这一路。一旦杜聿明与黄维会合，战场形势将发生不利于我的大变化。所以这也是对我们威胁最大的一着。正在这时，我们收到军委发来的军情通报，得悉杜聿明将从两淮方向撤退。这使我左右为难。我虽认为敌人不会由此方向逃窜，但又有情报，万一敌人由此方向逃窜，而我军部署失当，个人贻误军机且不说，势将影响同敌人进行战略决战。相信这个情况吧，如果杜聿明不从这边走，而是向西南，与黄维会合，后果更难设想。我再三分析，认为敌人走两淮的可能性不大。我们将北线七个纵队部署于徐州以南津浦路的东西两侧，注意力的重心放在西南，如杜聿明三个兵团向两淮方向突围，要经过水网地区，速度不会快，我们也可以赶得上。

但是，我在指挥上的难处还不仅于此，还有南线一头。南线的敌人有李延年、刘汝明两个兵团。黄维兵团被合围后，有个估计三天可以全歼。中央军委于11月27日电示我们，当黄维兵团快要歼灭，但尚未能歼灭之际，对李延年正面阻击兵力后退一步，引其前进，以主力从侧后打去，求得歼其一部。这使我极度紧张。我担心我们打上了李延年，而围歼黄维兵团的作战未能迅速结束，杜聿明又跑出来了，不仅不能再增调兵力打黄维，而且只靠北线七个纵队，也难于完成追击合围杜聿明的任务，杜聿明集团可能跑掉（当然完全跑掉也不可能），如果杜、黄会合，战场形势将起重大变化。当时我日夜守候，注视着情况的变化，设想着临机处置的方案。

军委28日还发来电报，要我们在歼灭固镇、曹老集之敌以后，考虑以第二、六、七、十一、十三等五个纵队乘胜渡淮南进，切断蚌浦线，合围并相机夺取蚌埠。但29日军委取消了这个决定。

李延年这个人动作不积极，我们一动，他就向后缩，我们没有打上。幸好没有打上，当杜聿明突围时我们才得以从南线又抽出三个纵队，和北线的7个纵队，以及刚南下的渤海纵队，共11个纵队，一起参加兜围。

杜聿明于12月1日率三十万人全部撤离徐州。我们以多路多层尾追、平行追击、迂回截击、超越拦截相结合，尽全力追击。实际上我们对杜聿明是网开三面，你向西去也好，向北去也好，向东去也好，就是不让你向南。其他方向都唱空城计。说明我们的力量也差不多用尽了。12月4日拂晓，我们将杜聿明集团全部合围于陈官庄地区，并于6日全歼了向西南方向突围的孙元良兵团，仅孙元良化装逃脱。杜聿明被我们"夹"住了，这时我才松了一口气。

我们密切注视着形势。这时有消息称：敌宋希濂兵团已到浦口，向蚌埠前进；蒋纬国也到蚌埠指挥北犯；杜聿明曾建议从西安、台湾及甘肃抽调几个军空运蚌埠，组成一个兵团，与李延年、刘汝明、宋希濂合股北援。我们分析：歼灭杜聿明的作战估计还需半月至二十天，中野及华野已分成三个战场作战，兵力均感不足，尤其南线阻击李、刘兵力不足，不论杜聿明的建议是否能实现，即使宋希濂兵团赶到，我南线阻击部队必更吃紧，万一出乱子，势必影响对黄维的作战。为此，我们立即于12月10日晨发电刘陈邓并报军委、华东局，报告了上述情况和分析，建议再由华野抽出一部兵力，以求先解决黄维。对杜、邱、李暂采取大部守势，局部攻势。尔后中野负责阻击李、刘、宋，我们再集中力量解决杜、邱、李集团。当即得到总前委电话复示同意，又经中央军委同意，决定集中足够兵力，首先歼灭黄维兵团。后来刘帅把这形容为"吃一个（黄维），夹一个（杜聿明），看一个（李延年、刘汝明）"。

12月15日黄维被全歼。华野也已全歼了孙元良兵团，并将李弥兵团歼灭近半，将邱清泉兵团歼灭了三分之一。

华野第二阶段作战任务的变换，并不意味着任务的减轻。我在解放战争的战役指挥中有三个最紧张的战役：宿北、豫东和淮海。而淮海战役中最紧张的是第二阶段。我曾经连续七昼夜没有睡觉，后来发作了美尼尔氏综合征，带病指挥。战役结束后，这个病大发作起来了，连七届二中全会也没有能参加。

我在第二阶段特别紧张主要有以下原因：

首先，第二阶段是承前启后的阶段，全战役的关键，我必须把注意力的重心放在这一阶段，以争取全战役的转折早日实现。淮海战役的转折是在杜聿明集团被围死，李延年、刘汝明兵团被阻住，我军已能集中足够兵力全歼黄维兵团的时候。因为，在此以前，战场形势还有很大的不确定性；在此以后，我们已有把握夺取全战役的胜利了。

其次，在大兵团作战中，钳制、阻击方向集中相当大的兵力，有时大

淮海战役第三阶段经过要图

（1949 年 1 月 6 日—10 日）

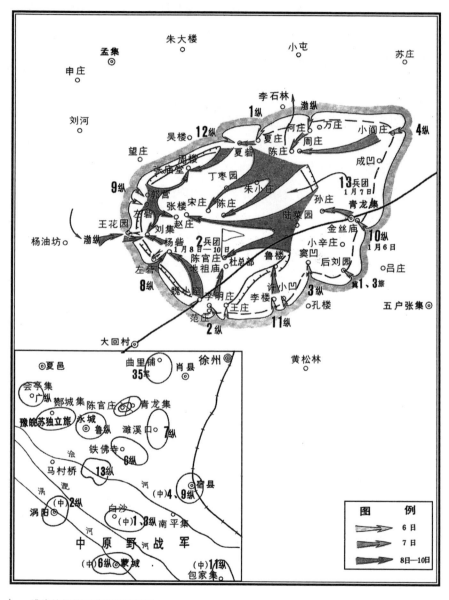

淮海战役第三阶段经过要图。

于主攻战场，淮海战役第二阶段就是这样。钳制、阻击战场不仅直接保障主攻战场，而且关系到战役下一阶段的发展，稍有失误，便会给全局带来难以预料的结果。淮海战役第二阶段，我钳制、阻击敌人一个"剿总"指挥部、五个兵团，兵力约四十余万人，距主攻战场最近只有五六十公里，其对全局的影响是可以想见的。

第三，我们要在几个方向作战，加之情况复杂多变，特别是徐州的敌人全力突围，作战方式立即由钳制、阻击转换为追击、合围，这些都大大加重了指挥员临机处置的难度。

在第二阶段，华野部队因部署多次调整及转移使用兵力，作战行动很紧张。华野共十六个纵队，先后归中野直接指挥参加歼击黄维兵团的有第七、第十三、第三、鲁中南纵队及特纵主力共五个纵队；另以五个纵队担负阻击李延年、刘汝明，保障中野侧背安全，并作为战役预备队；而追击合围杜聿明时最大使用兵力为十一个纵队。这不仅可以看出转移使用兵力之频繁，也可以看出当时兵力使用已达到极限了。我各纵都很出色地完成了任务。

六、关于淮海战役第三阶段的情况

战役到了第三阶段，形势就完全明朗了。我军已占绝对优势，杜聿明成了瓮中之鳖，绝对逃不脱被全歼的命运。问题是从全局来看，什么时候发动总攻为有利。中央一度要我们围而不攻，目的是为了稳住傅作义，不使其海运南撤。再就是对饥寒交困中被围之敌，进行瓦解工作，以尽可能地减少我军的伤亡，以最小的代价来换取总攻的胜利。这对我军保存更多的骨干，使之在渡江南下作战中发挥作用也有重要意义。

杜聿明被围后，开始突击了三天，我们顽强阻击，紧缩包围。大约到了第四天，他就软下来，第五天就更软了，第六、第七天就没有劲了。坦克也用尽汽油了。他们同我们对峙起来。我们把敌人的包围圈越缩越紧。敌人靠空投汽油，空投馒头、大饼、大米。可是敌人的战场越来越缩小，开始大部分物资空投在敌人范围内，以后是一部分物资空投到敌人那里，最后只是一小部分投到敌人那里，大部分投到我们阵地范围来了。敌人饥寒交迫，把麦苗、树皮、马皮等一切可以吃的东西都吃光了，为了争抢空投物资，竟致互相残杀。

我们的形势越来越有利。敌人的士兵在他们那儿士气十分低落，可是一到我们这边，马上可以打仗。我们实行即俘即补即教即战的政策，非常成功。淮海战役开始，华野为三十六万九千人，战役过程中伤亡十万五千人，战役结束时达到五十五万一千人，这中间除整补了几个地方团外，补进的主要是解放战士。我们有完善的后勤保障。后方党政军民全力以赴，

向杜聿明部发起总攻。

使战争支撑了两个月。我曾经说过，华东的解放，特别是淮海战役的胜利，离不开山东民工的小推车和大连生产的大炮弹。淮海战役时，我们不仅自己有吃的，还可送给敌人去吃。敌人被包围了，我们每天晚上送大米饭、馍馍，送到阵地前面，第二天早上喊话。开始敌人不敢来吃，怕我们打枪，后来见我们并不打枪，就来了。每天早晨来抢饭吃，越来越多了。就这样被我们从政治上瓦解了不少。我军包围敌人一个多月，毙伤、瓦解了敌人十来万人。

　　最后，我们对杜聿明的包围圈越来越小了，到了 1 月 6 日那天总攻击的时候，他还有十几万人，我们只用了四天就全部解决了。

　　解放战争以来，敌人突围没有一次突好过。每次突围都是失败。一突，士气就突掉了。这次杜聿明也不例外，三十万人突围也失败了。

七、关于敌方的指挥

敌人犯错误是淮海战役取得胜利的客观因素。战役开始前，敌人对我军的战略意图并无所知，对我军主力的攻击矛头指向何方，模糊一片，曾一度想撤离徐州。战役开始后，敌人没有估计到我们会同他们决战，仍然以旧眼光看我们，以为打一仗就会停一停。敌人并不是一开始就有同我军进行战略决战的打算的。战役开始后，敌人着着被动，部署错乱，终至完全失败。

从敌人的失败，我们可以看出蒋介石这个人很"小气"。他有一个怪脾气，你要他一点，他连半点也不给你，如果你拿下了他大的呢，他连小的也不要了。这次淮海战役，他又很小气。开始舍不得丢四十四军，黄百韬在新安镇等待连云港撤来的四十四军，结果，黄百韬陷入重围。黄百韬陷入重围以后，他又舍不得丢黄百韬，不但派邱清泉、李弥来救，还派黄维来救，结果，黄百韬没有得救，黄维又被包围了。他又让杜聿明来救黄维。结果黄维没有得救，又丢了杜聿明的三个兵团。

杜聿明只能打胜仗，不能打败仗；只能在有利条件下打仗，不能在不利条件下打仗。他在印缅作战时，有美国的供应，出过风头。在东北时，有火车、轮船、飞机源源供应。但这次被我们包围在永城地区，突不出，守不住，被我们全部歼灭。

第五军邱清泉，一直是华野寻歼的对象。五军战斗力比七十四师稍差，与十八军不相上下，各有所长。邱清泉好打滑头仗，跟友邻关系不好。这次解决他没有遇到多大的困难。

责任编辑：曹　春

装帧设计：汪　莹

图书在版编目（CIP）数据

粟裕回忆录／粟裕 著 . — 北京：人民出版社，2022.7（2025.7 重印）

ISBN 978 - 7 - 01 - 024387 - 0

I. ①粟…　II. ①粟…　III. ①粟裕（1907—1984）- 回忆录　IV. ① K825.2

中国版本图书馆 CIP 数据核字（2021）第 279393 号

粟裕回忆录

SUYU HUIYILU

粟　裕　著

人民出版社 出版发行

（100706　北京市东城区隆福寺街 99 号）

北京新华印刷有限公司印刷　新华书店经销

2022 年 7 月第 1 版　2025 年 7 月北京第 9 次印刷

开本：710 毫米 ×1000 毫米 1/16　印张：34.25　插页：12

字数：452 千字

ISBN 978 - 7 - 01 - 024387 - 0　定价：128.00 元

邮购地址 100706　北京市东城区隆福寺街 99 号

人民东方图书销售中心　电话（010）65250042　65289539